高等职业教育“十三五”规划教材
“岗课证赛考”校企合作会计信息化课改科研成果推荐教材
21 世纪高职高专会计类专业立体化教材

会计信息化项目化教程

主　编　唐　亮　孙文学
副主编　于　茜　张玉秀　李　娜
参　编　杨　爽　周冬梅　曹志刚

HEUP 哈尔滨工程大学出版社

内容简介

本教材以企业会计信息化的实际应用为主线组织教学内容,准确定位,满足从事实际会计事务处理工作的需要,突出会计软件操作能力的培养。本教材采用直观生动的软件画面、清晰的操作步骤说明和典型的应用实例解析,指导学习者完成学习任务。本教材主要介绍了会计信息化系统的基本知识、用友 ERP - U8 V10.1 财务软件的使用方法和技巧等,对各教学模块设置了学习目标和重点难点,进行任务说明,并附有综合实训,便于学习者增强职业判断与选择能力,更好地巩固所学内容。本书内容深入浅出,图文并茂,具有可操作性和实用性。

本教材可作为高职高专院校会计专业、相关经济管理类专业学生学习会计的基础教材,也可作为从事会计及其他经济管理工作人员的自学用书。

图书在版编目(CIP)数据

会计信息化项目化教程/唐亮,孙文学主编. —哈尔滨:哈尔滨工程大学出版社,2018.2(2019.1 重印)
ISBN 978 - 7 - 5661 - 1810 - 3

Ⅰ.①会… Ⅱ.①唐… ②孙… Ⅲ.①会计信息 - 财务管理系统 - 教材 Ⅳ.①F232

中国版本图书馆 CIP 数据核字(2018)第 016691 号

选题策划 田 婧
责任编辑 张忠远 葛 雪
封面设计 博鑫设计

出版发行 哈尔滨工程大学出版社
社　　址 哈尔滨市南岗区南通大街 145 号
邮政编码 150001
发行电话 0451 - 82519328
传　　真 0451 - 82519699
经　　销 新华书店
印　　刷 黑龙江龙江传媒有限责任公司
开　　本 787mm × 1 092mm 1/16
印　　张 19.5
字　　数 510 千字
版　　次 2018 年 2 月第 1 版
印　　次 2019 年 1 月第 2 次印刷
定　　价 39.80 元
http://www.hrbeupress.com
E-mail:heupress@hrbeu.edu.cn

前　　言

进入21世纪以来，随着计算机技术的飞速发展以及信息技术的日新月异，国内一些大中型企业已不同程度地完成了会计信息化，会计软件也从单机版会计核算软件发展为ERP系统。伴随着移动互联网、云计算的广泛应用，“互联网+会计”正通过新技术、新理念、新模式推动会计的变革。大数据时代促进了财务会计向管理会计的转型，很多中小企业开始从使用传统会计软件发展为使用基于互联网模式的标准会计应用的会计在线服务，一些企业集团已经建立了财务共享服务中心，国际四大会计师事务所开始引入人工智能、推出财务机器人解决方案，未来会计将向着智能化的方向发展。大变革时代下的财务转型升级对会计人员的职业技能水平提出了新要求，未来真正需要的是懂法律、懂会计、懂业务、懂平台化软件管理的综合性人才。“会计人工智能”的到来也迫切要求高校适应新变化，进行人才培养模式的改革。

本教材以财政部发布的《企业会计准则》(2017版)和《企业会计信息化工作规范》等最新文件为蓝本，在“岗课证赛考”五方融合的会计信息化课程教学改革的探索与实践的基础上，以“加强专业和课程建设，提高人才培养质量”为指导进行编写。本教材以用友ERP-U8 V10.1财务软件为实训软件，以一家企业完整的业务资料为背景，模拟企业一个月的会计信息化工作，并设计了10个项目：其中，项目一为会计信息化认知，介绍了会计信息化的基本理论知识；项目二到项目九分别介绍了系统管理、基础信息设置、总账系统、薪资管理系统、固定资产管理系统、应收款管理系统、应付款管理系统和报表管理系统的基本功能和操作流程；项目十为综合实训，提供了“用友杯”会计信息化大赛的比赛试题；附录部分为会计信息化理论知识和财务业务一体化练习题。在每一个项目下均设置了教学任务，各任务操作以企业的完整案例为背景贯穿教材始终，每个实践任务都有详细的操作步骤，便于学生理解和把握会计信息化的基本功能和操作流程。

本教材的主要特点有：

1. 项目导向，任务驱动，强调业财融合

本教材紧密结合企业实际，以项目为导向，任务为驱动，将教学内容设计成具体的技能训练项目，体现了项目化教学的要求。本教材以制造业企业的日常经营活动为原型，以会计信息化的实际应用为主线组织教学内容，全面、系统地介绍了信息化环境下各项业务的处理流程，体现了ERP软件财务业务一体化的管理思想，具有很强的实战性和可操作性，有利于提高学生的会计信息化业务处理能力。

2. 教学配套资源丰富，实现“碎片化”学习

为方便教学，本教材配有丰富的教学资源，包括用友ERP-U8 V10.1财务软件安装包、每个项目的初始账套和结果账套、软件操作截图和软件操作录屏、用友新道教考系统题库文件，以及教学大纲、教学进度计划、教学课件、在线考试系统及题库等，实现资源立体化，为教师和学生提供全面的教与学的支持。其中，本教材录制的微视频可以方便学生进行“碎片化”“可视化”学习。

3. 内容通俗易懂

本教材内容丰富、结构清晰、文字简明、财务数据连贯。全书采用图文并茂的方式，既有直观生动的软件画面，又有详细的操作步骤说明和典型的案例应用，加上浅显易懂的语言，指导学生完成教学任务，便于学生理解和应用，好学易懂。同时，教材在容易出现软件误操作之处附有操作注意事项，有利于提高学生分析问题和解决问题的能力。

本教材可作为高职院校会计信息化课程的专业教材，也可作为高等院校非会计专业学习会计信息化知识的教材或教学参考书，还可作为会计人员岗位培训教材或相关财务工作者和经营管理人员的参考书、自学用书。

本教材由河北建材职业技术学院的唐亮、孙文学、于茜、张玉秀、李娜、杨爽、周冬梅和曹志刚老师撰稿、编写。具体分工如下：唐亮担任主编，负责全书大纲的拟定、教材案例的编写及全书的修改与定稿工作，并负责项目二、项目三和项目四的编写；孙文学担任主编，负责项目一和项目十的编写；于茜担任副主编，负责项目五和项目八的编写；张玉秀担任副主编，负责项目六和项目七的编写；李娜担任副主编，负责附录 A 和附录 B 的编写；杨爽负责项目九的编写；周冬梅和曹志刚协助完成各项目的编写工作。

本教材将科研与教学融合，是编者科研项目研究的阶段性成果之一，编者的科研项目为 2017 年度河北省教育厅高等学校人文社会科学研究课题——“岗课证赛考”五方融合的会计信息化课程教学改革的探索与实践（课题编号 SQ171105）。

在本教材的编写过程中，我们得到了用友新道科技股份有限公司的帮助和支持，同时参考了大量的教材、著作以及文献，在此向这些著作的作者一并表示真诚的谢意。限于作者的水平，加之时间仓促，书中缺点、错误在所难免，诚恳地希望读者对本书的不足之处给予批评指正。

编　者

2018 年 1 月

目　录

项目一　会计信息化认知

【学习目标】

1. 理解会计信息化的相关概念、作用、发展概况；
2. 了解会计软件的含义、分类、配备方式、功能模块；
3. 熟悉单位会计信息化管理要求；
4. 掌握企业会计信息化工作的规范要求；
5. 具备安装会计软件的能力。

【重点难点】

企业会计信息化工作的规范要求和软件的安装。

任务一　会计信息化基本知识认知

一、会计信息化的相关概念

（一）会计和计算机

会计是以货币为主要计量单位，运用专门的方法，对企事业单位的经济活动进行全面、综合、连续、系统地核算与监督的一种经济管理活动。长期以来，会计数据处理一直处于手工处理阶段。随着现代科学技术的发展，特别是计算机的问世使会计数据处理技术发生了变革。计算机是一种能自动、高速地进行大量计算和数据处理工作的电子设备，它主要由输入设备、输出设备、存储器、运算器、控制器等几部分硬件组成，在计算机软件的指挥下，它能对输入数据进行数值运算和逻辑运算，从而求解各种问题。1946 年，世界上第一台计算机问世，这是 20 世纪一项具有划时代意义的科技成果。计算机所具有的自动、高速地进行大量计算和数据处理的特性，使其成为需要进行大规模数据处理的经济管理工作的必然选择。1954 年，美国通用电气公司首次利用计算机计算职工工资，开创了利用计算机进行会计数据处理的新纪元，带来了会计数据处理技术的革新。利用计算机进行会计核算和管理，是会计发展史上的又一里程碑。

（二）会计电算化

计算机技术的迅速发展，使计算机在会计工作中的应用范围不断扩大。

计算机应用于会计数据处理、会计管理、财务管理及预测和会计决策中，具有显著的效果。在我国，将计算机技术应用于会计数据处理的起步比较晚。1979 年，长春第一汽车制造厂大规模信息系统的设计与实施，是我国会计电算化发展过程中的一座里程碑。1981 年 8 月，在财政部、第一机械工业部、中国会计学会的支持下，中国人民大学和长春第一汽车制造厂联合召开了“财务、会计、成本应用电子计算机问题讨论会”，第一次提出了“会计电算化”的概念。

会计电算化的概念有广义和狭义之分。狭义的会计电算化是指计算机技术在会计工作中的应用；广义的会计电算化是指与实现会计工作电算化有关的所有工作，包括会计电算化软件的开发和应用、会计电算化人才的培训、会计电算化的制度建设等。

随着计算机在各个领域的应用、推广和普及，计算机在会计领域的应用也得以迅速发展。从我国会计电算化工作开展的程度、范围、组织、规划、管理方法，以及会计软件开发等方面分析，我国会计电算化的发展可以分为四个阶段，即起步阶段（1979—1983 年）、自发发展阶段（1983—1987 年）、普及与提高阶段（1987—1999 年）、企业管理全面信息化阶段（1999 年至今）。

（三）会计信息化

会计信息化是会计与信息技术的结合，是信息社会对企业财务信息管理提出的一个新要求，是企业会计顺应信息化浪潮的必要举措。它是网络环境下企业领导者获取信息的主要渠道，有助于增强企业的竞争力，解决会计电算化存在的“孤岛”现象，提高会计管理决策能力和企业管理水平。1999 年 4 月，在深圳召开的“会计信息化理论专家座谈会”上，与会专家提出了“会计信息化”这一概念。

会计信息化是指企业利用计算机、网络通信等现代信息技术手段开展会计核算，以及利用上述技术手段将会计核算与其他经营管理活动有机结合的过程。相对于会计电算化，会计信息化是一次质的飞跃。会计电算化解决的是利用信息技术进行会计核算和报告工作的相关问题。会计信息化则是在会计电算化工作的基础上，集成管理企业的各种资源和信息。由此可见，会计电算化是会计信息化的初级阶段和基础工作。

会计信息化具有普遍性、集成性、动态性和渐进性四个特征，它是信息社会的产物，是未来会计的发展方向。会计信息化将计算机、网络、通信等先进的信息技术引入会计学科，与传统的会计工作相融合，在业务核算、财务处理等方面发挥作用，同时它还包含着更深层次的内容，如会计基本理论信息化、会计实务信息化、会计教育信息化、会计管理信息化等。

（四）会计信息系统

会计信息系统（Accounting Information System，AIS）是指利用信息技术对会计数据进行采集、存储和处理，完成会计核算任务，并提供与会计管理、分析和决策相关的会计信息的系统，其实质是将会计数据转化为会计信息的系统，是企业管理信息系统的一个重要子系统。会计信息系统根据信息技术的影响程度，可分为手工会计信息系统、传统自动化会计信息系统和现代会计信息系统；根据其功能和管理层次的高低，可分为会计核算系统、会计管理系统和会计决策支持系统。

（五）ERP 和 ERP 系统

ERP（Enterprise Resource Planning）即企业资源计划，是由美国 Gartner Group 计算机技术咨询和评估公司于 1990 年提出的一种供应链管理思想。它是指利用信息技术，一方面将企业内部所有资源整合在一起，对开发设计、采购、生产、成本、库存、分销、运输、财务、人力资源、品质管理进行科学规划；另一方面将企业与其外部的供应商、客户等市场要素有机结合，实现对企业的物资资源（物流）、人力资源（人流）、财务资源（财流）、信息资源（信息流）等进行一体化管理（即“四流一体化”或“四流合一”）。

ERP 是一种主要面向制造行业进行物资资源、资金资源、信息资源的继承和一体化的企业信息管理系统，是一个以管理会计为核心，可以提供跨地区、跨部门，甚至跨公司整合实时信息的企业管理软件。其核心思想是供应链管理，强调对整个供应链的有效管理，提高企业配置和使用资源的效率，主要体现在三个方面：（1）体现对整个供应链资源进行管理的思想;(2)体现精益生产、同步工程和敏捷制造的思想;(3)体现事先计划与事中控制的思想。

在功能层次上,ERP 除了最核心的财务、分销和生产管理等管理功能外,还继承了人力资源、质量管理、决策支持等企业的其他管理功能。会计信息系统已成为 ERP 系统的一个子系统。

(六)XBRL

XBRL(Extensible Business Reporting Language 的简称,译为“可拓展商业报告语言”)是一种基于可拓展标记语言(Extensible Markup Language)的开放性业务报告技术标准。XBRL 由美国的查尔斯·霍夫曼(Charles Hoffman)在 1998 年第一次向美国的注册会计师协会(AICPA)提出。XBRL 以互联网和跨平台操作为基础,专门用于财务报告编制、披露和使用,用于非结构化数据,特别是财务信息的集成、交换和最大化利用,通过对数据统一进行特定的识别和分类,使数据能够直接为使用者或其他软件所读取和进一步处理,实现数据的一次录入、多次使用和信息共享。

XBRL 的主要作用在于将财务和商业数据电子化,促进了财务和商业信息的显示、分析和传递。XBRL 通过定义统一的数据格式标准,规定了企业报告信息的表达方法。企业应用 XBRL 的优势主要有:(1)提供更为精确的财务报告与更具可信度和相关性的信息;(2)降低数据采集成本,提高数据流转及交换效率;(3)帮助数据使用者更快捷方便地调用、读取和分析数据;(4)使财务数据具有更广泛的可比性;(5)增加资料在未来的可读性与可维护性;(6)适应变化的会计准则制度的要求。

我国 XBRL 的发展始于证券领域。2003 年 11 月,上海证券交易所在全国率先实施基于 XBRL 的上市公司信息披露标准;2005 年 1 月,深圳证券交易所颁布了 1.0 版本的 XBRL 报送系统;2005 年 4 月和 2006 年 3 月,上海证券交易所和深圳证券交易所先后加入了 XBRL 国际组织。我国财政部非常重视会计信息化的发展,一直密切关注其国际发展趋势。2006 年,财政部在中国会计准则委员会下设立了 XBRL 组织,致力于开发基于我国企业会计准则的国家层面分类标准。2008 年 11 月,中国会计信息化委员会及 XBRL 中国地区组织正式成立。2009 年 4 月,财政部在《关于全面推进我国会计信息化工作的指导意见》中将 XBRL 纳入会计信息化的标准。2010 年 10 月 19 日至 21 日,第 21 届国际 XBRL 大会在中国召开。会上,财政部发布了《企业会计准则通用分类标准》,国家标准化管理委员会发布了《企业会计准则通用分类标准》,国家标准化委员会发布了《可扩展商业报告语言(XBRL)技术规范》系列国家标准,标志着后微机时代我国以应用为先导的会计信息化时代的来临,在中国会计信息化建设史上具有里程碑意义。

(七)互联网会计

互联网会计是在互联网下的一种会计活动,是基于电算化会计+电子商务思想与互联网技能的现代会计。“互联网+”是把互联网的创新成果与经济社会各领域深度融合,推动技术进步、效率提升和组织变革,提升实体经济的创新力和生产力,形成更广泛的以互联网为基础设施和创新要素的经济社会发展新形态。

会计工作的许多方面也与互联网开始深入融合,网络代理记账、在线财务管理咨询、云会计与云审计服务等第三方会计审计服务模式初见端倪;以会计信息化应用为基础的财务一体化进程不断提速,财务共享服务中心模式逐渐成熟;联网管理、在线受理等基于互联网平台的管理模式成为会计管理新手段;在线联机考试、远程培训教育等已成为会计人才培养的重要方式。

"互联网+"时代下的会计变革：

一是"互联网+"为会计技术的发展提供了新支撑。随着云计算、大数据、移动互联网等新兴技术的快速发展，会计信息处理更实时、动态、集中，会计核算更规范、高效、便捷，信息技术的发展为会计技术的演进升级提供了有力的支撑。

二是"互联网+"为会计人员的转型带来了新机遇。在互联网技术和大数据融合的辅助下，单位构建涵盖财务分析与预测、财务战略规划、资本市场运作、全面预算管理、风险控制和绩效管理等较为完备的现代化管理体系成为可能，将有助于会计核算向价值管理转型，推动管理会计独特作用的进一步体现。

三是"互联网+"为会计职能的转变创造了新环境。随着网络技术的迅速发展，会计职能已从传统的"信息处理和提供"转向"信息的分析使用和辅助决策"，从"事后算账"转向"事前预测、事中控制"。加快推进"互联网+"，有利于更好地发挥会计的预测、计划、决策、控制、分析、监督等功能，推动会计工作提质升级。

【知识扩展】

会计信息化与会计电算化的区别如下：

会计电算化，简单说就是计算机技术在会计中的应用。如果只有会计电算化，那么就会造成信息孤岛，即操作者计算机中的数据无法与外部数据进行有效沟通，即内部信息传递不出去，外部信息传递不进来，降低了会计电算化的工作效率。而会计信息化的出现则解决了这个问题。会计信息化是企业利用计算机、网络通信等现代信息技术手段开展会计核算，以及利用上述技术手段将会计核算与其他经营管理活动有机结合的过程。相对于会计电算化而言，会计信息化是一次质的飞跃。

二、会计信息化的作用

《2006—2020年国家信息化发展战略》中明确指出，国家信息化发展的战略重点包括：推进国民经济和社会信息化、加强信息资源开发利用、推行电子政务、完善综合信息基础设施、提高国民经济信息应用能力等。全面推进会计信息化工作，是贯彻落实国家信息化发展战略的重要举措，对于全面提升我国会计工作水平具有十分重要的意义。

（一）减轻会计人员工作强度，提高工作效率

实现会计信息化以后，会计信息系统将真正成为企业管理信息系统的一个子系统。企业发生的各项业务，能够自动从企业的内部和外部采集相关的会计核算资料，并汇集于企业的内部会计信息系统进行实时处理，从而大大提高了会计工作的效率，使会计信息的提供更加及时。会计也将从传统的记账、算账的局限中解脱出来，减轻了会计人员的工作强度，从而更大地发挥会计的管理控制职能，让企业经营者和信息使用者可随时利用企业的会计信息对企业的未来财务形势做出合理的预测，为企业的管理和发展做出正确的决策。

（二）有利于提高会计信息质量

我国目前仍存在会计信息失真的情况，它的形成有多种原因，包括产权制度不清、内外监督机制不健全等，但不同的信息需求者对信息获取的不对称性是其产生的一个重要原因。会计信息化作为一种防范的手段，有利于增强会计信息的透明度，提高财务报告分析的利用率，促进财务报告模式的变革，对财务信息的供给方和需求方都提供了便利和好处，

进而提高财务透明度，促进单位财务管理水平的提高，保证会计信息的真实性，提高会计信息的质量。

（三）促进会计人员综合素质的提高

在会计信息化过程中，首先，财会人员的知识结构必须从传统的会计转向计算机网络会计，能编制财务预算，对系统所产生的数据进行加工和对子系统进行设计，设计管理决策所用的各种内部报表，审查管理方案，编制内外部用户所需的财务报告，为企业高层管理人员提供各种信息咨询等。网络经济时代的财会人员应该精通会计、审计、财务管理理论与方法，熟悉企业经营管理的全过程以及与企业经营管理有关的法律规范，具有扎实的理论基础和实践技能。其次，财会人员必须具有客观公正的态度，以客观事实为依据，实事求是，向信息使用者提供客观、真实、准确、可靠的会计信息，必须廉洁自律、坚持原则、秉公办事、遵纪守法，依法履行职责，维护财经纪律，敢于抵制、纠正、揭露违法乱纪行为，保护国家和公众的利益。

（四）促进会计职能的转变

实行会计信息化，无疑可以使广大财会人员从繁重的会计核算中解脱出来，减轻劳动强度，使财会人员有更多的时间和精力参与经营管理。然而，会计要想真正发挥其管理、预测、决策以及控制功能，不仅需要丰富的内部财务会计信息，还需要丰富的外部信息，如世界经济信息、国家经济政策信息、实时金融信息、市场销售信息、物价变动信息、企业经营信息等。随着全球互联网时代的到来，计算机网络技术的发展和会计信息化网络系统的建立，实现了数据共享和信息的快速传递，这恰恰能够满足部门管理、企业管理、行业管理、跨国公司管理对信息的需要。这将为财务管理人员、会计管理与分析人员、企业高层领导利用企业内部会计信息和外部信息进行管理、分析、预测和决策提供良好的机遇。

（五）有利于实现与国际趋同

由于国际国内市场趋于统一，无国界经济的发展带来了会计的国际化和资本的国际化，使世界各国的经济越来越相互依赖、紧密联系，会计管理和信息提供越来越趋于国际标准，呈现一体化的无国界状态。信息技术作为生产力中最活跃的因素日益渗透和改变着现代会计，并从社会文化、技术力量、市场经济结构等诸方面加速了会计的国际化发展趋势，任何游离于会计信息化发展道路的国家，都难以做出科学决策，将陷于“信息孤岛”，给经济发展带来严重损失和影响。

三、会计软件

（一）会计软件的含义

会计软件是指专门用于会计核算、财务管理的计算机软件、软件系统或者其功能模块，包括一组指挥计算机进行会计核算与管理工作的程序、存储数据以及有关资料。会计软件以会计理论和会计方法为核心，以会计制度为依据，以计算机技术为基础，以会计数据为处理对象，并以提供会计信息为目标。

（二）会计软件的分类

按照不同的划分标准，会计软件可分为不同的种类。

1. 会计软件按会计信息共享程度或硬件结构划分，可分为单用户会计软件、多用户会计软件和网络会计软件三类。

2. 按适用范围划分，会计软件可分为定点开发会计软件和通用会计软件。

定点开发会计软件也叫专用会计软件，是指仅适用于处理个别单位会计业务的会计软件。

通用会计软件一般是指由专业软件公司研制，公开在市场上销售，能适应不同行业、不同单位会计核算与管理基本需要的会计软件。目前，我国的通用会计软件以商品化软件为主，如用友系列、金碟系列的通用企业会计软件。

通用会计软件的特点是：用户在首次使用一个会计软件时，可以通过软件的初始化，输入本单位的所有会计核算规则，从而把一个通用会计软件转化成一个适合本单位情况的专用会计软件。

与定点开发会计软件相比，通用会计软件具有通用性强、成本相对较低、维护量小且维护有保障、软件开发水平较高等优点，但是通用会计软件也有一些缺陷，如软件系统的专业性差，而且系统的扩充与修改是由开发者决定的，这些缺陷往往给使用者带来不便。

3. 按软件提供方式划分，会计软件可分为商品化会计软件和非商品化会计软件。

商品化会计软件是指为销售而开发的会计软件，具有通用性强、初始化工作量大、系统庞大、对硬软件环境的要求高等特点。

非商品化会计软件则是用户为满足自己业务处理的需要而开发的会计软件，或由业务主管部门开发后提供给下属单位使用的会计软件。

4. 按提供信息的层次划分，会计软件可分为核算型会计软件和管理型会计软件。

核算型会计软件是指专门用于完成会计核算工作的应用软件。

管理型会计软件是对核算型会计软件功能的延伸，它是在全面核算的基础上突出或强化会计在管理中的监督控制作用的会计软件。其主要功能包括全面会计核算、融核算于一体的购销存（或进销存）管理、财务分析与财务监控等。

（三）会计软件的配备方式

配备核算精确、功能完备、使用安全、操作简便的会计软件是企事业单位开展会计信息化工作的必要条件之一。一般说来，企业配备会计软件的方式主要有购买、定制开发、购买与开发相结合等方式。其中，定制开发包括企业自行开发、委托外部单位开发、企业与外部单位联合开发三种具体开发方式。

1. 购买通用会计软件

通用会计软件是指软件公司为会计工作而专门设计开发，并以产品形式投入市场的应用软件。企业作为用户，付款购买即可获得软件的使用、维护、升级，以及人员培训等服务。其优点包括成本低、见效快、软件质量高、维护有保障等。因此，选择购买通用的商品化会计软件是企事业单位实现会计信息化的一条捷径，它是各单位采用最多的一种方式。

2. 自行开发

自行开发是指企业自行组织人员进行会计软件开发。这种方式开发的是专用软件，能充分按照管理的需要进行，满足使用者管理的各种特殊要求，具有很强的针对性和适用性。

3. 委托外部单位开发

委托外部单位开发是指企业通过委托外部单位进行会计软件开发。

采用这种方式存在委托开发费用较高、开发人员需要花大量的时间了解业务流程和客户需求、开发时间延长、开发系统的实用性差、常常不适用于企业的业务处理流程等不足，因此这种方式目前已很少使用。

4. 企业与外部单位联合开发

企业与外部单位联合开发是指企业联合外部单位进行软件开发，由本单位财务部门和网络信息部门进行系统分析，外单位负责系统设计和程序开发工作，开发完成后，对系统的重大修改由网络信息部门负责，日常维护工作由财务部门负责。

（四）会计软件的功能模块

会计软件一般由若干功能模块组成。会计软件的功能模块是指会计核算软件中能够相对独立完成会计数据输入、处理和输出功能的各个部分。会计软件的模块化结构有利于将复杂的会计信息系统分解为若干相对独立而简单的子系统，然后逐一开发、逐一投入使用。一般会计软件的功能模块主要包括账务处理模块、固定资产管理模块、工资管理模块、应收管理模块、应付管理模块、成本管理模块、报表管理模块、存货核算模块、财务分析模块、预算管理模块、项目管理模块、销售管理模块、采购管理模块、其他管理模块等。这些模块既相互联系又相互独立，相关模块之间既相互依赖、互通数据，又有着各自的目标和任务，它们共同构成了会计软件，实现了会计软件的总目标。

四、会计信息化管理

（一）建立会计信息化岗位责任制的意义

会计信息系统建立之后，会计工作的一个重要内容就是财会人员利用系统提供的各种功能，及时、准确地进行会计核算，提供各种管理信息，更好地参与经营决策。因此，会计信息化要求对会计信息化人员进行管理，按照责、权、利相结合的原则，明确系统各类人员的职责、权限，并尽量将其与各类人员的利益挂钩，建立、健全会计信息化岗位责任制。这样一方面可以加强内部牵制，保护资金财产的安全；另一方面，可以提高会计信息化工作效率，充分发挥会计信息系统的作用。

（二）会计信息化岗位的划分

1. 基本会计岗位

基本会计岗位是指会计主管、出纳、财产物资核算、工资核算、成本核算、收入利润核算、资金核算、往来结算、总账报表、稽核等工作岗位。

2. 会计信息化岗位

会计信息化岗位是指直接管理、操作、维护计算机及会计软件系统的岗位，可分为以下几种：

（1）系统管理员。负责计算机及会计软件系统的正常运行协调工作，要求具备会计和计算机知识。此岗位可由会计主管兼任。

（2）系统操作员。负责输入会计数据，启动计算机处理会计数据，打出会计数据（包括打印输出账簿、报表），要求具备会计知识及上机操作知识。

（3）凭证审核员。负责对原始凭证和记账凭证进行审核，以保证凭证的合法性、正确性和完整性。凭证审核员由具有会计师以上职称的财会人员担任较好。

（4）系统维护员。负责保证计算机硬件、软件的正常运行，要求具备计算机知识。维护员一般不对实际会计进行操作。

（5）会计档案资料保管员。负责存档数据、程序文档、输出的账表、凭证和各种档案资料的保管工作，以及硬盘数据及资料的安全保密工作。

（6）审查员。负责监督计算机及会计软件系统的运行，防止利用计算机进行舞弊。此岗位可由会计稽核人员兼任。

(7)数据分析员。负责对计算机内的会计数据进行分析。此岗位可由会计主管兼任。

(三)会计信息化岗位责任制度

各单位应根据工作需要,建立会计信息化岗位责任制,明确每个工作岗位的职责范围,切实做到事事有人管、人人有专责、办事有要求、工作有检查。

1. 系统管理员岗位责任制

(1)负责系统的日常管理工作,监督并保证本系统的正常运行,达到合法、安全、可靠、可审性的要求。在系统发生故障时,应及时到场,并组织有关人员尽快恢复正常运行。

(2)协调本系统各类人员之间的工作关系。

(3)负责检查计算机输出的账表、凭证数据的正确性和及时性。

(4)负责办理本系统各有关资源(硬件资源和软件资源)的调用、修改和更新的审批手续。

(5)负责对本系统各类人员的工作质量进行考评,以及提出任免意见。

(6)完善企业现有的管理制度,并制定岗位责任与经济责任考核制度。

2. 系统操作员岗位责任制

(1)负责有关子系统的数据输入、数据备份和输出会计数据(包括打印输出账簿、报表)工作。

(2)严格按照系统操作说明进行操作。

(3)数据输入操作完毕,应进行自检核对工作,核对无误后交数据审核员复核。

(4)对审核过的凭证及时记账,并打印出有关的账表,交有关人员审核。

(5)每天数据操作结束后,应及时做好数据备份。

(6)注意安全保密,各自的操作口令不得随意泄露,备份数据应妥善保管。

(7)操作过程中发现问题,应记录故障情况并及时向系统管理员报告。

3. 凭证审核员岗位责任制

(1)负责凭证的审核工作,包括对各类代码的合法性、摘要的规范性和数据的正确性的审核。

(2)对不真实、不合法、不完整、不规范的凭证退还给各有关人员更正修改后,再进行审核。

(3)对不符合要求的凭证和输出的账表不予签章确认。

4. 系统维护员岗位责任制

(1)定期检查软件、硬件的运行情况。

(2)负责系统运行中软件、硬件故障的消除工作。

(3)负责系统的安装和调试工作。

(4)按规定程序实施软件完善性、适应性和正确性的维护。

5. 会计档案资料保管员岗位责任制

(1)按会计档案管理有关规定行使职权。

(2)负责本系统各类数据软盘、系统软盘及各类账表、凭证、资料的存档保管工作。

(3)做好各类数据、资料、凭证的安全保密工作,不得擅自出借。

(4)按规定期限,向各类电算化岗位人员催交各种有关的软盘资料、账表和凭证等会计档案资料。

(四)会计信息系统管理要求

会计信息系统的管理是指对已建立的系统进行全面管理,保证安全、正常运行。它一般包括宏观管理和微观管理。

1. 宏观管理

这里所说的宏观管理主要包括管理会计信息系统的运行、申请采用计算机替代手工记账,以及规划会计信息系统的进一步发展等。

(1)管理会计信息系统的运行

当会计信息系统建立之后,就进入系统的运行阶段。在会计信息系统运行阶段,管理机构要检测会计信息系统的可靠性、安全性和稳定性,评价系统是否符合要求,检验使用人员对软件操作的掌握程度,不断完善会计信息化管理制度等。

(2)申请采用计算机替代手工记账

财政部颁发的《会计电算化管理办法》规定,采用电子计算机替代手工记账的单位,应当具备以下基本条件:

①使用的会计核算软件达到财政部发布的《会计核算软件基本功能规范》的要求。

②配有专门或主要用于会计核算工作的电子计算机或电子计算机终端,并配有熟练的专职或者兼职操作人员。

③用电子计算机进行会计核算与手工会计核算同时运行 3 个月以上,一般不超过 6 个月,且计算机与手工核算的数据取得相一致的结果。

④有严格的操作管理制度。

⑤有严格的硬件、软件管理制度。

⑥有严格的会计档案管理制度。

(3)完善会计信息系统

计算机技术在不断发展,会计方法也在不断变化,会计信息化管理机构要研究会计信息系统存在的问题,要不断提出适合企业经营管理的要求,要满足企业发展的需求,从广度和深度上不断完善会计信息系统,使会计信息系统满足会计核算管理、分析、决策不断变化的需要。

2. 微观管理

会计信息系统的微观管理包括日常使用管理、系统维护管理以及会计档案管理。

(1)日常使用管理

计算机替代手工记账后的日常使用管理,是保证会计信息系统正常、安全、有效运行的关键。如果企业的操作管理制度不健全或实施不得力,都会给各种非法舞弊行为以可乘之机;如果操作不正确,会造成系统内数据的破坏或丢失,影响系统的正常运行,也会造成录用数据的不正确,影响系统的运行效率,直至输出不正确的报表;如果各种数据不能被及时记录下来,则有可能在系统发生故障时,使会计工作不能正常进行。会计信息系统的日常管理,主要包括机房管理和上机操作管理。

①机房管理。机房是会计信息系统运行的客观场所。对机房的管理旨在为计算机创造一个良好的运行环境,保护计算机设备,同时防止各种非法人员进入机房,保护机房内的设备、机内的程序与数据的安全。企业在计算机替代手工记账后,应制定和贯彻各种严格的控制措施,为会计信息系统的正常运行创造良好的环境。

②上机操作管理。上机操作管理是通过建立与实施各项操作管理制度,建立会计信息系统的运行机制,按规定录入数据,执行各子模块,输出各类信息,做好系统内有关数据的备份及出现故障时的数据恢复工作,确保计算机系统安全、有效地运行。企业制定操作管理制度主要包括上机运行系统的规定、操作使用人员的职责、操作权限与操作程序等。

此外,操作人员的密码应予以保密,严格禁止越权操作、非法操作等,这也是会计信息系统日常管理应注意的问题。

(2)系统维护管理

现有的经验表明,维护工作贯穿系统的整个生命周期,直至系统过时与报废,维护费用在整个系统建立与运行中所占的比例也愈来愈大。因此,系统维护是整个系统生命周期中最重要、最费时的环节。因而做好会计软件的维护也具有相当重要的意义。系统维护包括硬件维护与软件维护两部分,其中,硬件维护主要由销售厂家负责,企业一般只负责一些简单的日常维护工作。对于使用商品化软件的企业,软件维护由销售厂家负责,使用单位负责操作维护,不必配备专职维护员,而由指定的系统操作员兼任;对于自行开发软件的企业,一般应配备专职系统维护员。系统维护员负责系统的硬件设备和软件的维护工作,发现故障应及时排除,确保系统的正常运行。

(3)会计档案管理

会计信息系统的档案主要是指打印输出的各种账簿、报表、凭证、存储会计和程序的硬盘及其他存贮介质、系统开发运行中编制的各种文档,以及其他会计资料。良好的会计档案管理是在会计信息化后会计工作连续进行的保障;是会计信息系统维护的保证;是保证系统内数据信息安全、完整的关键环节;也是会计信息得以充分利用,更好地进行管理和服务的保证。

任务二　企业会计信息化工作规范认知

为推动企业会计信息化,节约社会资源,提高会计软件和相关服务的质量,规范信息化环境下的会计工作,根据《中华人民共和国会计法》《财政部关于全面推进我国会计信息化工作的指导意见》(财会〔2009〕6 号),财政部制定了《企业会计信息化工作规范》,并于 2013 年 12 月 6 日颁布。《企业会计信息化工作规范》(以下简称工作规范)自 2014 年 1 月 6 日起施行,财政部通知规定,工作规范施行前已经投入使用的会计软件不符合工作规范要求的,应当自工作规范施行之日起 3 年内进行升级完善,达到要求。《企业会计信息化工作规范》(以下简称《规范》)规定,自本《规范》施行之日起,《会计核算软件基本功能规范》(财会字〔1994〕27 号)、《会计电算化工作规范》(财会字〔1996〕17 号)不适用于企业及其会计软件。1994 年 6 月 30 日财政部发布的《商品化会计核算软件评审规则》(财会字〔1994〕27 号)、《会计电算化管理办法》(财会字〔1994〕27 号)同时废止。

《企业会计信息化工作规范》的颁布具有重要的现实意义,《规范》第一次正式将计算机技术、信息技术和网络技术在会计工作中的应用命名为“会计信息化”,并界定了“会计信息系统”的构成要素为“会计软件及其运行所依赖的软硬件环境组成的集合体”。《规范》中规定,会计软件是指企业使用的,专门用于会计核算、财务管理的计算机软件、软件系统或者其功能模块。会计软件的功能包括:为会计核算、财务管理直接采集数据;生成会计凭证、账簿、报表等会计资料;对会计资料进行转换、输出、分析、利用。企业(含代理记账机构)开展会计信息化工作,软件供应商(含相关咨询服务机构)提供会计软件和相关服务,均适用本《规范》。《规范》规定财政部主管全国企业会计信息化工作,其主要职责包括:拟定企业会计信息化发展政策;起草、制定企业会计信息化技术标准;指导和监督企业开展会计信息化工作;规范会计软件功能。县级以上地方人民政府财政部门管理本地区企业会计信息化工作,指导和监督本地区企业开展会计信息化工作。

《企业会计信息化工作规范》是我国会计信息化工作的重要里程碑,它的颁布和执行必将对我国会计信息化工作产生重大的影响，为会计信息化工作奠定坚实的基础。《企业会计信息化工作规范》的主要内容包括会计软件和服务的规范、企业会计信息化的工作规范和会计信息化的监督管理。

一、会计软件和服务的规范

（一）会计软件应当保障企业按照国家统一的会计准则制度开展会计核算，不得有违背国家统一的会计准则制度的功能设计

《企业会计信息化工作规范》对于会计软件的功能做了许多具体的规定，但在实施和发展的过程中，可能会出现这些规定中没有考虑到的新问题，这就需要对软件功能有原则性要求，以有效应对可能出现的所有问题。

（二）会计软件的界面应当使用中文并且提供对中文处理的支持，可以同时提供外国或者少数民族文字界面对照和处理支持

关于会计软件的语言问题，以往的相关文件中早有规定。在会计实务中，有的外资企业使用境外投资者或者母公司指定的会计软件，但在使用前并未进行汉化，导致会计监督人员在履行监督职责时出现障碍。因此，工作规范中对此问题予以重申。

该条规定包括两方面要求：一是软件界面要使用中文，也就是软件的功能菜单、操作向导、表单格式、提示信息、帮助文件等都要使用中文；二是要有对中文处理的支持，也就是要有符合中国国家标准的汉字编码支持能力，使汉字能在系统中正确输入、显示和打印。两者是不同的概念，需要同时满足。

（三）会计软件应当提供符合国家统一的会计准则制度的会计科目分类和编码功能

该条规定并非强制要求企业的每个科目及其代码都与财政部发布的会计科目表相一致，而是要求会计软件具有与会计准则制度相符合的科目分类和编码方式。也就是说，会计科目应当按资产、负债、所有者权益、成本、损益等项目划分一级科目类别，同时科目编码也应当采用数字，通过首位数区分科目所属会计要素类别。

该项规定是要改变现有的部分会计软件采用了不同于会计准则制度的科目分类和编码的做法，例如，按照采购、销售等不同业务类别设置一级分类；按照辅助核算项目设置一级科目；科目编码采用或掺杂英文字母等。这些做法源于不同的会计数据组织方法，尽管其核算的最终结果可能与按照准则制度的核算结果一致，但其过程有其特殊的逻辑，不易被会计监督人员理解，也就无法证明其结果的合规性。

当然，提供符合国家统一的会计准则制度的会计科目分类和编码功能，并不排斥会计软件提供其他分类和编码功能。会计软件可以在一套基础数据上按照不同分类方式组织会计数据。

（四）会计软件应当提供符合国家统一会计准则制度的会计凭证、账簿和报表的显示功能和打印功能

会计制度并未对凭证和账簿（这里指分类账和日记账）有统一的规定，但《会计基础工作规范》相关条款对凭证、账簿所必须记载的事项是有规定的。而在我国会计实务中，凭证和账簿有约定俗成的格式，市场销售的空白凭证和账簿的格式也都大同小异。这种约定俗成的凭证、账簿格式一直以来被会计制度默认。可以说，这些惯例也是会计制度的有机组成部分。会计软件显示和打印的凭证、账簿，应当符合《会计基础工作规范》规定的内容和行业约定俗成的格式。

（五）会计软件应当提供不可逆的记账功能

提供不可逆的记账功能是指确保对同类已记账凭证进行连续编号，不得提供对已记账凭证的删除和插入功能，不得提供对已记账凭证日期、金额、科目和操作人的修改功能。

信息化条件为数据的增、删、改提供了前所未有的便捷。但便利性是把双刃剑，它能提高会计工作的效率，同时也对会计核算过程的可信度和可追溯性造成威胁。如会计软件提供反审核、反记账、反结账等各种逆向操作功能，将导致会计核算过程失去严肃性，核算结果可随意改变。这正是当前会计软件乱象中比较突出的问题，也是工作规范重点治理的领域之一。

当然，效率也是要兼顾的目标。信息化环境下，会计处理过程除了凭证等证据外，还可以有用户操作日志详细记录每项操作。这种会计控制方法与手段，在不妨碍会计处理过程可追溯的前提下，提高了会计工作效率。

（六）鼓励软件供应商在会计软件中集成可扩展商业报告语言（XBRL）功能，便于企业生成符合国家统一标准的 XBRL 财务报告

2010 年 10 月，国家标准化管理委员会发布了《可扩展商业报告语言技术规范》系列国家标准，财政部同时发布了《企业会计准则通用分类标准》，分别在技术和业务层面建立了我国 XBRL 应用的标准体系。此后，财政部组织了《企业会计准则通用分类标准》实施工作，要求实施企业向财政部报送 XBRL 格式年度财务报告。至 2013 年，实施企业包括大型中央企业、银行业金融机构、保险公司、地方大中型企业共计 206 家。

随着 XBRL 应用的深入发展，更多的企业将采用“嵌入式”的编报方式，通过会计软件系统将数据直接生成 XBRL 实例文档。因此，工作规范鼓励供应商在会计软件中集成 XBRL 功能。

（七）会计软件应当具有符合国家统一标准的数据接口，满足外部会计监督需要

随着会计信息化的发展，会计监督也在不断迈向信息化。与此同时产生了一种新的检查方式，就是监督人员从企业会计系统中直接调取电子会计资料，通过审计软件查阅、分析会计资料，找出问题。但是，由于各种会计软件没有统一数据接口，调取不同软件中的数据需要不同的工具，各级政府部门、会计师事务所也各自开发自己的工具，造成了资源的极大浪费，监督的效果也不理想。除会计监督外，企业升级、更换会计软件，也面临着前后两种软件数据格式不一致，无法进行安全、有效的数据迁移，造成电子会计资料在迁移中的损失的问题。

会计软件数据接口的国家标准则致力于解决上述问题。会计、审计软件只要都遵循这一标准，那么，不需要开发繁杂的接口工具，就可以实现数据的交换，满足会计监督以及其他需求。为了配合这一规定的贯彻落实，全国会计信息化标准化技术委员会正着手开展会计软件数据接口的国家标准的制定工作。

（八）会计软件应当具有会计资料归档功能

会计软件应当提供导出会计档案的接口，在会计档案存储格式、元数据采集、真实性与完整性保障方面，符合国家有关电子文件归档与电子归档管理的要求。

企业在购买、实施会计软件时，应充分听取本企业档案部门对于电子会计资料的规定范围、元数据项归档后的存储位置、归档储存格式等方面的意见，使电子会计资料能够顺利归档。

（九）会计软件应当记录生成用户操作日志

会计软件应当记录生成用户操作日志，还应确保日志的安全、完整，提供按操作人员、操作时间和操作内容查询日志的功能，并能以简单易懂的形式输出。

用户操作日志是信息化带来的重要环境变量,也是工作规范制定中的重要考虑因素。在提高会计工作便利性、效率性的同时,日志就承担起更多的记录和还原核算过程的责任。

供应商应当在详细梳理会计软件功能菜单的基础上,以会计监督需求为导向,逐项确定应当进行日志记录的用户操作种类和相应操作内容,设计开发完善的日志功能。

(十)以远程访问、云计算等方式提供会计软件的供应商,应当在技术上保证客户会计资料的安全、完整

"会计软件云"是依托于高速互联网的一种全新会计软件服务和使用模式。它是指会计原软件未安装在企业本地,而是运行于供应商的远端服务器,用户通过互联网使用软件,会计资料也存储在远端服务器中。其本质是会计软件和服务器资源的租用。目前,主流供应商都看好这一服务发展前景,推出了自己的会计软件云服务。

对于因供应商原因造成客户会计资料泄露、损毁的,客户可以要求供应商承担赔偿责任。

(十一)客户以远程访问、云计算等方式使用会计软件生成的电子会计资料归客户所有

软件供应商应当提供符合国家统一标准的数据接口供客户导出电子会计资料,不得以任何理由拒绝客户导出电子会计资料的请求。

(十二)以远程访问、云计算等方式提供会计软件的供应商,应当做好本厂商不能维持服务情况下,保障企业电子会计资料安全以及企业会计工作持续进行的预案,并在相互服务合同中与客户就该预案做出约定

由于商业的、管理的、技术的或者不可抗力等风险,会计软件云服务存在着中断的可能,如供应商解散清算、服务器遭受攻击瘫痪等。在这种情况下,可能会有大量企业的会计资料安全受到威胁,会计工作的持续运行受到影响。为避免这一情况的出现,工作规范要求供应商提前做好预案,保障用户会计资料的安全和会计工作的持续。同时,供应商还要以适当方式将预案内容告知客户,作为客户与供应商的合同内容的一部分。

(十三)软件供应商应当努力提高会计软件相关服务质量

软件供应商按照合同约定及时解决用户使用中的故障问题。会计软件存在影响客户按照国家统一的会计准则制度进行会计核算问题的,软件供应商应当为用户免费提供更正程序。

(十四)鼓励软件供应商采用呼叫中心、在线客服等方式为用户提供实时技术支持

这是引导软件供应商提高服务即时性的要求。信息技术的发展,不仅带来会计软件功能的完善以及性能的提高,也为会计软件相关服务水平的提升、服务模式的创新提供了可能。供应商在关注新技术对软件的影响、改进软件的同时,也可以思考新技术在改善服务方面所能发挥的作用。例如,现在一些即时通信软件中集成了远程桌面功能,使远程控制成为大众化的工具,不再需要专门的客户端软件,这为技术支持人员解决客户疑难问题提供了一种新的渠道。

(十五)提供其他相关资料

软件供应商应当就如何通过会计软件开展会计监督工作,提供专门教程和相关资料。

二、企业会计信息化的工作规范

(一)会计信息化建设

1. 企业应当充分重视会计信息化工作,加强组织领导和人才培养,不断推进会计信息化在本企业的应用。除委托代理机构记账的企业外,企业应当指定专门机构或者岗位负责会计信息化工作。未设置会计机构和配备会计人员的企业,由其委托的代理记账机构开展

会计信息化工作。

2. 企业开展会计信息化工作，应当根据发展目标和实际需要，合理确定建设内容，避免投资浪费。

3. 企业开展会计信息化工作，应当注重信息系统与经营环境的契合，通过信息化推动管理模式、组织架构、业务流程的优化与革新，建立健全适应信息化工作环境的制度体系。

4. 大型企业、企业集团开展会计信息化工作，应当注重整体规划，统一技术标准、编码规则和系统参数，实现各系统的有机整合，消除信息孤岛。

5. 企业配备会计软件，应当根据自身技术力量以及业务需求，考虑软件的功能、安全性、稳定性、响应速度、可扩展性等要求，合理选择购买、定制开发、购买与开发相结合等会计软件配备方式。

6. 企业通过委托外部单位开发、购买等方式配备会计软件的，应当在有关合同中约定操作培训、软件升级、故障解决等服务事项，以及软件供应商对企业信息安全的责任。

7. 企业应当促进会计信息系统与业务信息系统的一体化，通过业务的处理直接驱动会计记账，减少人工操作，提高业务数据与会计数据的一致性，实现企业内部信息资源共享。

8. 企业应当根据实际情况，开展本企业信息系统与银行、供应商、客户等外部单位信息系统的互联，实现外部交易信息的集中自动处理。

9. 企业进行会计信息系统前段系统的建设和改造，应当安排负责会计信息化工作的专门机构或者岗位参与，充分考虑会计信息系统的数据需求。

10. 企业应当遵循企业内部控制规范体系要求，加强对会计信息系统规划、设计、开发、运行、维护全过程的控制，将控制过程和控制规则融入会计信息系统，实现对违反控制规则情况的自动防范和监控，提高内部控制水平。

11. 处于会计核算信息化阶段的企业，应当结合自身情况，逐步实现资金管理、资产管理、预算控制、成本管理等财务管理信息化；处于财务管理信息化阶段的企业，应当结合自身情况，逐步实现财务分析、全面预算管理、风险控制、绩效考核等决策支持信息化。

（二）信息化条件下的会计资料管理

1. 对于信息系统自动生成且具有明晰审核规则的会计凭证，可以将审核规则嵌入会计软件，由计算机自动审核。未经自动审核的会计凭证，应当先经人工审核再进行后续处理。

2. 分公司、子公司数量多且分布广的大型企业、企业集团应当探索如何利用信息技术促进会计工作的集中管理，逐步建立财务共享服务中心。

3. 外商投资企业使用的境外投资商指定的会计软件或者跨国企业集团统一部署的会计软件，应当符合会计软件和服务规范的要求。

4. 企业会计信息系统数据服务器的部署应当符合国家有关规定。数据服务器部署在境外的，应当在境内保存会计资料备份，备份频率不得低于每月一次。境内备份的会计资料应当在境外服务器不能正常工作时，独立满足企业开展会计工作的需要以及外部会计监督的需要。

5. 企业会计资料中对经济业务事项的描述应当使用中文，可以同时使用外国或者少数民族文字对照。

6. 企业应当建立电子会计资料备份管理制度，确保会计资料的安全、完整和会计信息系统的持续、稳定运行。

7. 企业不得在非涉密信息系统中存储、处理和传输涉及国家机密、关系国家经济信息安全的电子会计资料；未经有关主管部门批准，不得将其携带、寄运或者传输至境外。

8. 企业内部生成的会计凭证、会计账簿和辅助性会计资料，同时满足下列条件的，可以不输出纸面资料：(1)所记载的事项属于本企业重复发生的日常业务；(2)由企业信息系统自动生成；(3)可及时在企业信息系统中以人类可读形式查询和输出；(4)企业信息系统具有防止相关数据被篡改的有效机制；(5)企业对相关数据建立了电子备份制度，能有效防范自然灾害、意外事故和人为破坏的影响；(6)企业对电子和纸面会计资料建立了完善的索引体系。

9. 企业获得的需要外部单位或者个人证明的原始凭证和其他会计资料，同时满足下列条件的，可以不输出纸面资料：(1)会计资料附有外部单位或者个人的、符合《中华人民共和国电子签名法》的可靠电子签名；(2)电子签名经符合《中华人民共和国电子签名法》的第三方认证；(3)所记载的事项属于本企业重复发生的日常业务；(4)可及时在企业信息系统中以人类可读形式查询和输出；(5)企业对相关数据建立了电子备份制度，能有效防范自然灾害、意外事故和人为破坏的影响；(6)企业对电子和纸面会计资料建立了完善的索引体系。

10. 企业会计资料的归档，遵循国家有关会计档案管理的规定。

11. 实施企业会计准则通用分类标准的企业，应当按照有关要求向财政部报送 XBRL 财务报告。

三、会计信息化的监督管理

1. 企业使用会计软件不符合《企业会计信息化工作规范》(以下简称《规范》)要求的，由财政部门责令限期改正。限期不改的，财政部门应当予以公示，并将有关情况通报同级相关部门或其派出机构。

2. 财政部采取组织同行评议、向用户企业征求意见等方式对软件供应商提供的会计软件遵循《规范》的情况进行检查。省、自治区、直辖市人民政府财政部门发现会计软件不符合《规范》的，应当将有关情况报财政部。

任何单位和个人发现会计软件不符合《规范》的，有权向所在地省、自治区、直辖市人民政府财政部门反映，财政部门应当根据反映开展调查，发现会计软件不符合《规范》的，应当将有关情况报财政部。

3. 软件供应商提供的会计软件不符合《规范》的，财政部可以约谈该供应商主要负责人，责令限期改正。限期内未改正的，由财政部予以公示，并将有关情况通报相关部门。

任务三　用友 ERP - U8 V10.1 软件安装认知

一、用友 ERP - U8 V10.1 软件简介

目前中国在世界经济环境中所起的作用越来越大，中小企业面对的客户也逐渐扩展到世界各地，企业开始间接或直接地参与到全球市场中去。中小企业所要面对的是直接面向客户的作业模式，更短的产品生命周期使竞争进一步加剧，应用 ERP 软件可以快速复制标杆的运营模式，贯彻企业制度、规范管理理念，并能依靠 ERP 快速地进行管理创新，提高持续竞争能力。用友软件已形成 NC、U8、“通”三条产品和业务线，分别面向大、中、小型企业提供软件和服务，用友软件的产品已全面覆盖企业从创业、成长到成熟的完整生命周期，能够为各类企业提供适用的信息化解决方案，满足不同规模企业在不同发展阶段的管理需求，并实现平滑升级。用友 ERP - U8 是一套企业级的解决方案，满足不同的竞争环境下，不同的制造、商务模式下，以及不同的运营模式下的企业经营，实现从企业日常运营、人力资

源管理到办公事务处理等全方位的产品解决方案。用友 ERP - U8 是以集成的信息管理为基础,以规范企业运营、改善经营成果为目标,帮助企业"优化资源,提升管理",实现面向市场的营利性增长。用友 ERP - U8 也是一个企业经营管理平台,用以满足各级管理者对信息化的不同要求:为高层经营管理者提供大量收益与风险的决策信息,辅助企业制定长远发展战略;为中层管理人员提供企业各个运作层面的运作状况,帮助进行各种事件的监控、发现、分析、解决、反馈等处理流程,力求做到投入产出最优配比;为基层管理人员提供便利的作业环境、易用的操作方式,以实现工作岗位、工作职能的有效履行。

用友 ERP - U8 V10.1 系统为 2011 年 12 月发布的产品,包括以下产品:企业门户、财务会计、管理会计、供应链管理、生产制造、分销管理、零售管理、决策支持、人力资源管理、办公自动化、集团应用、企业应用集成。

二、用友 ERP - U8 V10.1 软件安装说明

(一)运行环境配置

1. 安装操作系统及其关键补丁

(1)Windows XP - SP2(及更高版本补丁);

(2)Windows 2003 - SP2(包括 R2)(及更高版本补丁);

(3)Vista - SP1(及更高版本补丁);

(4)Windows 2008 - SP1 (及更高版本补丁);

(5)Windows 7(SP1 或更高版本补丁);

(6)Windows 10 等。

2. 互联网信息服务

IIS5.1 或更高版本。

3. 数据库

(1)Microsoft SQL Server 2000 + SP4(或更高版本);

(2)Microsoft SQL Server 2005 + SP2(或更高版本);

(3)Microsoft SQL Server 2008 + SP1(或更高版本补丁);

(4)Microsoft SQL Server 2008 R2。

4. 浏览器

支持微软 IE 浏览器 IE6.0 + SP1 和以上版本(IE7,IE8,IE9)。

5. .NET 运行环境

(二)软件安装步骤

1. 确保计算机满足上面所说的环境配置要求。

2. 打开光盘目录,双击 SetupShell.exe 文件,运行 U8 V10.1 安装程序。

3. 弹出提示,单击"是"按钮,打开图 1 - 1 所示界面。

4. 点击安装 U8 V10.1,单击"下一步",确认许可证协议;检测是否存在历史版本的 U8 产品。如图 1 - 2 所示。

图1-1　选择安装内容界面

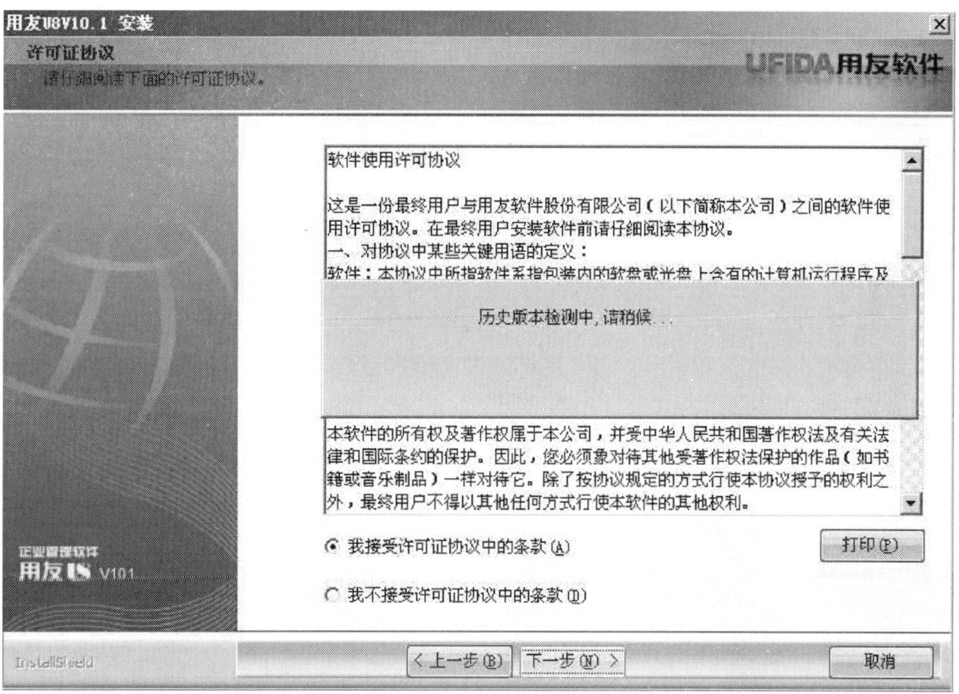

图1-2　检测版本

5. 录入用户信息，如图 1-3 所示。

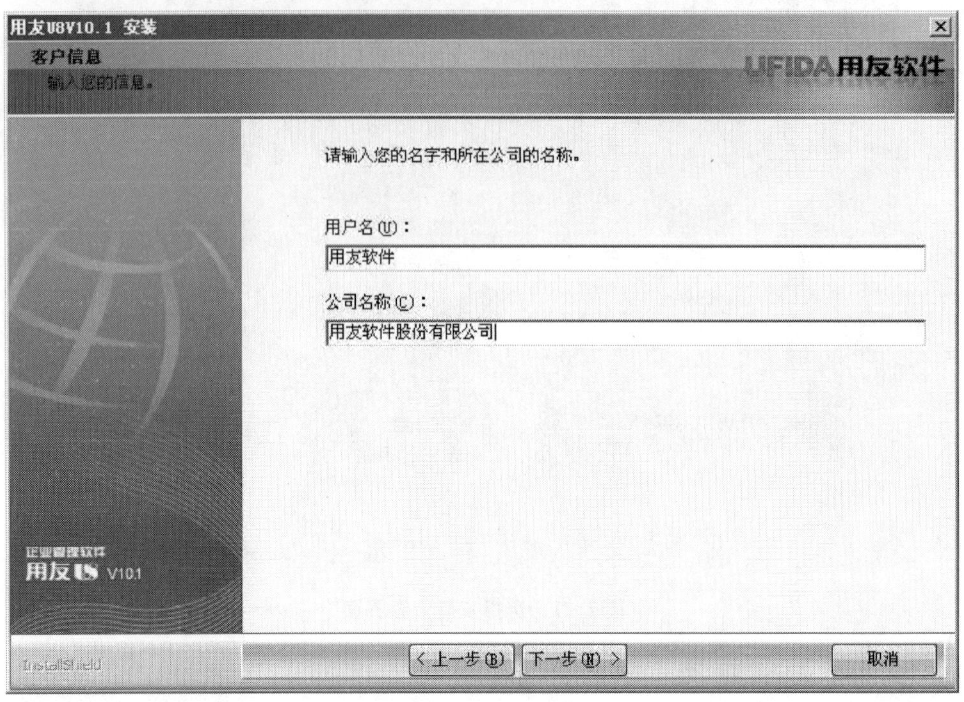

图 1-3　录入用户信息

6. 选择安装路径，默认系统盘的“U8SOFT”，并控制不允许安装在根目录下，如图 1-4 所示。

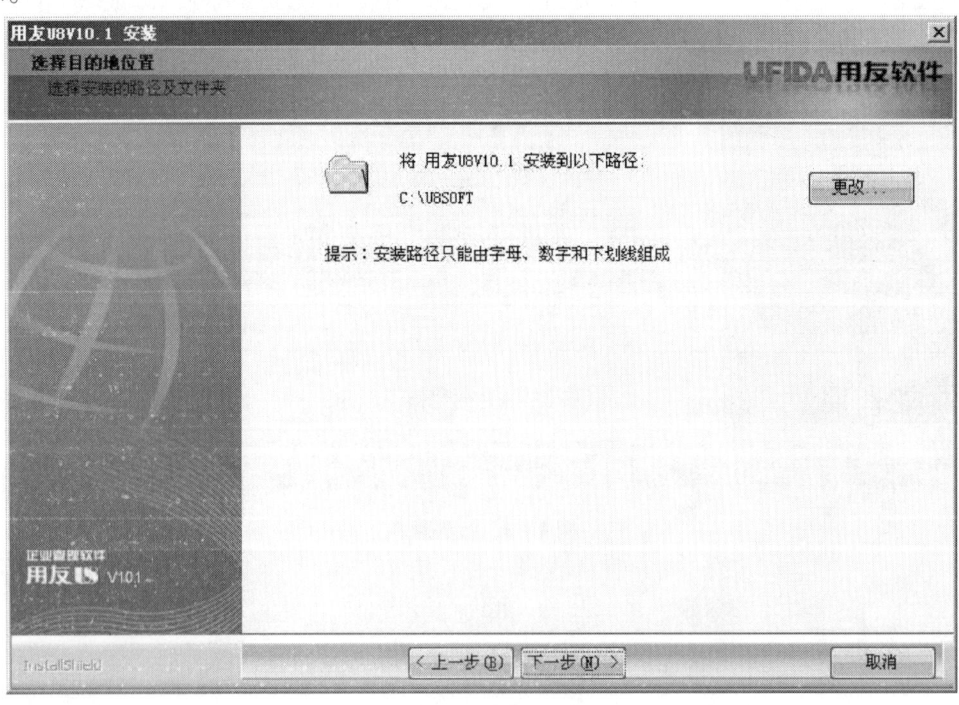

图 1-4　选择安装目的地

7. 选择安装类型:选择“全产品”,如图1－5所示。

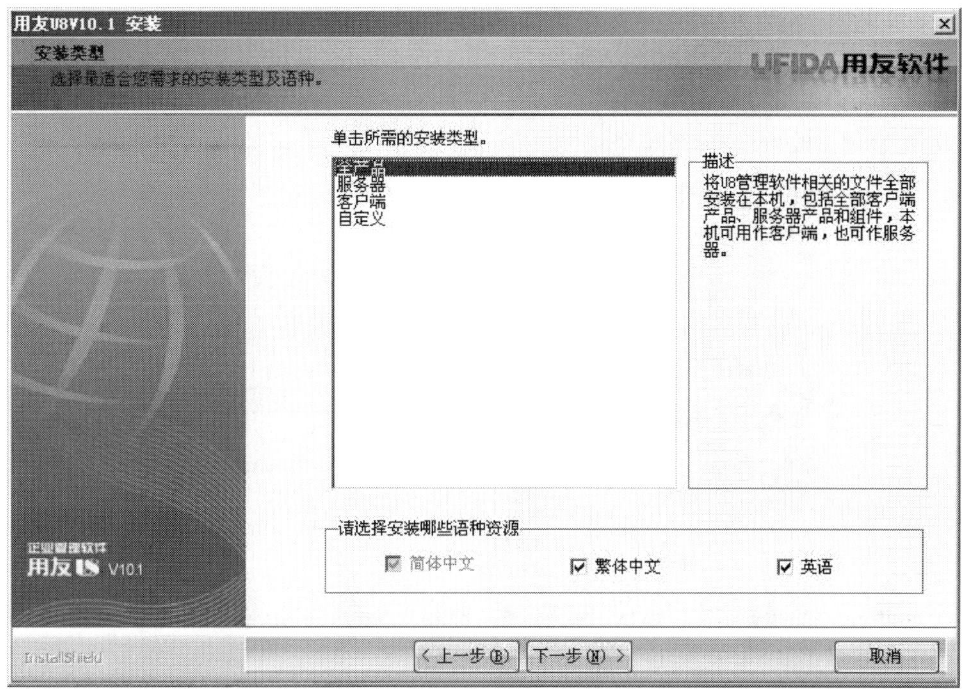

图1－5　安装类型

8. 环境检测,如图1－6所示,单击“检测”,然后打开“系统环境检查”,如图1－7所示,单击“确定”打开“可以安装程序了”,单击“安装”,如图1－8所示(此时安装时间较长,请用户耐心等待)。

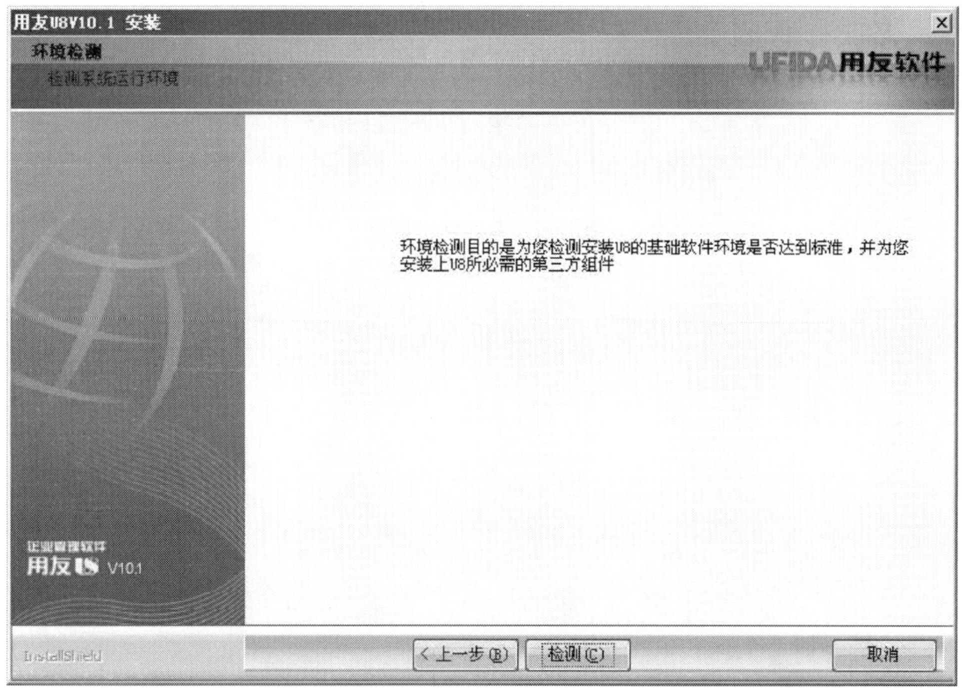

图1－6　环境检测

9. 安装完成,单击"确定",重启计算机,如图 1 - 9 所示。重启之后,出现"正在完成最后的配置",如图 1 - 10 所示,输入数据库名称和口令,单击"测试连接"则出现成功提示,单击"完成",选择"需要初始化数据库"。

10. 初始化完成后,进行系统登录,安装完成。

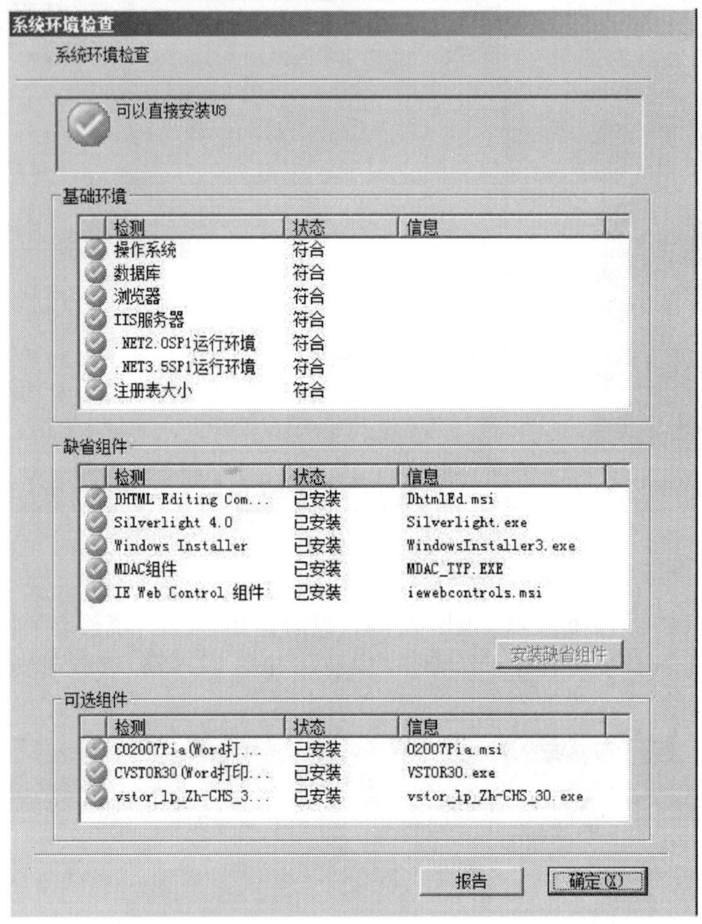

图 1 - 7　系统环境检查

用友U8V10.1 安装
安装状态
UFIDA用友软件
InstallShield(R) Wizard 正在安装 用友U8V10.1
安装
C:\WINDOWS\system32\GAPI32.DLL
用友U8 V10.1
InstallShield
取消

图1-8　安装

用友U8V10.1 安装
UFIDA用友软件
InstallShield Wizard 完成
InstallShield Wizard 已成功安装 用友ERP-U890，在使用该程序之前，必须重新启动计算机。
是，立即重新启动计算机。
否，稍后再重新启动计算机。
从驱动器中取出所有磁盘，然后单击“完成”以完成安装。
用友U8 V10.1
InstallShield
< 上一步(B)
完成
取消

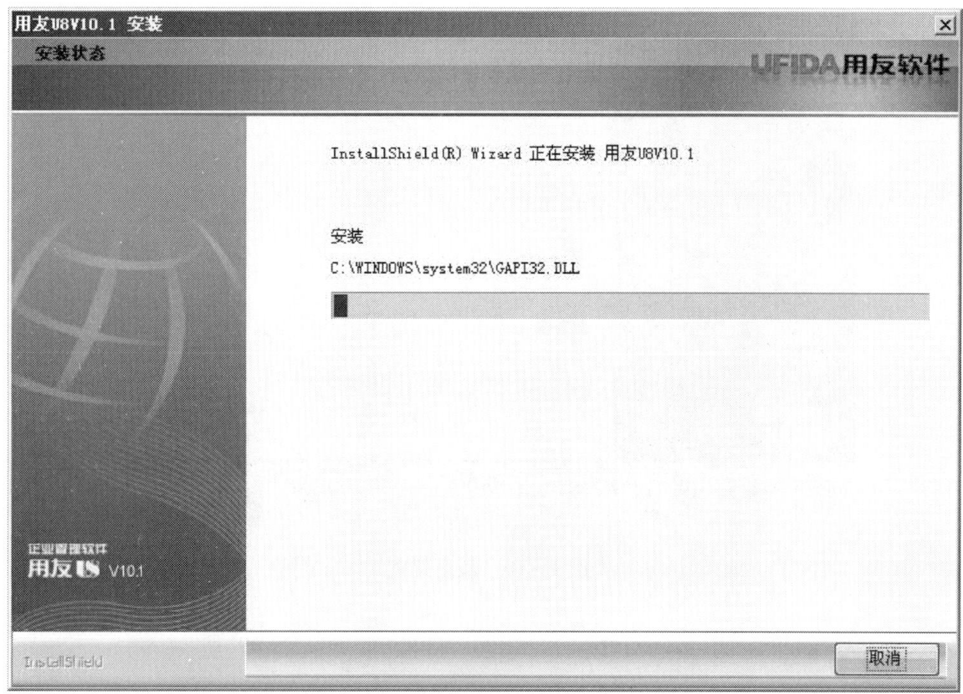

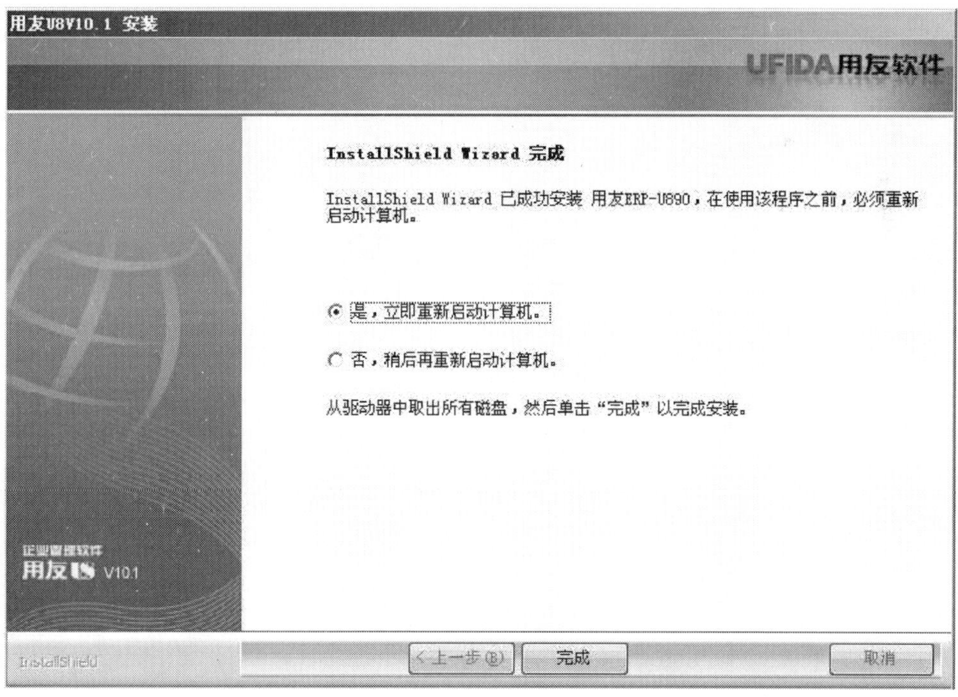

图1-9　重启

用友U8V10.1 安装
正在完成最后的配置
数据源配置
数据库
SA口令
测试连接
企业管理软件
用友U8 V10.1
请设置数据源，点击［完成］结束.
完成

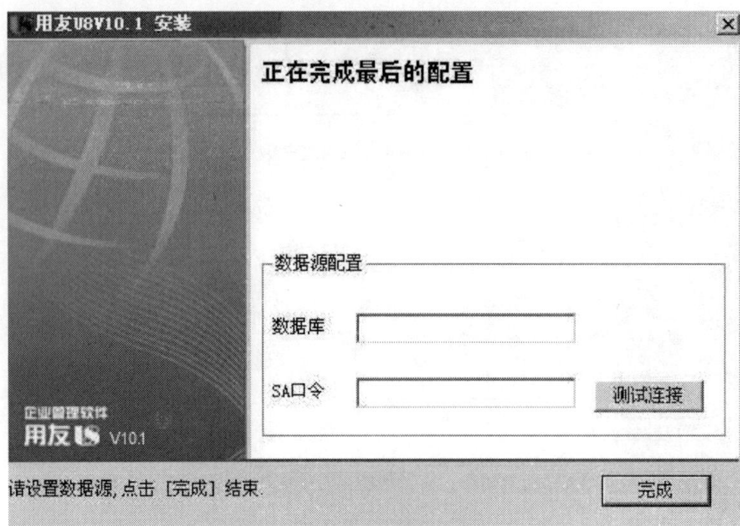

图 1－10　最后配置

项目二　系统管理

【学习目标】

1. 了解系统管理的主要功能及作用；
2. 熟悉系统管理的主要内容及操作流程；
3. 掌握建立账套、用户管理、权限设置、账套备份与引入的方法；
4. 具备系统管理和维护的基本技能。

【重点难点】

财务分工、账套备份与引入和账套维护。

任务一　系统管理认知

一、系统管理的主要功能及作用

系统管理是用友 ERP－U8 管理软件中的重要组成部分，它为各子系统提供了一个公共平台，是系统正常运行的基础。系统管理的主要功能是对用友 ERP－U8 管理软件所属的各个产品模块进行统一的操作管理和数据维护，其主要功能包括以下几个方面：

1. 账套管理：包括账套的建立、账套修改、数据引入（恢复）和输出（备份）；
2. 对操作员及其操作权限的统一管理：包括增加用户、角色的划分与管理、操作员权限的设定与分配等；
3. 对年度账的统一管理：包括年度账的建立、清空、引入、输出和结转上年数据等；
4. 对账套的安全管理：包括设置自动备份计划、清除系统运行的异常情况，以及查看上机日志等。

系统管理是整个系统的运行基础，它为其他子系统提供了公共账套、年度账及其他相关的基础数据，各子系统的操作员也需要在系统管理中统一设置并分配权限。

二、系统管理的主要操作流程

对于首次采用用友 ERP－U8 软件的用户来说，系统管理模块的主要操作流程包括：登录系统管理→增加操作员→建立账套→启用各子系统→设置操作员权限→账套维护（包括账套备份、账套修改、账套引入和账套库的维护）。

【知识扩展】

1. 账套、年度账与账套库

账套是指一组相互关联的数据，一般来说，每一个企业（或每一个独立核算部门）的数据在系统内部都体现为一个账套。在用友 ERP－U8 管理软件中，每个账套里都存放着企业不同年度的数据，称为年度账。账套是账套库的上一级，账套由一个或多个账套库组成，一个账套库含有一年或多年的数据，一个账套对应一个企业或核算单位，账套中的某个账套库对应这个企业的某年度区间内的业务数据，同时具有账套和账套库两层结构，便于企业管理,也方便数据备份和引入,提高应用效率。

2. 系统管理员和账套主管

系统管理员负责整个系统的总体控制和数据维护工作,可以管理系统中的所有账套,系统管理员是软件默认并固定的(用户名为 admin),他可以进行建账、账套备份和引入、设置用户和权限、指定账套主管等。账套主管是系统管理员在建立账套过程中指定的管理该账套的主管,可以进行所选账套的维护工作,包括账套修改、账套库管理以及该账套操作员权限的设置。

三、案例企业概况

(一)企业基本情况

秦皇岛云河有限公司(简称:云河公司)的注册类型为有限责任公司,公司位于秦皇岛市海港区港城大街,主要经营范围包括生产和销售 P1 和 P2 产品,公司法定代表人为宋江,联系电话和传真均为:0335 - 88888888,公司为一般纳税人(纳税登记号:12140000505491122),开户银行为工商银行秦皇岛开发区支行。公司总经理管理综合部、财务部、采购部、生产部(包括一车间、二车间)、销售部、仓储部等部门。

(二)操作员及权限(表 2 - 1)

表 2 - 1 操作员及权限

操作员编号	操作员姓名	所属部门	职务	操作分工
0101	袁经理	综合部	总经理	负责各系统初始设置
0201	张主管	财务部	财务主管	负责记账凭证的审核、收付款单的复核、对账、结账、编制会计报表、财务指标分析
0202	李出纳	财务部	出纳	负责出纳工作、收付款单的填制、票据管理
0203	王会计	财务部	会计	负责总账(填制、查询凭证、账表、期末处理、记账)、应付款和应收款管理(不含收付款单填制)、固定资产和薪资管理

(三)内部会计制度

1. 会计科目编码

会计科目编码采用 4 - 2 - 2 - 2 - 2 方式,即一级科目 4 位字长,二级科目 2 位字长,三级科目 2 位字长,四级科目 2 位字长,五级科目 2 位字长。

2. 辅助核算要求

日记账:库存现金、银行存款;

银行账:银行存款;

客户往来:应收票据、应收账款、预收账款;

供应商往来:应付票据、应付账款、预付账款;

部门核算:对生产成本、制造费用和管理费用的下级科目进行部门核算;

项目核算:对生产成本和主营业务收入两项进行项目核算。

3. 记账凭证的基本规定

录入或生成"记账凭证"均由指定的会计人员操作,含有库存现金和银行存款科目的记账凭证均需出纳签字。记账凭证分收、付、转三种类型,为保证财务和业务数据的一致性,能在业务系统生成的记账凭证不得在总账系统直接录入。根据原始单据生成记账凭证时,除特殊规定外不采用合并制单。

4. 货币资金的核算方法

采用的结算方式包括现金、现金支票、转账支票、银行承兑汇票、商业承兑汇票、电汇、同城特约委托收款、银行汇票等。在系统中没有对应结算方式时,其结算方式为“其他”,每日末对库存现金进行实地盘点,每月根据银行对账单核对清查银行存款。

5. 职工薪酬的核算方法

公司按照有关规定由单位承担并缴纳的养老保险、医疗保险、失业保险、工伤保险、生育保险、住房公积金按“五险一金计提基数”的20%,7%,2%,0.5%,0.5%,12%计算;职工个人承担的养老保险、医疗保险、失业保险、住房公积金按“五险一金计提基数”的8%,2%,1%,12%计算。按“五险一金计提基数”的2%计提工会经费,按“五险一金计提基数”的2.5%计提职工教育经费,“五险一金计提基数”为基本工资加岗位工资。各类社会保险金和住房公积金当月计提,下月缴纳。职工福利费按应发工资总额的14%计提,按照国家有关规定,单位代扣个人所得税,其费用扣除标准为3500元,附加费用为1300元,工资分摊采用合并制单。

6. 固定资产的核算方法

固定资产包括房屋及建筑物、机器设备、交通运输设备和电子设备,均为在用状态;采用平均年限法——按月计提折旧;同期增加多个固定资产时,不采用合并制单。

7. 存货的核算方法

存货包括库存商品P1和P2、原材料R1和R2,生产1件P1产品的主要材料为1个R1,生产1件P2产品的主要材料为1个R1和1个R2,各类存货按照实际成本核算,采用永续盘存制;存货发出的计价方法采用“全月一次加权平均法”,存货对方科目均使用“在途物资”科目。

8. 税费的处理

公司为增值税一般纳税人,增值税税率为17%,运费按11%作进项税额抵扣;按当期应交增值税的7%计算城市维护建设税、按3%计算教育费附加,企业所得税采用资产负债表债务法,除应收账款外,假设资产、负债的账面价值与其计税基础一致,未产生暂时性差异,企业所得税的计税依据为应纳税所得额,税率为25%,假设按月预计,按月预缴,全年汇算清缴。

9. 坏账损失的处理

除应收账款外,其他的应收款项不计提坏账准备。每季季末,按应收账款余额百分比法计提坏账准备,提取比例为1%。

10. 损益结转采用账结法

每月末将各损益类账户余额转入本年利润账户,结转时按收入和支出分别生成记账凭证。

11. 其他要求

由系统功能生成的凭证不允许修改借贷方向。

任务二　用户管理及建立账套

一、用户管理

用户是指有权登录系统并对系统进行操作的人员,即“操作员”,每次登录系统,都要进行用户身份的合法性检查,只有本账套的合法用户,才能进行相关操作。用户管理主要完成用户的增加、删除、修改等维护工作。

【知识扩展】

用户和角色

角色是指在企业管理中拥有某一类职能的组织,可以是实际的部门,也可以是由拥有同一类职能的人员构成的虚拟组织。通过角色设置可以减少权限分工的工作量,企业可以根据实际情况,设定角色。一个角色可以拥有多个用户,一个用户也可以分属于多个不同的角色。如果企业软件操作员较少,可以不用设置角色,直接设置用户,分配权限即可。本教材案例企业由于操作员较少,因此不再设置角色。

【任务 2.1】 秦皇岛云河有限公司已经完成了会计信息化系统的试运行,从 2017 年 1 月 1 日起采用用友 ERP - U8 V10.1 版软件进行企业核算与管理,实现了计算机替代手工记账,请根据表 2 - 2 完成相应操作。

表 2 - 2 秦皇岛云河有限公司操作员一览表

操作员编号	操作员姓名	所属部门
0101	袁经理	综合部
0201	张主管	财务部
0202	李出纳	财务部
0203	王会计	财务部

操作步骤如下:

1. 双击桌面上的系统管理图标,进入“系统管理”登录窗口。单击“系统”菜单下的“注册”,弹出“登录”对话框,在“登录到”文本框中录入本机的计算机名(或 127.0.0.1),在“操作员”文本框中录入“admin”(大小写都行),默认系统管理员初始密码为空,选择系统默认账套(default),单击“登录”,即可以系统管理员的身份注册进入系统管理。如图 2 - 1 所示。

图 2 - 1 登录系统管理

2. 单击“权限”,单击“用户”,打开“用户管理”对话框后单击“增加”按钮,打开“增加用户”对话框,按照资料录入用户信息,单击“增加”按钮即可保存。如图 2-2 所示。

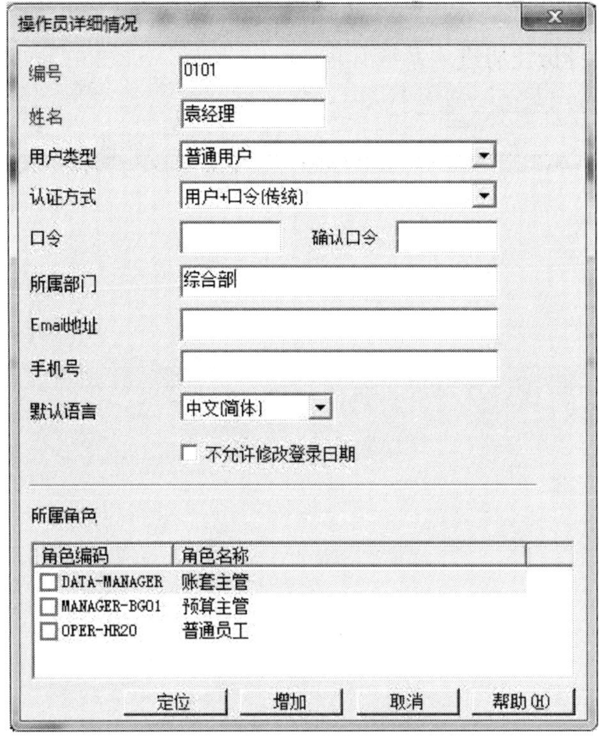

图 2-2 增加用户

3. 继续增加其他操作员,设置完成后单击“取消”或“关闭”按钮退出。

二、建立账套

建立账套就是利用会计软件在会计信息化系统中建立起一套独立完整的企业资源管理系统,一个账套中包含了企业所有的数据。在用友 ERP-U8 V10.1 版软件中最多可以为企业建立 999 个账套,每个账套用一个账套号和一个账套名称来表示,账套号不能重复。

【任务 2.2】 2017 年 01 月 01 日,秦皇岛云河有限公司的建账信息如下:

(1)账套号:101。

(2)账套名称:秦皇岛云河有限公司(简称:云河公司);账套路径:默认;启用日期:2017 年 01 月 01 日;会计期间设置:1 月 1 日—12 月 31 日。

(3)企业名称:秦皇岛云河有限公司(简称:云河公司);地址:秦皇岛市海港区港城大街;法人代表:宋江;邮政编码:066000;联系电话和传真均为:0335-88888888;税号:12140000505491122。

(4)本币名称:人民币(代码:RMB);企业类型:工业;行业性质:2007 年新会计制度科目;按行业性质预置科目。

(5)基础信息:存货、客户、供应商均分类,无外币核算;编码方案:科目编码为 42222,客户和供应商分类编码级次为 11,存货分类编码级次为 222,部门编码级次为 22;收发类别:12,其他采用系统默认值;数据精度:采用系统默认值。

(6)启用总账系统、应收款管理系统、应付款管理系统、固定资产管理系统、薪资管理系统,启用日期统一为:2017 年 01 月 01 日。

操作步骤如下:

1. 以系统管理员身份注册进入系统管理,单击“账套”→“建立”,如图 2-3 所示。

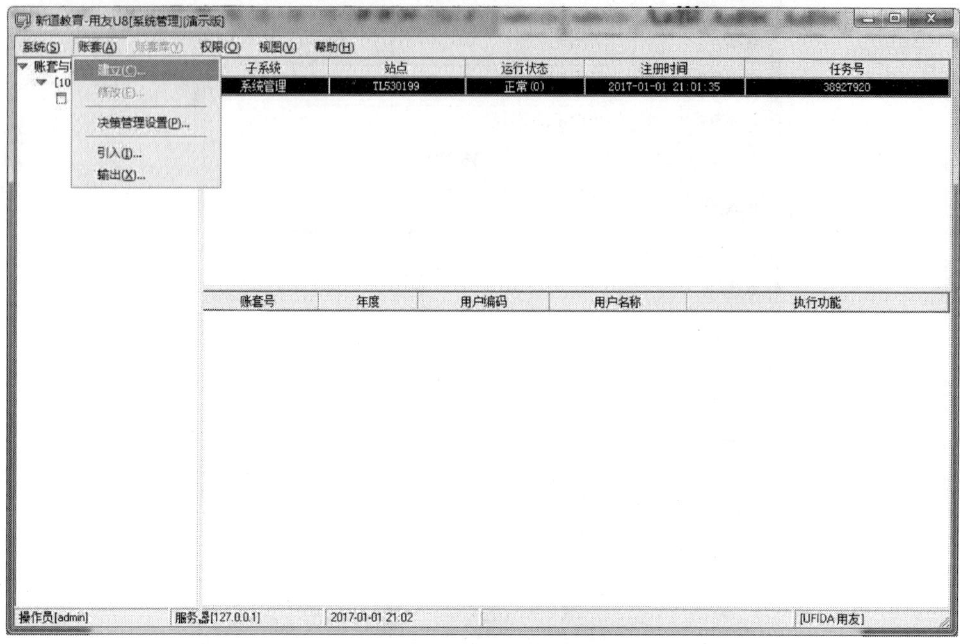

图 2-3 账套→建立

2. 打开“创建账套”对话框,选择“新建空白账套”,单击“下一步”,如图 2-4 所示。

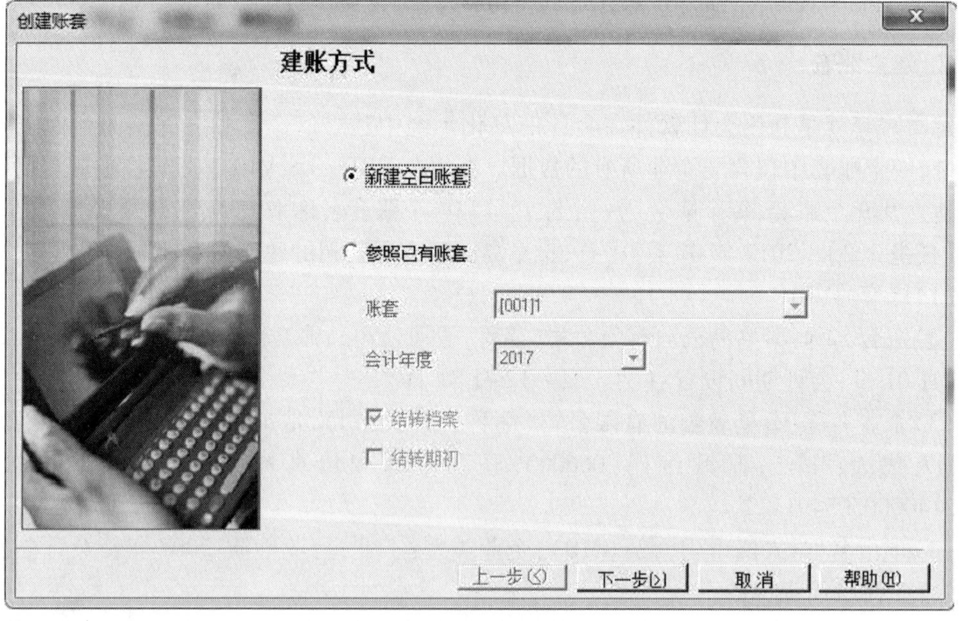

图 2-4 建账方式

3. 在“账套信息”窗口中，输入账套号、账套名称及启用会计期，如图 2－5 所示。

创建账套
账套信息
已存账套 [001]1
账套号(A) 101
账套名称(N) 秦皇岛云河有限公司
账套语言 简体中文 繁體中文 English
账套路径(P) C:\U8SOFT\Admin
启用会计期(Y) 2017 1 月 会计期间设置
是否集团账套
建立专家财务评估数据库 数据库名称
上一步(<) 下一步(>) 取消 帮助(H)

图 2－5　账套信息

温馨提示：

(1)账套号是账套的唯一标识，可以设置 3 位数字，但不能和已有账套号重复；

(2)账套路径是系统默认的用友 ERP－U8 V10.1 软件的安装路径，可以进行修改，本案例要求不再修改，按照默认即可。

4. 单击“下一步”按钮，继续录入单位信息，如图 2－6 所示。

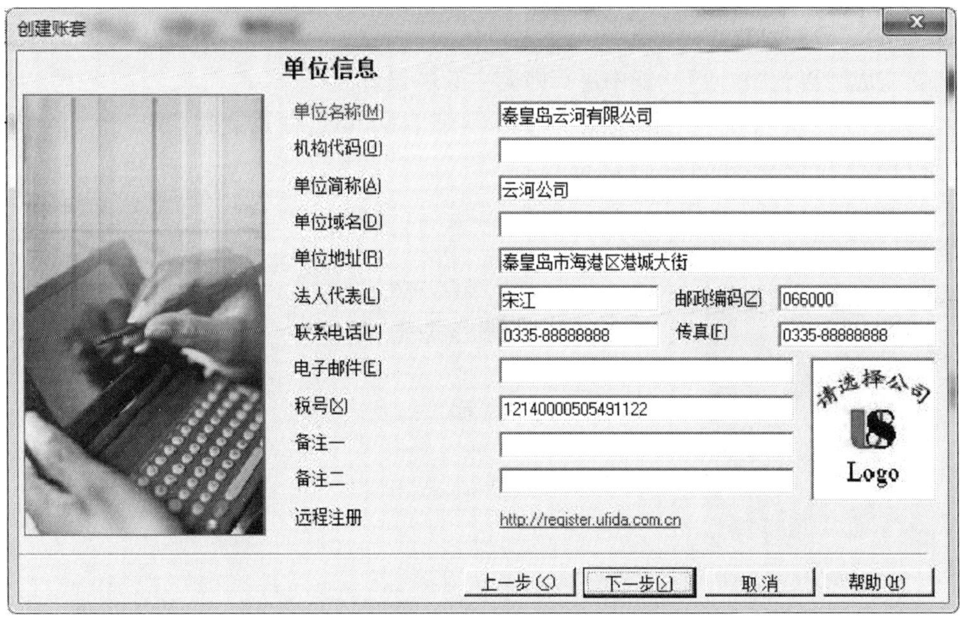

图 2－6　单位信息

温馨提示：

(1)单位信息中的“单位名称”是必须录入的,必须录入的信息以蓝色字体标识(以后同);

(2)单位名称应录入企业全称,以便打印发票时使用。

5. 输入完成后,单击“下一步”,打开“核算类型”,录入核算类型,其中,账套主管选择“0201 张主管”,如图 2－7 所示。

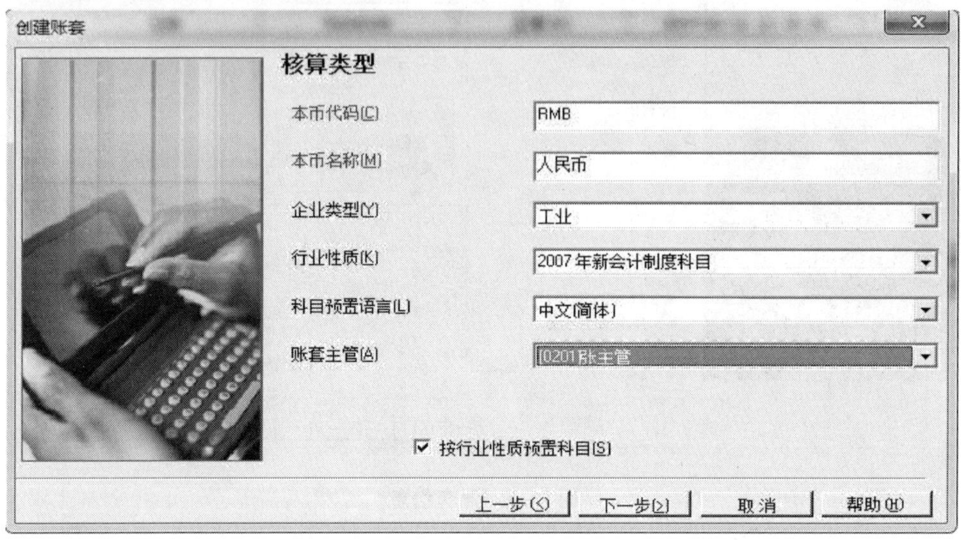

图 2－7　核算类型

温馨提示：

(1)行业性质将决定系统预置科目的内容,必须选择正确;如果选择了按行业性质预置的科目,则系统将根据您选择的行业性质自动添加国家规定的一级科目。

(2)如果事先增加了用户,则可以在建账时选择该用户为该账套的账套主管,如果建账前未设置用户,建账过程中可以先选一个用户作为该账套的主管(一般默认为 demo),等到账套建立完成后再到“权限”功能中进行账套主管的设置。

6. 单击“下一步”,打开“基础信息”,录入基础信息,勾选存货分类、客户分类和供应商分类,不勾选外币核算,如图 2－8 所示。

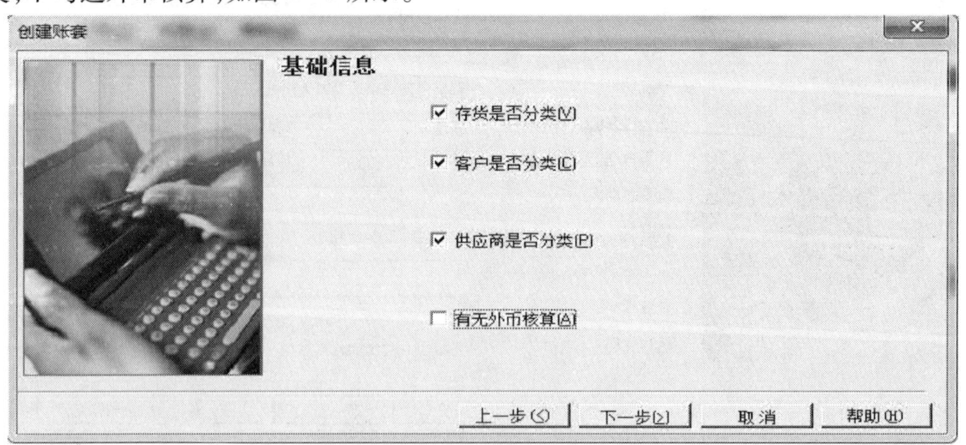

图 2－8　基础信息

7. 录入完毕，单击“下一步”按钮，打开“创建账套—开始”对话框，如图 2－9 所示。

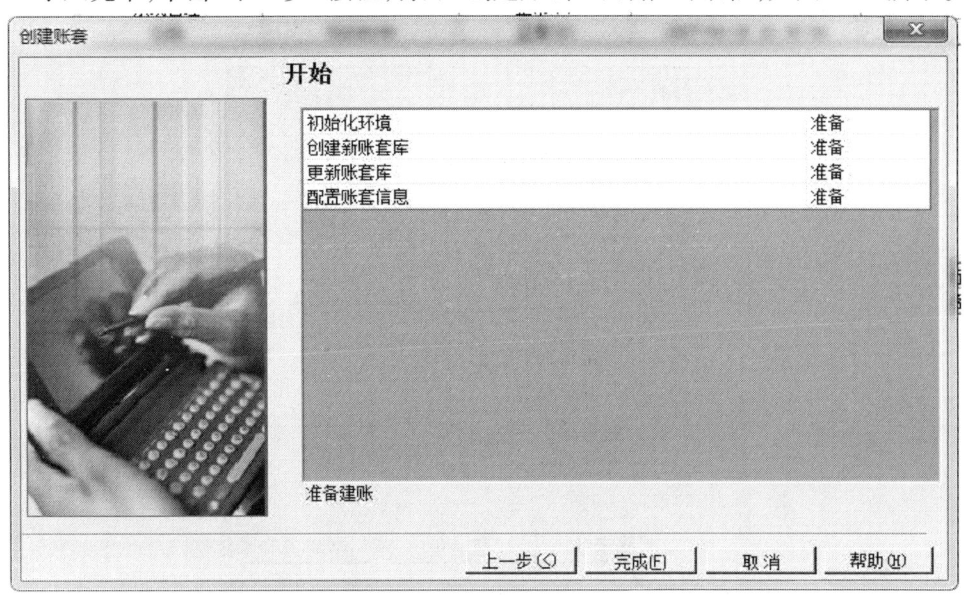

图 2－9　创建账套—开始

8. 单击“完成”按钮，弹出系统提示“可以创建账套了吗?”单击“是”按钮，稍候，建账完成后，系统自动打开“编码方案”对话框，如图 2－10 所示（注意：此处建账时间较长，请耐心等待）。

图 2－10　编码方案

9. 编码方案修改之后,单击“确定”按钮,再单击“取消”按钮,进入“数据精度”对话框,如图 2 – 11 所示。

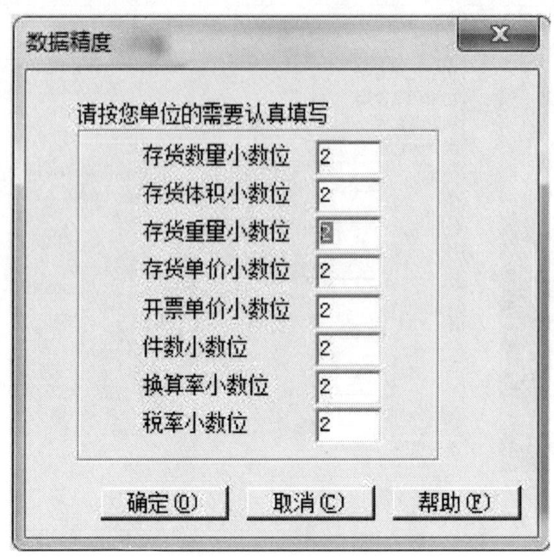

图 2 – 11　数据精度

10. 默认系统预置的数据精度的设置,单击“确定”按钮,系统提示“建账成功,是否进行系统启用设置”,如果此时选择单击“否”按钮,则需要以后在企业应用平台中的基础信息下进行系统启用,根据资料,此处选择“是”,如图 2 – 12 所示。

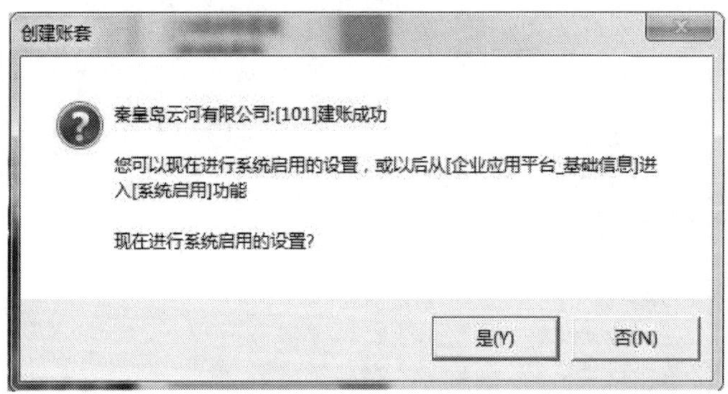

图 2 – 12　建账成功提示

11. 单击“是”按钮,打开“系统启用”对话框,依次启用“总账”“应收款管理”“应付款管理”“固定资产”“薪资管理”,例如单击选中“GL 总账”系统,弹出“日历”对话框,选择系统启用日期为“2017 – 01 – 01”,单击“确定”,系统提示“确实要启用当前系统吗?”,如图 2 – 13所示。

图 2-13　系统启用

12. 结束建账过程,系统弹出提示,单击"确定"按钮返回。

三、修改账套

当系统管理员完成建账后,在未使用相关信息的基础上,可以进行账套修改,以使信息更真实准确地反映企业的相关内容。只有账套主管才能修改账套信息,系统管理员无权修改。具体操作步骤如下:

1. 用户以账套主管的身份注册,选择相应的账套,进入系统管理界面。

2. 选择"账套"菜单中的"修改",则进入修改账套的功能。可以修改的账套信息以白色显示,不可修改的以灰色显示。

3. 按照操作向导逐步完成账套信息的修改后,选择"完成",系统提示修改账套成功。

如果建账后发现账套信息有错误,可以进行账套修改,如果确认无误,则不必修改账套。

任务三　设置操作员权限

用户设置完成之后,需要对操作员进行权限设置,这可以防止与业务无关的人员擅自使用软件。

【任务 2.3】 2017 年 01 月 01 日,秦皇岛云河有限公司的操作员权限分工如表 2-3 所示:

表 2－3　操作员权限分工

操作员编号	操作员姓名	所属部门	系统权限及操作分工
0101	袁经理	综合部	账套主管的全部权限,负责各系统初始设置
0201	张主管	财务部	账套主管的全部权限,负责记账凭证的审核、收付款单的复核、对账、结账、编制会计报表、财务指标分析
0202	李出纳	财务部	总账系统中出纳签字及出纳的所有权限,应收款管理、应付款管理,负责出纳工作、收付款单的填制、票据管理
0203	王会计	财务部	具有公共单据设置、公用目录设置的所有权限、总账、应收款管理、应付款管理,固定资产、薪资管理的所有权限,负责总账(填制、查询凭证、账表、期末处理、记账)、应付款和应收款管理(不含收付款单填制)、固定资产和薪资管理

操作步骤如下:

1. 在系统管理中单击“权限”→“权限”,打开“操作员权限”对话框。

2. 设置“0101 袁经理”权限。在右侧下拉列表中选中“101 秦皇岛云河有限公司”,在左侧用户列表中选中操作员“袁经理”,单击“账套主管”复选框,如图 2－14 所示。

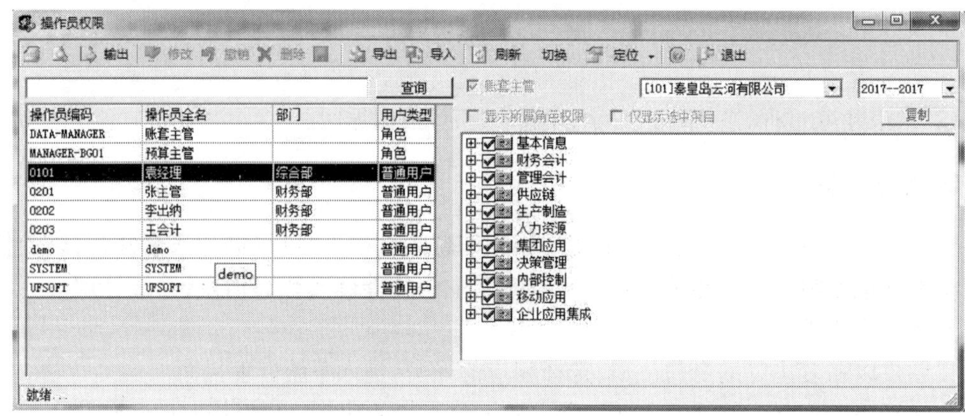

图 2－14　0101 操作员权限

温馨提示:

(1)只有系统管理员才有权限设置或取消账套主管,账套主管拥有该账套所有权限,因此不需要再给账套主管另外赋权。

(2)一个账套可以有多个账套主管。

3. 设置“0201 张主管”权限,在右侧下拉列表中选中“101 秦皇岛云河有限公司”,在左侧用户列表中选中操作员“张主管”,单击“账套主管”复选框,如图 2－15 所示。

4. 设置“0202 李出纳”权限,在左侧用户列表中选中操作员“0202 李出纳”,单击“修改”按钮;在右侧窗口中,单击展开“财务会计→总账”,选中“总账”的“出纳签字”“出纳”,单击选中“应收款管理”“应付款管理”;如图 2－16 所示。

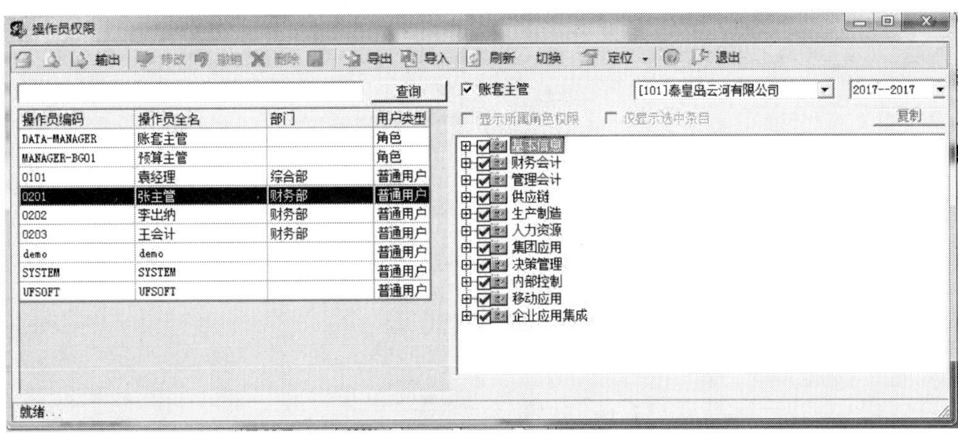

图 2－15　0201 操作员权限

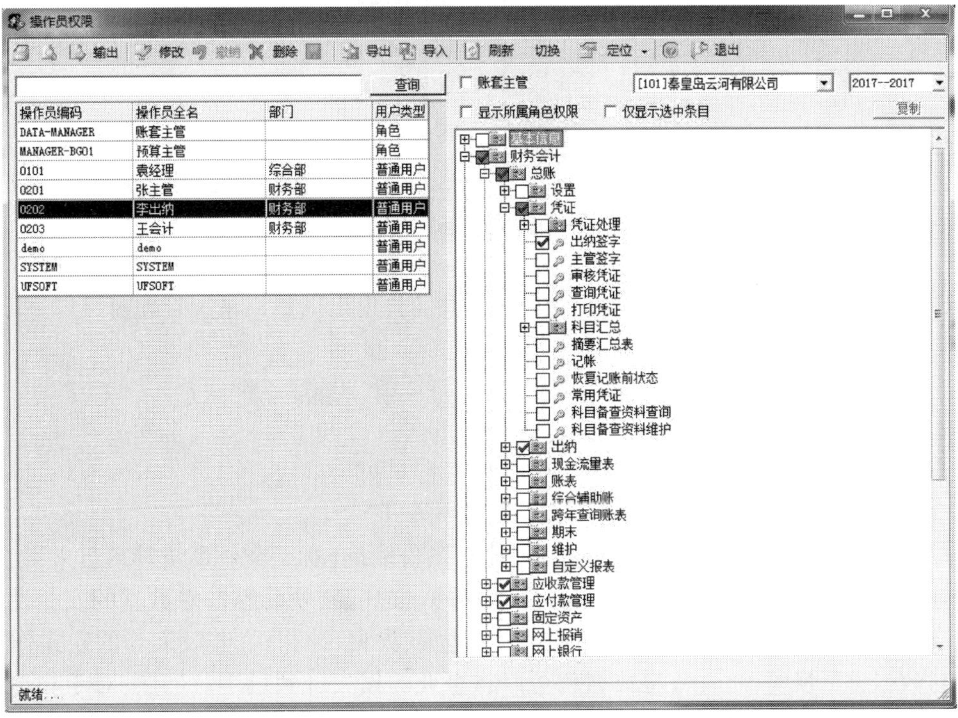

图 2－16　0202 操作员权限

5. 以此方法设置“王会计”的权限，如图 2－17 所示。

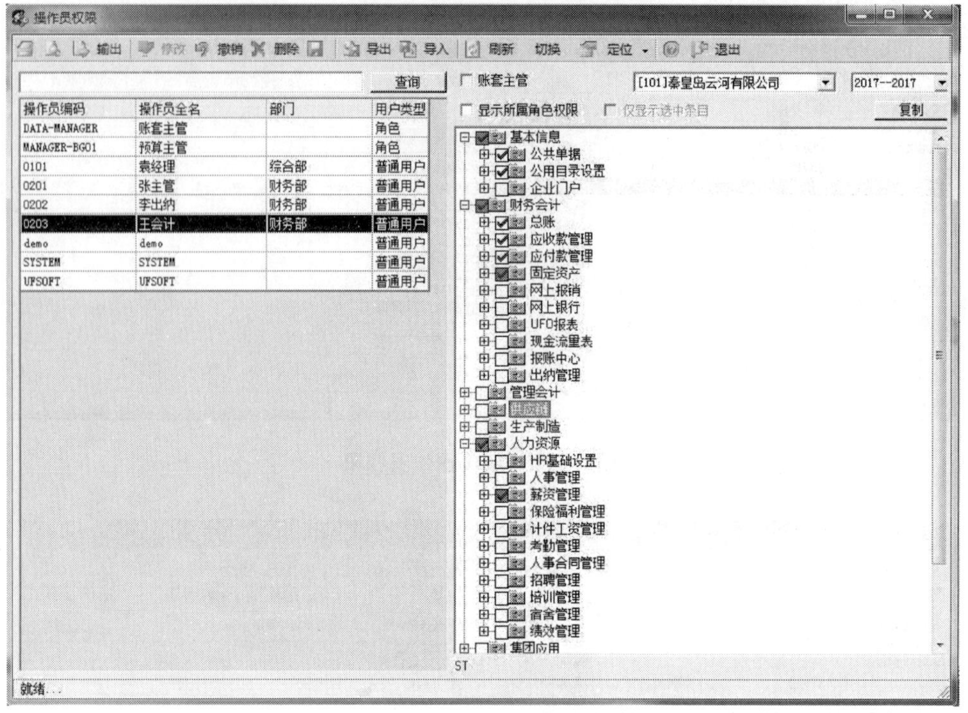

图 2－17　0203 操作员权限

6. 按上述方法设置全部操作员后，单击工具栏的“退出”，退回系统管理窗口。

任务四　账套管理

一、账套输出

输出账套功能是指将所选的账套数据进行备份输出，对于企业系统管理员来讲，定时将企业数据备份出来存储到不同的介质上（如常见的 U 盘、硬盘等），对数据的安全性是非常重要的。如果企业由于不可预知的原因（如地震、火灾、计算机病毒、人为的误操作等），需要对数据进行恢复，此时备份数据就可以将企业的损失降到最小。当然，对于异地管理的公司，此种方法还可以解决审计和数据汇总的问题。具体应用根据企业实际情况确定。

【任务 2.4】　请输出“101 秦皇岛云河有限公司”账套至“D:\班级姓名学号\101 账套\输出日期”文件夹中，输出完成之后查看该文件夹中是否存在“UFDATA. BAK”和“UfErpAct. Lst”两个备份文件。

操作步骤如下：

1. 在 D 盘根目录建立一个以自己的班级姓名学号为名称的文件夹，例如“17 会计 1 班张三 1720440101”，在此文件夹下再建立一个“101 账套”文件夹，在“101 账套”文件夹下建立“3.5”（假如输出日期是 3 月 5 日）文件夹。

2. 以系统管理员身份注册，进入系统管理模块，选择“账套”菜单下级的“输出”功能，弹出账套输出界面，在“账套号”处选择需要输出的账套，选择输出路径，点击“确认”按钮，打开“请选择账套备份路径”对话框，选中已建好的备份文件夹，单击“确定”，完成输出，如图

2-18所示。

3. 打开“17 会计 1 班张三 1720440101”文件夹,查看是否存在“UFDATA. BAK”和“UfErpAct. Lst”两个备份文件,“UFDATA. BAK”(1.5GB 左右)是账套数据文件,“UfErpAct. Lst”(1KB)为账套信息文件,这两个文件为一组文件,缺一不可。

温馨提示:

(1)利用账套输出功能还可以进行“删除账套”的操作,方法是在输出账套时,选中“删除当前输出账套”前的复选框,单击“确认”按钮,系统进行正常账套输出,当输出完成后,系统提示“真要删除该账套吗?”,单击“是”按钮则可以删除该账套。

(2)只有系统管理员有权进行账套输出。

(3)本案例账套只进行账套输出,不删除账套。

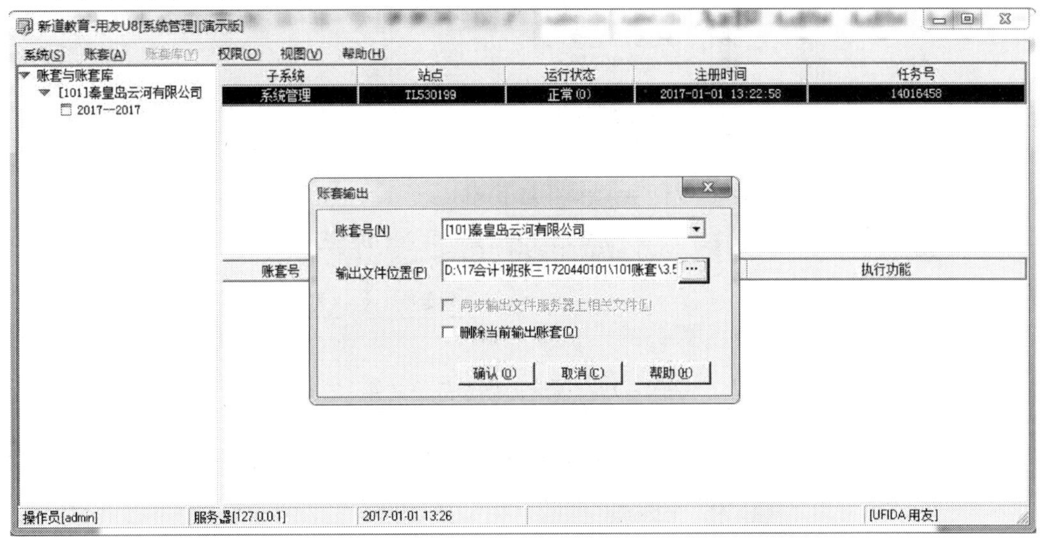

图 2-18 账套输出

二、账套引入

引入账套功能是指将系统外某账套数据引入本系统中。例如:当账套数据遭到破坏时,将最近输出的账套数据引入到本账套中。

【任务 2.5】 引入“D:\班级姓名学号\101 账套\输出日期”备份账套。

操作步骤如下:

1. 系统管理员在系统管理界面单击“账套”的下级菜单“引入”,打开“请选择账套备份文件”对话框,选择“D:\班级姓名学号\101 账套\输出日期\ UfErpAct. Lst”文件,如图 2-19 所示,单击“确定”按钮。

2. 系统自动将账套数据引入到系统中,并弹出“请选择账套引入的目录”对话框,选择引入目录为“C:\U8SOFT\Admin”,如图 2-20 所示,单击“确定”按钮。

3. 引入账套需要花费一定时间,请大家耐心等待,引入完成后,系统会自动弹出“引入成功”提示,单击“确定”按钮完成。

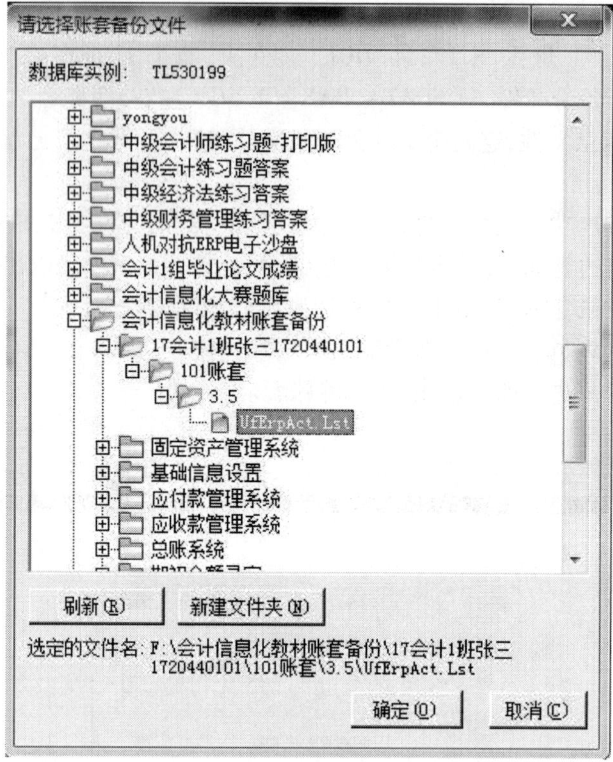

图2-19　请选择账套备份文件

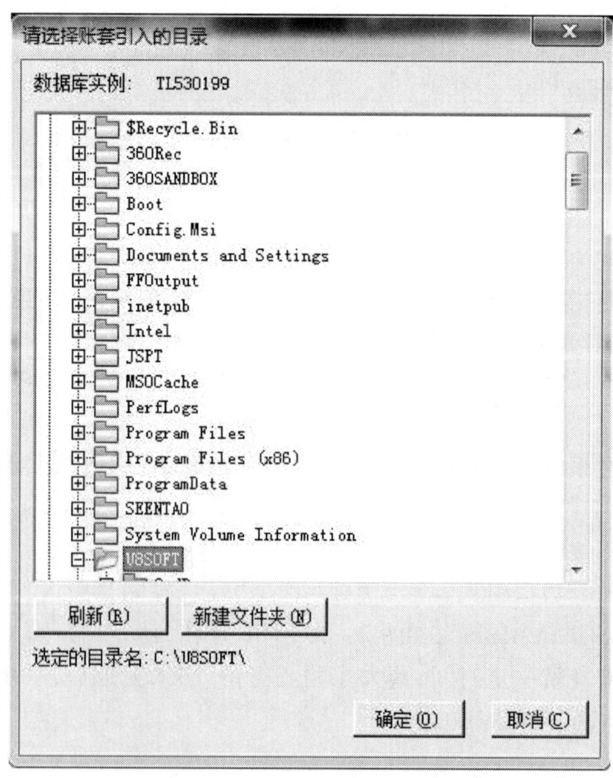

图2-20　请选择账套引入的目录

温馨提示:

由于学校机房供多班级学生使用并且计算机安装有还原卡,因此建议学生在每次下课前完成账套输出,每次上课前进行账套引入。

三、设置自动备份计划

设置备份计划的作用是自动定时对设置好的账套进行输出(备份)。设置备份计划的优势在于设置定时备份账套功能,多个账套同时输出的功能,在很大程度上减轻了系统管理员的工作量,同时可以更好地对系统进行管理。

四、清除系统运行异常

U8 产品除了提供手动进行异常任务的清除之外,还提供了自动处理异常任务的能力,不用每次必须由系统管理员登录系统管理后手工清除。用户在使用过程中,可在 U8 服务管理器中设置服务端异常和服务端失效的时间,提高使用中的安全性和高效性。如果用户服务端超过异常限制时间未工作或由于不可预见的原因非法退出某系统,则视此为异常任务,在系统管理主界面显示"运行状态异常",系统会在到达服务端失效时间时,自动清除异常任务。在等待时间内,用户也可选择【清除异常任务】菜单,自行删除异常任务。

操作步骤如下:

1. 用户以系统管理员身份注册,进入系统管理。
2. 单击"视图"下级菜单中"清除异常任务"→"刷新"即可执行。

五、查看上机日志

为了保证系统的安全运行,系统随时对各个产品或模块的每个操作员的上下机时间、操作的具体功能等情况都进行登记,形成上机日志,以便使所有的操作都有所记录、有迹可循。

操作步骤如下:

1. 用户以系统管理员身份注册,进入系统管理。
2. 单击"视图"下级菜单中"上机日志"即可执行。

项目三　基础信息设置

【学习目标】

1. 了解企业应用平台在用友 ERP－U8 系统中的主要功能及作用；
2. 熟悉基础信息设置的主要内容及操作流程；
3. 掌握机构人员、客商信息、存货设置、财务与收付结算的操作方法；
4. 具备根据企业实际情况进行基础信息设置的能力。

【重点难点】

根据企业实际情况完成基础信息设置。

任务一　基本信息设置

建立账套完成之后，在启用新账套之前，需要根据单位的实际情况和业务要求，建立公共基础信息资料，这些基础信息可以在企业应用平台中完成统一设置，并为软件各个模块所共用。企业应用平台是用友 ERP－U8 系统的集成应用平台，集成了用友 ERP－U8 系统的所有功能，它是进行企业账套管理的唯一入口，可以实现企业基础档案和基础数据的设置与维护，充分体现数据共享和系统集成的优势。企业应用平台的导航区主要包括基础设置、系统服务、业务工作等导航条。

一、基础设置

基础设置包括基本信息、基础档案、单据设置等功能。

（一）基本信息

基本信息包括会计期间、系统启用、编码方案、数据精度四项功能。

1. 会计期间：企业的实际核算期间可能和正常的自然日期不一致，用户可以根据企业的实际情况，调整尚未发生业务的会计期间的起止日期。

2. 系统启用：系统启用是指各个子系统开始使用，只有启用后的子系统才能进行登录。系统启用有两种方法：第一种方法是在建账时启用系统，建账结束时，系统会自动弹出提示信息，可以选择立即进行系统启用设置；第二种方法是在建账时未启用系统，可以在企业应用平台中进行设置。系统启用的时间必须设置正确，各系统的启用会计期间必须大于等于账套的启用期间。

3. 编码方案：编码方案主要用于设置有编码级次档案的分级方式和各级编码长度。

4. 数据精度：数据精度主要用于设置业务系统中一些特定数据的小数位长度，如果在建账时所设置的编码方案和数据精度有问题，可以在此处进行修改。

（二）基础档案

基础档案的主要内容包括：机构人员、客商信息、存货、财务、收付结算和其他功能。基础档案的设置应遵循一定的顺序，例如，应先进行客户分类，再设置客户档案，不能逆序操作。正确建立基础档案,才能合理地建立起账套体系,因此进行基础档案设置十分必要。

(三)单据设置

不同企业各项业务处理中使用的单据可能会有差别,因此用友 ERP－U8 软件在预置常用单据模板的基础上,允许用户对模板进行修改,以提供企业需要的单据格式。

二、系统服务

系统服务包括系统管理、服务器配置、工具以及权限设置等基本功能。

三、业务工作

在企业应用平台的“业务工作”界面中,集成了登录操作员拥有操作权限的所有功能模块,操作员可以通过“业务工作”进入系统完成相应操作。

2017 年 01 月 01 日,秦皇岛云河有限公司已经成功建立了公司账套,根据会计信息化管理要求,账套主管袁经理将登录企业应用平台,完成基础档案设置。

任务二　基础档案设置

基础档案是系统日常业务处理必需的基础资料,在启用新账套之前,应根据企业的实际情况,结合系统基础档案设置的要求,事先做好基础数据的准备工作。

一、机构人员设置

(一)部门档案设置

【任务 3.1】　2017 年 01 月 01 日,以账套主管“0101 袁经理”的身份登录企业应用平台,按照表 3－1,设置秦皇岛云河有限公司部门档案。

表 3－1　部门档案

部门编码	部门名称
01	综合部
02	财务部
03	采购部
04	生产部
0401	一车间
0402	二车间
05	销售部
06	仓储部

操作步骤如下:

1. 在“企业应用平台”中,打开“基础设置→基础档案→机构人员”,双击“部门档案”。
2. 单击“增加”,在出现窗口中按照要求分别输入“01”“综合部”,如图 3－1 所示。

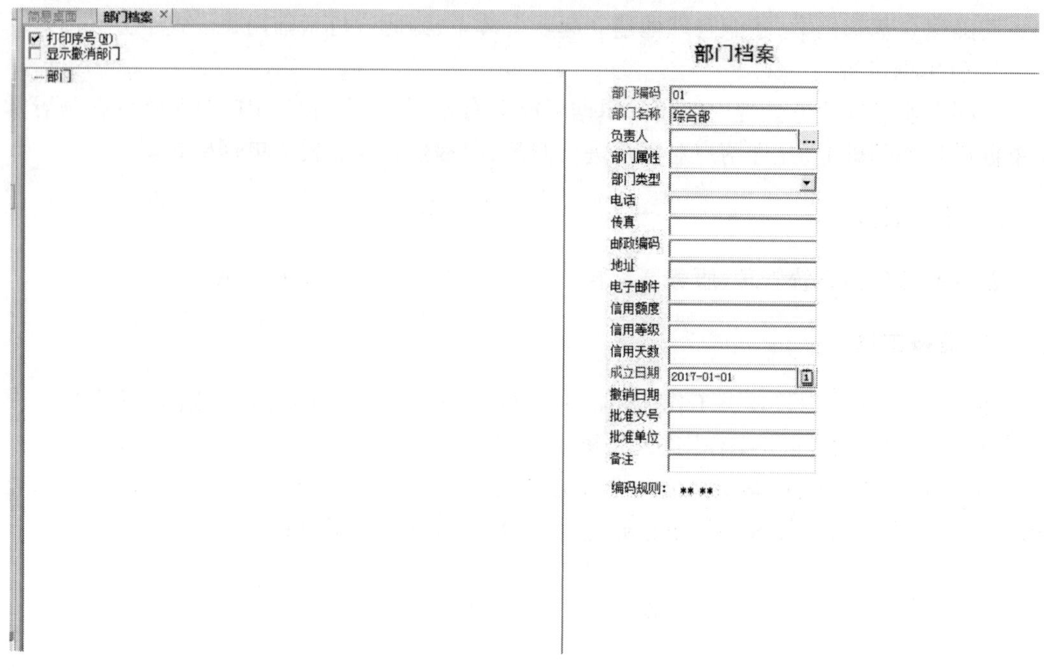

图 3-1　设置基础档案

3. 单击“保存”按钮，增加其他部门档案，操作方法同前面。

温馨提示：

部门编码必须符合已经定义好的编码规则。

（二）人员类别设置

【任务 3.2】 2017 年 01 月 01 日，以账套主管“0101 袁经理”的身份登录企业应用平台，增加秦皇岛云河有限公司人员类别，如表 3-2 所示。

表 3-2　在职人员分类

分类编码	分类名称
1011	企业管理人员
1012	车间管理人员
1013	生产人员
1014	采购人员
1015	销售人员

操作步骤如图 3-2 所示：

序号	档案编码	档案名称	档案简称	档案简拼	档案级别	上级代码	是否自定义	是否有下级	是否显示	备注
1	1011	企业管理人员	企业管理人员	QYGLRY	1	101	用户	否	是	
2	1012	车间管理人员	车间管理人员	CJGLRY	1	101	用户	否	是	
3	1013	生产人员	生产人员	SCRY	1	101	用户	否	是	
4	1014	采购人员	采购人员	CGRY	1	101	用户	否	是	
5	1015	销售人员	销售人员	XSRY	1	101	用户	否	是	

图 3-2　“人员类别”设置

1. 在“企业应用平台”中，打开“基础设置→基础档案→机构人员→人员类别”。

2. 单击选择“正式工”，再单击“增加”按钮，打开“增加档案项”对话框。

3. 录入档案编码“1011”，录入档案名称“企业管理人员”。

4. 单击“确定”按钮，同理，依次录入其他人员类别信息。

5. 录入完毕，单击“取消”或“关闭”按钮退出。

温馨提示：顶级人员类别由系统预置，可以被修改，但不允许增加和删除；当某类别已有人员引用时，不允许增加其子类别。

（三）人员档案设置

人员档案用于设置企业各职能部门中进行核算和业务管理的职员的信息，必须先设置好部门档案，才能在这些部门下设置相应的职员档案。

【任务3.3】 2017 年 01 月 01 日，以账套主管“0101 袁经理”的身份登录企业应用平台，增加秦皇岛云河有限公司人员档案，如表 3－3 所示。

表 3－3　人员档案

人员编码	人员姓名	性别	行政部门	雇佣状态	人员类别	银行名称	银行账号	是否业务员	业务或费用部门
0101	袁经理	男	综合部	在职	企业管理人员	中国工商银行	6227000281210333561	是	综合部
0201	张主管	女	财务部	在职	企业管理人员	中国工商银行	6227000281210333562	是	财务部
0202	李出纳	女	财务部	在职	企业管理人员	中国工商银行	6227000281210333563	是	财务部
0203	王会计	女	财务部	在职	企业管理人员	中国工商银行	6227000281210333564	是	财务部
0301	赵采购	男	采购部	在职	采购人员	中国工商银行	6227000281210333565	是	采购部
0401	孙生产	男	一车间	在职	车间管理人员	中国工商银行	6227000281210333566	是	一车间
0402	徐生产	男	一车间	在职	生产人员	中国工商银行	6227000281210333567	是	一车间
0403	周生产	男	二车间	在职	车间管理人员	中国工商银行	6227000281210333568	是	二车间
0404	郑生产	男	二车间	在职	生产人员	中国工商银行	6227000281210333569	是	二车间
0501	杨销售	女	销售部	在职	销售人员	中国工商银行	6227000281210333570	是	销售部
0601	马库管	女	仓储部	在职	企业管理人员	中国工商银行	6227000281210333571	是	仓储部

操作步骤如下：

1. 在“企业应用平台”中，打开“基础设置→基础档案→机构人员→人员档案”。

2. 单击“增加”，在出现的“基本”选项卡中，按照要求录入“袁经理”的相关信息，如图 3－3所示。

3. 单击“保存”，继续增加下一个人员档案，操作方法同步骤 1 和步骤 2。

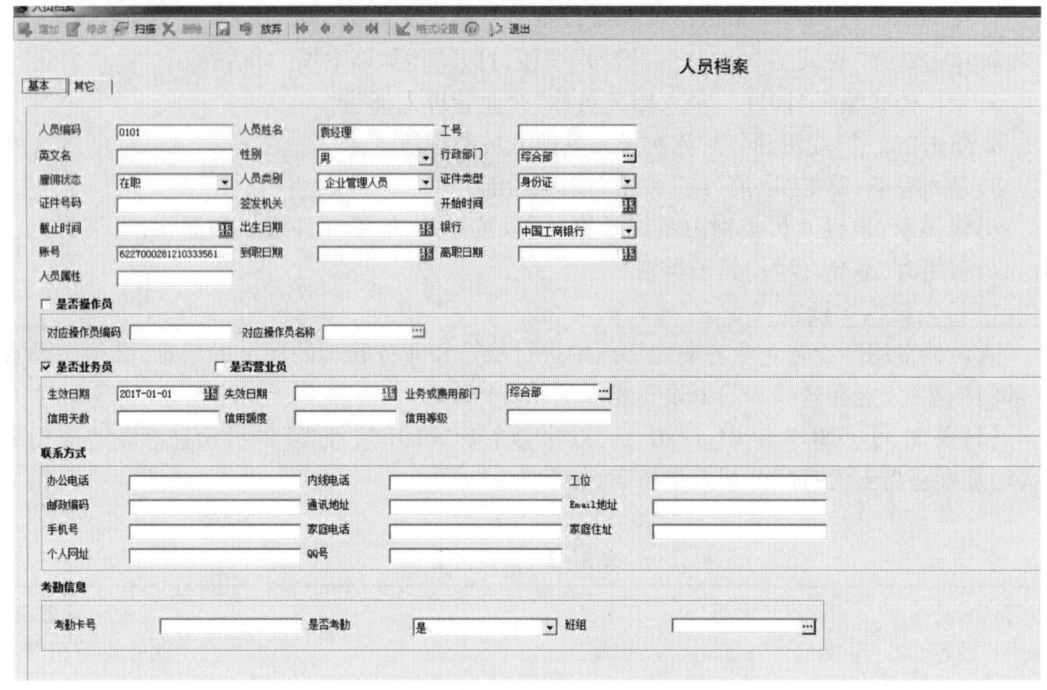

图 3-3　人员档案设置

温馨提示：

1. 录入职员档案时，必须先设置部门档案，职员编码必须唯一，可以和企业人力资源管理部门设定的人员编号保持一致。

2. 人员档案录入窗口中的人员编码、人员姓名、人员类别、行政部门、性别(蓝色字段)为必录入项，其他为任选项。

二、客商信息

在账套管理中，客户和供应商是非常重要的核算对象，单位可以按照行业或者地区等对客户、供应商进行划分，并建立客户与供应商档案，以便对产品销售和原辅料的购入进行管理。

(一)供应商分类

【任务 3.4】 2017 年 01 月 01 日，以账套主管“0101 袁经理”的身份登录企业应用平台，完成秦皇岛云河有限公司供应商分类，如表 3-4 所示。

表 3-4　供应商分类

分类编码	分类名称
1	原料供应商
2	成品供应商

操作步骤如下：

1. 在“基础设置”中，依次单击“基础档案→客商信息→供应商分类”，单击“增加”，根据资料录入第一个供应商分类,如图 3－4 所示。

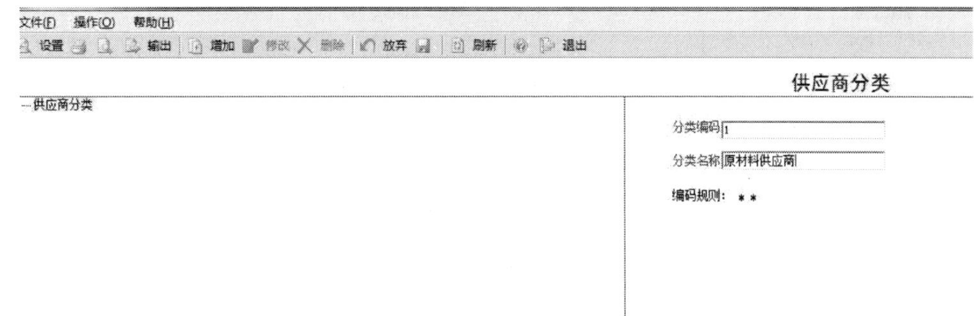

图 3－4　供应商分类

2. 单击“保存”按钮。同理,依次录入其他供应商分类。

(二)供应商档案

【任务 3.5】　2017 年 01 月 01 日,以账套主管“0101 袁经理”的身份登录企业应用平台,完成秦皇岛云河有限公司供应商档案,如表 3－5 所示。

表 3－5　供应商档案

供应商编码	供应商名称/简称	开户行及账号	所属分类码	税号	分管部门名称
101	河北华夏公司	工行承德分行 1111	1	111111111111111	采购部
102	辽宁远大公司	工行沈阳分行 2222	1	222222222222222	采购部
103	苏州锦绣公司	工行苏州分行 3333	1	333333333333333	采购部

操作步骤如下:

1. 在“企业应用平台”中,打开“基础设置→基础档案→客商信息→供应商档案”。

2. 单击“增加”,在出现的“增加供应商档案”对话框中,按照要求录入相关信息,例如,供应商编码为“101”,供应商名称和简称均为“河北华夏公司”,所属分类为“1”,税号“111111111111111”,如图 3－5 所示。

3. 单击窗口上方“银行”按钮,进入“供应商银行档案”窗口。单击“增加”按钮,按任务资料选择所属银行“中国工商银行”,输入开户行“工行承德分行”,银行账号“1111”,默认值选择“是”,单击“保存”按钮后退出“供应商银行档案”窗口,如图 3－6 所示。

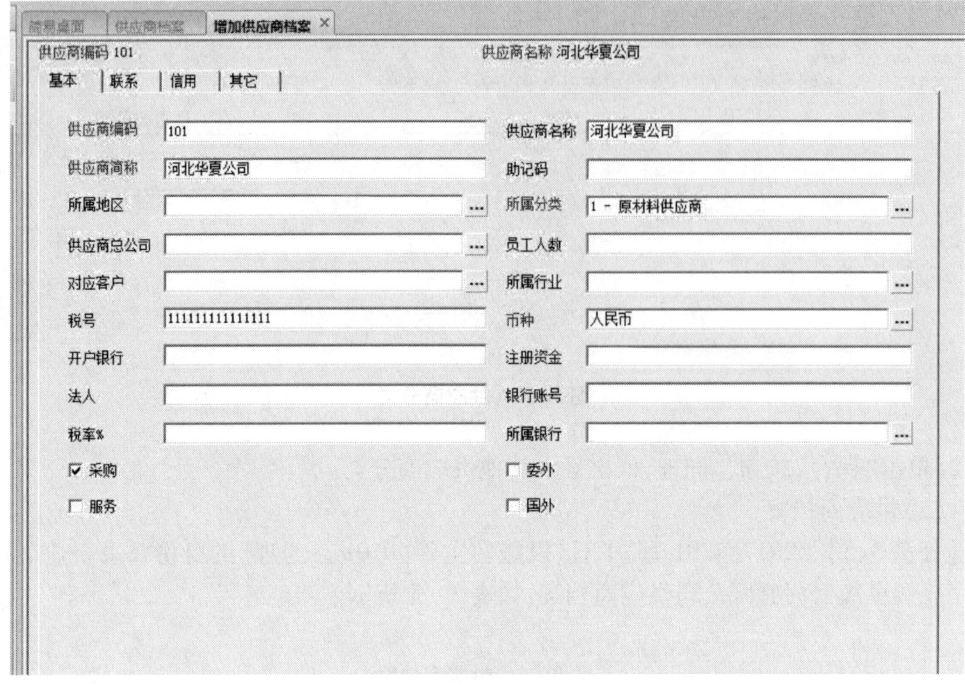

图 3－5　供应商档案—基本

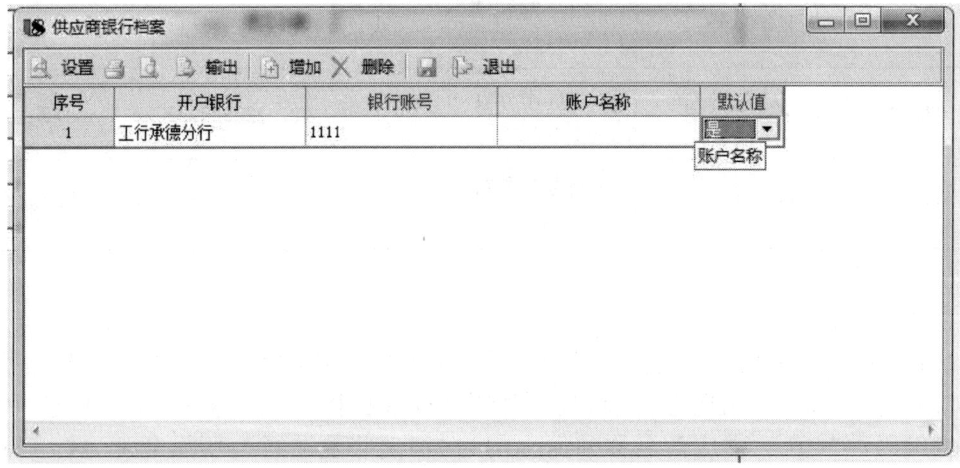

图 3－6　供应商档案—银行档案

4. 单击“联系”，单击“分管部门”右边的参照按钮，选择“采购部”，如图 3－7 所示。

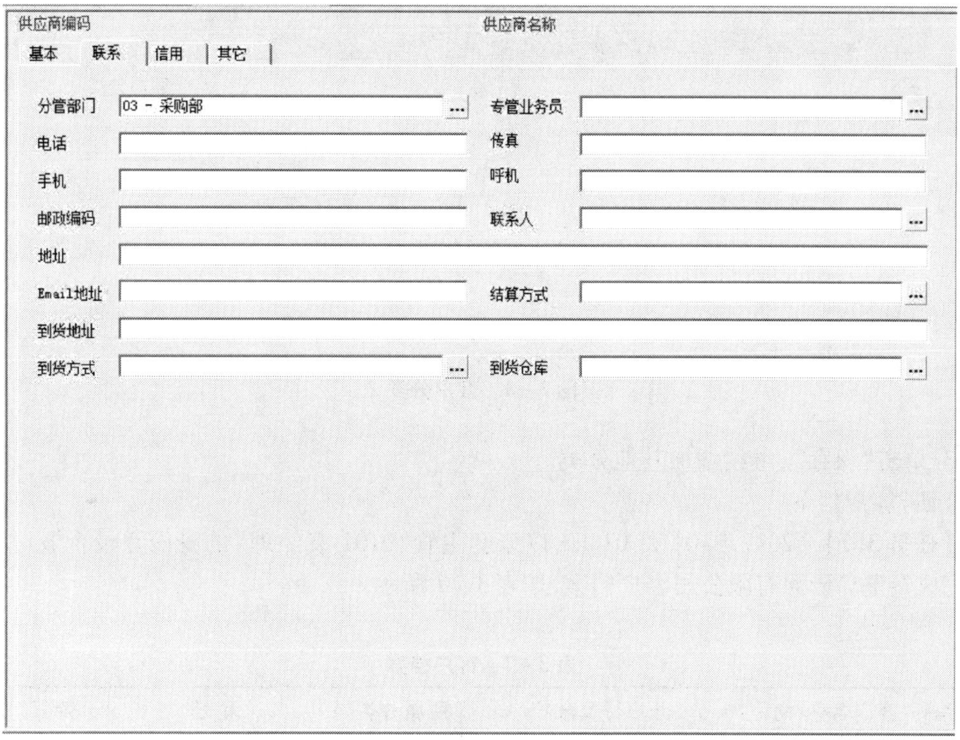

图 3 –7　供应商档案—分管部门

5. 最后单击“保存并新增”，重复步骤 2 ~4，按照资料继续录入其他供应商档案。

（三）客户分类

【任务 3.6】 2017 年 01 月 01 日，以账套主管“0101 袁经理”的身份登录企业应用平台，完成秦皇岛云河有限公司客户分类，如表 3 –6 所示。

表 3 –6　客户分类

分类编码	分类名称
1	国内客户
2	国外客户

操作步骤如下：

1. 在“企业应用平台”中，打开“基础设置→基础档案→客商信息→客户分类”。

2. 单击“增加”，在出现的“客户分类”对话框中，按照要求录入相关信息，如分类编码为“1”，分类名称为“国内客户”，如图 3 –8 所示。

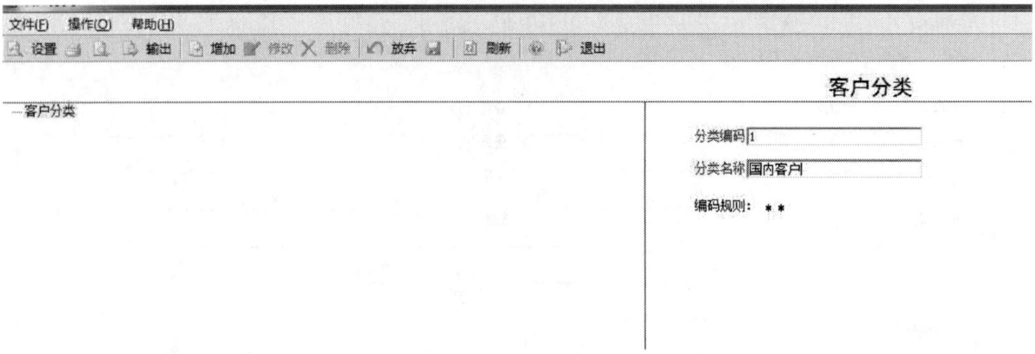

图3－8　客户分类

3. 单击“保存”，继续增加其他分类。

（四）客户档案

【任务3.7】 2017年01月01日，以账套主管“0101 袁经理”的身份登录企业应用平台，完成秦皇岛云河有限公司客户档案，如表3－7所示。

表3－7　客户档案

客户编码	客户名称/简称	开户行及账号	所属分类码	税号	分管部门名称
101	唐山联众公司	工行唐山开发区支行9999	1	555555555555555	销售部
102	天津众泰公司	农行天津滨海区支行8888	1	666666666666666	销售部
103	桂林山水公司	工行桂林开发区支行7777	1	777777777777777	销售部

操作步骤如下：

1. 在“企业应用平台”中，打开“基础设置→基础档案→客商信息→客户档案”。

2. 单击“增加”，在出现的“增加客户档案”对话框中，按照要求录入相关信息，例如客户编码为“101”，客户名称为“唐山联众公司”，所属分类为“1”，税号“555555555555555”，分管部门名称为“销售部”，如图3－9、图3－10所示。

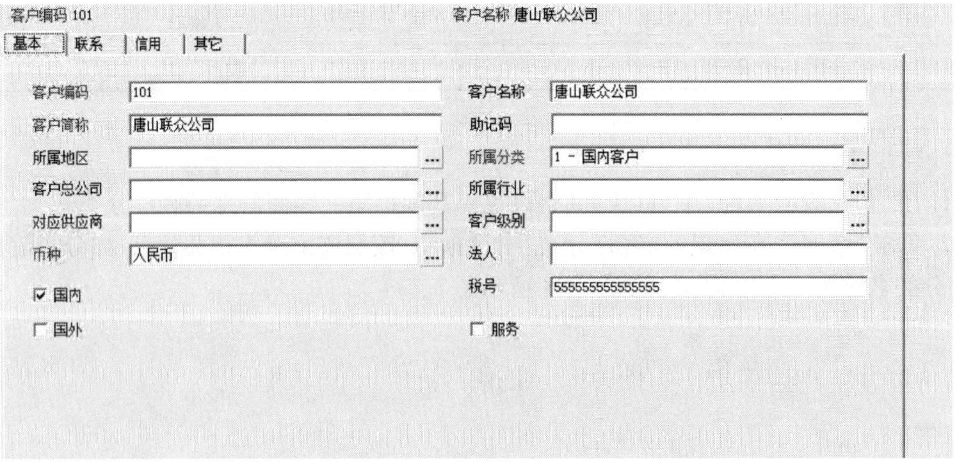

图3－9　客户档案—基本

简易桌面　客户档案　增加客户档案

客户编码 101　　客户名称 唐山联众公司

基本　联系　信用　其它

分管部门　　专管业务员

电话　　传真

手机　　呼机

邮政编码　　联系人

地址

Email地址　　结算方式

发运方式　　发货仓库

需要签回

图 3－10　客户档案—分管部门

3. 单击窗口上方“银行”按钮，进入“客户银行档案”窗口。单击“增加”按钮，按任务资料选择所属银行“中国工商银行”，输入开户行“工行唐山开发区支行”，银行账号“9999”，默认值选择“是”，单击“保存”按钮后退出“客户银行档案”窗口，如图 3－11 所示。

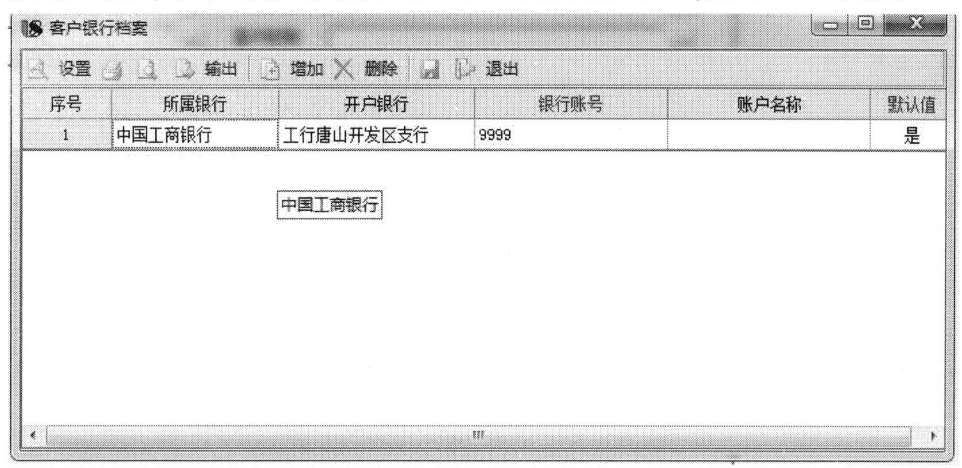

图 3－11　客户档案—银行档案

4. 最后单击“保存并新增”。重复步骤 2 和步骤 3，按照资料继续录入其他客户档案。

三、存货

（一）存货分类

当单位的存货较多时，可以按照存货的性质、用途等对存货进行分类，以便对存货进行管理。

【任务 3.8】　2017 年 01 月 01 日，以账套主管“0101 袁经理”的身份登录企业应用平台，完成秦皇岛云河有限公司存货分类，如表 3－8 所示。

表 3-8　存货分类

分类编码	分类名称
01	原材料
02	产成品
03	周转材料
04	其他

操作步骤如下：

1. 在“企业应用平台”中，打开“基础设置→基础档案→存货→存货分类”。

2. 单击“增加”，在出现的“存货分类”对话框中，按照要求录入存货分类编码及分类名称，例如，录入存货分类编码“01”，存货分类名称“原材料”。如图 3-12 所示。

3. 单击“保存”，继续增加其他分类。

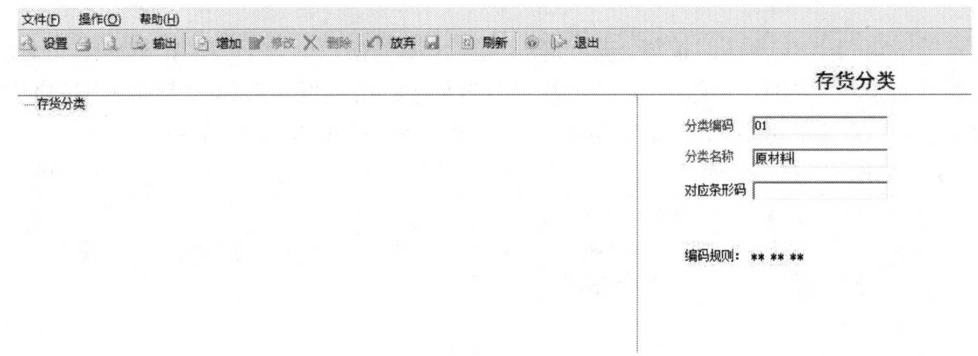

图 3-12　存货分类

（二）计量单位设置

【任务 3.9】　2017 年 01 月 01 日，以账套主管“0101 袁经理”的身份登录企业应用平台，完成秦皇岛云河有限公司计量单位设置，如表 3-9 所示。

表 3-9　计量单位

计量单位组编码	计量单位组名称	计量单位组类别	计量单位编码	计量单位名称
1	基本计量单位	无换算	1	个
1	基本计量单位	无换算	2	件
1	基本计量单位	无换算	3	千克
1	基本计量单位	无换算	4	千米

操作步骤如下：

1. 在“企业应用平台”中，打开“基础设置→基础档案→存货→计量单位”。

2. 单击“分组”，在出现的“计量单位组”对话框中，单击“增加”，并输入计量单位组的编码“1”、计量单位组的名称“基本计量单位”、选择计量单位组的类别为“无换算率”，如图 3-13 所示。

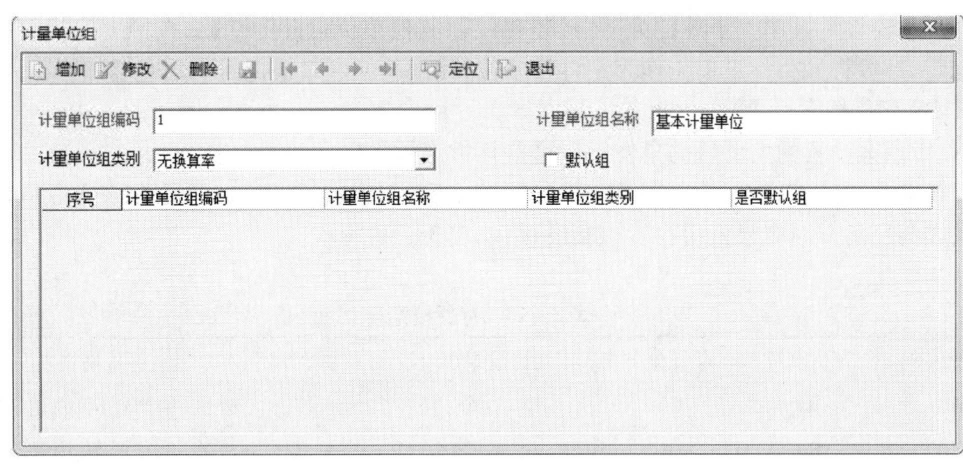

图 3－13　计量单位组

3. 单击“单位”按钮，打开“计量单位设置”窗口，单击“增加”按钮，录入计量单位编码“1”、计量单位名称“个”，单击“保存”按钮，如图 3－14 所示。

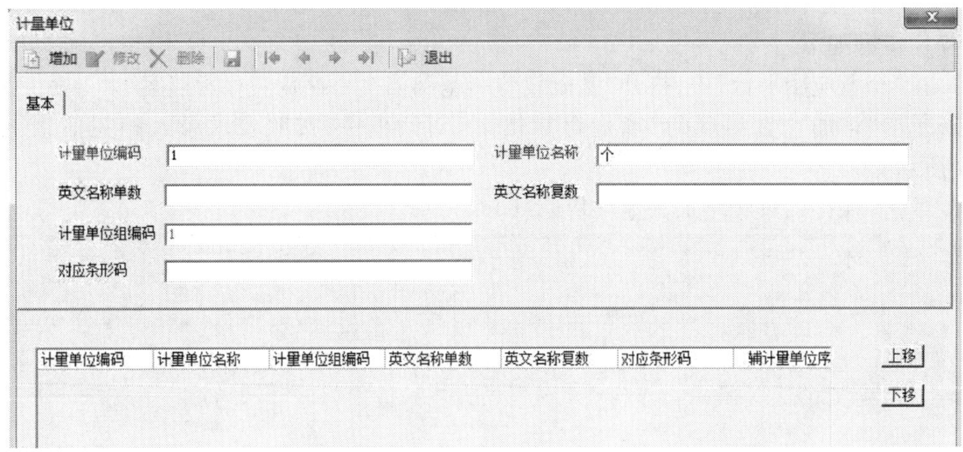

图 3－14　计量单位

4. 同理，重复步骤 3，继续增加其他计量单位。

【知识扩展】

计量单位主要用于设置对应存货的计量单位组和计量单位信息，在应收款系统和应付款系统中均会使用到计量单位信息，设置计量单位首先要设置好计量单位组，然后在单位组下再增加具体的计量单位信息。计量单位组有无换算、浮动换算、固定换算三种类别，每个计量单位组中可以设置多个计量单位，并且可以通过定义主计量单位、辅助计量单位及主辅计量单位之间的换算率，建立计量单位之间的换算关系。

“无换算”计量单位一般是指没有换算关系的计量单位。“固定换算”单位是指各个计量单位之间存在着不变的换算比率，这种计量单位之间的换算关系即为固定换算率，这些单位即为固定换算单位。“浮动换算”单位则指计量单位之间无固定换算率，这种不固定换算率称为浮动换算率，这些单位也称为浮动换算单位。“固定换算”和“浮动换算”关系的计量单位，需要设置其中一个单位为“主计量单位”，其他单位以此为基础，按照一定换算率进行折算。一般将最小计量单位作为主计量单位，计量单位可以根据需要随时增加。

(三)存货档案设置

存货档案设置的主要目的是便于对这些存货进行管理。

【任务3.10】 2017年01月01日，以账套主管“0101 袁经理”的身份登录企业应用平台，完成秦皇岛云河有限公司存货档案设置，如表3－10所示。

表3－10 存货档案

存货编码	存货名称	存货分类	主计量组/单位	税率%	存货属性
0101	R1	01	1/个	17	外购、生产耗用、内销、外销
0102	R2	01	1/个	17	外购、生产耗用、内销、外销
0201	P1	02	1/件	17	外购、自制、内销、外销
0202	P2	02	1/件	17	外购、自制、内销、外销
0401	运输费	04	1/千米	11	外购、应税劳务

操作步骤如下：

1. 在“企业应用平台”中，打开“基础设置→基础档案→存货→存货档案”。

2. 单击“增加”，在出现的“增加存货档案”对话框中，按照要求录入相关信息，如图3－15所示。

3. 单击“保存”，继续增加其他存货信息。

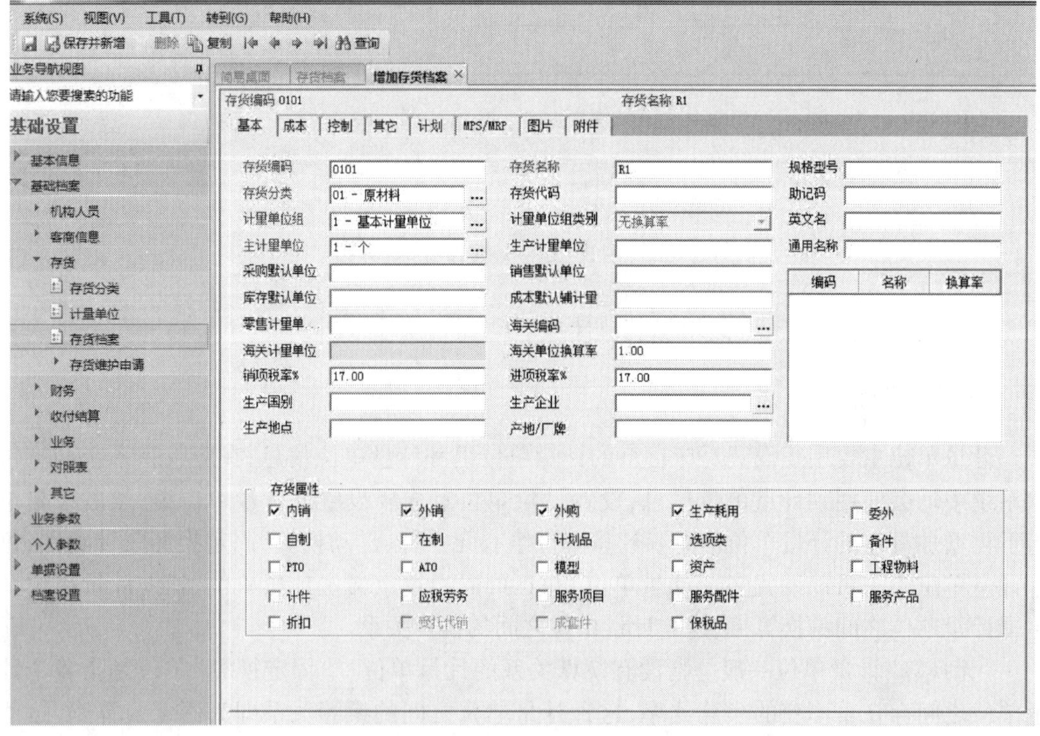

图3－15 增加存货档案

温馨提示：

1. 存货档案在企业应用平台中录入，如果只启用财务系统且并不在应收、应付系统中填制发票，则不需要设置存货档案。

2. 存货档案中的存货属性必须选择正确，否则，在填制相应单据时就不会在存货列表中出现。

四、财务信息设置

（一）会计科目设置

会计科目是对会计要素按照不同的经济内容和管理需要进行分类的项目，是填制会计凭证、登记会计账簿、编制会计报表的基础。会计科目是设置账户、处理账务所必须遵守的规则和依据，是正确组织会计核算的重要条件。在实际工作中，通常是先设置会计科目再依据会计科目设置账户。本案例企业——秦皇岛云河有限公司的会计科目表如表3－11所示，包括了系统默认的一级科目(4位数编码)，需要增加的二级、三级科目，需要设置相应辅助核算和受控系统的科目。

【任务3.11】 2017年01月01日，以账套主管“0101袁经理”的身份登录企业应用平台，完成秦皇岛云河有限公司会计科目设置等任务，如表3－11所示。

表3－11　会计科目

级次	科目编码	科目名称	方向	辅助账类型
1	1001	库存现金	借	日记账
1	1002	银行存款	借	银行账、日记账
2	100201	工行存款	借	银行账、日记账
1	1121	应收票据	借	客户往来、应收系统受控科目
2	112101	商业承兑汇票	借	客户往来、应收系统受控科目
2	112102	银行承兑汇票	借	客户往来、应收系统受控科目
1	1122	应收账款	借	客户往来、应收系统受控科目
1	1123	预付账款	借	供应商往来、应付系统受控科目
1	1221	其他应收款	借	个人往来
1	1231	坏账准备	贷	
1	1403	原材料	借	
2	140301		借	数量核算(个)
2	140302		借	数量核算(个)
1	1405		借	
2	140501		借	数量核算(件)
2	140502		借	数量核算(件)
1	1411		借	
2	141101		借	
2	141102		借	

表 3－11(续)

级次	科目编码	科目名称	方向	辅助账类型
1	1601	固定资产	借	
1	1602	累计折旧	贷	
1	1605	工程物资	借	
1	1701	无形资产	借	
1	1901	待处理财产损益	借	
2	190101	待处理流动资产损益	借	
2	190102	待处理固定资产损益	借	
1	2001	短期借款	贷	
1	2201	应付票据	贷	供应商往来、应付系统受控科目
1	2202	应付账款	贷	供应商往来、应付系统受控科目
2	220201	一般应付账款	贷	供应商往来、应付系统受控科目
2	220202	暂估应付账款	贷	供应商往来、应付系统受控科目
1	2203	预收账款	贷	客户往来、应收系统受控科目
1	2211	应付职工薪酬	贷	
2	221101	工资	贷	
2	221102	职工福利费	贷	
2	221103	社会保险费	贷	
2	221104	住房公积金	贷	
2	221105	工会经费	贷	
2	221106	职工教育经费	贷	
2	221107	其他	贷	
1	2221	应缴税费	贷	
2	222101	应缴增值税	贷	
3	22210101	进项税额	贷	
3	22210102	进项税额转出	贷	
3	22210103	销项税额	贷	
3	22210104	转出未缴增值税	贷	
3	22210105	已缴税金	贷	
2	222102	未缴增值税	贷	
2	222103	应缴所得税	贷	
2	222104	应缴个人所得税	贷	
2	222105	应缴城市维护建设税	贷	
2	222106	应缴教育费附加	贷	
1	2241	其他应付款	贷	

表 3-11(续)

级次	科目编码	科目名称	方向	辅助账类型
2	224101	应付社会保险费	贷	
2	224102	应付住房公积金	贷	
1	2501	长期借款	贷	
1	4001	实收资本	贷	
1	4002	资本公积	贷	
1	4101	盈余公积	贷	
1	4103	本年利润	贷	
1	4104	利润分配	贷	
2	410401	提取法定盈余公积	贷	
2	410402	提取任意盈余公积	贷	
2	410403	应付现金股利或利润	贷	
2	410404	未分配利润	贷	
1	5001	生产成本	借	
2	500101	基本生产成本	借	
3	50010101	直接材料	借	部门、项目核算
3	50010102	直接人工	借	部门、项目核算
3	50010103	制造费用	借	部门、项目核算
1	5101	制造费用	借	部门核算
2	510101	折旧费	借	部门核算
2	510102	工资	借	部门核算
2	510103	其他	借	部门核算
1	6001	主营业务收入	贷	项目核算
1	6401	主营业务成本	借	
2	640101	P1	借	
2	640102	P2	借	
1	6601	销售费用	借	
2	660101	广告费	借	
3	66010101	P1	借	
3	66010102	P2	借	
2	660102	折旧费	借	
2	660103	市场开拓费	借	
3	66010301	本地市场	借	
3	66010302	国内市场	借	
3	66010303	国际市场	借	

表 3-11(续)

级次	科目编码	科目名称	方向	辅助账类型
2	660104	工资	借	
2	660105	福利费	借	
2	660106	其他	借	
1	6602	管理费用	借	部门核算
2	660201	工资	借	部门核算
2	660202	福利费	借	部门核算
2	660203	办公费	借	部门核算
2	660204	折旧费	借	部门核算
2	660205	ISO 认证费	借	部门核算
2	660206	差旅费	借	部门核算
2	660207	设备维护费	借	
2	660208	其他	借	部门核算
1	6603	财务费用	借	
2	660301	利息支出	借	
3	66030101	长期贷款利息支出	借	
3	66030102	短期贷款利息支出	借	
3	66030103	贴现利息支出	借	
3	660302	现金折扣	借	

任务要求:

1. 修改会计科目

操作步骤如下:

(1)依次单击“基础设置→基础档案→财务→会计科目”,双击预修改的会计科目,例如,双击“1001 库存现金”,然后单击“修改”按钮,再编辑会计科目相关信息。勾选“日记账”复选框,将“库存现金”的辅助账类型设置为“日记账”,然后单击“确定”按钮,保存并退出,如图 3-16 所示。

(2)重复步骤(1),按照会计科目表 3-11 将预修改的会计科目全部编辑完成后,单击“退出”按钮,退出窗口。

温馨提示:

(1)无受控系统即该账套不使用“应收”“应付”系统,“应收”“应付”业务均以辅助账的形式在总账系统中进行核算。

(2)设置有辅助核算内容的会计科目,在填制凭证时都需要填制具体的辅助核算内容。

2. 增加会计科目

操作步骤如下:

(1)依次单击“基础档案→财务→会计科目”,打开“会计科目”窗口,单击“增加”按钮,打开“新增会计科目”对话框。

(2)录入科目编码“100201”,科目名称“工行存款”,选中“银行账”“日记账”前的复选框,如图3-17所示。

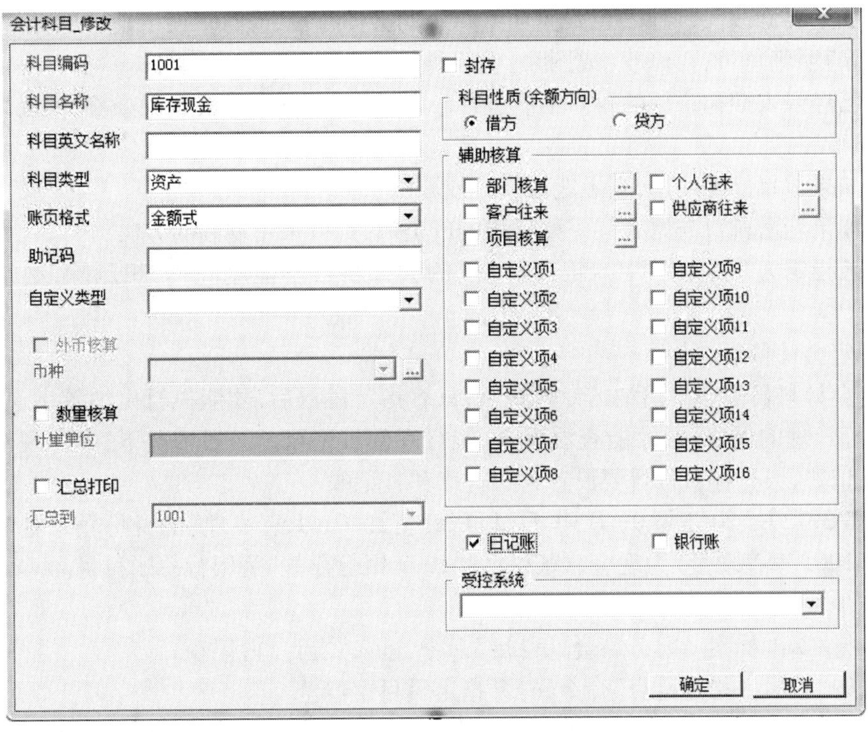

图3-16　会计科目—修改

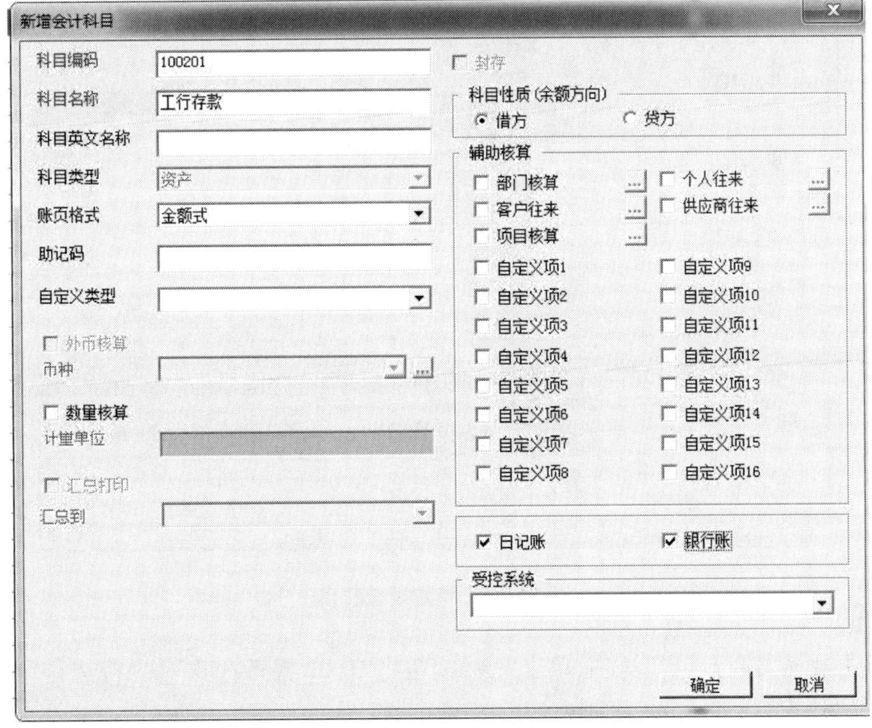

图3-17　新增会计科目

(3)同理,依次增加其他会计科目。

温馨提示:

(1)如果要修改(或删除)已设置明细科目的会计科目,应自下而上地进行操作,即先修改(或删除)明细科目,再修改(或删除)上级科目。

(2)已经录入期初余额的科目不能进行修改(或删除),必须先删除余额,然后才能进行其他操作。

(3)如果科目已经使用,则不能被修改或删除。

(4)如果新增科目与原有某一科目相同或类似,则可采用复制的方法。

(5)被指定为“现金科目”“银行科目”的会计科目不能删除;若想删除,必须先取消指定。

3. 指定会计科目

指定会计科目是确定出纳的专管科目,只有指定科目后,才能执行出纳签字,从而实现现金、银行管理的保密性,才能查看现金、银行存款日记账。一般情况下,库存现金科目要设置为日记账,银行存款科目要设置为银行账和日记账。

【任务3.12】 2017年01月01日,以账套主管“0101 袁经理”的身份登录企业应用平台,指定“1001 库存现金”为现金总账科目,“1002 银行存款”为银行总账科目。

操作步骤如下:

1. 执行“基础档案→财务→会计科目”命令,进入“会计科目”窗口。

2. 执行“编辑→指定科目”命令,打开指定科目窗口。

3. 单击“ > ”按钮将“1001 库存现金”从“待选科目”窗口选入“已选科目”窗口,如图3-18所示。

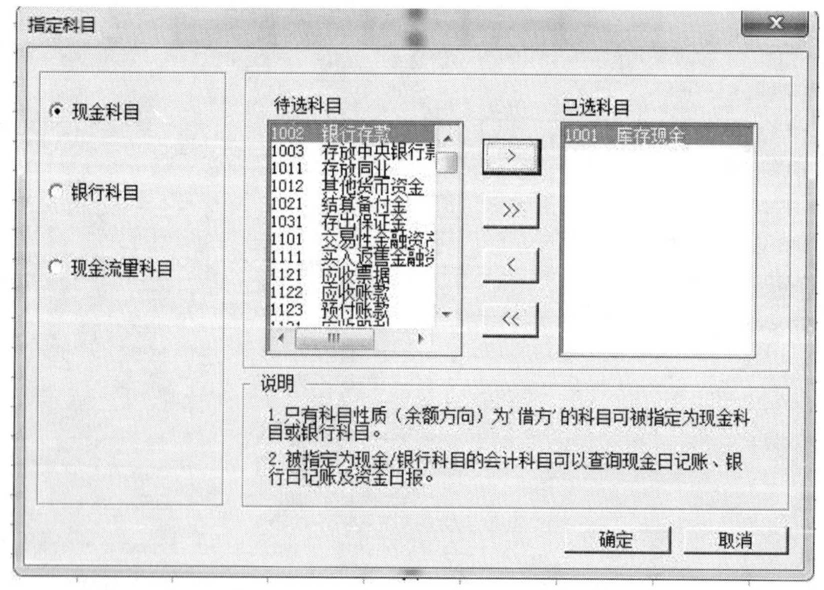

图3-18 指定现金科目

4. 单击选择“银行科目”选项,单击“ > ”按钮将“1002 银行存款”从“待选科目”窗口选入“已选科目”窗口,如图3-19所示,单击“确定”按钮。

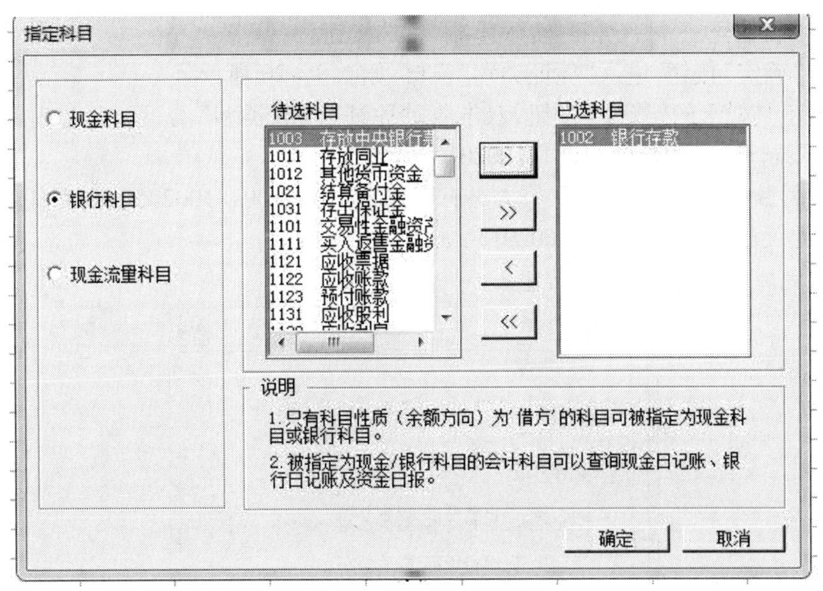

图 3－19　指定银行科目

温馨提示：

1. 只有指定现金及银行总账科目才能进行出纳签字的操作。
2. 只有指定现金及银行总账科目才能查询现金日记账和银行存款日记账。

（二）设置凭证类别

总账系统中提供了设置凭证类别的功能，以便管理、记账和汇总。总账系统中内置的常用凭证分类方式有：

1. 记账凭证；
2. 收款凭证、付款凭证、转账凭证；
3. 现金凭证、银行凭证、转账凭证；
4. 现金收款、现金付款、银行收款、银行付款、转账凭证；
5. 自定义凭证类别。

【任务 3.13】　2017 年 01 月 01 日，以账套主管“0101 袁经理”的身份登录企业应用平台，完成秦皇岛云河有限公司凭证类别设置，如表 3－12 所示。

表 3－12　凭证类别

类别字	类别名称	限制类型	限制科目
收	收款凭证	借方必有	1001，100201
付	付款凭证	贷方必有	1001，100201
转	转账凭证	凭证必无	1001，100201

操作步骤如下：

1. 在企业应用平台“基础设置”选项卡中，执行“基础档案”→“财务”→“凭证类别”命令，打开“凭证类别预置”对话框。

2. 选择“收款凭证 付款凭证 转账凭证”单选按钮。

3. 单击“确定”按钮，进入“凭证类别”窗口，如图 3－20 所示。

4. 单击工具栏上的“修改”按钮，双击收款凭证“限制类型”的下三角按钮，选择“借方必有”；在“限制科目”栏输入“1001，100201”。

5. 设置付款凭证的限制类型“贷方必有”，限制科目“1001，100201”；转账凭证的限制类型“凭证必无”，限制科目“1001，100201”，如图 3－21 所示。

6. 设置完成后，单击“退出”按钮。

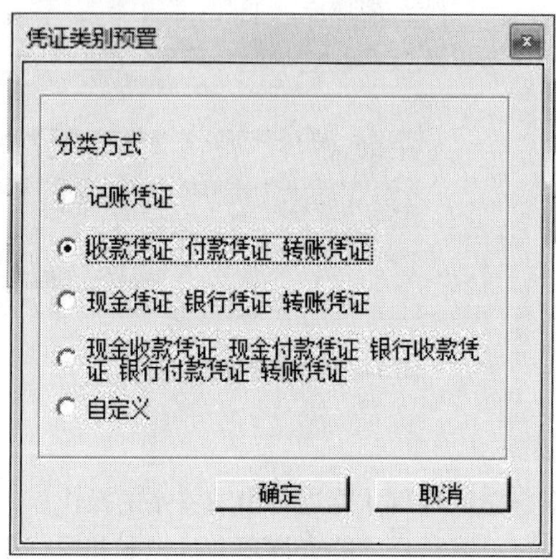

图 3－20　定义凭证类别

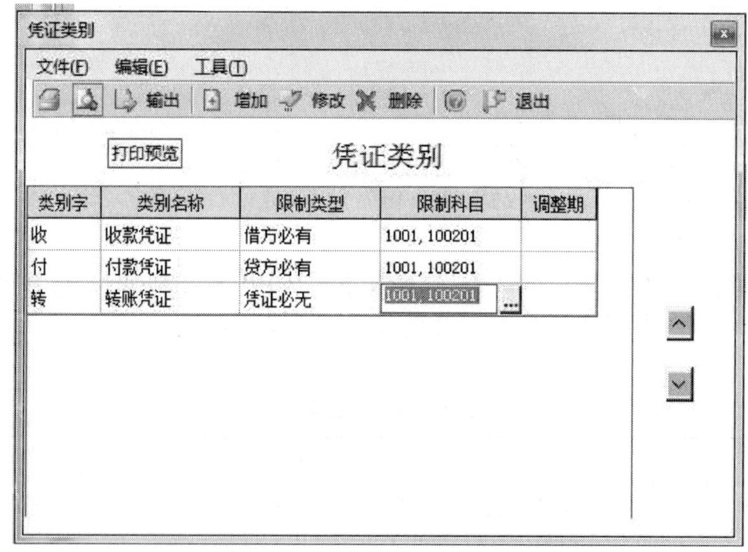

类别字	类别名称	限制类型	限制科目	调整期
收	收款凭证	借方必有	1001, 100201	
付	付款凭证	贷方必有	1001, 100201	
转	转账凭证	凭证必无	1001, 100201	

图 3－21　设置凭证限制类型

（三）项目目录设置

项目是指企业在核算管理中进行专门经营或管理的内容，企业在实际业务处理中会对多种类型的项目进行核算和管理，例如，在建工程、产品成本等。在手工会计中，项目核算一般是设置大量的明细科目，然后根据科目开设账页，再开设专栏进行明细核算，工作量比较大。在财务软件系统中，专设项目核算辅助账，将相同特性的项目定义为一个项目大类，然后在每一大类下进行项目管理，使其与总账业务处理过程同步进行核算管理，从而减轻了工作量。使用项目核算与管理的首要步骤是设置项目档案，项目档案设置包括：增加或修改项目大类、定义项目核算科目、项目分类、项目目录维护等。

【任务3.14】 2017 年 01 月 01 日，以账套主管“0101 袁经理”的身份登录企业应用平台，为了满足秦皇岛云河有限公司的实际需要，定义了产品成本核算和 P 系列产品管理两个项目大类，请按照表 3－13 和表 3－14 完成项目目录设置，以便在编辑会计科目时对生产成本和主营业务收入进行项目核算设置。

表 3－13　项目目录设置－1

项目大类	项目分类定义	项目目录
产品成本核算	1. 自产产品	1. P1
		2. P2

核算科目：直接材料、直接人工、制造费用。

表 3－14　项目目录设置－2

项目大类	项目分类定义	项目目录
P 系列产品管理	1. P 系列产品	1. P1
		2. P2

核算科目：主营业务收入。

操作步骤如下：

1. 在企业应用平台“基础设置”选项中，执行“基础档案”→“财务”→“项目目录”命令，进入“项目档案”窗口。

2. 单击“增加”按钮，打开“项目大类定义—增加”对话框。

3. 输入新项目大类名称“产品成本核算”，如图 3－22 所示。

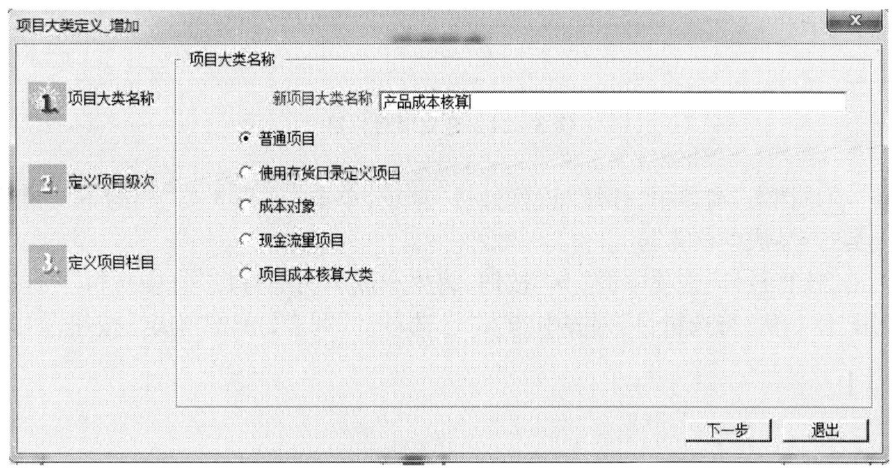

图 3－22　项目大类定义—增加

4. 单击“下一步”按钮，输入要定义的项目级次，假设本例采用系统默认值，如图 3－23 所示。

5. 单击“下一步”按钮，输入要修改的项目栏目，假设本例采用系统默认值，如图 3－24 所示。

6. 单击“完成”按钮，返回“项目档案”窗口。

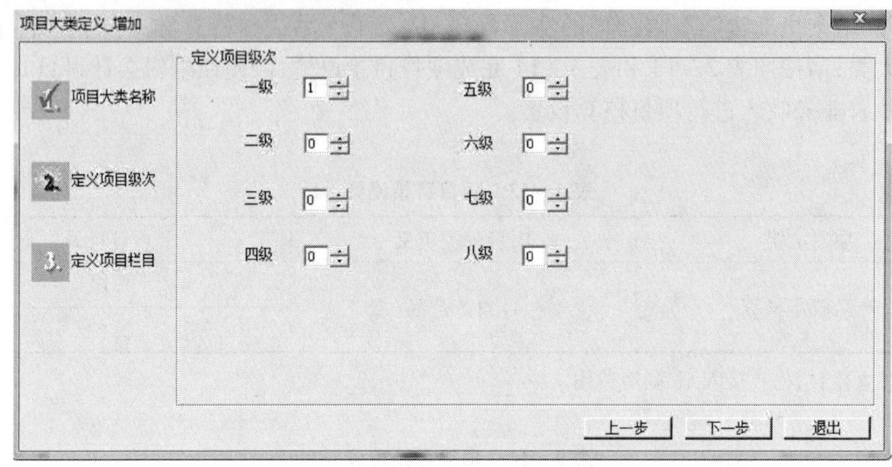

图 3－23　定义项目级次

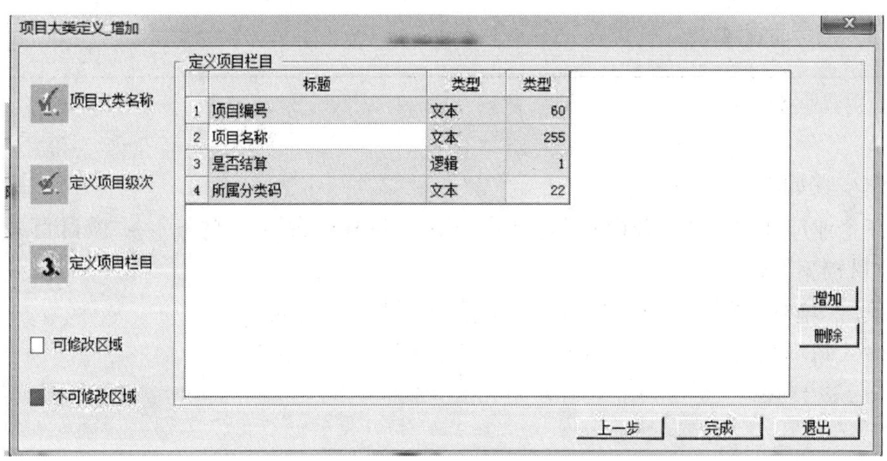

图 3－24　定义项目栏目

7. 在“项目档案”窗口中，打开“核算科目”选项，单击“项目大类”栏的下三角按钮，选择项目大类“产品成本核算”。

8. 单击“核算科目”选项中的“ > ”按钮，将生产成本明细科目“直接材料”“直接人工”“制造费用”逐一从“待选科目”列表中选入“已选科目”列表，单击“确定”按钮，如图 3－25 所示。

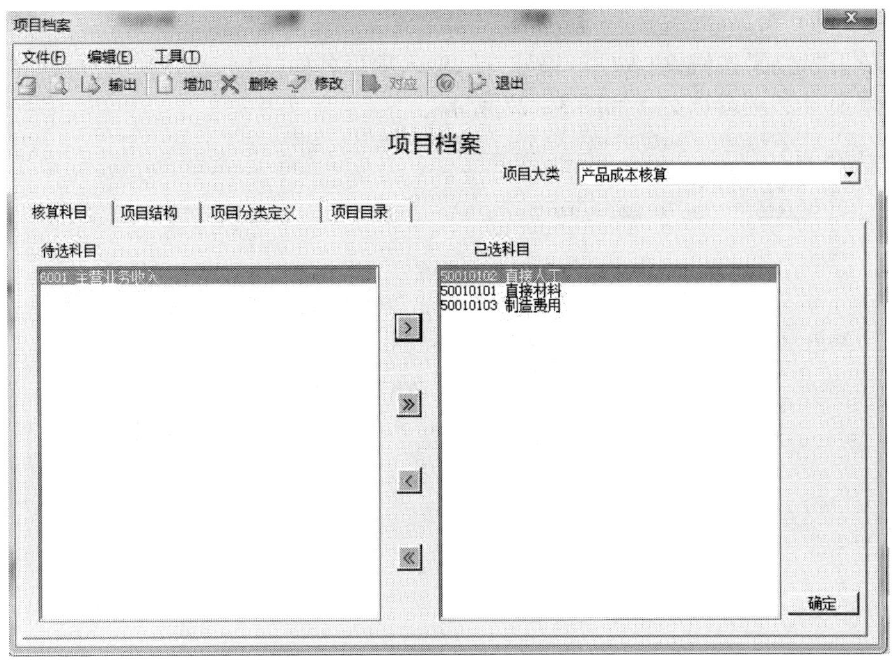

图 3－25　核算科目

9. 在“项目档案”窗口中，打开“项目分类定义”选项卡。

10. 单击右下角的“增加”按钮，输入分类编码“1”，输入分类名称“自产产品”，单击“确定”按钮，如图 3－26 所示。

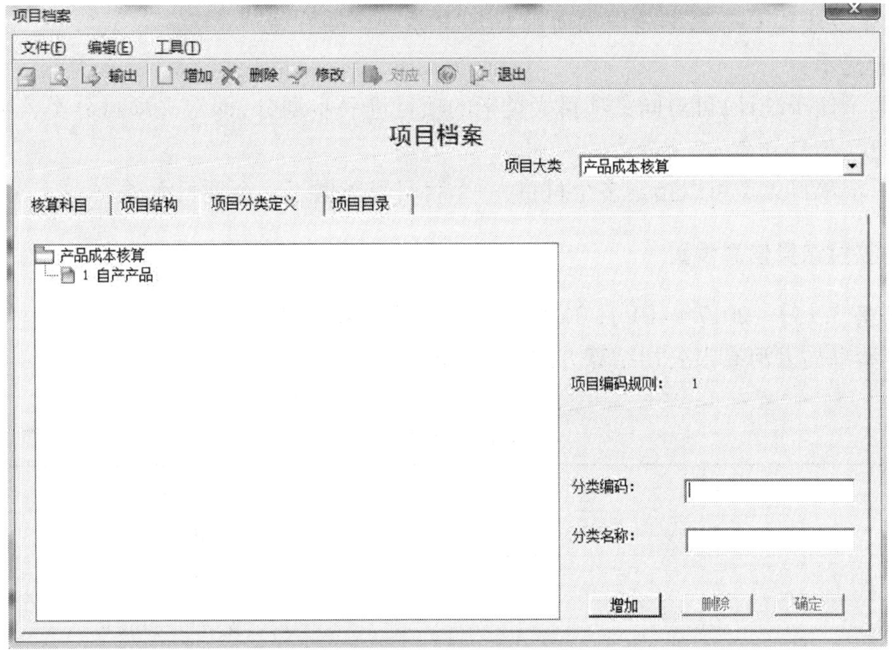

图 3－26　项目分类定义

11. 在“项目档案”窗口中，打开“项目目录”选项卡。单击右下角的“维护”按钮，进入

“项目目录维护”窗口。

12. 单击“增加”按钮,输入项目编号“1”,输入项目名称“P1”,选择所属分类码“1”。同理,继续增加“P2”项目档案。如图 3 - 27 所示。

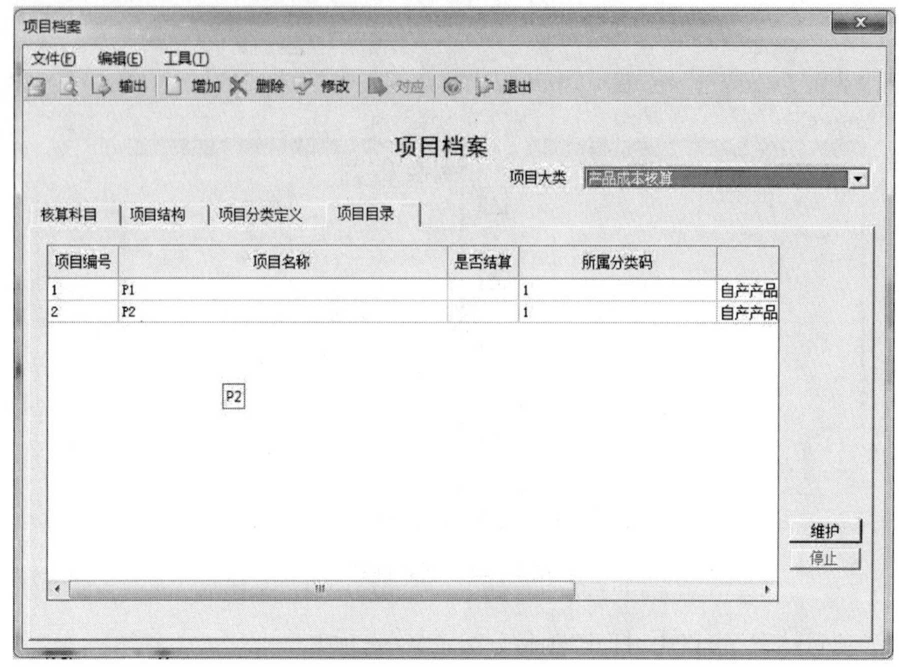

图 3 - 27 项目目录维护

13. 重复步骤 1 ~ 12,继续增加项目大类“P 系列产品管理”。

温馨提示:

1. 为了便于统计,可对同一项目大类下的项目进一步划分,即定义项目分类若无分类,也必须定义项目分类为“无分类”。

2. 一个项目大类可以指定多个科目,一个科目只能属于一个项目大类。

五、收付结算信息设置

【任务 3.15】 2017 年 01 月 01 日,以账套主管“0101 袁经理”的身份登录企业应用平台,完成秦皇岛云河有限公司结算方式设置,如表 3 - 15 所示。

表 3 - 15 结算方式

编号	结算名称
1	现金
2	支票
201	现金支票(票据管理)
202	转账支票(票据管理)
3	商业汇票
301	商业承兑汇票

表 3-15(续)

编号	结算名称
302	银行承兑汇票
4	电汇
5	同城特约委托收款
6	银行汇票
7	其他

操作步骤如下：

1. 执行“基础设置→基础档案→收付结算→结算方式”命令，打开“结算方式”窗口。

2. 单击“增加”按钮，录入结算方式编码“1”，录入结算方式“现金”，单击“保存”按钮。如图 3-28 所示。以此方法继续录入表 3-15 的其他结算方式，如图 3-29 所示。

3. 单击“退出”按钮。

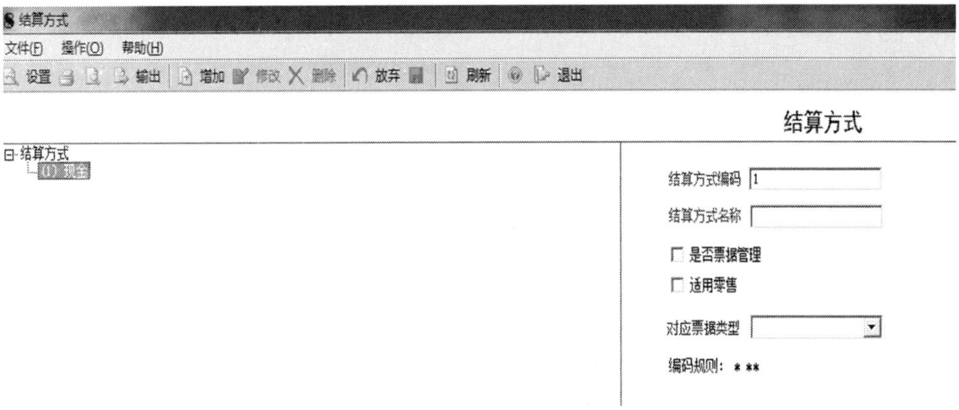

图 3-28　结算方式窗口

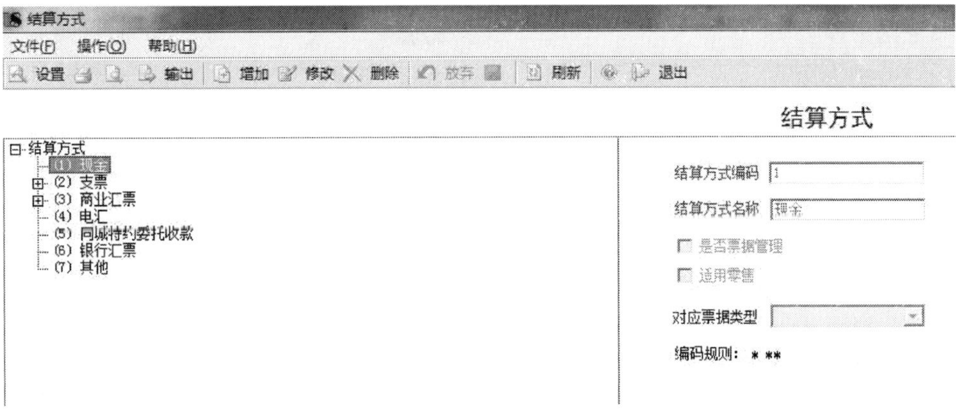

图 3-29　结算方式窗口(录入完成)

【任务 3.16】 2017 年 01 月 01 日，以账套主管“0101 袁经理”的身份登录企业应用平台，完成秦皇岛云河有限公司本单位开户银行设置，如表 3-16 所示。

表 3-16 本单位开户银行

编码	银行账号	币种	开户银行	所属银行编码	客户编号	机构号	联行号	签约标志
01	200703356621	人民币	中国工商银行秦皇岛开发区支行	01 中国工商银行	123	456	789	检查收付款账号

操作步骤如下：

1. 执行“基础设置→基础档案→收付结算→银行档案”命令，打开“银行档案”窗口，选中“01 中国工商银行”，单击“修改”按钮，打开“修改银行档案”对话框，如图 3-30 所示。

2. 取消企业账户规则“定长”复选框，单击“保存”按钮，如图 3-31 所示。

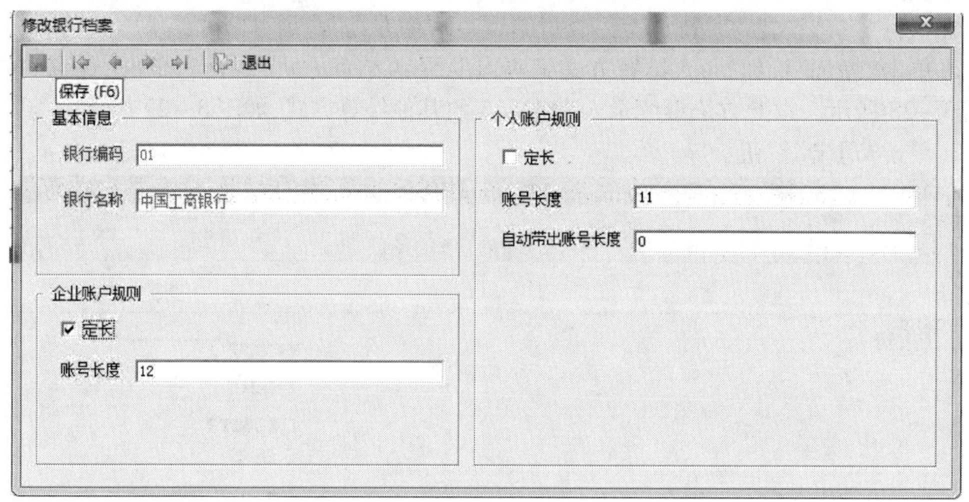

图 3-30 修改银行档案

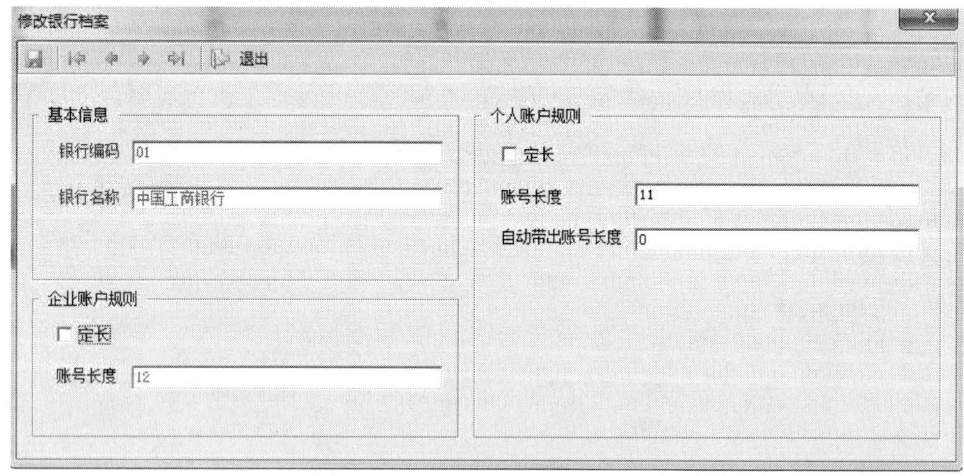

图 3-31 修改银行档案（操作完成）

3. 执行“基础设置→基础档案→收付结算→本单位开户银行”命令，打开“本单位开户银行”窗口，单击“增加”，按表 3 – 16 输入开户银行信息，如图 3 – 32 所示。

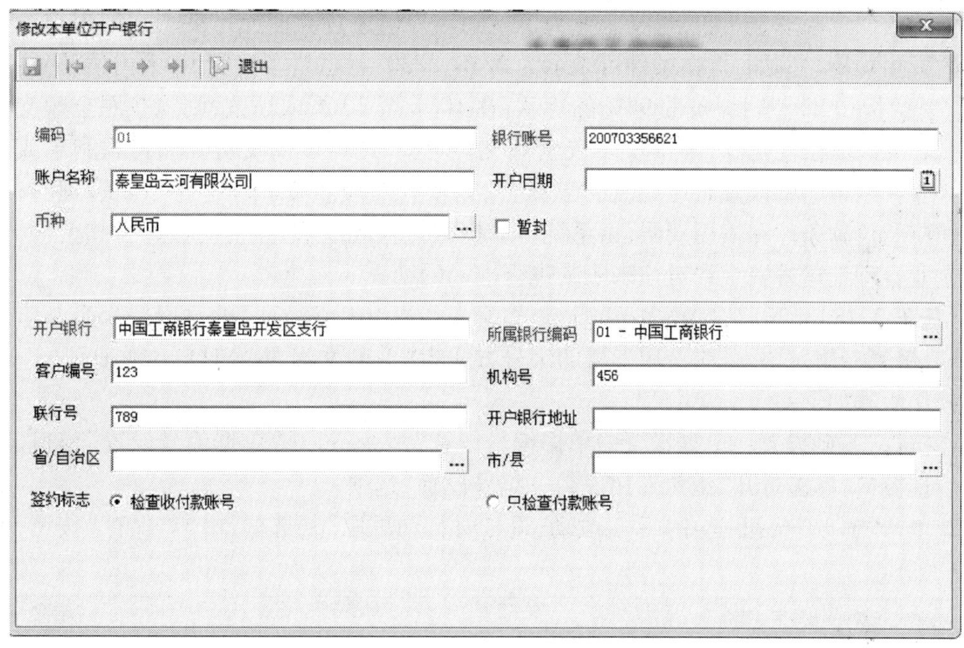

图 3 – 32 增加本单位开户银行窗口

4. 单击“保存”即可。

【任务 3.17】 2017 年 01 月 01 日，以账套主管“0101 袁经理”的身份登录企业应用平台，完成秦皇岛云河有限公司付款条件设置，如表 3 – 17 所示。

表 3 – 17 付款条件设置

付款条件编码	付款条件名称	信用天数	优惠天数 1	优惠率 1	优惠天数 2	优惠率 2
01	2/10,n/30	30	10	2	30	0

操作步骤如下：

1. 执行“基础设置→基础档案→收付结算→付款条件”命令，打开“付款条件”窗口，点击“增加”按钮。按照表 3 – 17 输入付款条件，并保存操作结果，如图 3 – 33 所示。

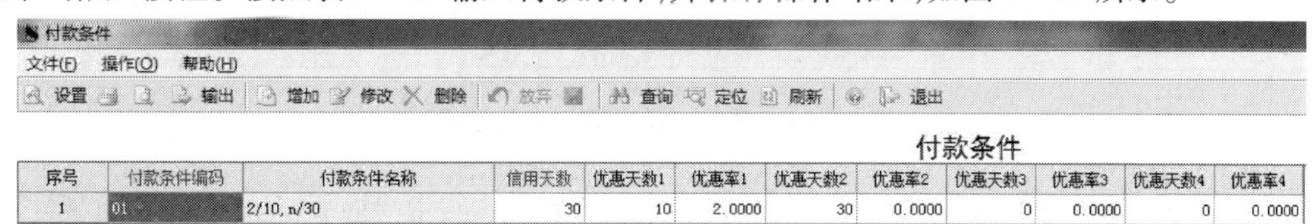

图 3 – 33 付款条件

【知识扩展】

付款条件也叫现金折扣,是指企业为了鼓励客户偿还货款而允诺在一定期限内给予的规定的折扣优待。例如,折扣条件可表示为2/10,n/30,意思是客户在10天内偿还货款,可得到2%的折扣,即只付原价的98%的货款;在10天至30天内还款,则须按照全额支付货款;在30天以后偿还货款,则不仅要按全额支付货款,还可能要支付延期付款利息或违约金。企业在系统基础设置时应建立付款条件,以便在对应收账款和应付账款管理时,通过录入相应的付款条件和信用期限,由系统自动提醒付款或催款,并自动核算折扣金额,这有利于企业合理地运筹资金和对往来账款进行准确的结算。

【任务3.18】 2017年01月01日,以账套主管"0101 袁经理"的身份登录企业应用平台,修改销售专用发票、采购专用发票的编号方式为"手工改动,重号时自动重取"。

操作步骤如下:

1. 执行"基础设置→单据设置→单据编号设置"命令,打开"单据编号设置"窗口,展开销售管理窗口,单击打开"销售专用发票—编号设置"选项。

2. 单击"修改"按钮,选中"手工改动,重号时自动重取"复选框,单击"保存"按钮,如图3-34所示。

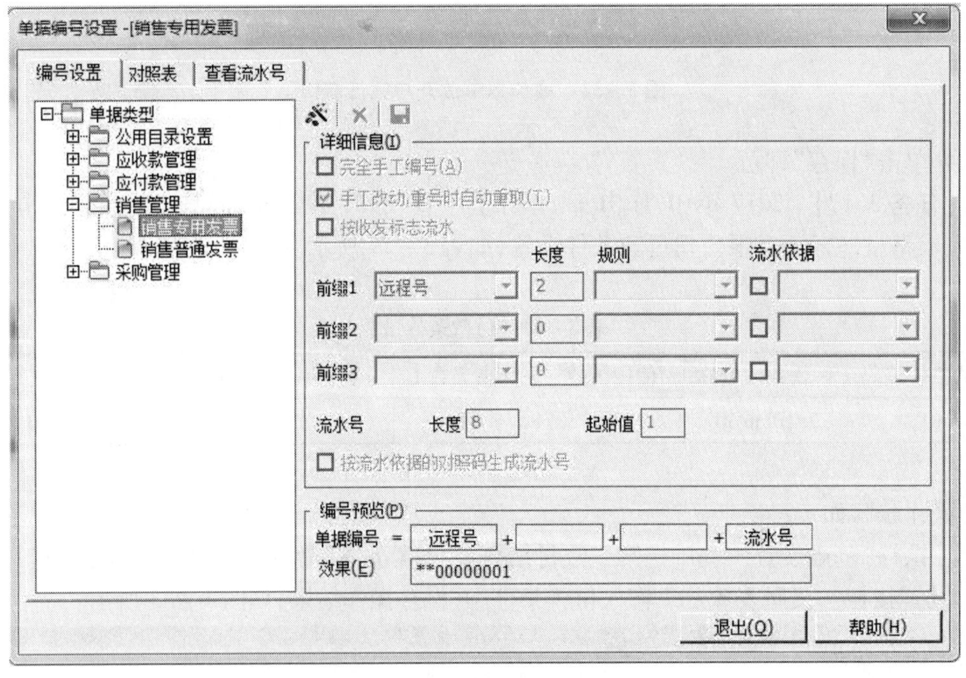

图3-34 销售专用发票—编号设置

3. 以此方法修改采购专用发票的编号方式为"手工改动,重号时自动重取",如图3-35所示。

图 3－35 采购专用发票

任务三 数据权限设置

用友 ERP－U8 V10.1 版管理软件提供了集中权限管理,除了提供用户对各模块操作的权限之外,还相应地提供了金额的权限管理和对于数据的权限管理。用友 ERP－U8 可以实现三个层次的权限管理。

第一, 功能级权限管理。该权限将提供划分更为细致的功能级权限管理功能,包括各功能模块相关业务的查看和分配权限。

第二, 数据级权限管理,是针对业务对象进行的控制。该权限可以通过两个方面进行权限控制,一个是字段级权限控制,另一个是记录级的权限控制。

第三, 金额级权限管理。该权限主要用于完善内部金额控制,实现对具体金额数量划分级别,对不同岗位和职位的操作员进行金额级别控制,限制他们制单时可以使用的金额数量,不涉及内部系统控制的不在管理范围内。

其中,功能权限的分配在“系统管理”→“权限”中设置,数据级权限和金额级权限在“企业应用平台”→“系统服务”→“权限”中设置,对于数据级权限和金额级权限的设置,必须在功能权限分配之后才能进行。

【任务 3.19】 2017 年 01 月 01 日,以账套主管“0101 袁经理”的身份登录企业应用平台,为操作员“0203 王会计”赋予全部科目的查询和制单权限,以及所有部门的查询和录入权限,并设置其为工资类别主管。

操作步骤如下:

1. 在企业应用平台中,执行“系统服务→权限→数据权限控制设置”命令,进入“数据权限控制设置”窗口。

2. 在“记录级”选项卡中选择“部门”“科目”和“工资权限”，单击“确定”按钮，如图 3－36 所示。

图 3－36　数据权限控制设置

3. 执行“系统服务→权限→数据权限分配”命令，进入“权限浏览”窗口，从“用户及角色”列表中选择“0203 王会计”，如图 3－37 所示。

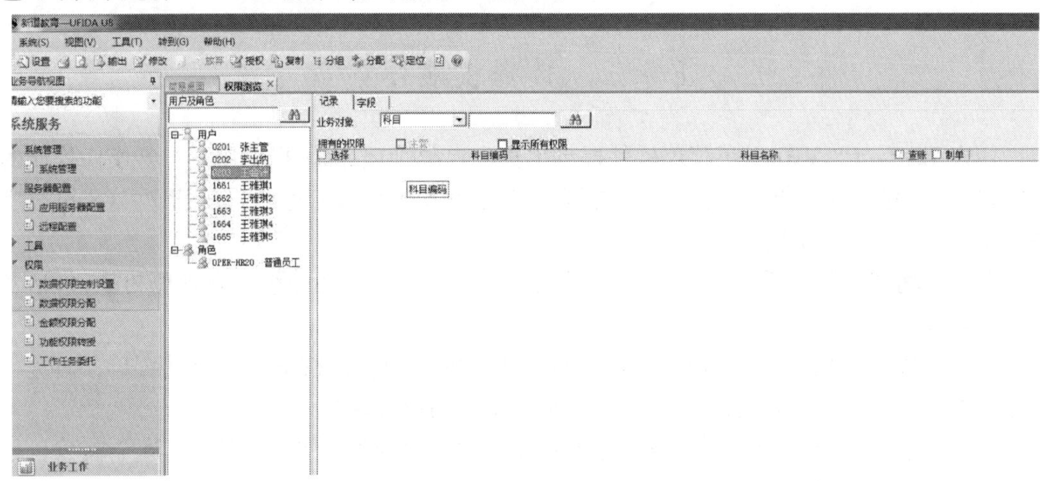

图 3－37　权限浏览窗口

4. 单击工具栏上的“授权”按钮，打开“记录权限设置”对话框，将全部科目通过单击“ > ”按钮，从“禁用”列表选入“可用”列表，如图 3－38 所示。

5. 单击“保存”按钮，系统弹出“保存成功，重新登录门户，此配置才能生效！”信息提示对话框。

6. 单击“确定”按钮，返回“记录权限设置”对话框。在“业务对象”下拉列表框中选择“部门”，单击“≫”按钮，将所有部门从“禁用”列表选入“可用”列表，如图 3－39 所示。

7. 单击“保存”按钮，系统弹出“保存成功，重新登录门户，此配置才能生效！” 信息提示对话框。

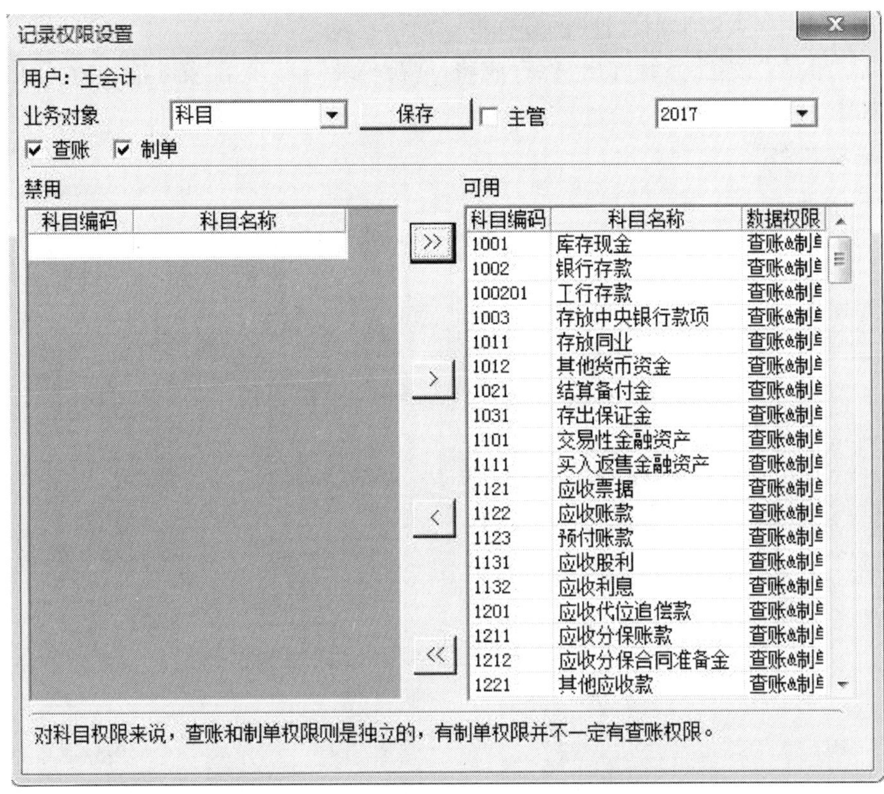

图 3－38　记录权限设置—科目设置

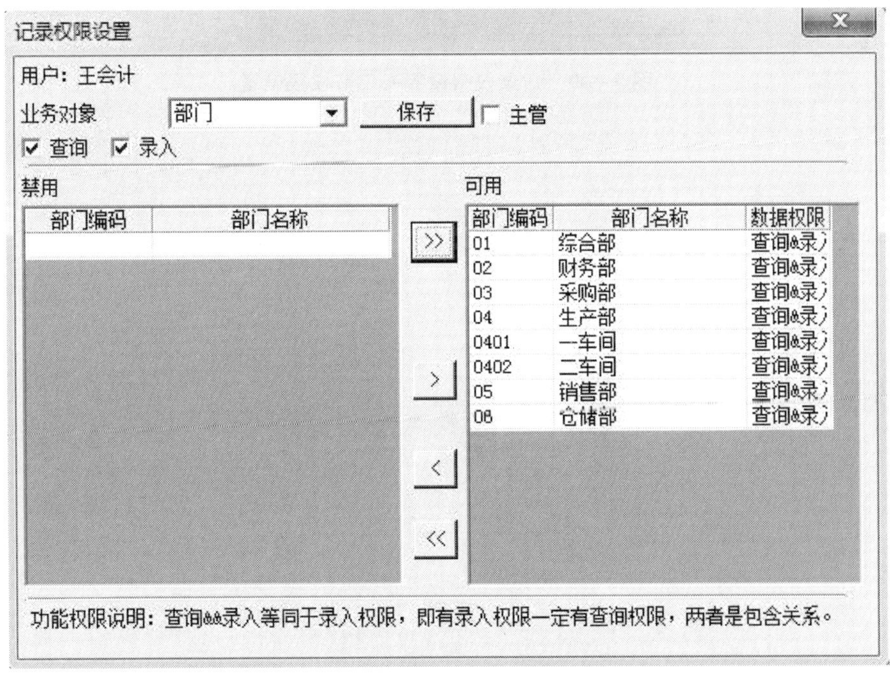

图 3－39　记录权限设置—部门设置

8. 单击“确定”按钮，返回“记录权限设置”对话框。在“业务对象”下拉列表框中选择

“工资权限”，选中“工资类别总管”的复选框。

9. 单击“保存”按钮，系统弹出“保存成功，重新登录门户，此配置才能生效!”信息提示对话框，如图 3－40 所示。

图 3－40　记录权限设置—工资权限设置

项目四　总 账 系 统

【学习目标】

1. 了解总账管理的主要功能及作用；
2. 熟悉总账系统的主要内容及操作流程；
3. 掌握系统初始化、凭证处理、账簿管理、出纳管理与期末处理的方法；
4. 具备总账系统业务处理和维护的基本技能。

【重点难点】

正确录入凭证、审核凭证；错账更正处理方法；银行对账的操作方法；期末业务处理方法。

任务一　总账系统认知

总账系统也称为账务处理系统，是会计信息化系统中的核心系统，单位通过总账系统可以实现财务数据的最基本的管理功能。总账系统的主要任务是根据审核无误的原始凭证，输入和处理各种记账凭证，完成审核、记账、对账、结账工作，总账系统既可以独立运行，也可以与其他系统集成应用。许多单位的会计信息化工作往往都是从总账系统开始的。对于日常业务较为简单的用户来说，总账系统即可实现财务核算的基本要求；而对于日常业务较为复杂的用户来说，则必须在总账系统的基础上，依靠其他业务管理系统来实现对企业日常业务的有效管理。

一、总账系统的主要功能

总账系统的主要功能包括系统初始化设置、日常业务处理、期末业务处理等模块。

1. 初始化设置

初始化设置是应用总账系统的基础工作，由用户根据本单位的实际情况，将通用总账系统变成适合本单位核算要求的专用系统。主要工作包括选项设置、期初余额录入等。

2. 日常业务处理

是指通过录入和处理各种记账凭证，完成记账、查账等日常业务处理工作。具体包括以下内容：

(1)凭证管理

可完成对凭证的录入、出纳签字、审核、记账、查询、打印，以及调用常用凭证、常用摘要等。

(2)出纳管理

提供银行对账单引入、录入、查询功能，可完成银行日记账、现金日记账，提供银行对账功能,随时查询银行余额调节表。

(3)账簿管理

可以完成对总账、余额表、序时账、明细账、多栏账、日记账、日报表等多种标准账表的查询。

3. 期末处理

期末处理是指会计人员在每个会计期间的期末所要完成的特定业务,可以完成月末分摊、计提、转账、销售成本、汇兑损益、期间损益结转等业务,并可进行试算平衡、对账、结账等工作。

二、总账系统与其他子系统的关系

总账系统与其他子系统的关系如图 4-1 所示。

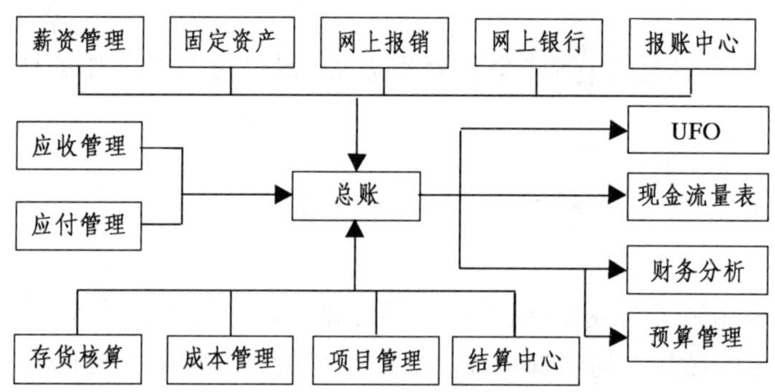

图 4-1　总账系统与其他子系统的关系

总账系统是用友管理系统中重要的子系统,既可独立运行,又可同其他子系统协同运转,与其他子系统传递相关的数据和凭证。总账系统接收薪资系统、固定资产系统、应收应付系统、成本管理、存货核算等系统生成的凭证。总账系统向 UFO 报表系统、财务分析系统等提供财务数据,生成报表。

三、总账系统的业务操作流程

总账系统的操作包括期初设置、日常业务处理和期末处理三部分。业务操作流程如图 4-2所示。

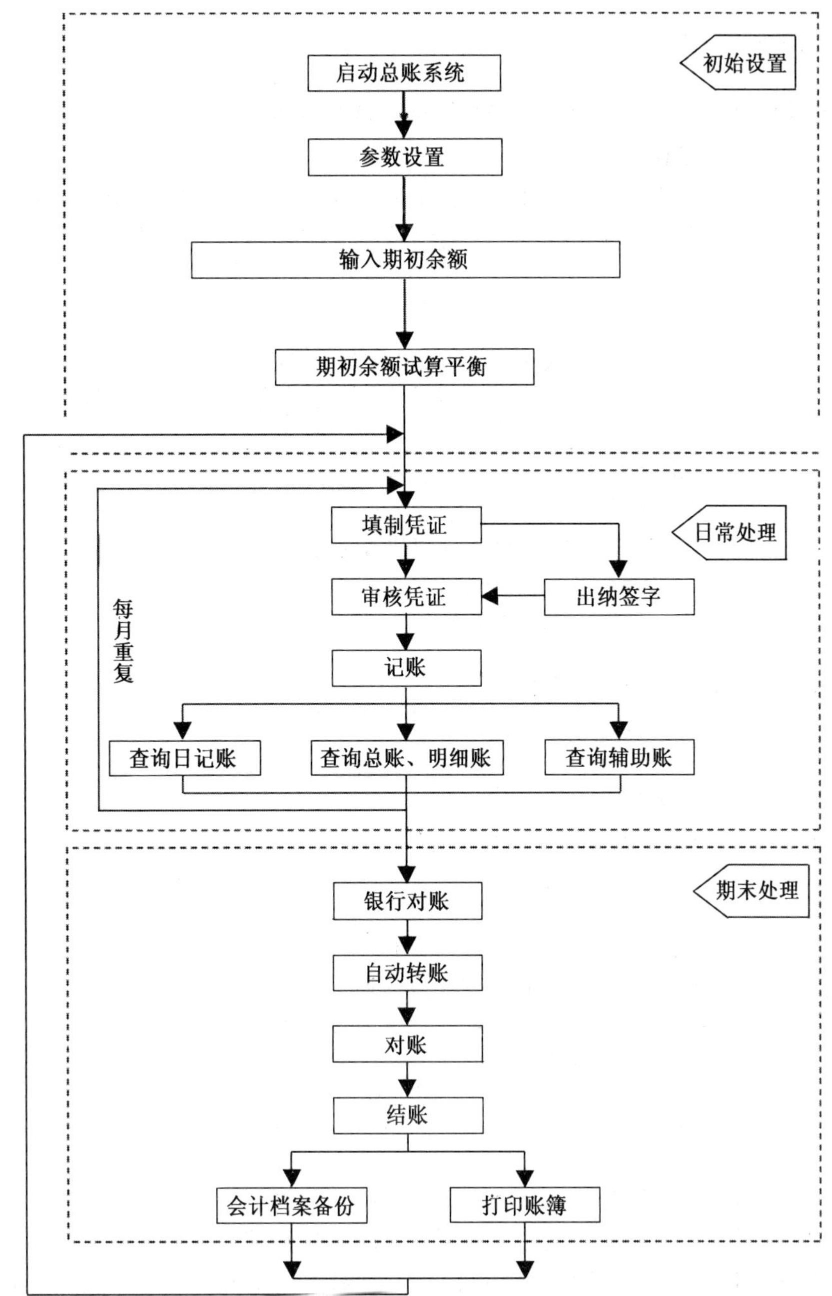

图 4－2　会计信息化总账系统的业务操作流程

任务二　总账系统初始设置

总账系统初始设置是应用总账系统的基础工作，是由用户根据本企业的需要，将一个通用的总账系统改造为适合本企业核算要求的“专用总账系统”，这是企业保证会计核算及各种专项辅助核算等工作顺利开展的重要环节之一。总账系统初始设置包括选项设置、录入期初余额等。

一、选项设置

选项设置是对总账管理系统的一些系统选项进行设置，以便为总账管理系统配置相应的功能或设置相应的控制。

【任务4.1】 秦皇岛云河有限公司已经启用总账系统，从2017年01月01日起，以账套主管袁经理的身份进入企业应用平台，完成总账系统初始设置工作，选项设置参数如表4－1所示。

表4－1 总账系统控制参数

选项卡	参数设置
凭证	取消制单序时控制 支票控制 可以使用应收受控科目，可以使用应付受控科目 取消“现金流量科目必录现金流量项目”选项 凭证编号方式采用系统编号
账簿	明细账打印按年排页
预算控制	超出预算允许保存
权限	出纳凭证必须经由出纳签字 允许修改、作废他人填制的凭证 可查询他人凭证
会计日历	会计日历为1月1日—12月31日 数量小数位和单价小数位设置为两位
其他	外币核算采用固定汇率 部门、个人、项目按编码方式排序

总账系统控制参数设置的具体操作步骤如下：

1. 在“业务工作”下，打开“财务会计”→“总账”→“设置”→“选项”。

2. 在“选项”对话框中，选择相应选项卡，单击“编辑”，按照资料要求修改相应信息，如图4－3所示。

3. 单击“确定”，继续修改其他选项。

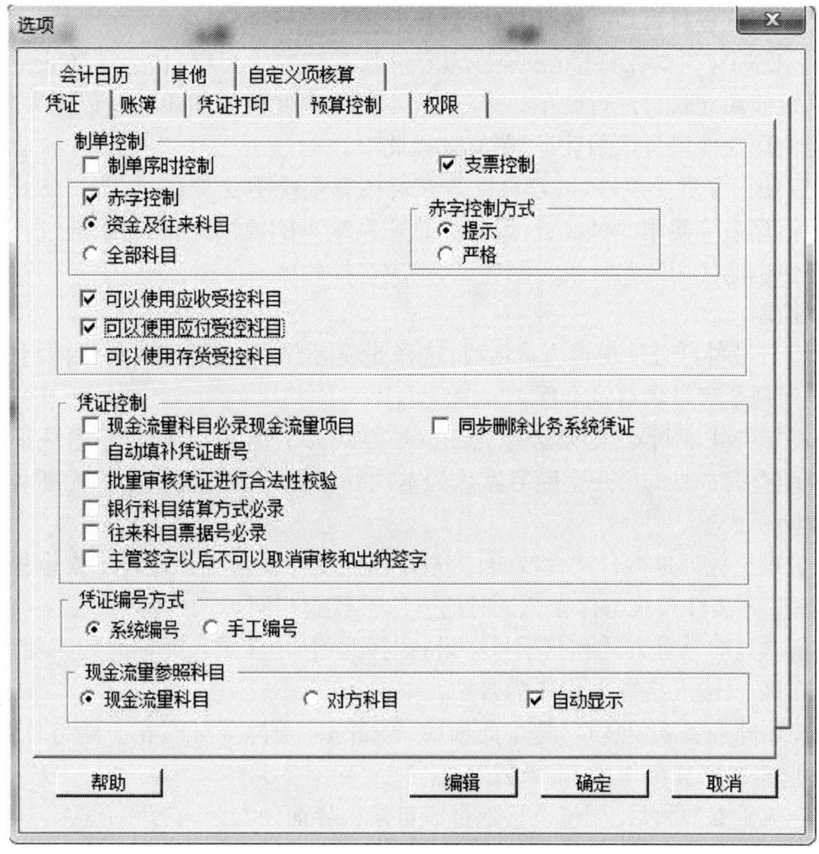

图4-3　总账控制参数

注意：

总账系统启用后，系统内预设了一系列总账系统业务处理控制参数，用户可以根据单位的具体需要进行更改。

【知识扩展】

总账控制参数说明。

（一）凭证参数设置

1. 制单控制

（1）制单序时控制：控制系统保存凭证的顺序，可以按凭证号顺序排列，也可以按日期顺序排列。选择此项制单时，凭证编号必须按日期顺序排列。

（2）支票控制：若选择此项，在制单时使用银行科目编制凭证时，系统针对票据管理的结算方式进行登记，如果录入支票号在支票登记簿中已存，系统提供登记支票报销的功能，否则，系统提供登记支票登记簿的功能。

（3）赤字控制：若选择了此项，在制单时，当“资金及往来科目”或“全部科目”的最新余额出现负数时，系统将予以提示。

（4）可以使用应收受控科目：若科目为应收款系统的受控科目，为了防止重复制单，只允许应收系统使用此科目进行制单，总账系统不能使用此科目制单。所以如果希望在总账系统中也能使用这些科目填制凭证，则应选择此项。

（5）可以使用应付受控科目：若科目为应付款系统的受控科目，为了防止重复制单，只允许应付系统使用此科目进行制单，总账系统不能使用此科目制单。所以如果希望在总账系统中也能使用这些科目填制凭证，则应选择此项。

（6）可以使用存货受控科目：若科目为存货核算系统的受控科目，为了防止重复制单，只允许存货核算系统使用此科目进行制单，总账系统不能使用此科目制单。所以如果希望在总账系统中也能使用这些科目填制凭证，则应选择此项。

2. 凭证控制

（1）现金流量科目必录现金流量项目：选择此项后，在录入凭证时如果使用现金流量科目则必须输入现金流量项目及金额。

（2）自动填补凭证断号：如果选择凭证编号方式为系统编号，则在新增凭证时，系统按凭证类别自动查询本月的第一个断号默认为本次新增凭证的凭证号。如无断号则为新号，与原编号规则一致。

（3）批量审核凭证进行合法性校验：批量审核凭证时针对凭证进行二次审核，提高凭证输入的正确率，合法性校验与保存凭证时的合法性校验相同。

（4）凭证录入时结算方式和票据号必录：选择此项后，在录入凭证时如果使用银行科目或往来科目则必须输入结算方式和票据号。

（5）同步删除业务系统凭证：选中此项后，外部系统删除凭证时相应地将总账的凭证同步删除，否则，将总账凭证作废，不予删除。

（6）现金流量参照科目：用来设置现金流量录入界面的参照内容和方式。

3. 凭证编号方式

系统在“填制凭证”功能中一般按照凭证类别按月自动编制凭证编号，即“系统编号”，但有的企业需要系统允许在制单时手工录入凭证编号，即“手工编号”。

（二）权限设置

1. 制单权限控制到科目：要在系统管理的“功能权限”设置中设置科目权限，再选择此项，权限设置有效。选择此项，则在制单时，操作员只能使用具有相应制单权限的科目制单。

2. 制单权限控制到凭证类别：要在系统管理的“功能权限”设置中设置科目权限再选择此项，权限设置才有效。选择此项，则在制单时，只显示此操作员有权限的凭证类别。同时在凭证类别参照中按人员的权限过滤出有权限的凭证类别。

3. 操作员进行金额权限控制：选择此项，可以对不同级别的人员进行金额大小的控制，例如财务主管可以对 10 万元以上的经济业务制单，一般财务人员只能对 5 万元以下的经济业务制单，这样可以减少不必要的责任事故带来的经济损失。

4. 只允许某操作员审核其本部门操作员填制的凭证，则应选择“凭证审核控制到操作员”，同时要在系统管理的“数据权限”设置中设置用户权限，再选择此项，权限设置才有效。

5. 出纳凭证必须经由出纳签字：若要求现金、银行科目凭证必须由出纳人员核对签字后才能记账，则选择“出纳凭证必须经由出纳签字”。

6. 凭证必须经由主管会计签字：如要求所有凭证必须由主管签字后才能记账，则选择“凭证必须经主管签字”。

7. 如允许操作员查询他人凭证，则选择“可查询他人凭证”。如选择“控制到操作员”，则要在系统管理的“数据权限”设置中设置用户权限，再选择此项，权限设置有效。选择此项，则在凭证查询时，操作员只能查询具有相应人员的凭证查询权限。

8. 允许修改、作废他人填制的凭证：若选择了此项，在制单时可修改或作废别人填制的凭证，否则不能修改。如选择“控制到操作员”，则要在系统管理的“数据权限”设置中设置用户权限，再选择此项，权限设置有效。选择此项，则在填制凭证时，操作员只能对相应人员的凭证进行修改或作废。

9. 明细账查询权限控制到科目：这里是权限控制的开关，在系统管理中设置明细账查询权限，必须在总账系统选项中打开，才能起到控制作用。

10. 制单、辅助账查询控制到辅助核算：设置此项权限，制单时才能使用有辅助核算属性的科目录入分录，辅助账查询时只能查询有权限的辅助项内容。

（三）账簿参数设置

“账簿”选项卡下包括“打印位数宽度”“明细账打印输出方式”等选项。

（四）会计日历设置

在此选项卡中，可查看各会计期间的起始日期与结束日期。账套名称、单位名称、账套路径、行业性质、科目级长、本位币等账套信息只在此选项卡中显示。若要修改，可到系统管理中去修改。

（五）其他参数设置

“其他”选项卡下包括“部门排序方式”“个人排序方式”“项目排序方式”。

二、录入期初余额

在开始使用总账系统时，为了保证会计数据的连续完整，并与手工账簿数据衔接，需要先将各账户启用月份的月初余额和年初到该月的借、贷方累计发生额计算清楚，并录入到总账系统中。如果是年初建账，可以直接录入年初余额，即期初余额；如果是在年中建账，则可录入启用当月的期初余额及年初至今的月份的借、贷方累计发生额，系统自动计算年初余额。

总账系统的期初余额录入工作包括总账科目期初余额录入、辅助科目期初余额录入和试算平衡。期初余额和累计发生额的录入要从最末级会计科目开始，上级科目的余额和累计发生数据由系统自动计算。如果录入红字余额应输入负号。一般情况下，资产类科目的余额方向为借方，负债和所有者权益类科目的余额方向为贷方，对于备抵类科目，例如，“坏账准备”科目的余额方向与同类账户余额方向相反。如果会计科目设有辅助核算，还需要输入各辅助账的期初余额。如果系统还启用了应收款管理、应付款管理等系统，可以在应收应付款管理系统中录入客户、供应商的明细期初余额，在总账期初余额里，通过“引入”功能将应收应付款管理系统的期初余额引入到总账期初余额中，以保持两者数据一致，最后进行试算平衡。

【任务4.2】 以账套主管袁经理的身份进入企业应用平台，完成秦皇岛云河有限公司期初余额的录入工作，见表4－2～表4－6。

表4-2 总账期初余额

单位:元

级次	科目编码	科目名称	方向	辅助账类型	期初余额
1	1001	库存现金	借	日记账	10 000
1	1002	银行存款	借	银行账、日记账	5 270 000
2	100201	工行存款	借	银行账、日记账	5 270 000
1	1121	应收票据	借	客户往来、应收系统受控科目	9 360
2	112101	商业承兑汇票	借	客户往来、应收系统受控科目	9 360
2	112102	银行承兑汇票	借	客户往来、应收系统受控科目	
1	1122	应收账款	借	客户往来、应收系统受控科目	7 020
1	1123	预付账款	借	供应商往来、应付系统受控科目	
1	1221	其他应收款	借	个人往来	
1	1231	坏账准备	贷		70.2(按照应收账款1%计提)
1	1403	原材料	借		270 000
2	140301	R1		数量核算(个)	150 000(3 000 个)
2	140302	R2		数量核算(个)	120 000(2 000 个)
1	1405	库存商品			110 000
2	140501	P1		数量核算(件)	50 000(625 件)
2	140502	P2		数量核算(件)	60 000(600 件)
1	1411	周转材料			10 000
2	141101	包装物			4 500
2	141102	低值易耗品			5 500
1	1601	固定资产			7 525 000
1	1602	累计折旧			2 040 600
1	1605	工程物资			
1	1701	无形资产			
1	1901	待处理财产损益			
2	190101	待处理流动资产损益			
2	190102	待处理固定资产损益			
1	2001	短期借款			1 000 000
1	2201	应付票据		供应商往来、应付系统受控科目	
1	2202	应付账款		供应商往来、应付系统受控科目	70 200
2	220201	一般应付账款		供应商往来、应付系统受控科目	70 200
2	220202	暂估应付账款		供应商往来、应付系统受控科目	
1	2203	预收账款		客户往来、应收系统受控科目	1 000
1	2211	应付职工薪酬			108 494.5

表4－2(续)

级次	科目编码	科目名称	方向	辅助账类型	期初余额
2	221101	工资			81 300
2	221102	职工福利费			11 382
2	221103	社会保险费			6 325
2	221104	住房公积金			6 900
2	221105	工会经费			1 150
2	221106	职工教育经费			1 437.5
2	221107	其他			
1	2221	应缴税费			127 385
2	222101	应缴增值税			
3	22210101	进项税额			
3	22210102	进项税额转出			
3	22210103	销项税额			
3	22210104	转出未缴增值税			
3	22210105	已缴税金			
2	222102	未缴增值税			75 000
2	222103	应缴所得税			43 000
2	222104	应缴个人所得税			1 885
2	222105	应缴城市维护建设税			5 250
2	222106	应缴教育费附加			2 250
1	2241	其他应付款			13 225
2	224101	应付社会保险费			6 325
2	224102	应付住房公积金			6 900
1	2501	长期借款			2 000 000
1	4001	实收资本			6 000 000
1	4002	资本公积			750 405.30
1	4101	盈余公积			100 000
1	4103	本年利润			
1	4104	利润分配			1 000 000
2	410401	提取法定盈余公积			
2	410402	提取任意盈余公积			
2	410403	应付现金股利或利润			
2	410404	未分配利润			1 000 000
1	5001	生产成本			
2	500101	基本生产成本			

表 4－2(续)

级次	科目编码	科目名称	方向	辅助账类型	期初余额
3	50010101	直接材料		部门、项目核算	
3	50010102	直接人工		部门、项目核算	
3	50010103	制造费用		部门、项目核算	
1	5101	制造费用		部门核算	
2	510101	折旧费		部门核算	
2	510102	工资		部门核算	
2	510103	其他		部门核算	
1	6001	主营业务收入		项目核算	
1	6401	主营业务成本			
2	640101	P1			
2	640102	P2			
1	6601	销售费用			
2	660101	广告费			
3	66010101	P1			
3	66010102	P2			
2	660102	折旧费			
2	660103	市场开拓费			
3	66010301	本地市场			
3	66010302	国内市场			
3	66010303	国际市场			
2	660104	工资			
2	660105	福利费			
2	660106	其他			
1	6602	管理费用		部门核算	
2	660201	工资		部门核算	
2	660202	福利费		部门核算	
2	660203	办公费		部门核算	
2	660204	折旧费		部门核算	
2	660205	ISO 认证费		部门核算	
2	660206	差旅费		部门核算	
2	660207	设备维护费			
2	660208	其他		部门核算	
1	6603	财务费用			
2	660301	利息支出			

表 4-2(续)

级次	科目编码	科目名称	方向	辅助账类型	期初余额
3	66030101	长期贷款利息支出			
3	66030102	短期贷款利息支出			
3	66030103	贴现利息支出			
3	660302	现金折扣			

表 4-3 应收票据辅助账期初余额表

日期	凭证号	客户	业务员	摘要	方向	金额	票号	票据日期
2016-12-20	转-30	唐山联众公司	杨销售	P1 产品 80 件,无税单价 100 元/件,收到对方开来的三个月的商业承兑汇票一张	借	9 360	111	2016-12-20

表 4-4 应收账款辅助账期初余额表

日期	凭证号	客户	业务员	摘要	方向	金额
2016-12-22	转-35	天津众泰公司	杨销售	P2 产品 50 件,无税单价 120 元/件	借	7 020

表 4-5 预收账款辅助账期初余额表

日期	凭证号	客户	业务员	摘要	方向	金额
2016-12-27	转-50	桂林山水公司	杨销售	P2 产品 40 件,无税单价 120 元/件	贷	1 000

表 4-6 应付账款——一般应付账款辅助账期初余额表

日期	凭证号	供应商	业务员	摘要	方向	金额
2016-12-24	转-43	河北华夏公司	赵采购	R1 原材料 600 个,无税单价 50 元/个	贷	35 100
2016-12-26	转-47	辽宁远大公司	赵采购	R2 原材料 500 个,无税单价 60 元/个	贷	35 100

操作步骤如下:

1. 在总账管理系统中,执行"设置"→"期初余额"命令,进入"期初余额录入"窗口,如图 4-4 所示。

2. 非辅助核算科目录入:直接录入底色为白色的末级科目的期初余额,上级科目的期初余额自动生成。

例如,输入"工行存款"期初余额 5 270 000 元,上级科目"银行存款"的期初余额 5 270 000元,自动填列。如图 4-5 所示。

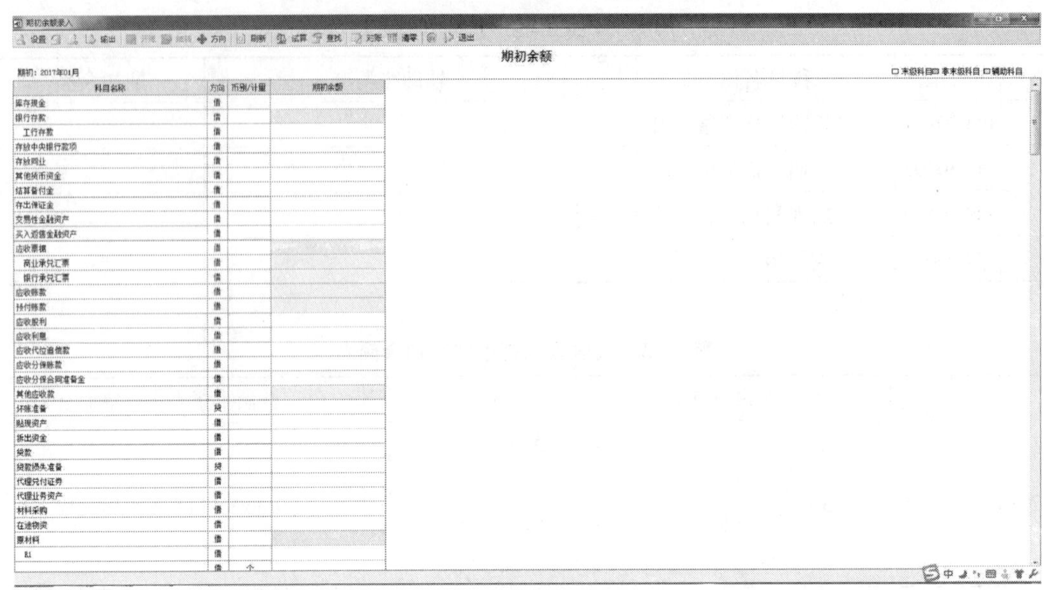

图 4－4　期初余额

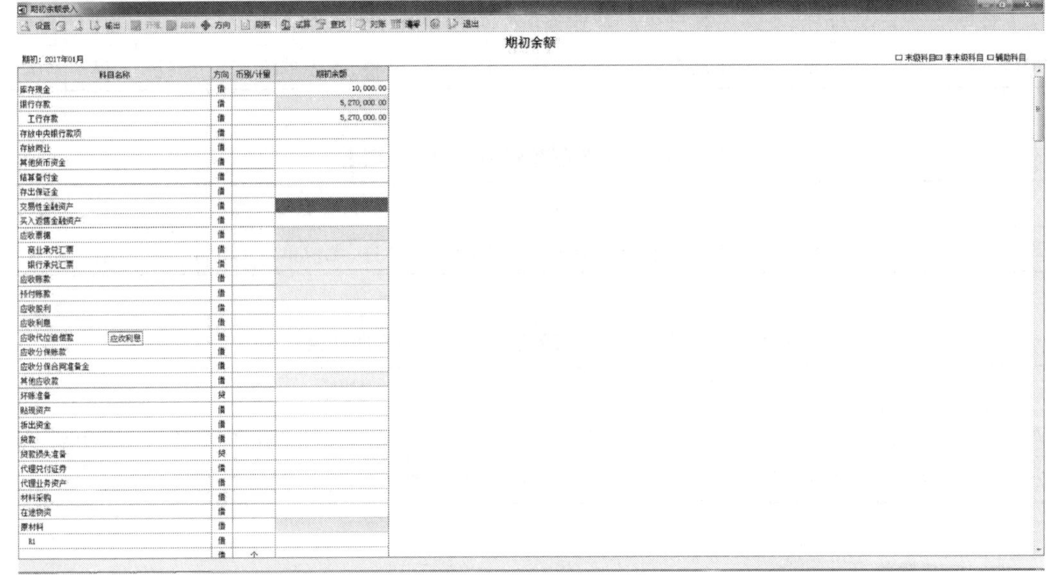

图 4－5　期初余额录入

3. 设置了辅助核算的科目底色显示为浅黄色，其期初余额可直接输入，但期初余额的录入要到相应的辅助账中进行。

操作方法：双击设置辅助核算属性的科目的期初余额栏，进入相应的辅助账窗口，单击“往来明细”，按明细输入每笔业务的内容，完成后单击“汇总”按钮，系统提示“完成了往来明细到辅助期初表的汇总！”。单击“确认”后，再单击“退出”，辅助账余额自动转到总账。

例如，在“应收票据”科目所在行，系统提示“客户往来”信息，双击“期初余额”栏，打开“辅助期初余额”对话框；单击“往来明细”，进入“期初往来明细”对话框，单击“增行”，修改日期并录入凭证号；直接录入或双击后单击“参照”，选择客户“唐山联众公司”、业务员“杨销售”、摘要“P1 产品 80 件，无税单价 100 元/件，收到对方开来的三个月的商业承兑汇票一张”，系统默认方向“借”，录入期初余额“9 360”元，票号“111”，票据日期“2016 - 12 - 20”，单击“汇总”按钮，系统提示“完成了往来明细到辅助期初表的汇总！”。单击“确认”后，再单击“退出”。如图 4 - 6 所示。

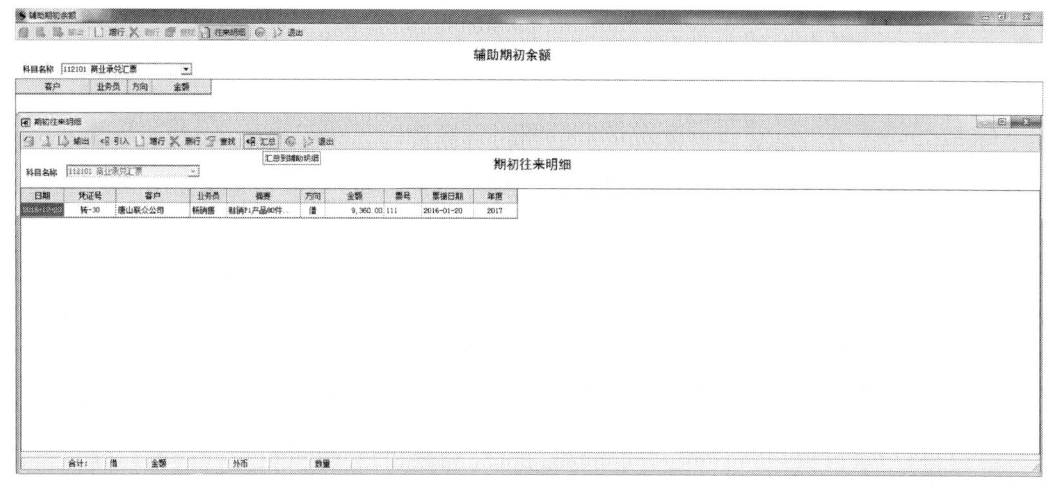

图 4 - 6　期初往来明细

4. 同理，录入其他带辅助核算科目的余额。

5. 如果某会计科目设有数量金额核算要求，还要输入期初数量。

6. 输完所有科目余额后，单击“试算”按钮，打开“期初余额试算平衡表”对话框。如图 4 - 7 所示。

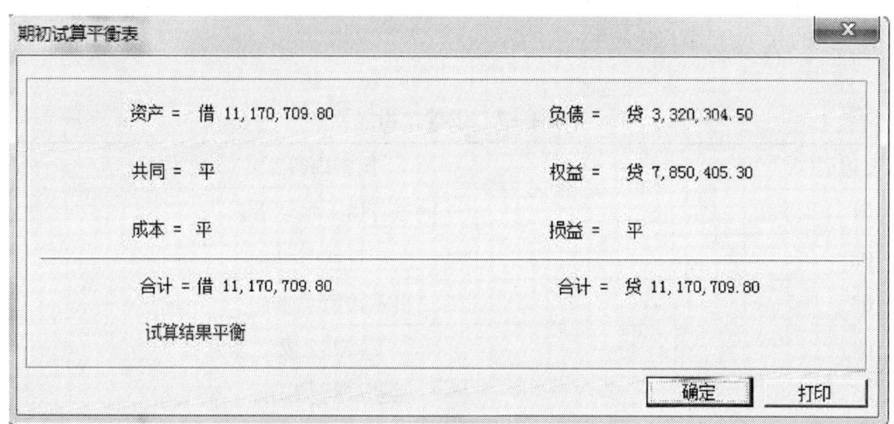

图 4 - 7　期初试算平衡表

7. 单击“确定”按钮，再单击“对账”按钮，进行期初对账，单击“开始”按钮，再单击“取消”按钮。若期初余额不平衡或有“对账错误”提示，则修改期初余额或“对账错误”提示；若期初余额试算平衡及对账无错误提示，单击“退出”按钮。

注意事项：

1. 非末级会计科目余额不用录入，系统将根据其下级明细科目自动汇总计算填入。

2. 出现红字余额用负号录入。

3. 凭证记账后，期初余额变为浏览只读状态，不能再修改。

4. 总账科目与其下级明细科目的余额方向必须一致。

5. 期初余额试算不平衡，将不能记账，但可以填制凭证。

6. 已经记过账的，则不能再输入、修改期初余额，也不能执行“结转上年余额”功能。

任务三　总账系统日常业务处理

当初始设置工作完成并确保正确以后，就可以开始进行日常业务处理了。日常业务处理的主要工作包括：常用摘要和常用凭证的设置；记账凭证的输入、修改和删除；出纳签字和会计凭证的审核、记账；账簿的查询等工作。其中，记账凭证的处理是账务处理的重要环节。

记账凭证是登记账簿的依据，在实行计算机处理账务后，电子账簿的准确与完整完全依赖于记账凭证，因而使用者要确保记账凭证输入的准确完整。在实际工作中，可以直接在计算机上根据审核无误准予报销的原始凭证填制记账凭证（即前台处理），也可以先由人工制单而后集中输入（即后台处理）。采用哪种方式应根据本单位的实际情况，一般来说业务量不多、基础较好或使用网络版的用户可采用前台处理方式，而在第一年使用或人机并行阶段，则比较适合采用后台处理方式。

一、设置常用摘要

账套主管有权限设置常用摘要，设置常用摘要后，可以在填制凭证时调用，以提高凭证的录入速度。一般操作人员需要在“系统管理”中进行常用摘要功能权限设置后，才可以进行此项操作。

【任务4.3】 以操作员“0203 王会计”的身份进入企业应用平台，完成秦皇岛云河有限公司常用摘要的录入工作，如表4－7所示。

表4－7　设置常用摘要

摘要编码	摘要内容
01	向银行借入短期借款
02	广告费支出
03	出差预借差旅费
04	支付办公费
05	提取现金备用
06	报销差旅费
07	发放上月职工工资
08	生产领用原材料
09	支付市场开拓费和ISO资格认证费
10	支付机器修理费

操作步骤如下：

1. 在企业应用平台“基础设置”选项卡中，执行“基础档案”→“其他”→“常用摘要”命令，打开“常用摘要”对话框。

2. 单击“增加”输入摘要编码“01”、摘要内容“向银行借入短期借款”，继续单击“增加”按钮，录入任务资料其他内容，如图 4 – 8 所示。

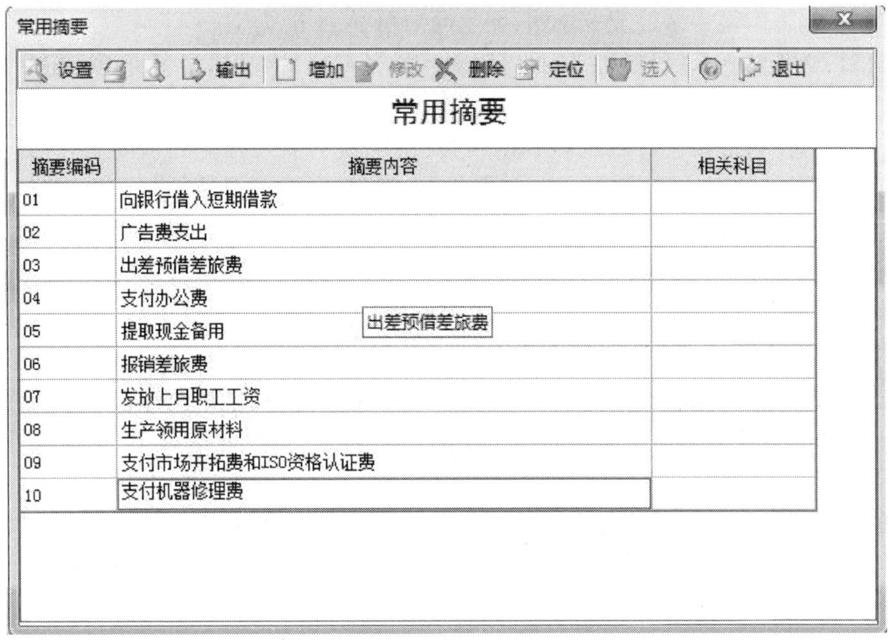

图 4 – 8　设置常用摘要

3. 单击“退出”按钮。

二、填制记账凭证

填制记账凭证是会计信息化工作中最基础、最频繁的工作，需要操作人员认真完成。记账凭证的内容一般包括两部分：一是凭证头部分；二是凭证正文部分。如果输入会计科目有辅助核算要求，则应输入辅助核算内容；如果一个科目同时兼有多种辅助核算，则同时要求输入各种辅助核算的有关内容。

（一）凭证头部分的内容如下

1. 凭证类别：可以输入凭证类别字，也可以参照输入。

2. 凭证编号：一般情况下，由系统分类按月自动编制，即每类凭证每月都从 0001 号开始，对于网络用户，如果是几个人同时制单，在凭证的左上角，系统先提示一个参考凭证号，真正的凭证编号只有在凭证保存时才给出，如果只有一个人制单或使用单用户版制单时，凭证左上角的凭证号就是正在填制的凭证的编号。系统同时也自动管理凭证页号，系统规定每页凭证有 5 条记录，当某号凭证不止一页时，系统将自动在凭证号后标上分单号，例如，收 – 0001 号 0002/0003，表示收款凭证第 0001 号凭证共有 3 张分单，当前光标所在分录在第 2 张分单上。如果在启用账套时设置凭证编号方式为“手工编号”，则用户可在此处手工录入凭证编号。

3. 制单日期：即填制凭证的日期。系统自动取进入账务系统前输入的业务日期为记账凭证填制的日期，如果日期不对，可进行修改或参照输入。

4. 附单据数：即输入原始单据张数。

5. 凭证自定义项：凭证自定义项是由用户自定义的凭证补充信息。用户根据需要自行定义和输入，系统对这些信息不进行校验，只进行保存。

（二）凭证正文部分的内容如下

1. 摘要：输入本笔分录的业务说明，要求简洁明了，不能为空。

2. 科目：必须输入末级科目。科目可以输入科目编码、中文科目名称、英文科目名称或助记码。

3. 辅助信息：对于要进行辅助核算的科目，系统提示输入相应的辅助核算信息。辅助核算信息包括客户往来、供应商往来、个人往来、部门核算、项目核算。如果需要对所输入的辅助项进行修改时，可双击所要修改的项，系统显示辅助信息录入窗，可进行修改。

4. 金额：即该笔分录的借方或贷方本币发生额，金额不能为零，但可以是红字，红字金额以负数形式输入。

如果使用了应收管理系统来管理所有客户往来业务，那么所有与客户发生的业务都应在应收款管理系统中生成相应的凭证，而不能在"填制凭证"功能中制单。如果使用了应付款管理系统来管理所有供应商往来业务，那么所有与供应商发生的业务，都应在应付款管理系统中生成相应的凭证。

【任务4.4】 秦皇岛云河有限公司2017年1月份发生如下日常经济业务，要求：根据具体操作内容选择应在总账系统中完成的业务处理，并编制记账凭证、出纳签字、审核和记账。

1. 1月1日，向银行申请三个月的短期借款100 000元，并存入银行。（总账系统中处理）

2. 1月2日，以转账支票方式缴纳上一季度企业所得税43 000元，向税务部门缴纳上月代扣代缴个人所得税1 885元，缴纳增值税75 000元，城市维护建设税5 250元，教育费附加2 250元。（总账系统中采用自定义转账方式生成凭证）

3. 1月2日，投放广告支出现金3 000元（其中投放在产品P1上的广告为1 000元，投放在产品P2上的广告为2 000元）。（总账系统中处理）

4. 1月2日，以现金支付财务部办公费1 000元。（总账系统中处理）

5. 1月3日，采购部赵采购出差预借差旅费3 000元，现金付讫。（总账系统中处理）

6. 1月4日，以现金支付综合部办公费800元。（总账系统中处理）

7. 1月5日，从银行提取现金9 000元备用。（总账系统中处理）

8. 1月5日，采购部赵采购出差归来，报销差旅费2 500元，出纳收回多余款项500元。（总账系统中处理）

9. 1月5日，用银行存款发放上月职工工资81 300元。（总账系统中处理）

10. 1月5日，公司向秦皇岛大力设备公司直接购入手工线一条，买价20万元，收到增值税专用发票（票号0066788），税率为17%，价税合计23.4万元，以转账支票（票号zz120345）支付。（在固定资产管理系统中处理）

11. 1月6日，根据采购计划，公司从辽宁远大公司购入1 000个原材料R2，无税单价60元/个，收到增值税专用发票一张（发票号zzs0001），增值税税率17%，材料已验收入库，同时收到运费普通发票一张，税率11%，对方代垫运费500元，货款暂欠。（在应付款管理系统中处理）

12. 1月6日，公司财务部向秦皇岛卓越商贸公司购置三台戴尔电脑，买价7 000元/台，收到增值税专用发票（票号0066789），税率17%，价税合计24 570元，以转账支票（票号

zz120346）支付。（在固定资产管理系统中处理）

13. 1 月 7 日，公司开出转账支票（票号 zz102）一张，金额 105 800 元，其中 70 700 元支付 6 日从辽宁远大公司购入的 1 000 个原材料 R2 的全部价款和运费，其余款项 35 100 元转为预付账款。（在应付款管理系统中处理）

14. 1 月 7 日，公司对办公楼进行资产评估，评估结果为原值 1 800 000 元，累计折旧为 285 000 元。（在固定资产管理系统中处理）

15. 1 月 8 日，根据采购计划，公司从河北华夏公司购入 2 000 个原材料 R1，无税单价 50 元/个，收到增值税专用发票一张（发票号 zzs0002），增值税税率 17%，材料已验收入库，货款暂欠。（在应付款管理系统中处理）

16. 1 月 8 日，公司与辽宁远大公司协商，将 7 日预付的 35 100 元款项冲抵上月所欠的应付货款。（在应付款管理系统中处理）

17. 1 月 8 日，公司生产部门一车间从原材料仓库领用 1 000 个原材料 R1（50 元/个）用于生产 1 000 件产品 P1，二车间从原材料仓库领用 1 000 个原材料 R1（50 元/个）和 1 000 个原材料 R2（60 元/个）用于生产 1 000 件产品 P2。（总账系统中处理）

18. 1 月 9 日，公司发生国内市场开拓费 5 000 元，ISO 资格认证费 3 000 元（综合部），以转账支票支付。（总账系统中处理）

19. 1 月 10 日，以转账支票支付向河北华夏公司采购的原材料 R1 款项 117 000 元。（在应付款管理系统中处理）

20. 1 月 10 日，公司收到天津众泰公司交来的转账支票一张，金额 7 020 元，支票号（ZZ533），用于支付 2016 年 12 月 22 日购货款，款项结清，进行核销处理。（在应收款管理系统中处理）

21. 1 月 11 日，发生固定资产机器设备修理费用 2 000 元，以转账支票支付。（总账系统中处理）

22. 1 月 12 日，将 1 月 5 日向河北华夏公司签发并承兑商业承兑汇票一张，票号 10001，进行结算。（在应付款管理系统中处理）

23. 1 月 15 日，公司销售给桂林山水公司 625 件 P1 产品，无税单价 150 元，开出增值税专用发票一张（发票号 zzs2000），增值税税率 17%，同时以转账支票代垫运杂费 1 000 元（支票号 ZZ100）。（在应收款管理系统中处理）

24. 1 月 16 日，公司销售给天津众泰公司 1 000 件 P1 产品，无税单价 150 元，开出增值税专用发票一张（发票号 zzs2001），增值税税率 17%，公司销售给唐山联众公司 1 000 件 P2 产品，无税单价 200 元，开出增值税专用发票一张（发票号 zzs2002），增值税税率 17%。（在应收款管理系统中处理）

25. 1 月 16 日，经客户协商同意，将 1 月 15 日公司销售给桂林山水公司的 625 件 P1 产品的应收账款中的 100 000 元转给天津众泰公司。（在应收款管理系统中处理）

26. 1 月 17 日，公司收到桂林山水公司签发的无息银行承兑汇票一张，票据编号 1212，面值 10 687.5 元，出票日期 1 月 17 日，到期日 4 月 17 日。1 月 20 日，因公司急需资金，持该银行承兑汇票到银行办理贴现，当日贴现率为 6%。（在应收款管理系统中处理）

27. 1 月 18 日，公司收到天津众泰公司转账支付的 100 000 元所欠货款。（在应收款管理系统中处理）

28. 1 月 20 日，公司收到天津众泰公司转账支付的 175 500 元所欠货款和唐山联众公司

转账支付的 234 000 元所欠货款。(在应收款管理系统中处理)

操作步骤如下:

以操作员“0203 王会计”的身份进入企业应用平台,登录日期为“2017 年 1 月 31 日”,在总账系统中填制记账凭证,完成经济业务的录入工作。

1. 直接填制法填制凭证

以填制第一笔经济业务的记账凭证为例,具体操作步骤如下:

(1)以“0203 王会计”的身份注册进入企业应用平台,操作日期输入“2017 - 01 - 31”。

(2)选中“业务工作”选项卡,执行“财务会计”→“总账”→“凭证”→“填制凭证”命令,进入“填制凭证”窗口。单击“增加”按钮,增加一张空白凭证。

(3)选择凭证类型“收款凭证”输入制单日期“2017 - 01 - 01”。

(4)在摘要栏输入“向银行借入短期借款”,或者单击摘要栏的参照按钮,弹出“常用摘要”对话框,选择 1 号常用摘要“向银行借入短期借款”,单击“选入”按钮。

(5)在“科目名称”栏输入科目名称“银行存款—工行存款”,或者输入科目代码“100201”,或者单击参照按钮,选择资产类科目“100201 银行存款—工行存款”,关闭 “辅助项”对话框,单击“借方金额”栏录入借方金额“100 000”,按 Enter 键;摘要自动带到下一行,再单击“科目名称”栏,输入科目名称“2001 短期借款”,单击“贷方金额”栏,录入贷方金额“100 000”,或直接按“ = ”键。

(6)单击“保存”按钮,系统弹出“凭证已成功保存!”信息提示框,如图 4 - 9 所示,单击“确定”按钮。

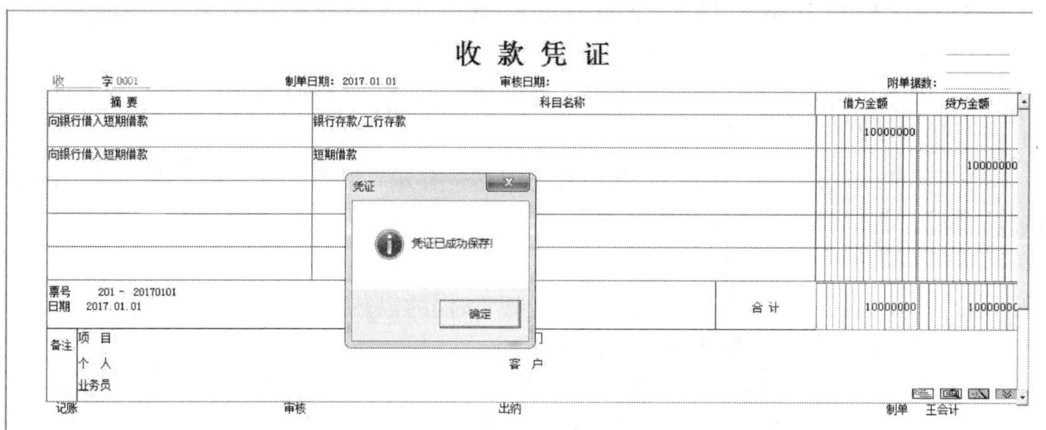

图 4 - 9 直接填制凭证

温馨提示:

(1)采用序时控制时,凭证日期应大于等于启用日期,不能超过业务日期。

(2)凭证一旦保存,其凭证类别、凭证编号不能修改。

(3)正文中不同行的摘要可以相同也可以不同,但不能为空。每行摘要将随相应的会计科目在明细账、日记账中出现。

(4)科目编码必须是末级的科目编码。

(5)金额不能为“零”,红字以“ - ”号表示。

(6)可按“ = ”键,取当前凭证借贷方金额的差额到当前光标位置。

2. 通过自定义转账方式生成凭证

以填制第二笔经济业务的记账凭证为例,具体操作步骤如下:

(1)双击“业务工作→财务工作→总账→期末→转账定义→自定义转账”,进入“自定义转账设置”窗口。

(2)单击“增加”按钮,弹出“转账目录”对话框,输入“转账序号”为“0001”,转账说明为“缴纳税费”,“凭证类别”默认为“付款凭证”。

(3)单击“确定”按钮,返回自定义转账设置窗口,单击“增行”按钮,在科目编码栏输入“222103”或单击参照按钮选择“222103 应缴所得税”,“方向”为“借”,单击“金额公式”参照按钮,弹出“公式向导”对话框,选择公式名称“期初余额”,单击“下一步”,输入科目“222103”,其他选项为默认,单击“完成”按钮,返回自定义转账设置窗口。

(4)单击“增行”按钮,在科目编码栏输入“222104”或单击参照按钮选择“222104 应缴个人所得税”,“方向”为“借”,单击“金额公式”参照按钮,弹出“公式向导”对话框。选择公式名称“期初余额”,单击“下一步”,输入科目“222104”,其他选项为默认,单击“完成”按钮,返回自定义转账设置窗口。

(5)单击“增行”按钮,在科目编码栏输入“222102”或单击参照按钮选择“222102 未缴增值税”,“方向”为“借”,单击“金额公式”参照按钮,弹出“公式向导”对话框。选择公式名称“期初余额”,单击“下一步”,输入科目“222102”,其他选项为默认,单击“完成”按钮,返回自定义转账设置窗口。

(6)单击“增行”按钮,在科目编码栏输入“222105”或单击参照按钮选择“222105 应缴城市维护建设税”,“方向”为“借”,单击“金额公式”参照按钮,弹出“公式向导”对话框。选择公式名称“期初余额”,单击“下一步”,输入科目“222105”,其他选项为默认,单击“完成”按钮,返回自定义转账设置窗口。

(7)单击“增行”按钮,在科目编码栏输入“222106”或单击参照按钮选择“222106 应缴教育费附加”,“方向”为“借”,单击“金额公式”参照按钮,弹出“公式向导”对话框。选择公式名称“期初余额”,单击“下一步”,输入科目“222106”,其他选项为默认,单击“完成”按钮,返回自定义转账设置窗口。

(8)单击“增行”按钮,在科目编码栏输入“100201 工行存款”,“方向”为“贷”,输入金额公式“JG( )”,单击“保存”按钮,完成如图 4－10 所示。

自定义转账设置

转账序号 0001　　转账说明 缴纳税费　　凭证类别 付款凭证

摘要	科目编码	部门	个人	客户	供应商	项目	方向	金额公式	外币公式	数量公式	自定义项1	自定义项2	自定
缴纳税费	222103						借	QC(222103,月)					
缴纳税费	222104						借	QC(222104,月)					
缴纳税费	222102						借	QC(222102,月)					
缴纳税费	222105						借	QC(222105,月)					
缴纳税费	222106						借	QC(222106,月)					
缴纳税费	100201						贷	JG()					

图 4－10　自定义转账设置

(9)单击“退出”,执行“期末”→“转账生成”命令,进入“转账生成”窗口。选中“自定义结转”单选按钮,单击“全选”(或者选中要结转的凭证的所在行),如图 4－11 所示。

(10)修改凭证日期,单击“保存”按钮,凭证左上角出现“已生成”,如图 4－12 所示。

(11)单击“退出”。

(12)依据以上两种填制方法,填制秦皇岛云河有限公司该月需要在总账系统中填制的其余凭证。

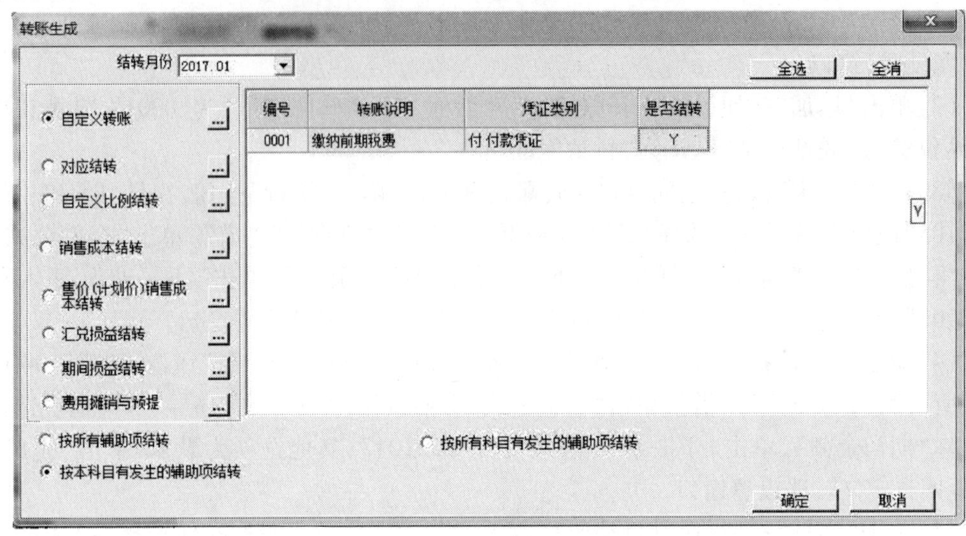

图4-11 转账生成

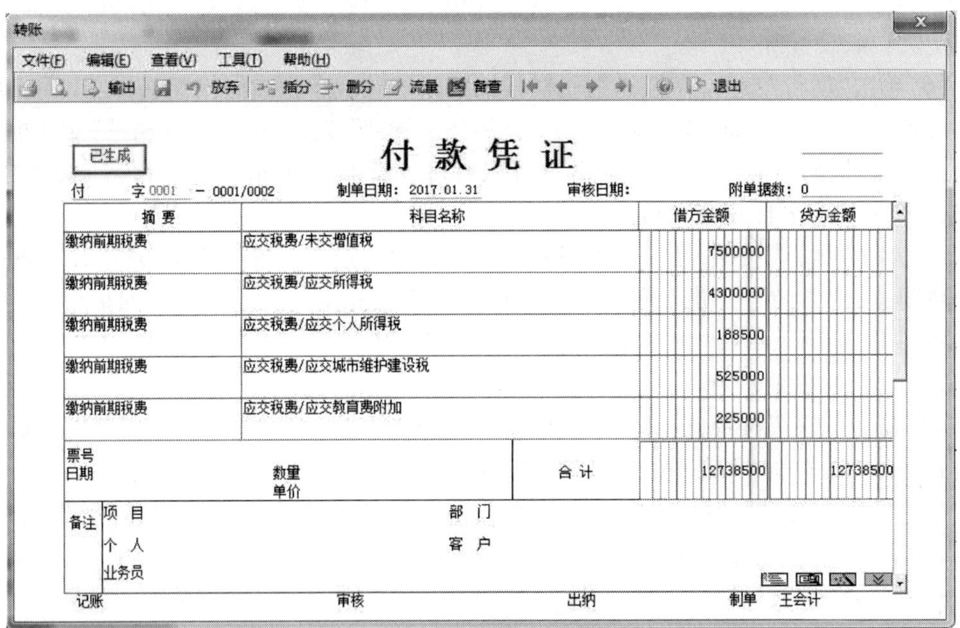

图4-12 生成付款凭证

三、出纳签字

会计制单工作完成之后,如果该凭证是出纳凭证,且在系统"选项"中选择"出纳凭证必须由出纳签字",则由出纳核对签字。出纳签字是加强企业对库存现金的收入与支出的管理并对出纳凭证进行管理的一种主要管理方法。出纳签字是指由出纳人员通过"出纳签字"功能对制单员填制的带有库存现金和银行存款科目的凭证进行检查核对,主要核对出纳科目金额是否正确,如果凭证正确,则在凭证上进行出纳签字,经审查如果认为该张凭证有错误或有异议,则不予进行出纳签字,应交给填制人员修改后再核对。

【任务 4.5】　以操作员“0202 李出纳”的身份进入企业应用平台,登录日期为“2017 年 1 月 31 日”,在总账系统中继续完成出纳签字工作。

出纳签字的具体操作步骤如下:

1. 在企业应用平台窗口,执行左上角“重注册”命令,打开“登录”对话框。

2. 以“0202 李出纳”的身份注册进入企业应用平台,再进入总账管理系统。

3. 进入“业务工作→财务会计→总账→凭证→出纳签字”,弹出出纳签字过滤界面,如图 4-13 所示,单击“确定”按钮,显示出纳签字列表,双击需要签字的凭证,打开凭证界面,单击工具栏上的“签字”按钮,凭证底部出纳处自动签上出纳人姓名,完成出纳签字。然后单击箭头图标“下张凭证”。

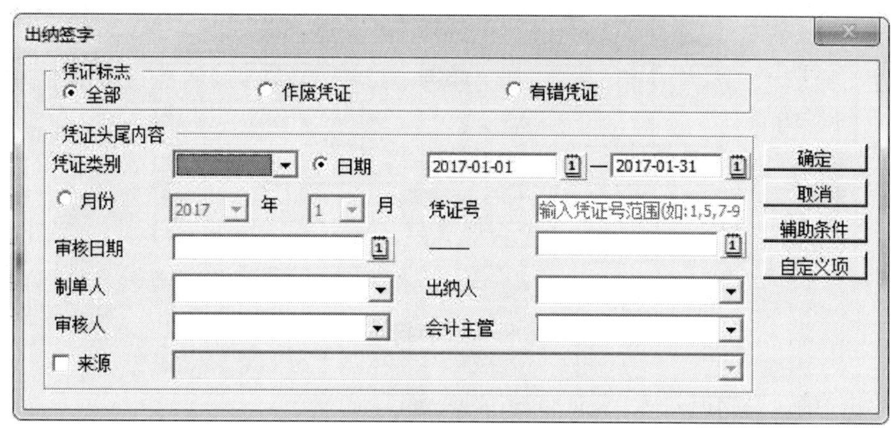

图 4-13　出纳签字过滤界面

温馨提示:

1. 凭证填制人、出纳签字人、凭证审核人为不同的人,在进行出纳签字和审核之前,通常需要先更换操作员。

2. 出纳签字的操作既可以在“凭证审核”后进行,也可以在“凭证审核”前进行。

3. “出纳签字”满足条件如下:

(1)已完成了“指定会计科目”的操作;

(2)在总账系统的“选项”中已勾选了“出纳凭证必须经由出纳签字”;

(3)出纳只对收款凭证和付款凭证签字;

(4)在“系统管理—操作员权限”中,对李出纳进行了“出纳签字”和“出纳”权限的设置;

(5)库存现金、银行存款科目在系统初始设置时已设置了辅助项“日记账”。

4. 也可以单击菜单栏“批处理”下的“成批出纳签字”功能,批量进行签字处理。

5. 出纳签字后若发现凭证有错误,可以取消出纳签字或成批取消出纳签字。

6. 凭证完成出纳签字之后不能直接修改。

四、审核凭证

审核凭证是审核员按照财会制度,对制单员填制的记账凭证进行检查核对,主要审核记账凭证是否与原始凭证相符、会计分录是否正确等,审查认为错误或有异议的凭证,应交与填制人员修改后再审核,只有有审核权的人才能使用本功能。

【任务4.6】 以操作员"0201 张主管"的身份进入企业应用平台,登录日期为"2017 年 1 月 31 日",在总账系统中继续完成审核凭证工作。

1. 在企业应用平台窗口,执行左上角"重注册"命令,打开"登录"对话框。

2. 以"0201 张主管"的身份注册进入企业应用平台,再进入总账系统。

3. 进入"业务工作→财务会计→总帐→凭证→审核凭证",打开"凭证审核"查询条件对话框。如图 4-14 所示。

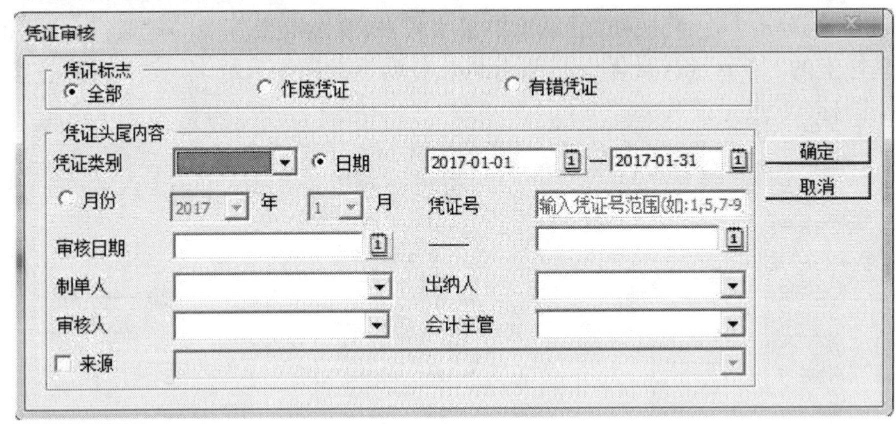

图 4-14 审核凭证

4. 单击"确认"按钮,进入"凭证审核"列表窗口。

5. 双击要审核的凭证,进入审核凭证的界面窗口。检查要审核的凭证,无误后,单击"审核"按钮,凭证底部的"审核"处自动签上审核人姓名,并自动跳转到下张需要审核的凭证。

6. 对其他凭证进行审核,最后单击"关闭"按钮。

温馨提示:

1. 审核人必须具有审核权。如果在"选项"中设置了"凭证审核控制到操作员"时,审核人还需要有对制单人所制凭证的审核权。

2. 审核签字后若发现凭证有错误,可以取消审核。

3. 作废凭证不能被审核,也不能被标错。

4. 审核人和制单人不能是同一个人,凭证一经审核,不能直接修改、删除,只有取消审核签字后才可修改或删除,已标志作废的凭证不能被审核,需先取消作废标志后才能审核。

5. 可以执行"审核"→"成批审核凭证"功能,对所有凭证进行审核。

五、记账

记账是以审核无误的会计凭证为依据,将单位发生的经济业务运用一定的记账方法全面、系统、连续地记录到账簿中去。记账凭证经审核签字后,即可用来登记总账和明细账、日记账、部门账、往来账、项目账,以及备查账等。本系统记账采用向导方式,使记账过程更加明确。记账的主要工作包括:记账、取消记账、激活"恢复记账前状态"菜单、恢复记账。

【任务4.7】 以操作员"0201 张主管"的身份进入企业应用平台,登录日期为"2017 年

1 月 31 日”,在总账系统中继续完成记账工作。

操作步骤如下:

1. 以“0201 张主管”的身份进行记账,执行“凭证”→“记账”命令,进入“记账”窗口。

2. 第一步选择要进行记账的凭证范围,本案例要求单击“全选”按钮,选择所有凭证。

3. 第二步记账,单击“记账”按钮,打开“期初试算平衡表”对话框,如图 4 – 15 所示,单击“确定”按钮,系统开始自动进行记账,记账完成后,弹出“记账完毕”信息提示对话框。如图 4 – 16 所示。

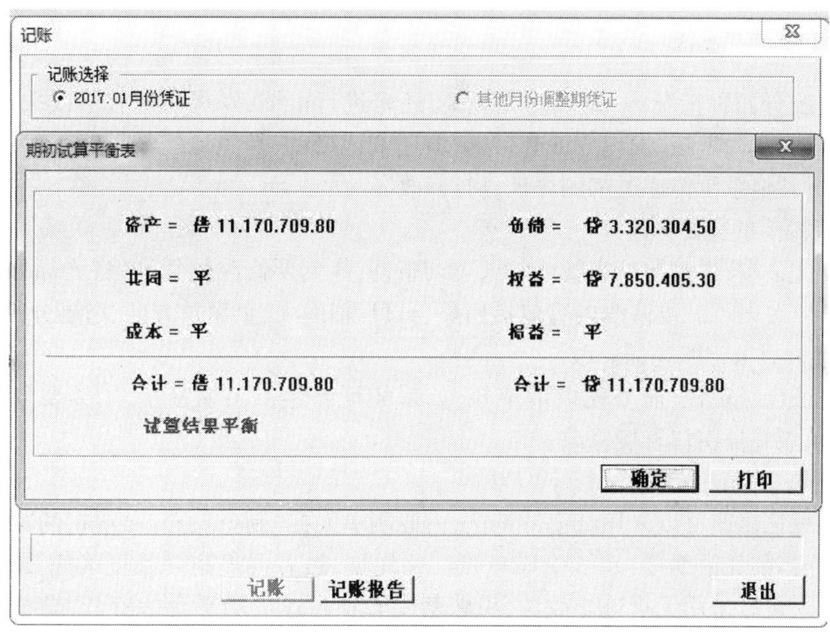

图 4 – 15 期初试算平衡表

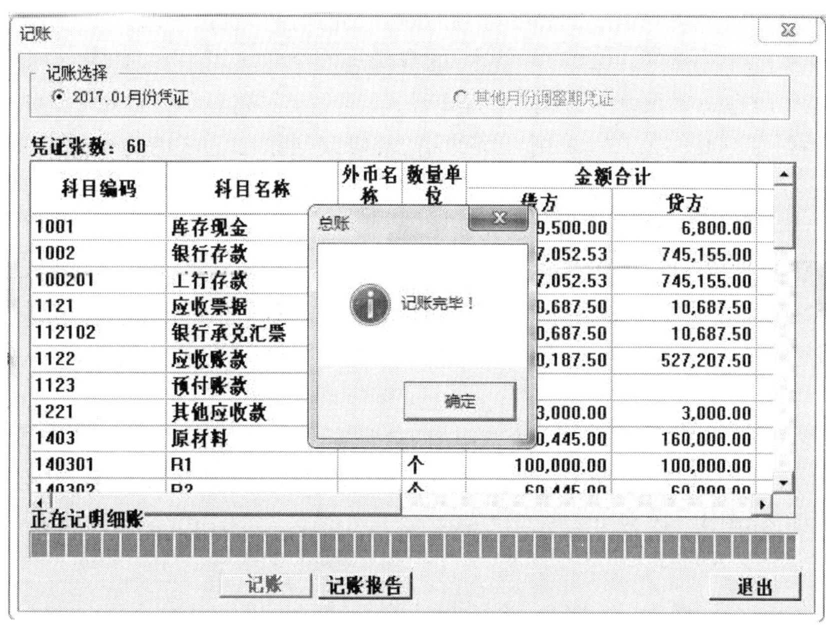

图 4 – 16 记账完毕的提示

4. 单击“确定”按钮，再单击“退出”按钮，记账完毕。

温馨提示：

1. 第一次记账时，若期初余额试算不平衡，不能记账。

2. 上月未记账，本月不能记账。

3. 未审核凭证不能记账，记账范围应小于等于已审核范围。

4. 记账过程一旦断电或由于其他原因造成中断后，系统将自动调用“恢复记账前状态”功能恢复数据，然后再重新记账。

六、凭证修改与删除

凭证修改分四种情况：一是填制完凭证，还未进行审核，发现凭证有错误；二是凭证已经完成了出纳签字、审核，发现凭证有错误，但还未记账；三是凭证已经记账了，发现凭证有错误；四是对其他系统传递过来的凭证进行修改。

（一）审核前的凭证修改

在填制凭证中，通过翻页查找或输入查询条件，找到要修改的凭证，将光标移到需修改的地方进行修改即可。可修改内容包括摘要、科目、辅助项、金额及方向、增删分录等。

（二）审核后未记账凭证修改

如果凭证已经审核，需要先取消审核；如果凭证已经由出纳签字，则需要取消出纳签字，然后再填制凭证窗口直接修改。

（三）记账后凭证修改

记账后凭证修改可以采用红字冲销法，由原制单人在“制单”窗口菜单栏的“冲销凭证”中，输入要冲销的凭证编号，系统生成一张红字凭证，然后再填制一张正确凭证即可；记账后凭证修改还可以采用无痕迹修改法，由账套主管在企业应用平台中打开“业务工作→财务会计→总账→期末→对账”，在对账界面上按键盘“CTRL + H”组合键，系统提示“恢复记账前状态已激活”，激活该菜单，可选择恢复到最近一次记账，也可恢复到期初记账状态。然后再取消审核，由出纳取消出纳签字，然后在填制凭证窗口直接修改。

【任务 4.8】 以操作员“0203 王会计”的身份进入企业应用平台，登录日期为“2017 年 1 月 31 日”。(1)在总账系统中查询“1 月 2 日，以现金支付财务部办公费 1 000 元”这笔业务，凭证号为付字 0003 号；(2)采用红字冲销法，修改这张已记账的凭证的借贷方金额为 500 元；(3)采用无痕迹修改法将原有的付字 0003 号凭证和采用红字冲销法后多生成的两张凭证，即付字 0010 号和付字 0011 号凭证删除。

操作步骤如下：

1. 执行“凭证”→“查询凭证”命令，打开“查询凭证”对话框，并选择“已记账凭证”，单击“确定”按钮，进入“查询凭证列表”窗口，双击打开付字 0003 号凭证进行查看，如图 4 – 17 所示。

2. 执行“凭证”→“填制凭证”命令，在填制凭证窗口中执行“冲销凭证”命令，单击“凭证类别”栏的下三角按钮，选择“付款凭证”凭证号为“0003”，如图 4 – 18 所示。单击“确定”，弹出凭证，如图 4 – 19 所示。

图 4－17 查询凭证

图 4－18 冲销凭证

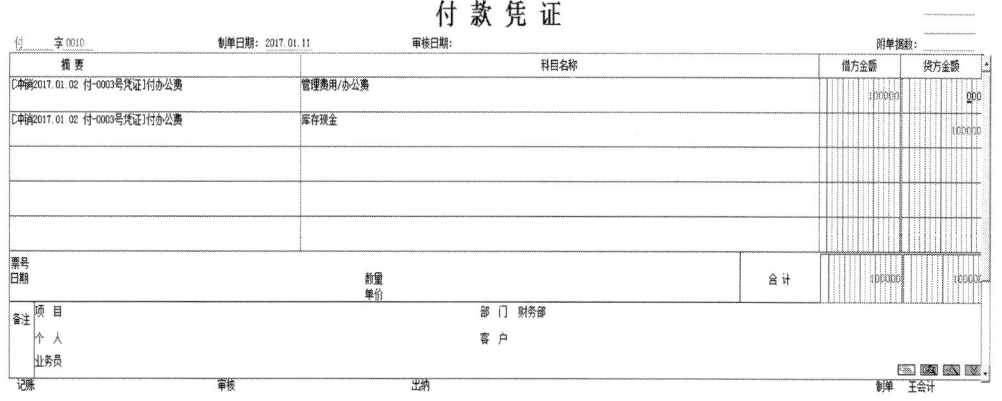

图 4－19 红字金额凭证

3. 单击“增加”按钮，填制一张金额为 500 元的正确凭证，单击“保存”，如图 4－20 所示。

4. 更换相应操作员，完成出纳签字、审核和记账。

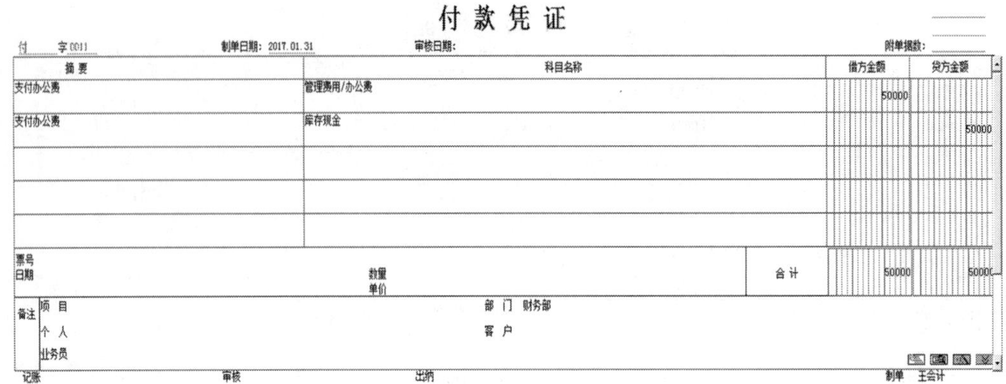

付款凭证

付 字 0011　　制单日期：2017.01.31　　审核日期：　　附单据数：

摘要	科目名称	借方金额	贷方金额
支付办公费	管理费用/办公费	50000	
支付办公费	库存现金		50000
票号 日期	数量 单价 合计	50000	50000

备注　项目　　部门 财务部

个人　　客户

业务员

记账　审核　出纳　制单 王会计

图 4－20　正确凭证

5. 由“0201 张主管”登录，执行“业务工作→财务会计→总账→期末”，双击“对账”按钮，在对账界面上按键盘“CTRL + H”组合键，系统提示“恢复记账前状态功能已激活”，如图 4－21 所示。单击“确定”“退出”按钮，双击“凭证—恢复记账前状态”按钮，弹出“恢复记账前状态”对话框，选择恢复方式“2017 年 01 月初状态”，如图 4－22 所示。单击“确定”按钮，弹出“请输入口令”对话框，注意主管口令为空，单击“确定”按钮，弹出“恢复记账完毕”对话框，单击“确定”按钮，完成取消记账操作。

图 4－21　恢复记账前状态已激活

6. 双击“审核凭证”，选择日期区间，单击“确定”按钮，打开“凭证审核列表”双击第一张凭证，打开“审核凭证”界面，单击“批处理”选择“成批取消审核”，如图 4－23 所示，单击“确定”按钮，弹出“是否重新刷新凭证列表数据”，点击“是”，完成取消记账操作。

7. 重新注册为操作员“0202 李出纳”登录，执行“业务工作→财务会计→总账→凭证”双击“出纳签字”按钮，打开“出纳签字”界面，选择日期区间，单击“确定”按钮，打开“出纳签字列表”，双击第一张凭证，打开“出纳签字凭证”界面，点击“批处理”选择“成批取消签字”，单击“确定”按钮，弹出“是否重新刷新凭证列表数据”，点击“是”，完成取消出纳签字操作。

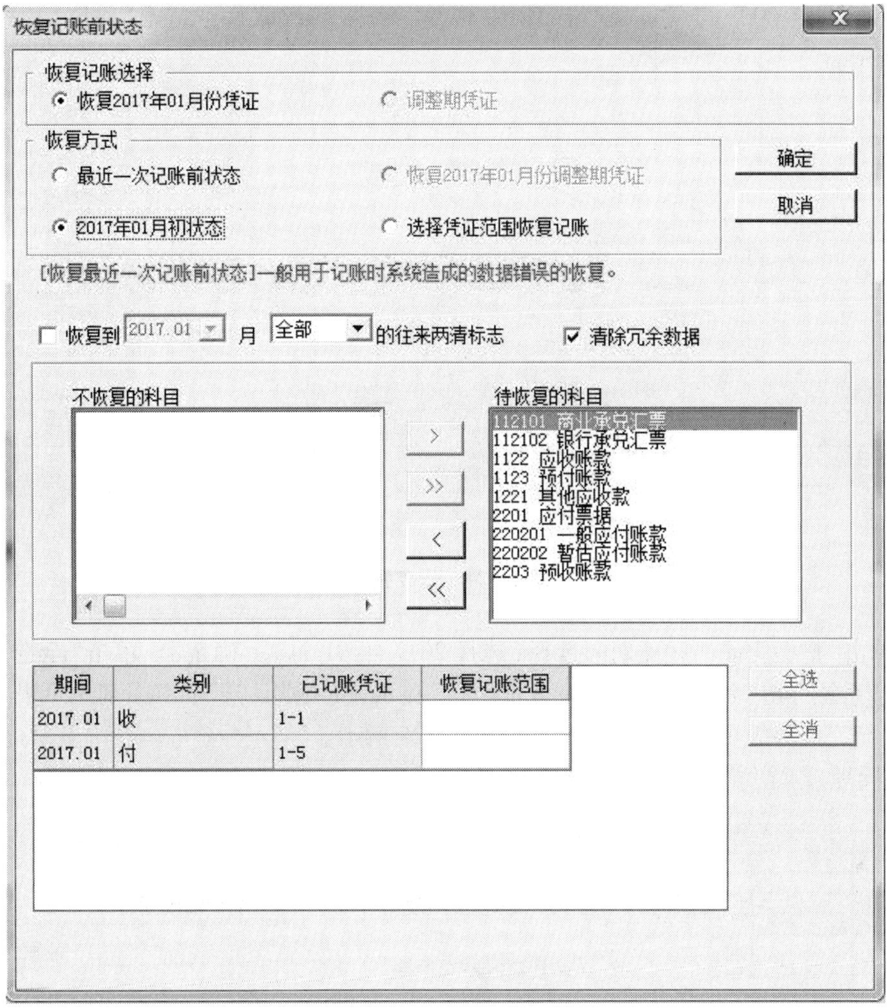

恢复记账前状态
恢复记账选择
恢复2017年01月份凭证
调整期凭证
恢复方式
最近一次记账前状态
恢复2017年01月份调整期凭证
2017年01月初状态
选择凭证范围恢复记账
确定
取消
[恢复最近一次记账前状态]一般用于记账时系统造成的数据错误的恢复。
恢复到 2017.01 月 全部 的往来两清标志
清除冗余数据
不恢复的科目
待恢复的科目
112101 商业承兑汇票
112102 银行承兑汇票
1122 应收账款
1123 预付账款
1221 其他应收款
2201 应付票据
220201 一般应付账款
220202 暂估应付账款
2203 预收账款
期间
类别
已记账凭证
恢复记账范围
2017.01 收 1-1
2017.01 付 1-5
全选
全消

图 4－22 恢复记账前状态

成批审核凭证
成批取消审核
收款凭证
制单日期：2017.01.01
审核日期：2017.01.31
附单据数：
摘要
科目名称
借方金额
贷方金额
向银行借入短期借款
银行存款/工行存款
10000000
向银行借入短期借款
短期借款
10000000
票号
日期
数量
单价
合计
备注
项目
部门
个人
客户
业务员

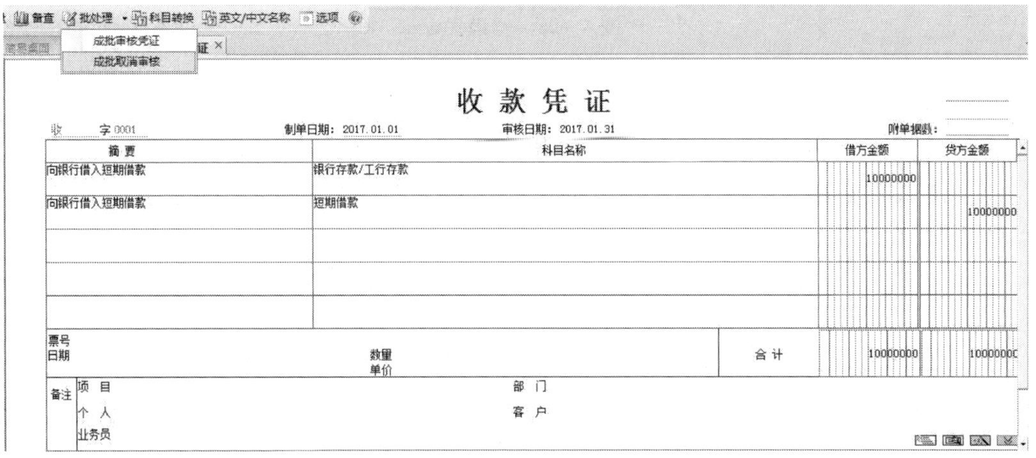

图 4－23 取消审核

8. 重新注册为“0203 王会计”，打开“填制凭证”窗口，单击箭头图标“上张凭证”“下张凭证”，找到付字 0003 号凭证，执行“作废/恢复”命令，将该张凭证打上“作废”标志，如图 4－24 所示。

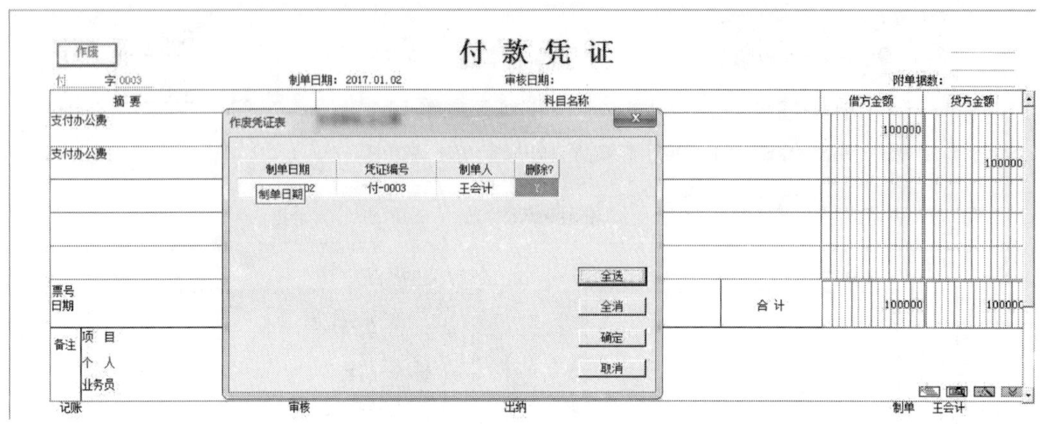

图 4－24　作废凭证

9. 单击“整理凭证→凭证期间选择（选择 2017 年 01 月）→确定”。单击“全选”→“确定”按钮，系统弹出“是否还需要整理凭证断号”提示，按照默认选项“按凭证号重排”，单击“是”，系统完成对凭证号的重新整理。如图 4－25 所示。

10. 同理，删除付字 0010 号和付字 0011 号凭证。

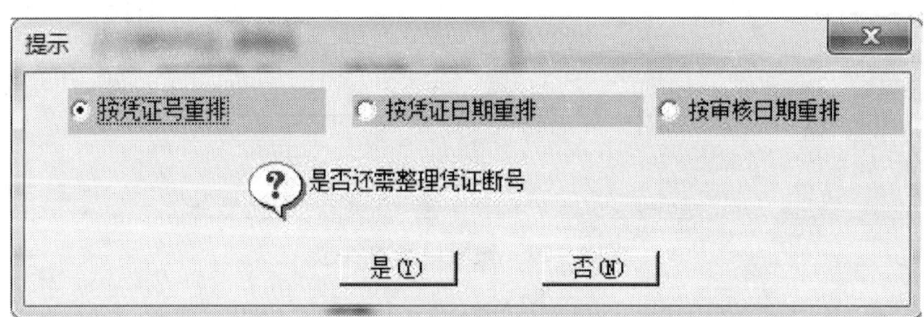

图 4－25　整理凭证

温馨提示：

1. 未审核记账的凭证完全删除时可直接“作废”之后，再“整理凭证”。

2. 已经审核记账的凭证完全删除时可先“取消记账”，再“取消审核”“取消出纳签字”，然后“作废”凭证并整理凭证。

3. 作废凭证不能修改，不能审核，仍保留凭证内容及凭证编号，在记账时不对作废凭证进行处理，相当于一张空凭证。

4. 凭证查询只能提供查询功能，不能修改凭证，修改凭证需要到填制凭证窗口完成。

（四）外部凭证的修改

外部系统传过来的凭证不能在总账管理系统中进行修改，只能在生成该凭证的系统中进行修改。

任务四　出纳管理

出纳管理是专为出纳人员提供的一个集成功能，以使出纳人员更方便地完成出纳工作。主要包括：出纳签字、查询及打印现金、银行日记账、资金日报表，以及银行对账功能，并可对银行长期未达账提供审计报告。

一、出纳签字

前面介绍审核凭证功能时，已介绍过出纳签字功能。

二、日记账及资金日报表

（一）查询现金、银行存款日记账

查询现金、银行存款日记账时，现金、银行科目必须在“会计科目”功能下的“指定科目”中预先指定。如要打印正式存档用的现金、银行存款日记账，请调用“打印现金日记账”及“打印银行日记账”功能打印。

（二）查询资金日报表

资金日报表是反映现金、银行存款每日发生额及余额情况的报表，在企业财务管理中占据重要位置。本功能用于查询输出现金、银行存款科目某日的发生额及余额情况。手工方式下，资金日报表由出纳员逐日填写，反映当天营业终止时现金、银行存款的收支情况及余额。电算化方式下，资金日报表主要用于查询、输出或打印资金日报表，提供当日借、贷金额合计和余额，以及发生的业务量等信息。

【任务 4.9】　以操作员“0202 李出纳”的身份进入企业应用平台，登录日期为“2017 年 1 月 31 日”，查询现金和银行存款日记账的当前余额，要求显示对方科目。

操作步骤如下：

1. 以操作员“0202 李出纳”身份完成收付款凭证签字；以“0201 张主管”身份对凭证进行审核和记账。

2. 以“0202 李出纳”身份登录企业应用平台→财务会计→总账→出纳，分别查看“现金日记账”和“银行日记账”。

三、支票登记簿

在手工记账时，出纳通常建立“支票领用登记簿”来登记支票领用情况。在会计信息化系统中，总账管理系统也提供了“支票登记簿”功能，以提供领用日期、领用部门、领用人、支票号、支票用途、是否报销等详细情况。

四、银行对账

银行对账是指在每月月末，出纳人员将开户银行发来的当月银行存款对账单与企业银行存款日记账进行逐笔核对，找出存在的未达账项，勾对已达账项，并编制银行存款余额调节表的过程。银行对账的主要步骤包括：第一，录入银行期初余额；第二，录入银行对账单；第三，银行对账；第四，编制银行余额调节表；第五，核销已达账。本教材案例企业银行对账过程将放在期末处理中进行。

任务五　账簿管理

企业发生的经济业务经过前面的制单、审核和记账程序后,就形成了会计账簿,账簿管理的主要内容包括:基本会计核算账簿的查询、各种辅助核算账簿的查询,以及日记账的查询。基本会计核算账簿的查询包括总账、明细账、序时账、多栏账、日记账、余额表等的查询、输出和打印。辅助账的查询包括部门辅助账、项目辅助账、客户辅助账、供应商辅助账等的查询、输出和打印。

一、查询基本会计核算账簿

1. 执行“财务会计”→“总账”→“账表”→“科目账”→“总账”命令,可以查询总账。

2. 执行“账务会计”→“总账”→“账表”→“科目账”→“余额表”命令,可以查询发生额及余额表。

3. 执行“账务会计”→“总账”→“账表”→“科目账”→“明细账”命令,可以查询月份综合明细账。

4. 执行“账务会计”→“总账”→“账表”→“科目账”→“多栏账”命令,可以查询多栏账。

【任务4.10】 2017年1月31日,以“0201张主管”的身份重新注册进入企业应用平台,查询1月份的“其他应收款”科目的总账和明细账及凭证,并查询1月份的发生额及余额表。

操作步骤如下:

打开“总账→账表→科目账→总账”,进入“总账查询条件”对话框,选择科目“其他应收款”,单击“确定”,进入“其他应收款总账”窗口,再选中“当前会计”,单击菜单栏的“明细”按钮,可以联查“其他应收款”明细账。在“其他应收款”明细账窗口中,单击菜单栏的“凭证”按钮,可以联查“其他应收款”相关凭证。如图4－26所示。

其他应收款总账

科目 1221 其他应收款

2017年		凭证号数	摘要	借方	贷方	方向	余额
月	日						
			上年结转			平	
01			当前合计	3,000.00	3,000.00	平	
01			当前累计	3,000.00	3,000.00		
			结转下年			平	

其他应收款明细账

科目 1221 其他应收款

2017年		凭证号数	摘要	借方	贷方	方向	余额
月	日						
01	03	付-0008	出差预借差旅费_采购部_赵采购_2017.01.03	3,000.00		借	3,000.00
01	20	收-0007	报销差旅费_采购部_赵采购_2017.01.05		3,000.00	平	
01			当前合计	3,000.00	3,000.00	平	
01			当前累计	3,000.00	3,000.00	平	
			结转下年			平	

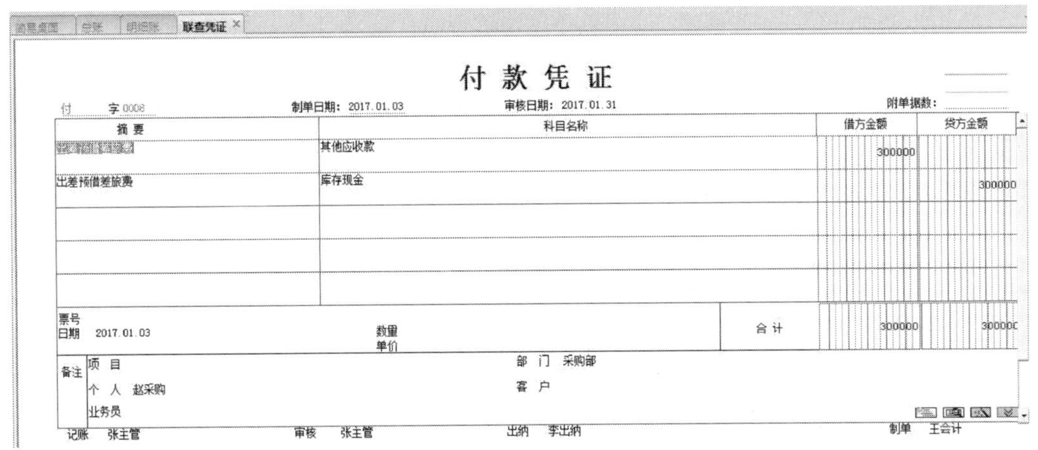

付 款 凭 证

付 字 0008　制单日期：2017.01.03　审核日期：2017.01.31　附单据数：

摘要	科目名称	借方金额	贷方金额
[illegible]	其他应收款	300000	
出差预借差旅费	库存现金		300000
票号 日期 2017.01.03	数量 单价　合计	300000	300000

备注　项目　部门 采购部
个人 赵采购　客户
业务员

记账 张主管　审核 张主管　出纳 李出纳　制单 王会计

图 4－26　“其他应收款”总账、明细账和凭证

二、查询辅助账

以查询“部门辅助账”为例：

1. 执行“账表”→“部门辅助账”→“部门总账”→“部门三栏总账”命令，双击“部门三栏总账”，可以查询部门科目总账。

2. 执行“账表”→“部门辅助账”→“部门明细账”→“部门多栏式明细账”命令，输入“部门多栏明细账条件”，可以查询部门多栏式明细账。

任务六　期 末 处 理

期末处理是指当月所有经济业务处理完成并全部登记入账后，在月末需要完成的最后的特定会计工作。主要包括期末转账业务、结转损益、银行对账、试算平衡、对账、结账等。总账系统的期末处理是在其他业务管理系统完成期末处理之后进行的，由于本教材案例企业启用了固定资产、薪资、应收款、应付款管理系统，需要先在这些系统里完成月底结账之后，才能在总账系统中进行期末处理，因此需要读者先完成其他系统的操作之后，再回到总账系统的期末处理工作中。在进行期末处理前，必须将所有业务系统生成的凭证完成审核和记账。

第一次使用本系统的用户进入系统后，应先执行“转账定义”，用户在定义完转账凭证后，在以后的各月只需调用“转账凭证生成”即可。但当某转账凭证的转账公式有变化时，须先在“转账定义”中修改转账凭证内容，然后再转账。

转账定义主要包括自定义转账设置、对应结转设置、销售成本结转设置、期间损益结转设置等。本案例企业秦皇岛云河有限公司主要使用自定义转账设置、对应结转设置和期间损益结转设置功能。

一、自定义转账设置

【任务 4.11】 1 月 31 日，秦皇岛云河有限公司按短期借款期末余额的 0.5% 计提短期借款利息，要求：进行自定义转账设置。

操作步骤如下：

1. 以操作员“0203 王会计”的身份登录企业应用平台，在总账管理系统中，进入“业务工作→总账→期末→转账定义→自定义转账”菜单，单击“增加”按钮，系统自动弹出“转账目录”，录入转账序号“0002”，转账说明“计提短期借款利息”，选择凭证类别“转账凭证”，单击“确定”按钮，如图4 -27所示。

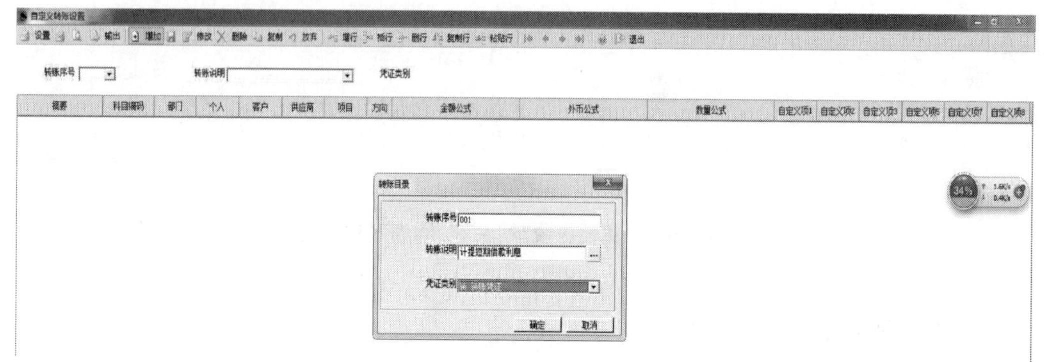

图 4 -27　转账目录

2. 单击“增行”按钮，选择科目编码“66030102”，方向为“借”，双击“金额公式”，系统自动弹出“公式向导—公式名称”对话框，选择“期末余额”，如图 4 -28 所示。

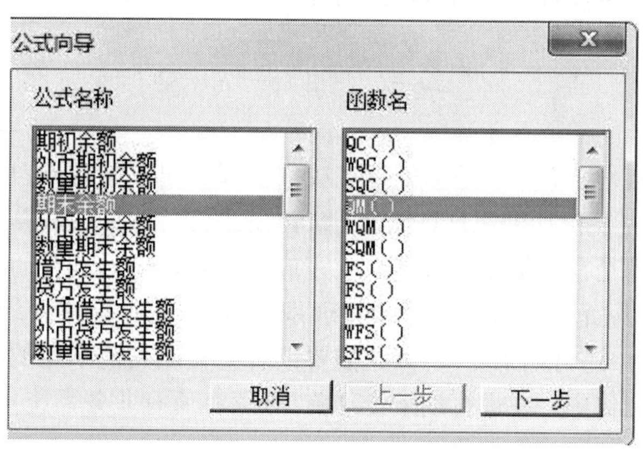

图 4 -28　公式向导 1

3. 单击“下一步”，打开“公式向导—公式说明”对话框，删除“66030102”，录入科目“2001”或者单击科目的参照按钮，选择“2001 短期借款”科目，期间选择“月”，方向为“贷”，单击“完成”按钮，如图 4 -29 所示。

4. 返回到“自定义转账设置”，将光标定位在公式末尾，录入“ ＊0. 005”，按“Enter”键，确认公式。

5. 单击“增行”按钮，选择科目编码为“2231”，方向为“贷”，双击“金额公式”，输入金额公式“JG( )”，单击“保存”按钮。如图 4 -30、图 4 -31 所示。

公式向导

公式说明

期末余额[QM()]：取指定科目和期间的期末余额

参数说明：所有参数均可缺省

科目缺省取当前行科目，月份缺省取结转月份

科目 2001　自定义项7

期间 月　方向 贷　自定义项8

客户　自定义项9

供应商　自定义项10

部门　自定义项11

个人　自定义项12

项目　自定义项13

自定义项1　自定义项14

自定义项2　自定义项15

自定义项3　自定义项16

自定义项5

按默认值取数　按科目(辅助项)总数取数

继续输入公式　上一步　完成　取消

图 4-29　公式向导 2

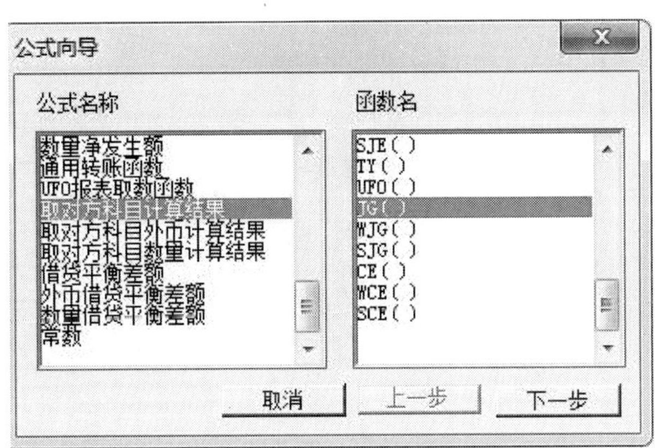

图 4-30　公式向导 3

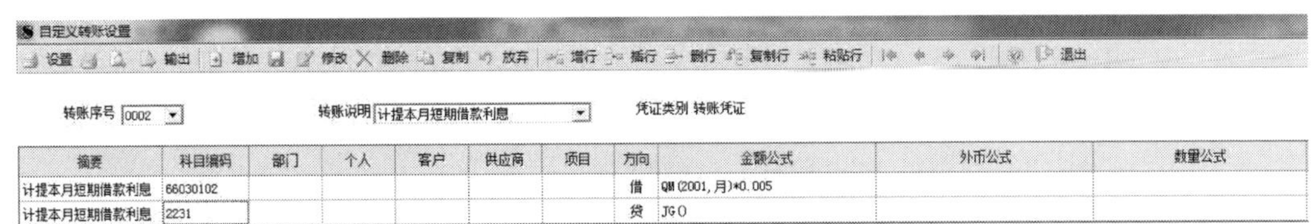
自定义转账设置

设置　输出　增加　修改　删除　复制　放弃　增行　插行　删行　复制行　粘贴行　退出

转账序号 0002　转账说明 计提本月短期借款利息　凭证类别 转账凭证

摘要	科目编码	部门	个人	客户	供应商	项目	方向	金额公式	外币公式	数量公式
计提本月短期借款利息	66030102						借	QM(2001,月)*0.005		
计提本月短期借款利息	2231						贷	JG()		

图 4-31　自定义转账设置

【任务 4.12】　1 月 31 日，秦皇岛云河有限公司将制造费用转入一车间生产成本，要求：进行自定义转账设置。

操作步骤如下：

1. 操作员 0203 进入“业务工作→总账→期末→转账定义→自定义转账”菜单，单击“增加”按钮，系统自动弹出“转账目录”，录入转账序号“004”，转账说明“将制造费用转入一车

间生产成本”，选择凭证类别“转账凭证”，单击“确定”按钮，如图 4－32 所示。

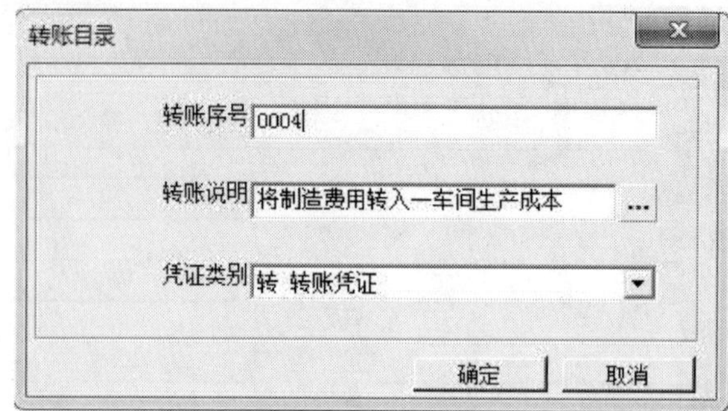

图 4－32 转账目录

2. 单击“增行”按钮，选择科目编码“50010103”，部门选择“一车间”，项目选择“P1”，方向为“借”，双击“金额公式”，系统自动弹出“公式向导—公式名称”，选择“期末余额”。

3. 单击“增行”按钮，选择科目编码“510101”，方向为“贷”，双击“金额公式”，系统自动弹出“公式向导—公式名称”，选择“期末余额”，单击“下一步”，打开“公式向导—公式说明” 录入科目“510101”，期间选择“月”，方向“借”，部门“一车间”，单击“完成”按钮。如图 4－33 所示。继续录入其他项目，完成如图 4－34 所示。

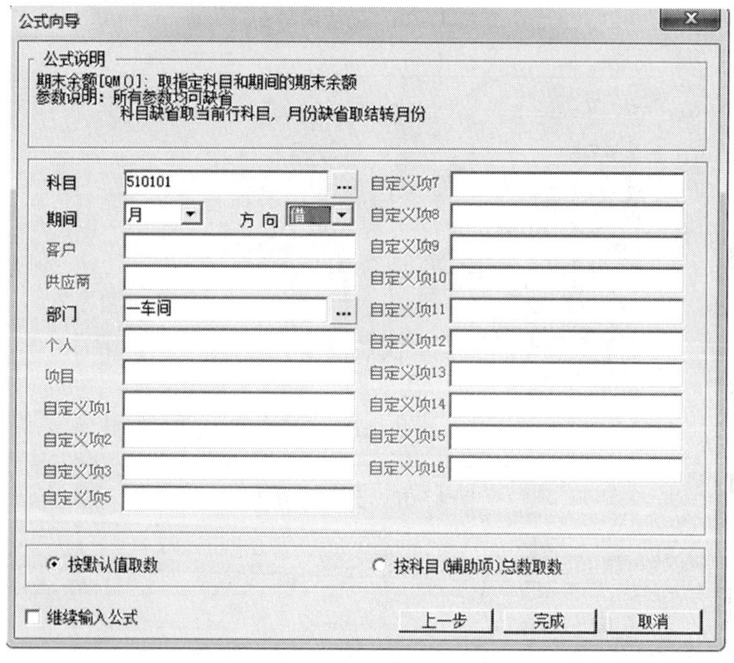

图 4－33 公式向导

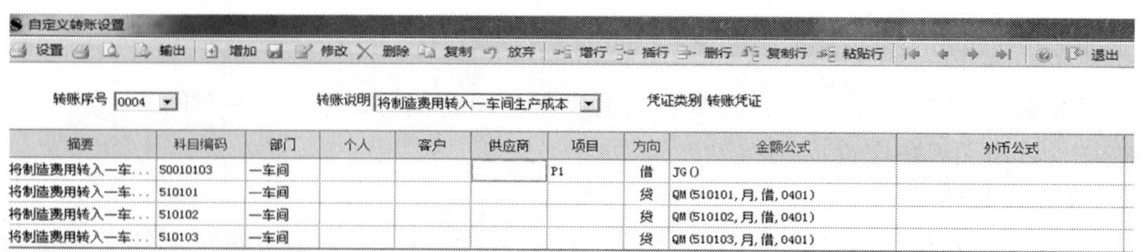

摘要	科目编码	部门	个人	客户	供应商	项目	方向	金额公式	外币公式
将制造费用转入一车...	50010103	一车间				P1	借	JG()	
将制造费用转入一车...	510101	一车间					贷	QM(510101,月,借,0401)	
将制造费用转入一车...	510102	一车间					贷	QM(510102,月,借,0401)	
将制造费用转入一车...	510103	一车间					贷	QM(510103,月,借,0401)	

图 4－34 自定义转账设置

4. 以相同的步骤录入二车间结转制造费用。

温馨提示：

1. 转账科目可为非末级科目，部门可为空，表示所有部门。

2. 如果使用应收款、应付款管理系统，则在总账管理系统中，不能按客户、供应商辅助项进行结转，只能按科目总数进行结转。

3. 输入转账计算公式有两种方法：一是直接输入计算公式；二是引导方式录入公式。

4. JG()含义为“取对方科目计算结果”，其中的“()”必须为英文符号，否则系统提示“金额公式不合法：未知函数名”。

二、自定义转账生成

【任务 4.13】 将前面自定义转账凭证进行转账生成。

操作步骤：

1. 执行“期末”→“转账生成”命令，进入“转账生成”窗口。

2. 选择“自定义转账”单选按钮，单击“选中要生成的赁证”按钮。

3. 再单击“确定”按钮，生成转账凭证。

4. 单击“保存”按钮，系统自动将当前凭证追加到未记账凭证中。如图 4 – 35 所示。

转 账 凭 证

转 字 0024　　制单日期：2017.01.31　　审核日期：2017.01.31　　附单据数：0

摘要	科目名称	借方金额	贷方金额
[illegible]	财务费用/利息支出/短期贷款利息支出	550000	
计提本月短期借款利息	应付利息		550000
票号 日期	数量 单价	合计 550000	550000

备注　项目　　部门
个人　　客户
业务员

转 账 凭 证

转 字 0026　　制单日期：2017.01.31　　审核日期：2017.01.31　　附单据数：0

摘要	科目名称	借方金额	贷方金额
[illegible]	生产成本/基本生产成本/制造费用	3002250	
将制造费用转入一车间生产成本	制造费用/折旧费		1674000
将制造费用转入一车间生产成本	制造费用/工资		1328250
票号 日期	数量 单价	合计 3002250	3002250

备注　项目 P1　　部门 一车间
个人　　客户
业务员

图 4 – 35　转账生成凭证

温馨提示：

1. 转账生成之前，注意转账月份为当前会计月份。
2. 进行转账生成之前，先将相关经济业务的记账凭证登记入账。
3. 转账凭证每月只生成一次。
4. 若使用应收款、应付款管理系统，则总账管理系统中不能按客户、供应商进行结转。
5. 生成的转账凭证，仍需审核才能记账。

【任务4.14】 完成下列自定义转账设置并进行转账生成。

1. 1月31日，按照短期借款期末余额的0.5%计提短期借款利息（已完成）

借：财务费用——利息支出——短期贷款利息支出　　QM(2001，月，贷)＊0.005

　贷：应付利息　　JG( )

如图4-36所示。

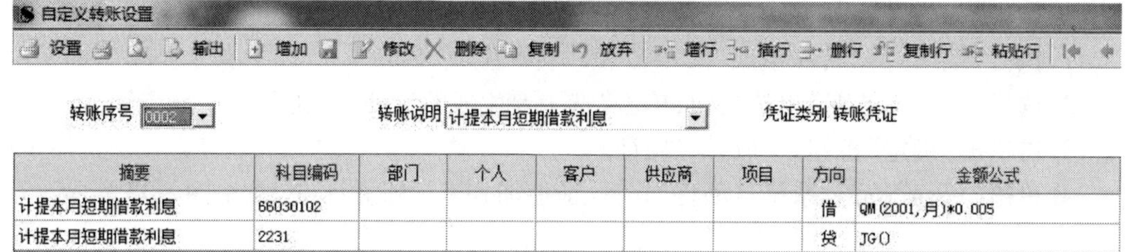

摘要	科目编码	部门	个人	客户	供应商	项目	方向	金额公式
计提本月短期借款利息	66030102						借	QM(2001,月)*0.005
计提本月短期借款利息	2231						贷	JG()

图4-36　计提本月短期借款利息

2. 1月31日，公司对固定资产进行清理，采购部的笔记本电脑由于遭受水灾，导致毁损，经袁经理批准，同意转入营业外支出。

借：营业外支出　　JG( )

　贷：固定资产清理　　QM(1606，月)

如图4-37所示。

摘要	科目编码	部门	个人	客户	供应商	项目	方向	金额公式
报废笔记本电脑转入营业外支出	6711						借	JG()
报废笔记本电脑转入营业外支出	1606						贷	QM(1606,月)

图4-37　报废笔记本电脑转入营业外支出

3. 结转一车间本月制造费用（已完成）

借：生产成本——基本生产成本——制造费用（一车间P1）　JG( )

　贷：制造费用——折旧费（一车间）　　QM(510101，月，借，0401)

　　　　　　——工资（一车间）　　QM(510102，月，借，0401)

　　　　　　——其他（一车间）　　QM(510103，月，借 0401)

如图4-38所示。

自定义转账设置

设置　输出　增加　修改　删除　复制　放弃　增行　插行　删行　复制行　粘贴行　退出

转账序号 0004　转账说明 将制造费用转入一车间生产成本　凭证类别 转账凭证

摘要	科目编码	部门	个人	客户	供应商	项目	方向	金额公式	外币公式
将制造费用转入一车…	50010103	一车间				P1	借	JG()	
将制造费用转入一车…	510101	一车间					贷	QM(510101,月,借,0401)	
将制造费用转入一车…	510102	一车间					贷	QM(510102,月,借,0401)	
将制造费用转入一车…	510103	一车间					贷	QM(510103,月,借,0401)	

图 4-38　将制造费用转入一车间生产成本

4. 结转二车间本月制造费用(已完成)

借:生产成本——基本生产成本——制造费用(二车间 P2)　JG()

贷:制造费用——折旧费(二车间)　QM(510101,月,借,0402)

——工资(二车间)　QM(510102,月,借,0402)

——其他(二车间)　QM(510103,月,借,0402)

如图 4-39 所示。

自定义转账设置

设置　输出　增加　修改　删除　复制　放弃　增行　插行　删行　复制行　粘贴行　退出

转账序号 0005　转账说明 将制造费用转入二车间生产成本　凭证类别 转账凭证

摘要	科目编码	部门	个人	客户	供应商	项目	方向	金额公式	外币公式
将制造费用转入二车…	50010103	二车间				P2	借	JG()	
将制造费用转入二车…	510101	二车间					贷	QM(510101,月,借)	
将制造费用转入二车…	510102	二车间					贷	QM(510102,月,借)	
将制造费用转入二车…	510103	二车间					贷	QM(510103,月,借)	

图 4-39　将制造费用转入二车间生产成本

5. 结转本月 P1 产品完工成本

借:库存商品——P1　JG()

贷:生产成本——基本生产成本——直接材料

(取 50010101 科目的借方期末余额,项目 P1)

——基本生产成本——直接人工

(取 50010102 科目的借方期末余额,项目 P1)

——基本生产成本——制造费用

(取 50010103 科目的借方期末余额,项目 P1)

如图 4-40 所示。

自定义转账设置

设置　输出　增加　修改　删除　复制　放弃　增行　插行　删行　复制行　粘贴行

转账序号 0006　转账说明 结转本月P1产品完工成本　凭证类别 转账凭证

摘要	科目编码	部门	个人	客户	供应商	项目	方向	金额公式
结转本月P1产品完工成本	140501						借	JG()
结转本月P1产品完工成本	50010101	一车间				P1	贷	QM(50010101,月,,0401,1)
结转本月P1产品完工成本	50010102	一车间				P1	贷	QM(50010102,月,,0401,1)
结转本月P1产品完工成本	50010103	一车间				P1	贷	QM(50010103,月,,0401,1)

图 4-40　结转本月 P1 产品完工成本

6. 结转本月 P2 产品完工成本

借:库存商品——P2　　　　　　　　JG( )

　贷:生产成本——基本生产成本——直接材料

　　　　　　　　（取 50010101 科目的借方期末余额,项目 P2）

　　　　——基本生产成本——直接人工

　　　　　　　　（取 50010102 科目的借方期末余额,项目 P2）

　　　　——基本生产成本——制造费用

　　　　　　　　（取 50010103 科目的借方期末余额,项目 P2）

如图 4 – 41 所示。

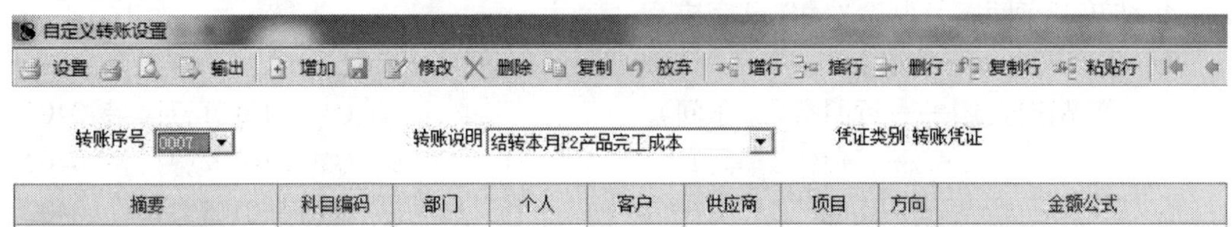

自定义转账设置

设置　输出　增加　修改　删除　复制　放弃　增行　插行　删行　复制行　粘贴行

转账序号 0007　转账说明 结转本月P2产品完工成本　凭证类别 转账凭证

摘要	科目编码	部门	个人	客户	供应商	项目	方向	金额公式
结转本月P2产品完工成本	140502						借	JG()
结转本月P2产品完工成本	50010101	二车间				P2	贷	QM(50010101,月,,0402,2)
结转本月P2产品完工成本	50010102	二车间				P2	贷	QM(50010102,月,,0402,2)
结转本月P2产品完工成本	50010103	二车间				P2	贷	QM(50010103,月,,0402,2)

图 4 – 41　结转本月 P2 产品完工成本

7. 销售成本结转

(1)借:主营业务成本——P1　　　　　　　　JG ( )

　　贷:库存商品——P1　　　　　　　　QM(140501,月)

如图 4 – 42 所示。

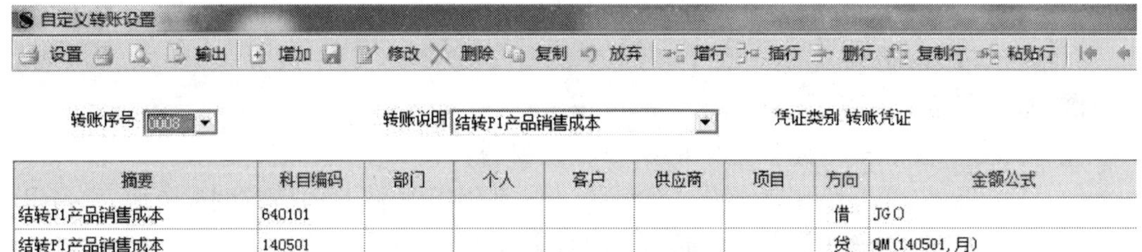

自定义转账设置

设置　输出　增加　修改　删除　复制　放弃　增行　插行　删行　复制行　粘贴行

转账序号 0008　转账说明 结转P1产品销售成本　凭证类别 转账凭证

摘要	科目编码	部门	个人	客户	供应商	项目	方向	金额公式
结转P1产品销售成本	640101						借	JG()
结转P1产品销售成本	140501						贷	QM(140501,月)

图 4 – 42　结转 P1 产品销售成本

(2)借:主营业务成本——P2　　　　　　　　JG ( )

　　贷:库存商品——P2　　　　　　　　QM(140502,月)/1600 * 1000

如图 4 – 43 所示。

自定义转账设置

设置　输出　增加　修改　删除　复制　放弃　增行　插行　删行　复制行　粘贴行

转账序号 0009　转账说明 结转P2产品销售成本　凭证类别 转账凭证

摘要	科目编码	部门	个人	客户	供应商	项目	方向	金额公式
结转P2产品销售成本	640102						借	JG()
结转P2产品销售成本	140502						贷	QM(140502,月)/1600*1000

图 4 – 43　结转 P2 产品销售成本

8. 计算城建税(7%税率)和教育费附加(3%)(要求先做对应结转增值税)

借:营业税金及附加　　　　　　　　　　　　　　　JG( )

　　贷:应交税费——应交城市维护建设税　　　　　　QM(222102,月)*0.07

　　　　　　　——应交教育费附加　　　　　　　　QM(222102,月)*0.03

如图4-44所示。

自定义转账设置

设置　输出　增加　修改　删除　复制　放弃　增行　插行　删行　复制行　粘贴行

转账序号 0010　　转账说明 计算城建税和教育费附加　　凭证类别 转账凭证

摘要	科目编码	部门	个人	客户	供应商	项目	方向	金额公式
计算城建税和教育费附加	6403						借	JG()
计算城建税和教育费附加	222105						贷	QM(222102,月)*0.07
计算城建税和教育费附加	222106						贷	QM(222102,月)*0.03

图4-44　计算城建税和教育费附加

转账生成操作提示:

1. 执行"期末"→"转账生成"命令,进入"转账生成"窗口。
2. 选择"自定义转账"单选按钮,单击"全选"按钮。
3. 再单击"确定"按钮,生成转账凭证。
4. 单击"保存"按钮,系统自动将当前凭证追加到未记账凭证中。

三、对应结转

【任务4.15】 按照下表完成对应结转并生成凭证(见表4-8)。

表4-8　【任务4.15】参照表

编号	凭证类别	摘要	转出科目	转入科目	结转系数
1	转	结转进项税额	进项税额	转出未交增值税	1
2	转	结转销项税额	销项税额	转出未交增值税	1
3	转	结转转出未交增值税	转出未交增值税	未交增值税	1

转账设置操作步骤:

在企业应用平台的"业务工作"中,选择"财务会计"→"总账"→"期末"→"转账定义",双击"对应结转",打开"对应结转设置"窗口。单击"增加"按钮,录入编号"0001",凭证类别选择"转账凭证",录入摘要"结转进项税",在"转出科目"栏录入或单击参照按钮选择"应交税费→应交增值税→进项税额",单击"增行"按钮,在"转入科目编码"栏录入或单击参照按钮选择"应交税费→应交增值税→转出未交增值税",结转系数为1,单击"保存"按钮。同理,设置"0002"号、"0003"号的对应结转凭证。单击"退出"或"关闭"按钮。

1. 结转进项税

借:应交税费——应交增值税——转出未交增值税

　　贷:应交税费——应交增值税——进项税额

如图4-45所示。

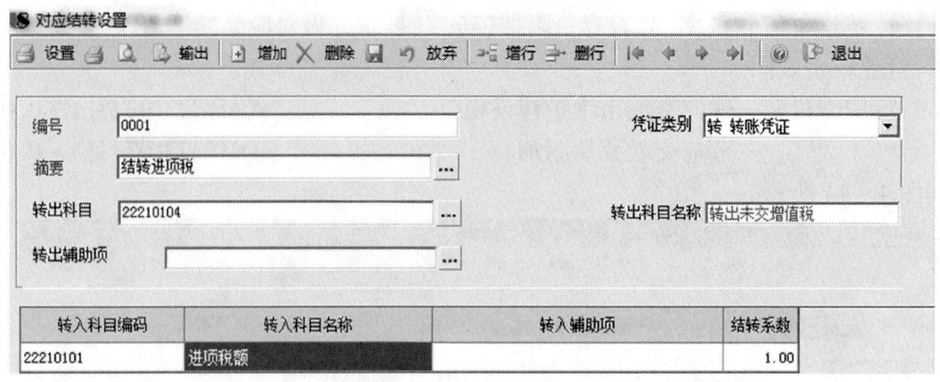

图 4－45　结转进项税设置

2. 结转销项税

借:应交税费——应交增值税——销项税额

　　贷:应交税费——应交增值税——转出未交增值税

如图 4－46 所示。

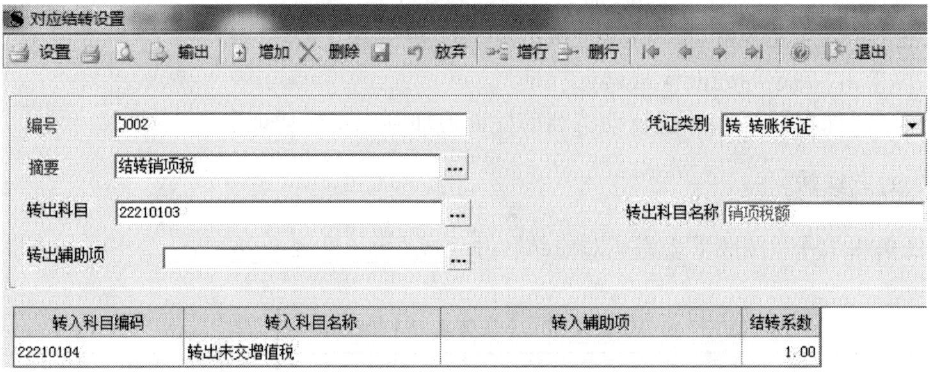

图 4－46　结转销项税设置

3. 结转转出未交增值税

借:应交税费——应交增值税——转出未交增值税

　　贷:应交税费——应交增值税——未交增值税

如图 4－47 所示。

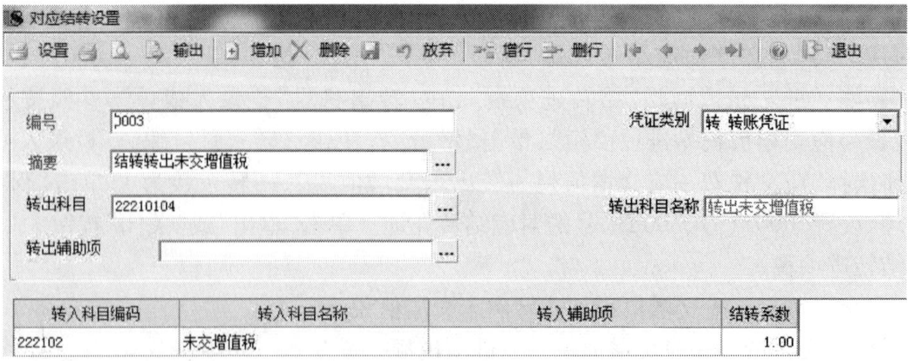

图 4－47　结转转出未交增值税设置

转账生成操作提示：

1. 执行“期末”→“转账生成”命令，进入“转账生成”窗口。

2. 选择“对应结转”单选按钮，单击“全选”按钮。

3. 再单击“确定”按钮，生成转账凭证。

4. 单击“保存”按钮，系统自动将当前凭证追加到未记账凭证中。

四、期间损益结转设置

【任务 4.16】　完成秦皇岛云河有限公司期间损益结转设置并生成凭证。

（一）期间损益结转设置的具体操作步骤

执行“期末”→“转账定义”→“期间损益”命令，进入“期间损益结转设置”窗口，选择凭证类别“转账凭证”，选择本年利润科目 4103，如图 4－48 所示，单击“确定”按钮。

期间损益结转设置

凭证类别 转 转账凭证　　本年利润科目 4103

损益科目编号	损益科目名称	损益科目账类	本年利润科目编码	本年利润科目名称	本年利润科目账类
6001	主营业务收入	项目核算	4103	本年利润	
6011	利息收入		4103	本年利润	
6021	手续费及佣金收入		4103	本年利润	
6031	保费收入		4103	本年利润	
6041	租赁收入		4103	本年利润	
6051	其他业务收入		4103	本年利润	
6061	汇兑损益		4103	本年利润	
6101	公允价值变动损益		4103	本年利润	
6111	投资收益		4103	本年利润	
6201	摊回保险责任准备金		4103	本年利润	
6202	摊回赔付支出		4103	本年利润	
6203	摊回分保费用		4103	本年利润	
6301	营业外收入		4103	本年利润	
640101	P1		4103	本年利润	

每个损益科目的期末余额将结转到与其同一行的本年利润科目中。若损益科目与之对应的本年利润科目都有辅助核算，那么两个科目的辅助账类必须相同。损益科目为空的期间损益结转将不参与

打印　预览　确定　取消

图 4－48　“期间损益结转设置”对话框

（二）期间损益结转生成

1. 以操作员“0203 王会计”登录，生成期间损益自动转账凭证。

2. 执行“期末”→“转账生成”命令，进入“转账生成”窗口。

3. 选择“期间损益结转”单选按钮，选择类型为“收入”，单击“全选”按钮，如图 4－49 所示，再单击“确定”按钮，生成转账凭证，单击“保存”按钮。

4. 选择类型为“支出”，单击“全选”按钮，如图 4－50 所示，再单击“确定”按钮，生成转账凭证，单击“保存”按钮。

5. 单击“保存”按钮，系统自动将当前凭证追加到未记账凭证中。

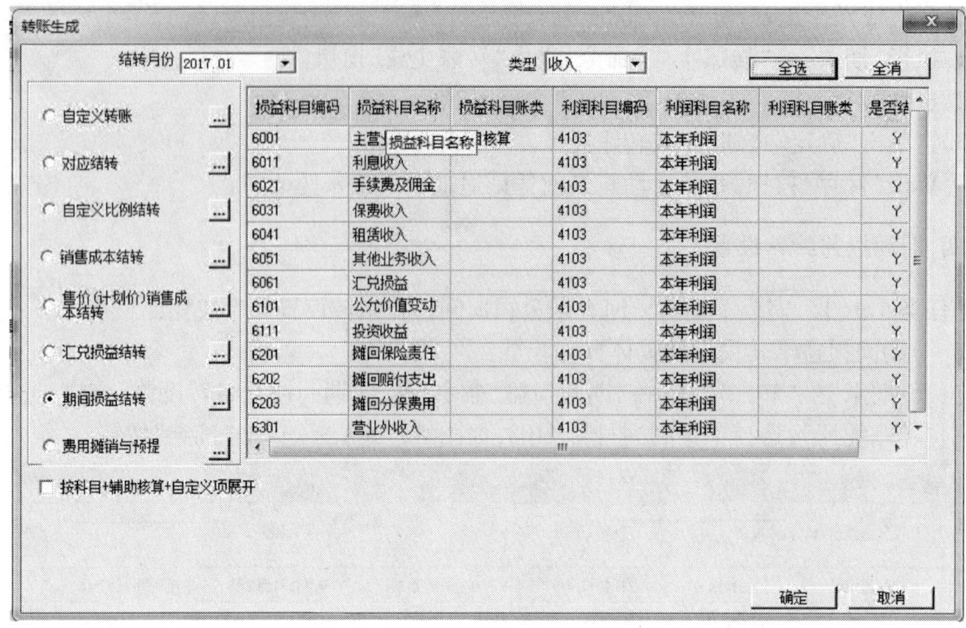

图4-49　期间损益结转(收入)

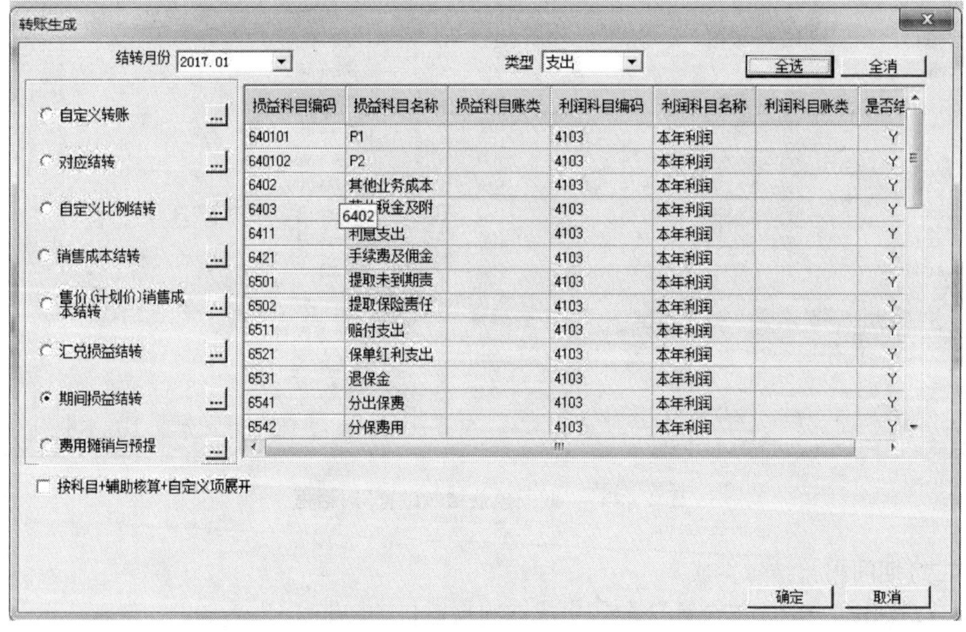

图4-50　期间损益结转(支出)

温馨提示：

在设置结转期间损益之前,以“0201 张主管”的身份将所有生成的自动转账凭证进行审核、记账。

【任务4.17】 通过自定义结转功能计算秦皇岛云河有限公司本期应缴所得税,并通过期间损益结转生成结转所得税费用凭证。

1. 计算本期应缴所得税(要求先做期间损益结转)

借:所得税费用　　　　　　　　　　　　　QM(4103,月)＊0.25

　　贷:应缴税费——应缴所得税　　　　　　　　　JG()

如图4－51所示。

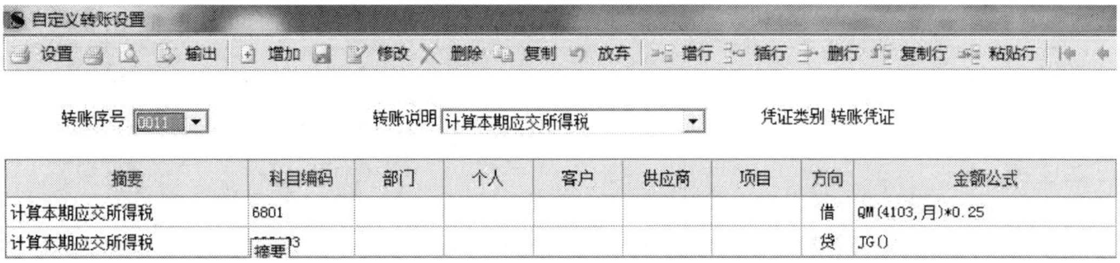

自定义转账设置

设置　输出　增加　修改　删除　复制　放弃　增行　插行　删行　复制行　粘贴行

转账序号 0011　　转账说明 计算本期应交所得税　　凭证类别 转账凭证

摘要	科目编码	部门	个人	客户	供应商	项目	方向	金额公式
计算本期应交所得税	6801						借	QM(4103,月)*0.25
计算本期应交所得税	[illegible]3						贷	JG()

图4－51　自定义应交所得税设置

2. 结转所得税费用(通过期间损益结转完成)

借:本年利润

　　贷:所得税费用

五、银行对账

本系统提供的银行对账是将系统登记的银行存款日记账与银行对账单进行核对,银行对账单由用户根据开户行送来的对账单录入。银行对账过程如下:

(一)输入银行对账期初数据

第一次使用银行对账功能前,系统要求录入日记账、对账单的期初余额以及未达账项。

(二)输入银行对账单

要实现计算机自动对账,在每月月末对账前,需将银行开出的银行对账单输入计算机。

(三)银行对账

银行对账采用自动对账与手工对账相结合的方式。自动对账即由计算机根据对账依据将银行日记账未达账项与银行对账单进行自动核对、勾销。对账依据由用户根据需要选择。对于已核对的银行业务,系统将自动在银行存款日记账和银行对账单双方写上两清字样,并视为已达账项,否则,视其为未达账项。

手工对账是对自动对账的补充。采用自动对账后,可能还有一些特殊的已达账没有核对出来,而被视为未达账项。为了保证对账更彻底、更正确,可通过手工对账进行调整勾销。

(四)编制余额调节表

在对银行进行两清勾对后,计算机自动整理汇总未达账和已达账,生成“银行存款余额调节表”,以检查对账是否正确。

(五)对账结果查询

对账结果查询主要用于查询单位日记账和银行对账单的对账结果。它是对余额调解表的补充,可进一步了解对账后,对账单上勾对的明细情况(包括已达账项和未达账项),从而进一步查询对账结果。检查无误后,可通过核销银行账来核销已达账。银行对账不平时,不能使用核销功能,核销不影响银行日记账的查询和打印。核销错误可以进行反核销。

【任务4.18】　1月31日,秦皇岛云河有限公司李出纳进行银行对账,并编制银行存款余额调节表,银行存款——工行存款企业日记账调整前余额为5 270 000元,银行对账单调整前余额为 5 270 000 元,1 月份工行的银行对账单如表 4 –9 所示。

表 4 –9　银行对账单

日期	结算方式	借方金额	贷方金额	余额
2017 –1 –1		100 000		5 370 000
2017 –1 –2			127 385	5 242 615
2017 –1 –5			234 000	5 008 615
2017 –1 –5			9 000	4 999 615
2017 –1 –5			81 300	4 918 315
2017 –1 –6			24 570	4 893 745
2017 –1 –7			105 800	4 787 945
2017 –1 –9			8 000	4 779 945
2017 –1 –10	转账支票 –ZZ533	7 020		4 786 965
2017 –1 –10			117 000	4 669 965
2017 –1 –11			2 000	4 667 965
2017 –1 –12	转账支票 –ZZ201701		35 100	4 632 865
2017 –1 –15			1 000	4 631 865
2017 –1 –20		10 532.53		4 642 397.53
2017 –1 –20		100 000		4 742 397.53
2017 –1 –20		175 500		4 917 897.53
2017 –1 –20		234 000		5 151 897.53

要求:以“0202 李出纳”的身份进行银行对账操作。

银行对账的具体操作步骤如下:

1. 银行对账以操作员“0202 李出纳”的身份注册进入企业应用平台。

2. 输入银行对账期初数据

(1)在总账管理系统中,执行“出纳”→“银行对账”→“银行对账期初录入”命令,打开“银行科目选择”对话框。

(2)选择科目“工行存款(100201)”,单击“确定”按钮,如图 4 –52 所示,进入“银行对账期初”窗口。

(3)确认启用日期为“2017 –01 –01”,输入单位日记账的调整前余额、银行对账单的调整前余额,均为“5 270 000”元。如图 4 –53 所示。

(4)单击工具栏上的“退出”按钮。

注意:

(1)第一次使用银行对账功能前,系统要求录入日记账及对账单未达账项,在开始使用银行对账之后不再使用。

(2)在录入完单位日记账、银行对账单期初未达账项后,请不要随意调整启用日期,尤其是向前调,这样可能造成启用日期后的期初数不能再参与对账。

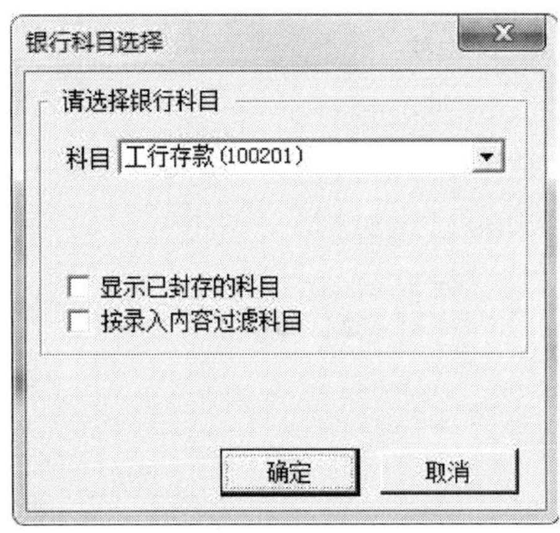

图 4-52　“银行科目选择”对话框

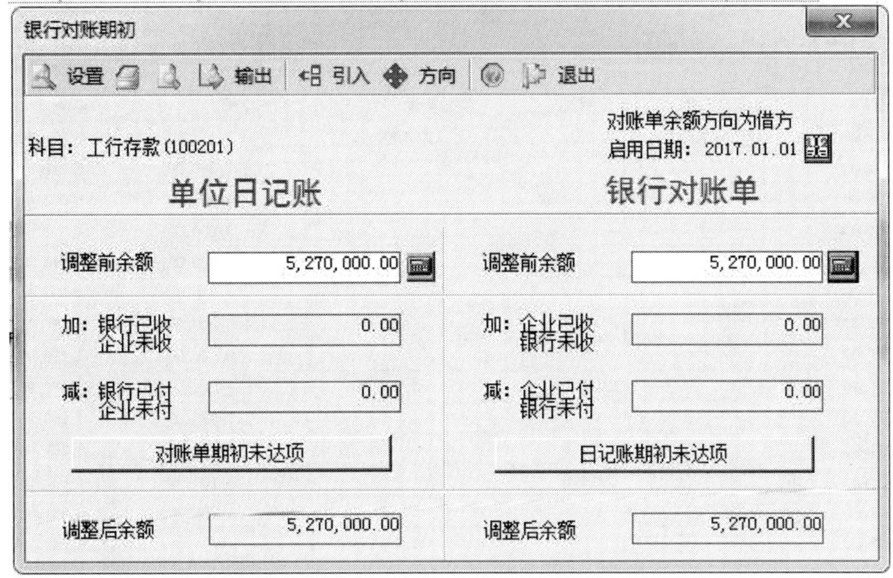

图 4-53　“银行对账期初”对话框的期初数据

3. 录入银行对账单

(1)执行“出纳”→“银行对账”→“银行对账单”命令，打开“银行科目选择”对话框。

(2)选择科目“工行存款(100201)”，月份“2017.01—2017.01”，单击“确定”按钮，进入“银行对账单”窗口。如图 4-54、图 4-55 所示。

(3)单击“增加”按钮，输入银行对账单数据，单击“保存”按钮。

(4)单击工具栏上的“关闭”按钮。

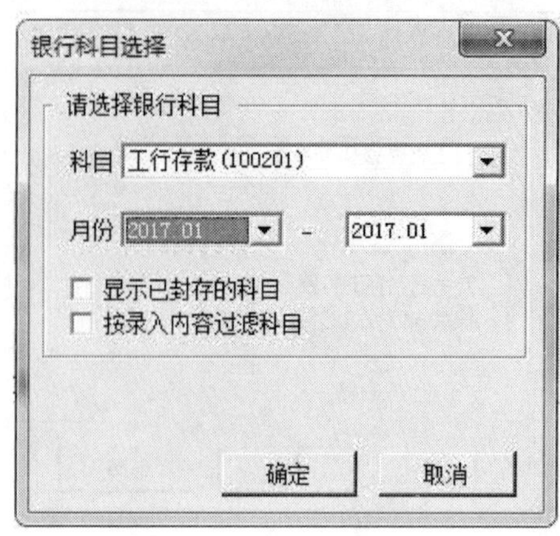

图 4－54 “银行科目选择”对话框

科目：工行存款(100201)

银行对账单

日期	结算方式	票号	借方金额	贷方金额	余额
2017.01.01			100,000.00		5,370,000.00
2017.01.02				127,385.00	5,242,615.00
2017.01.05				234,000.00	5,008,615.00
2017.01.05				9,000.00	4,999,615.00
2017.01.05				81,300.00	4,918,315.00
2017.01.06				24,570.00	4,893,745.00
2017.01.07				105,800.00	4,787,945.00
2017.01.09				8,000.00	4,779,945.00
2017.01.10	202	ZZ533	7,020.00		4,786,965.00
2017.01.10				117,000.00	4,669,965.00
2017.01.11				2,000.00	4,667,965.00
2017.01.12	202	ZZ201701		35,100.00	4,632,865.00
2017.01.15				1,000.00	4,631,865.00
2017.01.20			10,532.53		4,642,397.53
2017.01.20			100,000.00		4,742,397.53
2017.01.20			175,500.00		4,917,897.53
2017.01.20			234,000.00		5,151,897.53

图 4－55 “银行对账单”窗口

4. 银行对账

(1)执行“出纳”→“银行对账”→“银行对账”命令，打开“银行科目选择”对话框，默认科目为“工行存款(100201)”，确认月份为“2017－01—2017－01”，然后单击“确定”按钮进入“银行对账”窗口。如图 4－56 所示。

(2)单击“对账”按钮，打开“自动对账”条件对话框，设置截止日期为“2017.01.31”，将“日期相差 12 之内、结算票号相同、结算方式相同”前面的对勾去掉。如图 4－57 所示。

(3)单击“确定”按钮，显示自动对账结果。如图 4－58、图 4－59 所示。

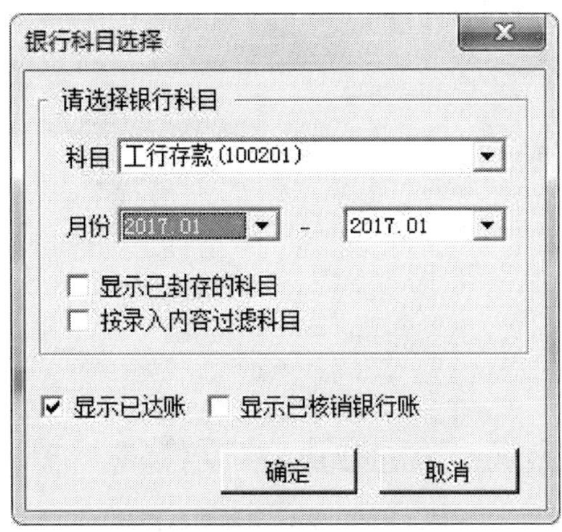

图 4－56 打开“银行科目选择”对话框

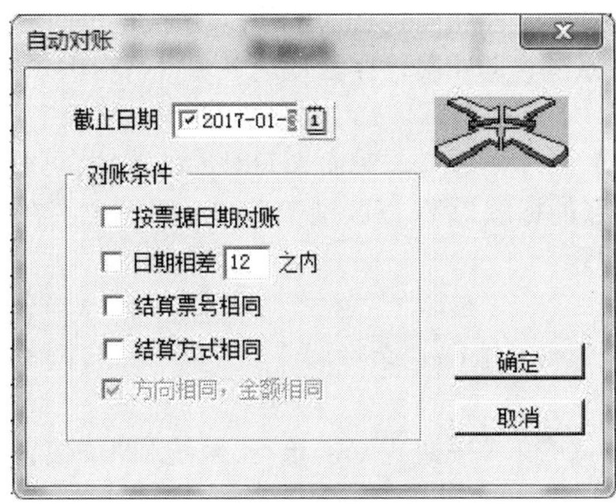

图 4－57 选择对账条件

科目：100201（工行存款）

单位日记账								银行对账单						
票据日期	结算方式	票号	方向	金额	两清	凭证号数	摘要	日期	结算方式	票号	方向	金额	两清	对账序号
2017.01.01	201	20170101	借	10[illegible]0.00		收-0001	向银行借入短期借款	2017.01.01			借	100,000.00		
2017.01.10	202	ZZ533	借	7,020.00		收-0002	收款单	2017.01.02			贷	127,385.00		
2017.01.20		1212	借	10,532.53		收-0003	票据贴现	2017.01.05			贷	234,000.00		
2017.01.18	202		借	100,000.00		收-0004	收款单	2017.01.05			贷	9,000.00		
2017.01.20	202		借	175,500.00		收-0005	收款单	2017.01.05			贷	81,300.00		
2017.01.20	202		借	234,000.00		收-0006	收款单	2017.01.06			贷	24,570.00		
			贷	24,570.00		付-0001	直接购入资产.	2017.01.07			贷	105,800.00		
			贷	234,000.00		付-0002	直接购入资产.	2017.01.09			贷	8,000.00		
2017.01.07	202		贷	105,800.00		付-0003	付款单	2017.01.10	202	ZZ533	借	7,020.00		
2017.01.10	202		贷	117,000.00		付-0004	付款单	2017.01.10			贷	117,000.00		
2017.01.12	202	zz201701	贷	35,100.00		付-0005	票据结算	2017.01.11			贷	2,000.00		
			贷	1,000.00		付-0006	其他应收单	2017.01.12	202	ZZ201701	贷	35,100.00		
2017.01.05			贷	9,000.00		付-0010	提取现金备用	2017.01.15			贷	1,000.00		
			贷	81,300.00		付-0011	发放上月职工工资	2017.01.20			借	10,532.53		
2017.01.09			贷	8,000.00		付-0012	支付市场开拓费和ISO资	2017.01.20			借	100,000.00		
2017.01.11			贷	2,000.00		付-0013	支付机器修理费	2017.01.20			借	175,500.00		
			贷	127,385.00		付-0014	缴纳税费	2017.01.20			借	234,000.00		

图 4－58 “银行对账”窗口

科目：100201（工行存款）

单位日记账

票据日期	结算方式	票号	方向	金额	两清	凭证号数	摘要
2017.01.01	201	20170101	借	100,000.00	◇	收-0001	向银行借入短期借款
2017.01.10	202	ZZ533	借	7,020.00	◇	收-0002	收款单
2017.01.20		1212	借	10,532.53	◇	收-0003	票据贴现
2017.01.18	202		借	100,000.00	◇	收-0004	收款单
2017.01.20	202		借	175,500.00	◇	收-0005	收款单
2017.01.20	202		借	234,000.00	◇	收-0006	收款单
			贷	24,570.00	◇	付-0001	直接购入资产.
			贷	234,000.00	◇	付-0002	直接购入资产.
2017.01.07	202		贷	105,800.00	◇	付-0003	付款单
2017.01.10	202		贷	117,000.00	◇	付-0004	付款单
2017.01.12	202	zz201701	贷	35,100.00	◇	付-0005	票据结算
			贷	1,000.00	◇	付-0006	其他应收单
2017.01.05			贷	9,000.00	◇	付-0010	提取现金备用
			贷	81,300.00	◇	付-0011	发放上月职工工资
2017.01.09			贷	8,000.00	◇	付-0012	支付市场开拓费和ISO资
2017.01.11			贷	2,000.00	◇	付-0013	支付机器修理费
			贷	127,385.00	◇	付-0014	缴纳税费

银行对账单

日期	结算方式	票号	方向	金额	两清	对账序号
2017.01.01			借	100,000.00	◇	2017013100003
2017.01.02			贷	127,385.00	◇	2017013100016
2017.01.05			贷	234,000.00	◇	2017013100017
2017.01.05			贷	9,000.00	◇	2017013100010
2017.01.05			贷	81,300.00	◇	2017013100013
2017.01.06			贷	24,570.00	◇	2017013100011
2017.01.07			贷	105,800.00	◇	2017013100014
2017.01.09			贷	8,000.00	◇	2017013100009
2017.01.10	202	ZZ533	借	7,020.00	◇	2017013100001
2017.01.10			贷	117,000.00	◇	2017013100015
2017.01.11			贷	2,000.00	◇	2017013100008
2017.01.12	202	ZZ201701	贷	35,100.00	◇	2017013100012
2017.01.15			贷	1,000.00	◇	2017013100007
2017.01.20			借	10,532.53	◇	2017013100002
2017.01.20			借	100,000.00	◇	2017013100004
2017.01.20			借	175,500.00	◇	2017013100005
2017.01.20			借	234,000.00	◇	2017013100006

图 4－59　显示自动对账结果

温馨提示：

（1）对账条件中的方向、金额相同是必选条件，对账截止日期可以不输入。

（2）对于已达账项，系统自动在银行存款日记账和银行对账单双方的“两清”栏打上圆圈标志。

（3）在银行对账窗口，对于一些应勾对而未勾对上的账项，可分别双击“两清”栏，直接进行手工调整。手工对账的标志为 Y，以区别于自动对账标志。在自动对账不能完全对上的情况下，可采用手工对账。

5. 输出余额调节表

（1）执行“出纳”→“银行对账”→“余额调节表查询”命令，进入“银行存款余额调节表”窗口。

（2）单击工具栏里的“查看”按钮或双击该行，系统弹出“银行存款余额调节表”对话框，如图 4－60 所示。

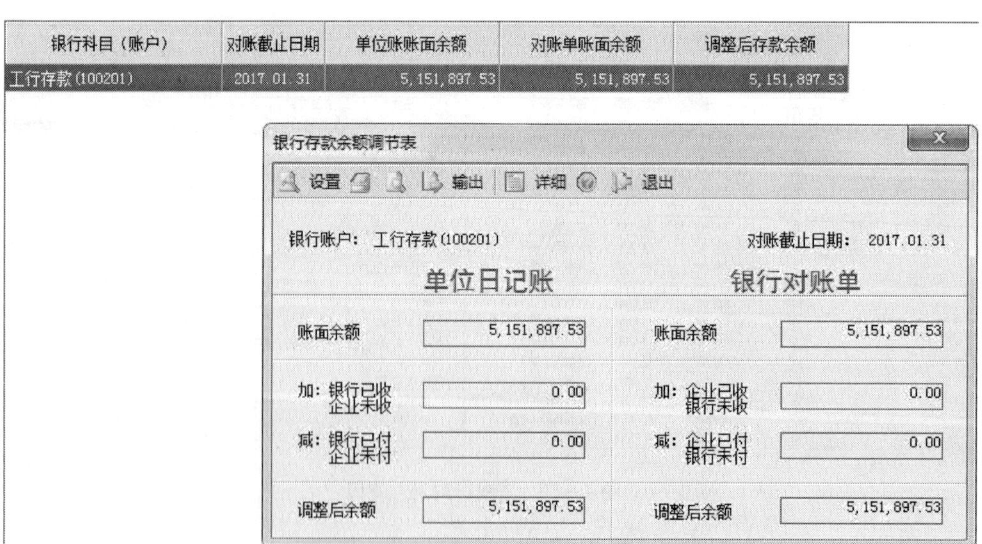

图 4－60　银行存款余额调节表

(3)单击“银行存款余额调节表”窗口的“关闭”按钮,关闭并退出该窗口。

任务七　对　账

对账是对账簿数据进行核对,以检查记账是否正确,以及账簿是否平衡。它主要是通过核对总账与明细账、总账与辅助账数据来完成账账核对。为了保证账证相符、账账相符,用户应经常使用本功能进行对账,至少一个月一次,一般可在月末结账前进行。

【任务 4.19】　秦皇岛云河有限公司将 2017 年 1 月份的业务进行对账。

操作步骤如下:

1. 以“张主管”的身份重新注册进入企业应用平台。
2. 执行“期末”→“对账”命令,进入“对账”窗口。
3. 将光标置于要进行对账的月份“2017 - 01”,单击“选择”按钮。
4. 单击“对账”按钮,开始自动对账,并显示对账结果。
5. 单击“试算”按钮,可以对各科目类别余额进行试算平衡。
6. 单击“确认”按钮。

任务八　结　账

每月月底都需要进行结账处理,在会计信息化状态下结账就是一种成批数据处理的过程,每月只结账一次,主要是对当月日常处理的限制和对下月账簿的初始化。

【任务 4.20】　秦皇岛云河有限公司将 2017 年 1 月份的业务进行结账。

操作步骤如下:

1. 执行“期末”→“结账”命令,进入“结账”窗口。
2. 单击要结账月份“2017 - 01”,单击“下一步”按钮。
3. 单击“对账”按钮,系统对要结账的月份进行账账核对。
4. 单击“下一步”按钮,系统显示“2017 年 01 月工作报告”。
5. 查看工作报告后,单击“下一步”按钮,再单击“结账”按钮,若符合结账要求系统将进行结账,否则不予结账。

温馨提示:

1. 结账只能由有结账权限的人进行。
2. 本月还有未记账凭证时,则本月不能结账。
3. 结账必须按月连续进行,上月未结账,则本月不能结账。
4. 若总账与明细账对账不符,则不能结账。
5. 如果与其他系统联合使用,其他子系统未全部结账,则本月不能结账。
6. 结账前,要进行数据备份。

结账完成后,由于非法操作或计算机病毒或其他原因可能会造成数据被破坏,这时可以在此使用“取消结账”功能。

取消结账的具体操作步骤如下:

1. 执行“期末”→“结账”命令,进入“结账”窗口。

2. 选择要取消结账的月份“2017－01”。

3. 按 Ctrl + Shift + F6 键,激活“取消结账”功能。

4. 输入口令,单击“确认”按钮,取消结账标志。

项目五　薪资管理系统

【学习目标】

1. 了解薪资管理系统的主要功能；
2. 熟悉薪资管理系统的操作流程；
3. 掌握薪资管理系统的业务处理操作方法；
4. 具备薪资管理系统的业务处理能力。

【重点难点】

工资项目计算公式设置、工资分摊设置。

任务一　薪资管理系统认知

一、薪资管理系统的主要功能与作用

薪资管理系统的功能是以职工个人的薪资原始数据为基础,计算应发工资、扣款合计和实发工资等,编制工资结算单;按部门和人员类别进行汇总,计算个人所得税;提供多种方式查询、打印薪资发放表、各种汇总表及个人工资条;进行工资分摊与计提。

二、薪资管理系统的业务操作流程

首先要进行薪资管理系统初始化、建立工资账套、设置工资项目、导入人员档案、设置工资项目计算公式、设置个人所得税、录入工资变动等情况、工资分摊设置、生成记账凭证、进行月末处理。

任务二　薪资管理系统初始设置

尽管各个单位的工资核算有很多共性,但也存在一些差异。通过薪资管理系统初始化设置,可以根据各企业需要建立工资账套数据,设置工资系统运行所需的各项基础信息,为日常处理建立应用环境。初始设置主要包括建立工资账套和基础信息设置两大部分。建立工资账套包括:参数设置、扣税设置、扣零设置和人员编码设置;基础信息设置包括:部门设置、人员类别设置、人员档案设置、工资项目设置、人员附加信息设置、银行名称、账号设置等。薪资管理系统可以处理单个工资类别也可以处理多个工资类别。

薪资管理系统的初始设置如下:

一、建立工资账套

【任务5.1】　账套参数设置:工资类别为单个、从工资中代扣个人所得税、扣零至元、人员编码与公共平台的人员编码一致。

操作步骤如下：

1. 以账套主管“0101 袁经理”的身份，操作日期为 2017 - 01 - 01 注册登录企业应用平台，如图 5 - 1 所示。

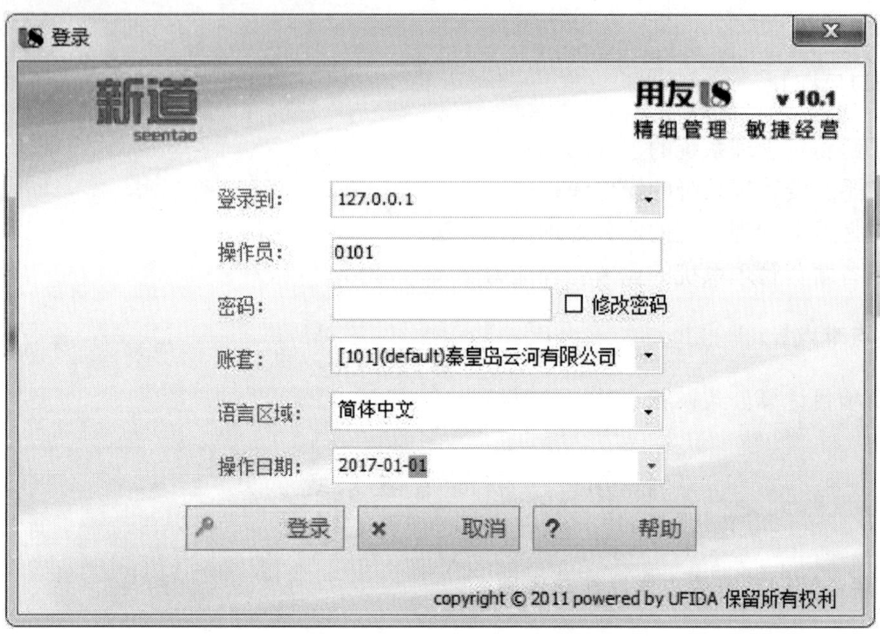

图 5 - 1　注册登录企业应用平台

2. 打开“业务工作→人力资源→薪资管理”菜单，第一次进入，系统弹出“建立工资套—参数设置”对话框，选择本账套所需处理的工资类别个数为“单个”，并在“币别”下拉框中选择相应的币种，系统默认为“人民币”，如图 5 - 2 所示。

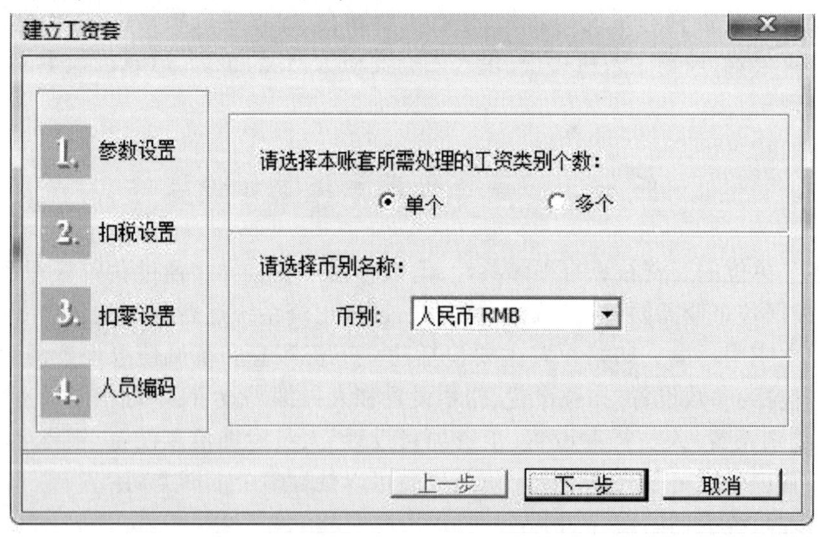

图 5 - 2　工资类别

3. 单击下一步按钮，打开“建立工资套—扣税设置”对话框，如图 5 - 3 所示。

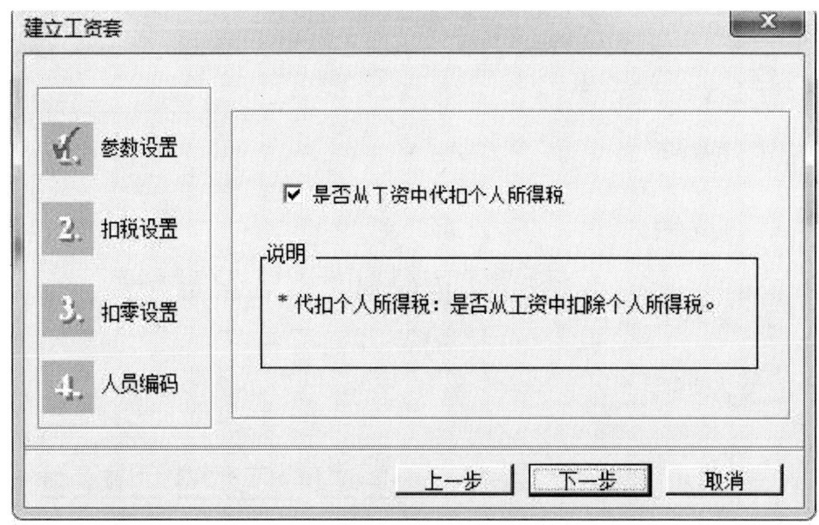

图 5－3　代扣个人所得税

4. 单击“下一步”，打开“建立工资套—扣零设置”对话框，如图 5－4 所示。选择“扣零”设置，扣零至元。

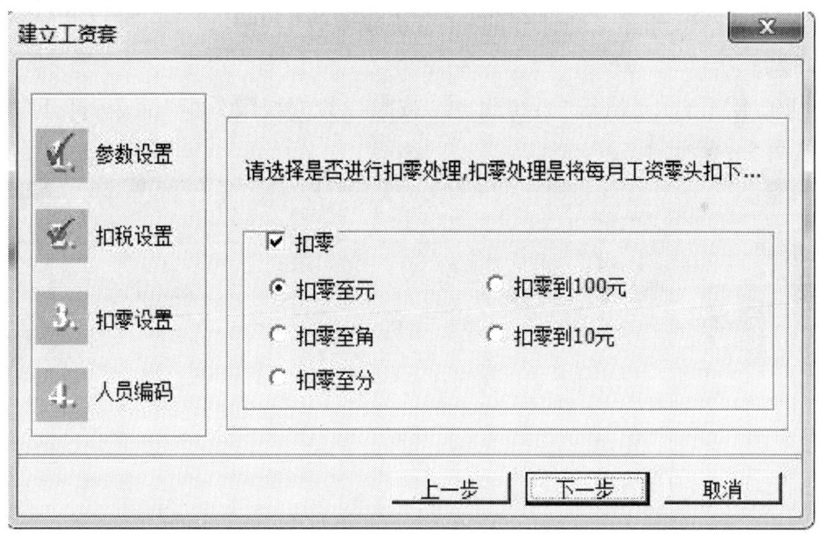

图 5－4　扣零设置

5. 单击“下一步”按钮，如图 5－5 所示，本系统要求对员工进行统一编号，人员编码同公共平台的人员编码保持一致。单击完成，完成薪资管理账套的建立。

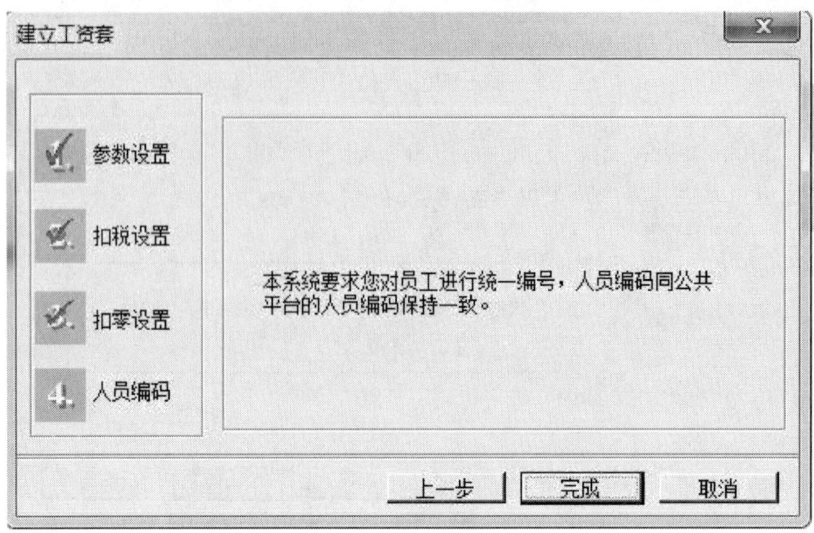

图 5－5　人员编码

二、工资类别主管设置

【任务 5.2】 给财务部王会计分配“工资类别主管”权限。

操作步骤如下：

1. 在企业应用平台中，执行“系统服务→权限→数据权限分配”命令，打开“数据权限分配”窗口，如图 5－6 所示。

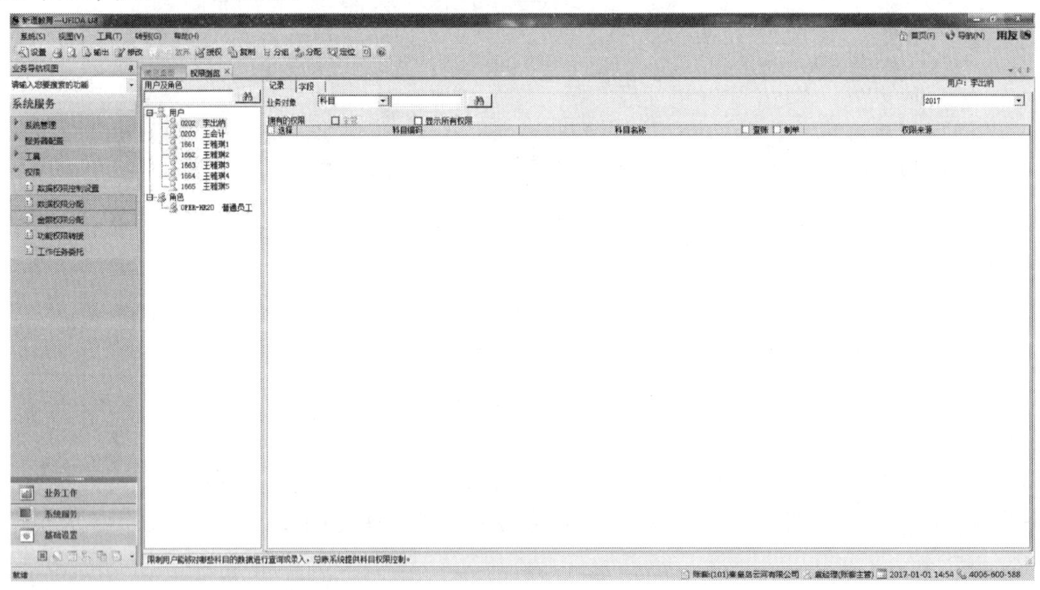

图 5－6　数据权限分配(1)

2. 在“权限浏览”界面左侧“用户与角色”中，选择“王会计”，右侧页面“业务对象”单击“工资权限”，如图 5－7 所示。

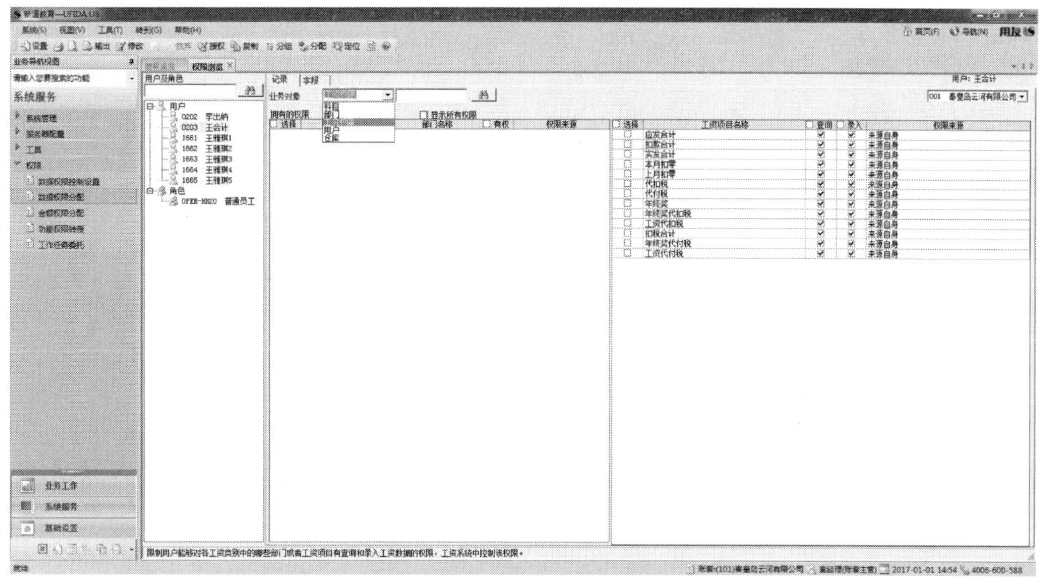

图 5－7　数据权限分配(2)

3. 工具栏单击“授权”，弹出“记录权限设置”对话框，勾选“工资类别主管”，如图 5－8 所示。

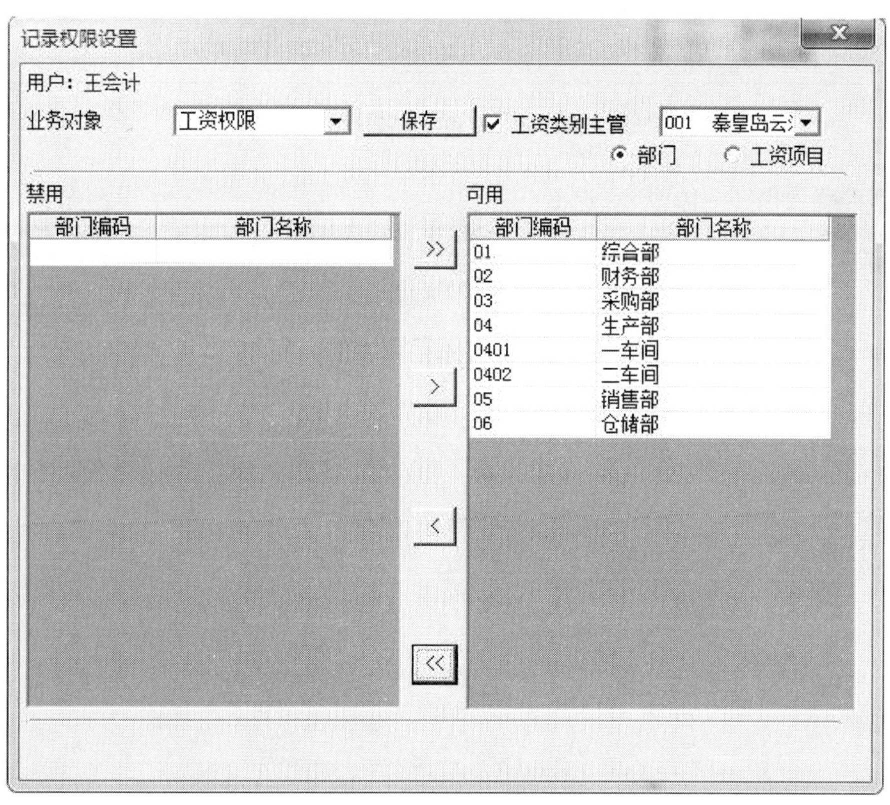

图 5－8　记录权限设置(1)

4. 单击“保存”，弹出提示“保存成功，重新登录门户，此配置才能生效！”单击“确定”，如图 5 - 9 所示。

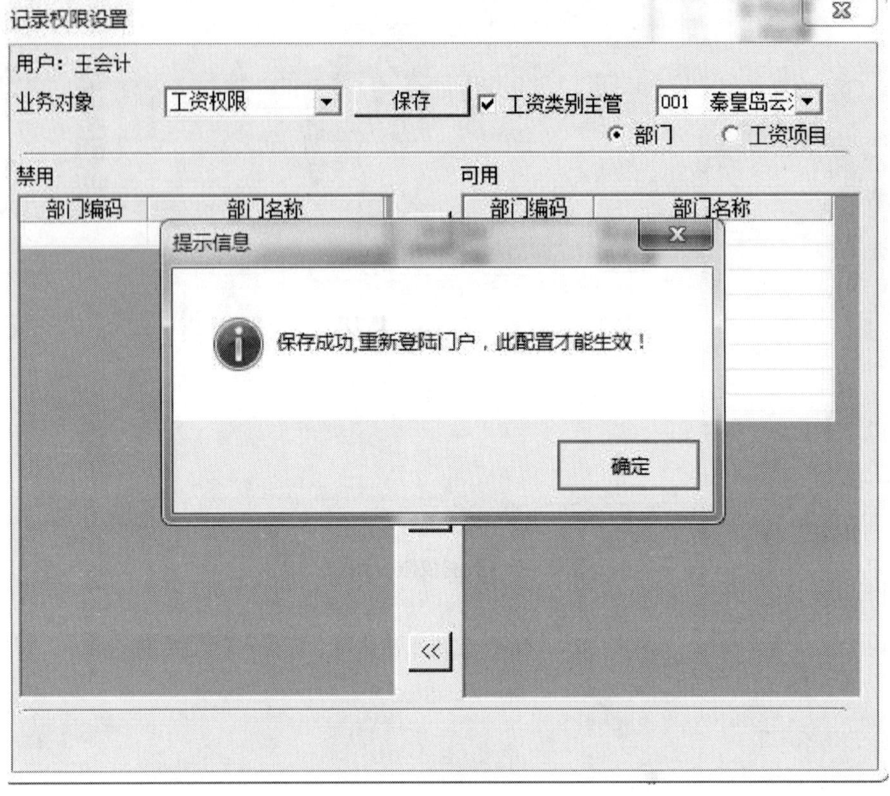

图 5 - 9 记录权限设置(2)

回到界面,如图 5 - 10 所示,退出。

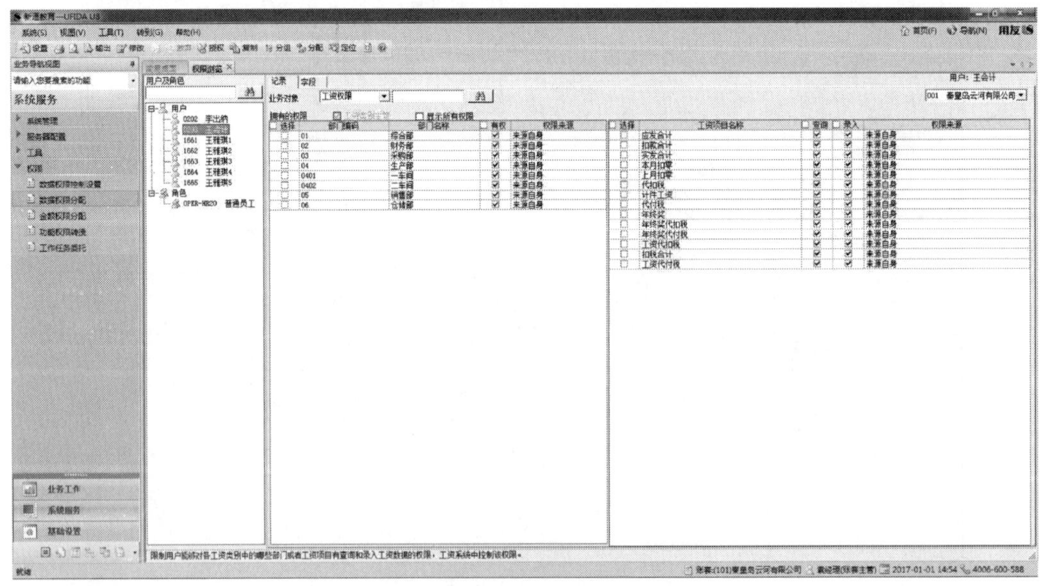

图 5 - 10 记录权限设置(3)

三、人员附加信息设置

【任务5.3】 为公司工资信息中增加“性别”信息。

操作步骤如下：

1. 进入“薪资管理→设置→人员附加信息设置”功能菜单，打开“人员附加信息设置”对话框，如图5－11所示。

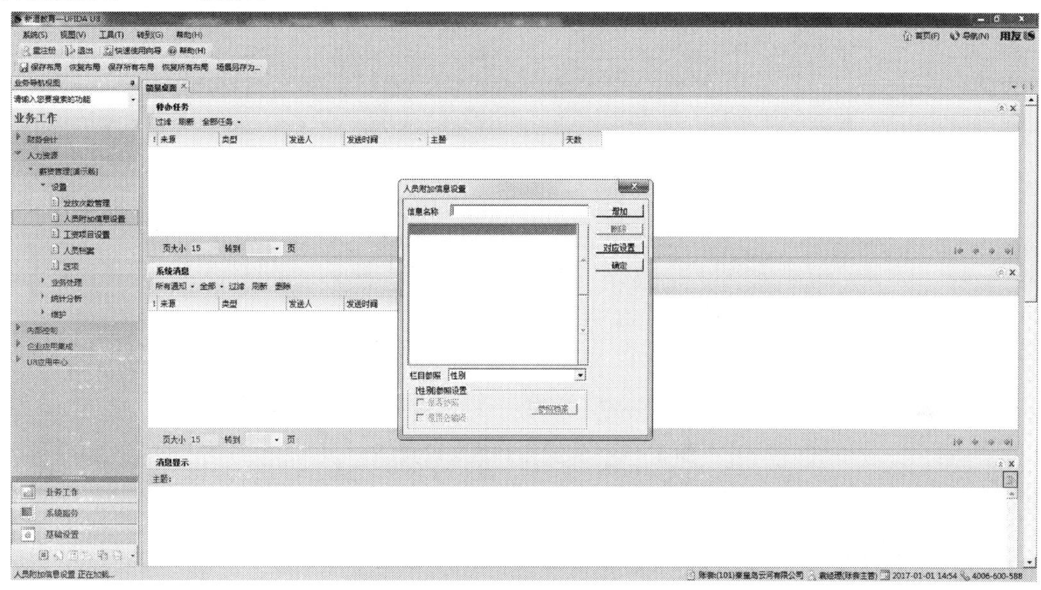

图5－11　人员附加信息设置(1)

2. 单击“栏目参照”栏的下三角按钮，选择“性别”，单击“增加”按钮，如图5－12所示。

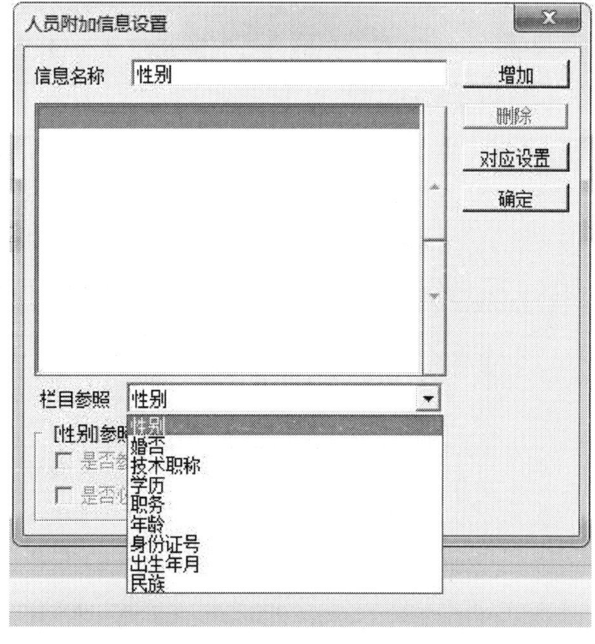

图5－12　人员附加信息设置(2)

3. 如图 5－13 所示，单击“确定”，退出。

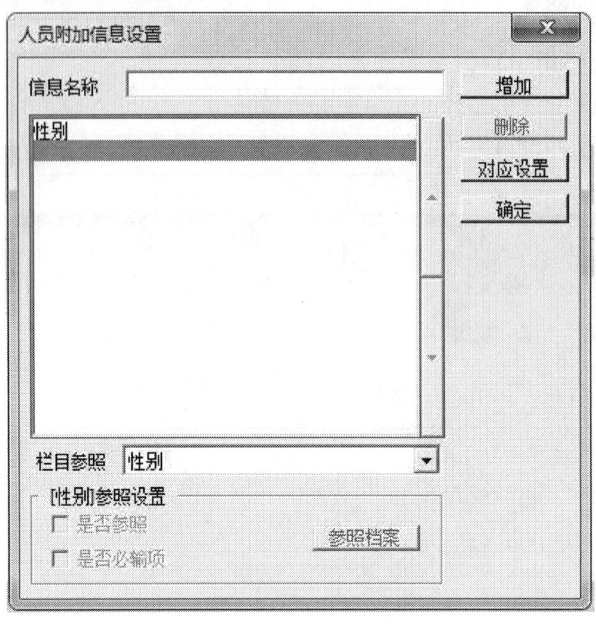

图 5－13　人员附加信息设置(3)

四、人员档案设置

人员档案的增减在“基础设置→基本档案→机构人员→人员档案”中设置，在薪资管理系统中通过“批增”按钮即可按照人员类别一次性将全部人员档案选入。

【任务 5.4】　增加秦皇岛云河有限公司(表 5－1)的人员档案信息。

表 5－1　云河公司人员档案

人员编码	人员姓名	性别	薪资部门	人员类别	银行名称	银行账号
0101	袁经理	男	综合部	企业管理人员	中国工商银行	6227000281210333561
0201	张主管	女	财务部	企业管理人员	中国工商银行	6227000281210333562
0202	李出纳	女	财务部	企业管理人员	中国工商银行	6227000281210333563
0203	王会计	女	财务部	企业管理人员	中国工商银行	6227000281210333564
0301	赵采购	男	采购部	采购人员	中国工商银行	6227000281210333566
0401	孙生产	男	一车间	车间管理人员	中国工商银行	6227000281210333567
0402	徐生产	男	一车间	生产人员	中国工商银行	6227000281210333568
0403	周生产	男	二车间	车间管理人员	中国工商银行	6227000281210333569
0404	郑生产	男	二车间	生产人员	中国工商银行	6227000281210333570
0501	杨销售	女	销售部	销售人员	中国工商银行	6227000281210333571
0601	马库管	女	仓储部	企业管理人员	中国工商银行	6227000281210333561

操作步骤如下：

1. 打开“薪资管理→设置→人员档案”功能菜单，打开“人员档案”对话框，如图 5 - 14 所示。

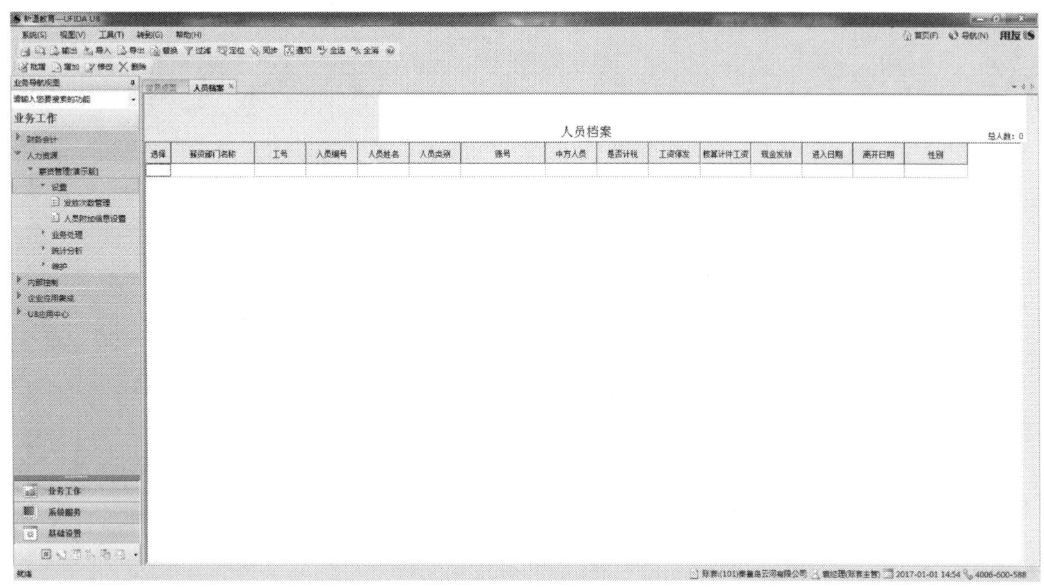

图 5 - 14　人员档案

2. 单击工具栏里的“批增”，打开“批增”对话框。全选左侧所有部门，单击“查询”，以查询所有人员，如图 5 - 15 所示。

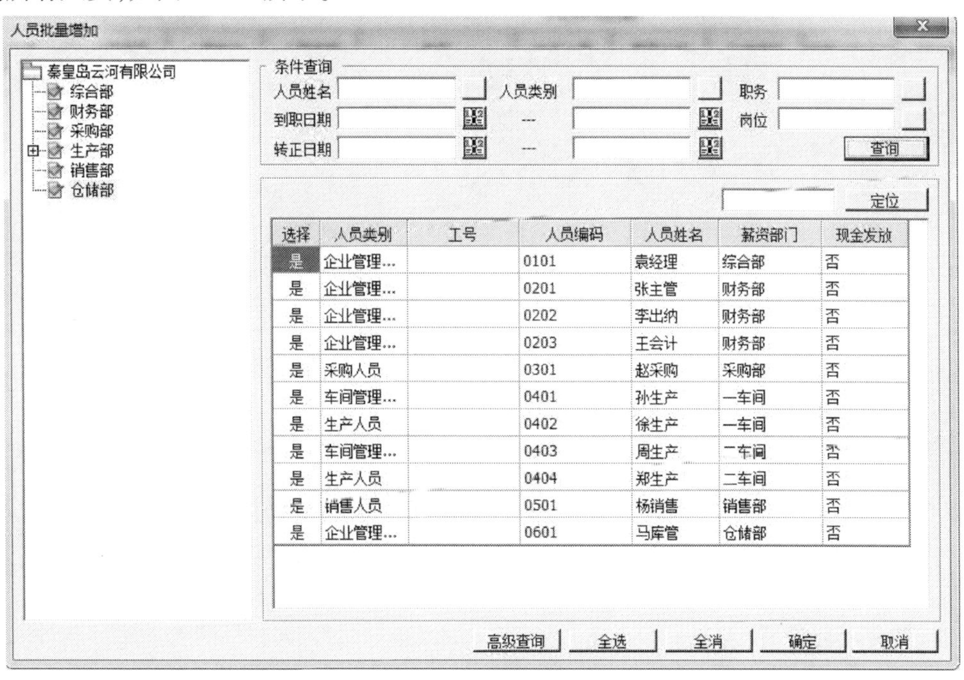

选择	人员类别	工号	人员编码	人员姓名	薪资部门	现金发放
是	企业管理…		0101	袁经理	综合部	否
是	企业管理…		0201	张主管	财务部	否
是	企业管理…		0202	李出纳	财务部	否
是	企业管理…		0203	王会计	财务部	否
是	采购人员		0301	赵采购	采购部	否
是	车间管理…		0401	孙生产	一车间	否
是	生产人员		0402	徐生产	一车间	否
是	车间管理…		0403	周生产	二车间	否
是	生产人员		0404	郑生产	二车间	否
是	销售人员		0501	杨销售	销售部	否
是	企业管理…		0601	马库管	仓储部	否

图 5 - 15　人员批量增加

3. 单击“全选”→“确定”按钮，系统返回“人员档案”窗口，如图 5 - 16 所示。该窗口列出所有在基础档案里已有的信息。

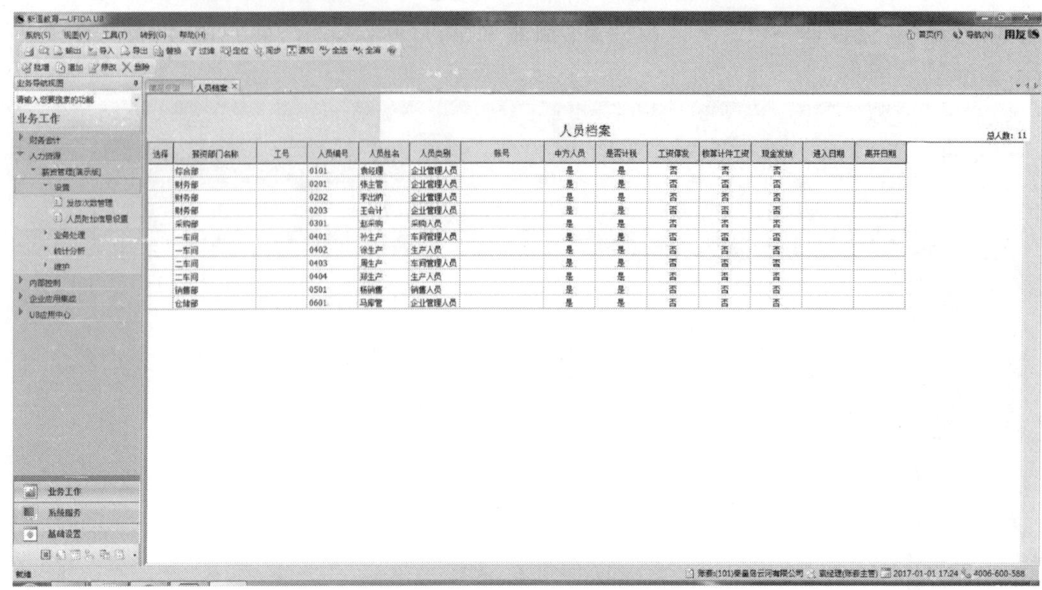

人员档案

选择	薪资部门名称	工号	人员编号	人员姓名	人员类别	账号	中方人员	是否计税	工资停发	核算计件工资	现金发放	进入日期	离开日期
	综合部		0101	袁经理	企业管理人员		是	是	否	否	否		
	财务部		0201	张主管	企业管理人员		是	是	否	否	否		
	财务部		0202	李出纳	企业管理人员		是	是	否	否	否		
	财务部		0203	王会计	企业管理人员		是	是	否	否	否		
	采购部		0301	赵采购	采购人员		是	是	否	否	否		
	一车间		0401	孙生产	车间管理人员		是	是	否	否	否		
	一车间		0402	徐生产	生产人员		是	是	否	否	否		
	二车间		0403	周生产	车间管理人员		是	是	否	否	否		
	二车间		0404	郑生产	生产人员		是	是	否	否	否		
	销售部		0501	杨销售	销售人员		是	是	否	否	否		
	仓储部		0601	马库管	企业管理人员		是	是	否	否	否		

图 5－16　人员档案批增

4. 录入每个人员的银行账号及开户行，点击“退出”按钮，如图 5－17 所示。

人员档案

选择	薪资部门名称	工号	人员编号	人员姓名	人员类别	账号	中方人员	是否计税	工资停发	核算计件工资	现金发放	进入日期	离开日期	性别
	综合部		0101	袁经理	企业管理人员	622700028121033356	是	是	否	否	否			
	财务部		0201	张主管	企业管理人员	622700028121033356	是	是	否	否	否			
	财务部		0202	李出纳	企业管理人员	622700028121033356	是	是	否	否	否			
	财务部		0203	王会计	企业管理人员	622700028121033356	是	是	否	否	否			
	采购部		0301	赵采购	采购人员	622700028121033356	是	是	否	否	否			
	一车间		0401	孙生产	车间管理人员	622700028121033356	是	是	否	否	否			
	一车间		0402	徐生产	生产人员	622700028121033356	是	是	否	否	否			
	二车间		0403	周生产	车间管理人员	622700028121033356	是	是	否	否	否			
	二车间		0404	郑生产	生产人员	622700028121033356	是	是	否	否	否			
	销售部		0501	杨销售	销售人员	622700028121033357	是	是	否	否	否			
	仓储部		0601	马库管	企业管理人员	622700028121033357	是	是	否	否	否			

图 5－17　人员档案账号

温馨提示：只有导入人员档案后才可以进行工资项目设置。

五、工资项目设置

设置工资项目对于单个工资类别而言，就是此工资账套所使用的全部工资项目。而对于多类别的工资账套而言，在未打开任何工资类别时，是针对所有工资类别需要使用的全部工资项目进行设置；在打开某工资类别时，是针对所打开工资类别进行工资项目的设置。

【**任务 5.5**】　增加秦皇岛云河有限公司（表 5－2）使用的全部工资项目。

表 5 - 2　云河公司工资项目

工资项目名称	类型	长度	小数	增减项
基本工资	数字	8	2	增项
岗位工资	数字	8	2	增项
奖金	数字	8	2	增项
交通补贴	数字	8	2	增项
应发合计	数字	10	2	增项
缺勤天数	数字	8	0	其他
缺勤扣款	数字	8	2	减项
养老保险	数字	8	2	减项
医疗保险	数字	8	2	减项
失业保险	数字	8	2	减项
住房公积金	数字	8	2	减项
社保费和公积金	数字	8	2	其他
五险一金计提基数	数字	8	2	其他
扣款合计	数字	10	2	减项
计税工资	数字	8	2	其他
实发合计	数字	10	2	增项

温馨提示：

1. 应发合计、扣款合计、实发合计为系统自动形成，不需增加及修改。

2. 特别注意调整每个工资项目的增减项，它将影响工资计算的准确性，如为“增项”，它将自动计入应发合计项目；如为“减项”，它将自动计入扣款合计项目；如为“其他项”，它的数据不会被计入任何项目。

操作步骤如下：

1. 打开“薪资管理→设置→工资项目设置”功能菜单，打开“工资项目设置”对话框，如图 5 - 18 所示。

2. 单击“增加”按钮，在工资项目列表中出现一行空行，从“名称参照”下拉列表中选择“基本工资”，再点击“增加”按钮，其“类型”“长度”“小数”为默认值，增减项为“增项”。如名称参照中没有需增加的工资项目，则可手工录入。根据“任务 5.5”，完成其他工资项目的增加，增加完毕，单击“确认”按钮，完成工资项目的设置，如图 5 - 19 所示。

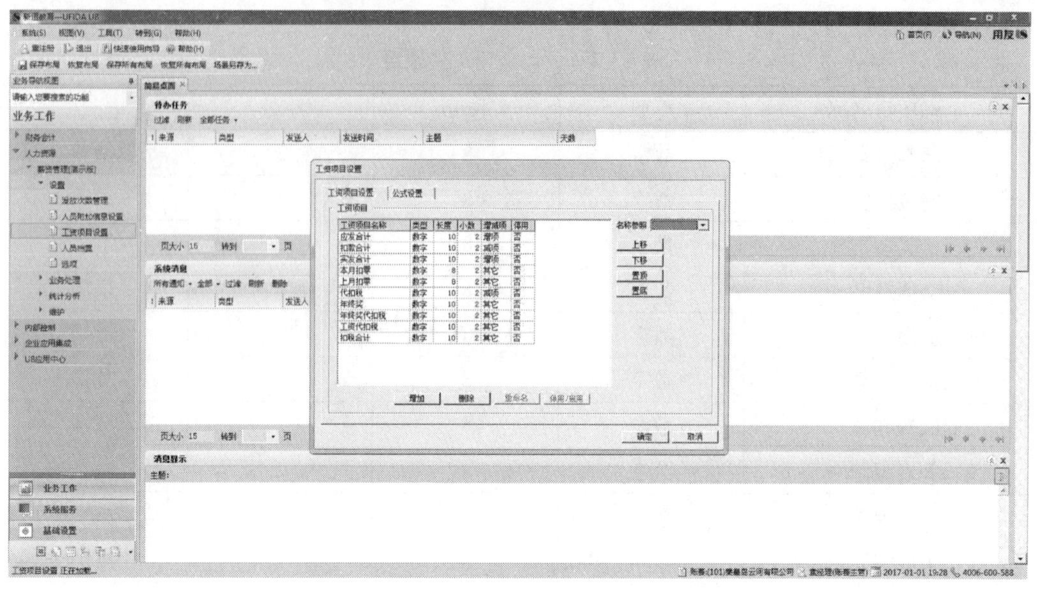

图 5-18　工资项目设置

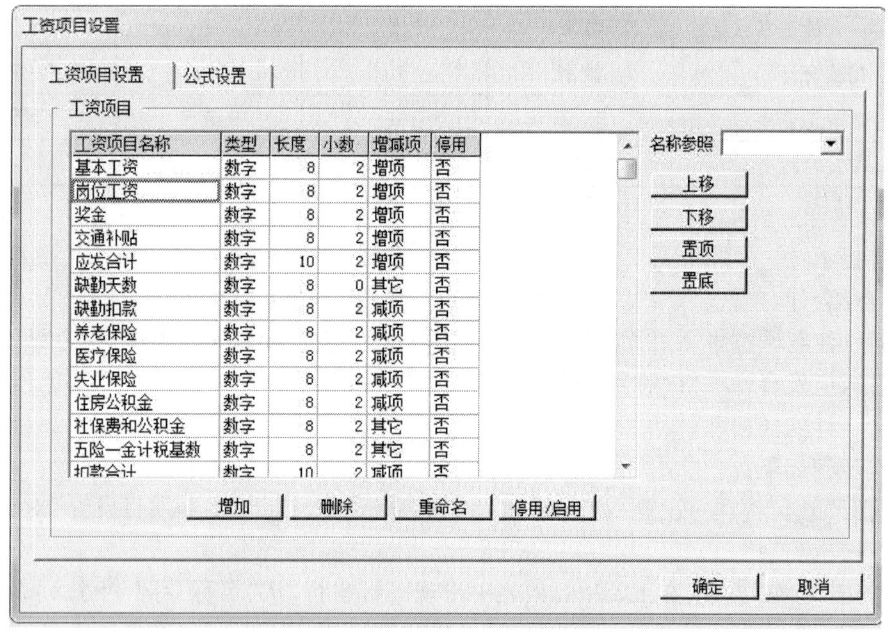

图 5-19　增加工资项目

六、工资计算公式设置

设置工资计算公式即定义工资项目之间的运算关系，计算公式的正确与否关系到核算的最终结果。公式定义可通过选择工资项目、运算符、关系符、函数等组合完成。

【任务 5.6】　设置秦皇岛云河有限公司工资项目计算公式，见表 5-3。

表 5－3　云河公司工资计算公式

工资项目	计算公式
交通补贴	销售人员 800 元,其他人员 500 元
缺勤扣款	(基本工资/22)×缺勤天数
应发合计	基本工资＋岗位工资＋奖金＋交通补贴
五险一金计提基数	基本工资＋岗位工资
养老保险	五险一金计提基数×0.08
医疗保险	五险一金计提基数×0.02
失业保险	五险一金计提基数×0.01
住房公积金	五险一金计提基数×0.12
社保费和公积金	养老保险＋失业保险＋医疗保险＋住房公积金
计税工资	基本工资＋岗位工资＋奖金＋交通补贴－社保费和公积金
扣款合计	缺勤扣款＋养老保险　＋医疗保险　＋失业保险　＋住房公积金　＋代扣税
实发合计	应发合计－扣款合计

温馨提示：

1. 应发合计、扣款合计、实发合计为系统按照设置的工资项目增减项自动形成公式,不需设置。

2. 在公示定义完成之后,单击“公式确认”按钮,系统将对公式进行逻辑合法性检查,对不符合逻辑的公式,系统将给出错误提示“非法的公式定义”,不予保存。

操作步骤如下：

1. 交通补贴公式设置

(1)在“薪资管理→设置→工资项目设置”对话框中,单击“公式设置”选项卡,如图 5－20 所示。

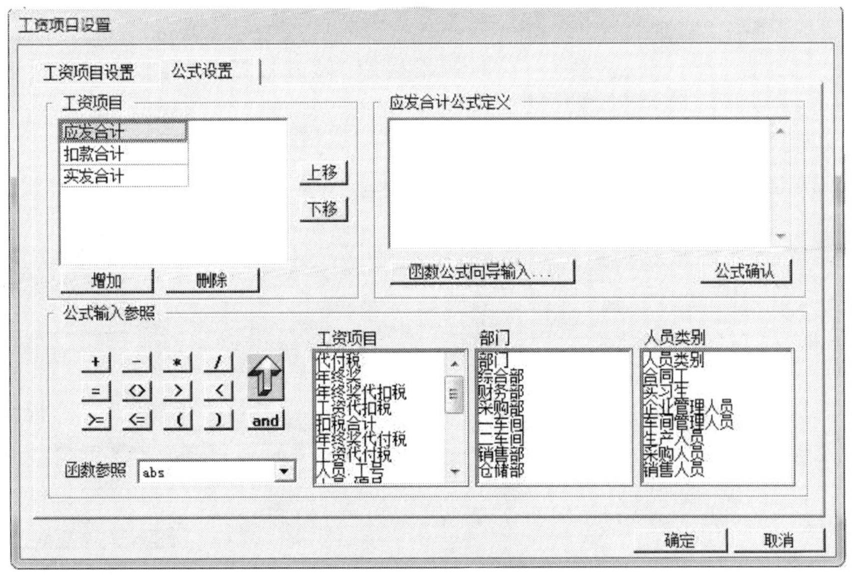

图 5－20　公式设置

(2)单击“增加”按钮,从左上角下拉列表中选择“交通补贴”工资项目,单击“交通补贴公式定义”区域,单击“函数公式向导输入”弹出“函数向导——步骤之 1”对话框,选择“iff”函数,如图 5－21 所示。

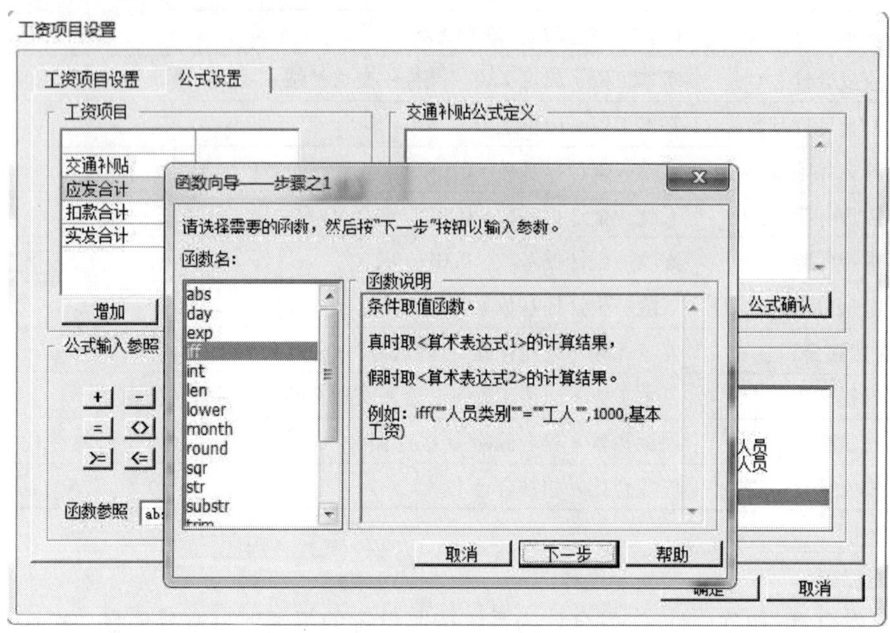

图 5－21　函数向导——步骤之 1

(3)单击“下一步”,弹出“函数向导——步骤之 2”对话框,单击“逻辑表达式”参照按钮,弹出“参照”对话框,从“参照列表”下拉列表中选择“人员类别”,在列表中选择“销售人员”,单击“确定”,如图 5－22 所示。

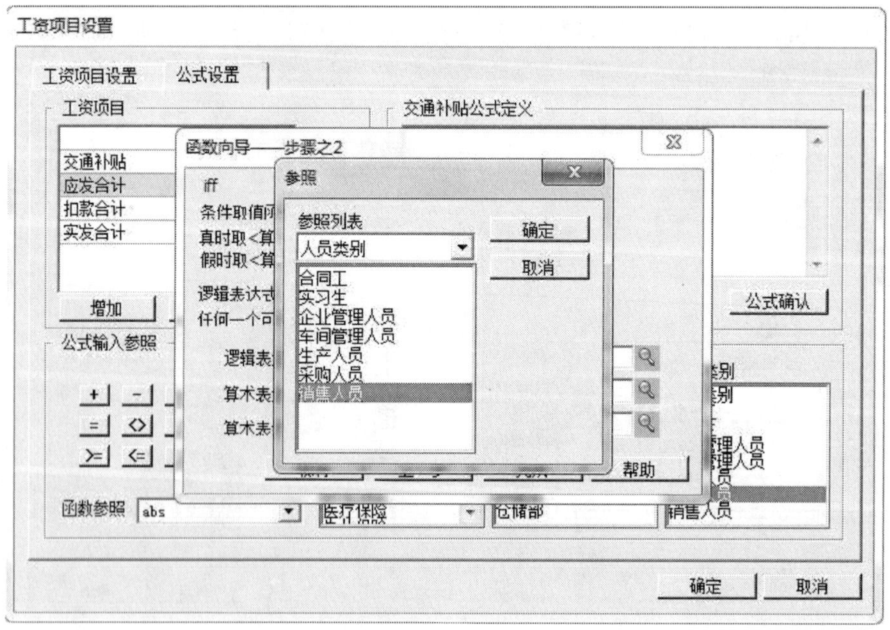

图 5－22　参照列表

(4)在“算数表达式 1”中输入“800”,在“算数表达式 2”中输入“500”。单击完成,退回“工资项目设置”对话框,单击“公式确认”,如图 5－23、图 5－24 所示。

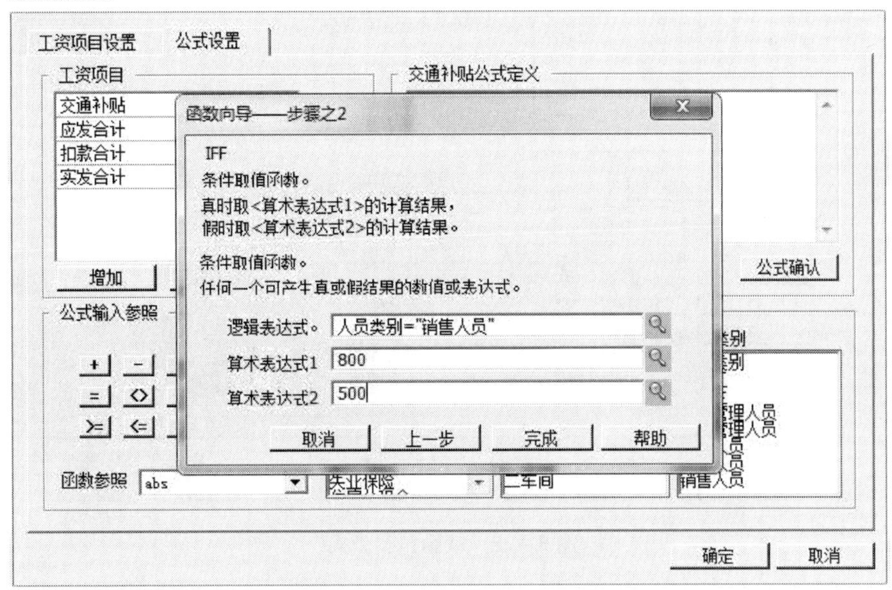

图 5－23　函数向导——步骤之 2

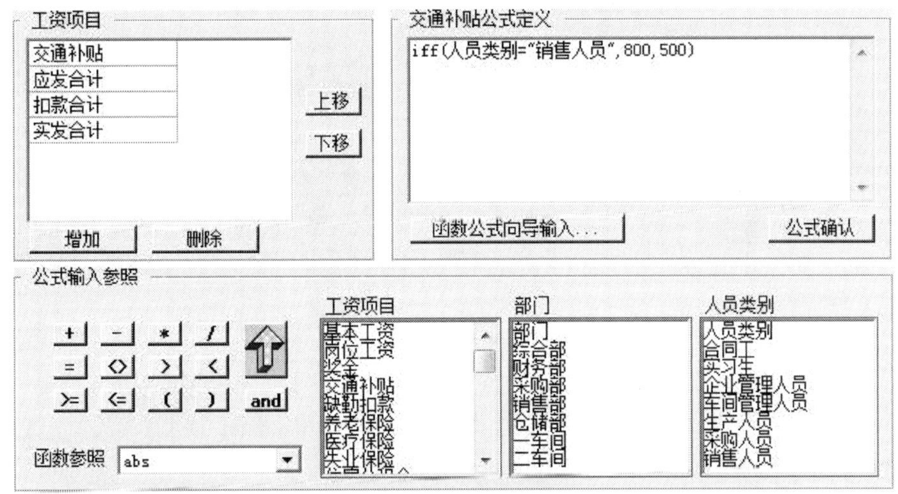

图 5－24　公式确认

2. 缺勤扣款公式设置

继续单击“增加”按钮,从下拉列表中选择“缺勤扣款”工资项目。单击“缺勤扣款公式定义”区域,在下方的工资项目列表中单击选中“基本工资”,单击选中“公式输入参照”区域中的“/”,在公式定义区域输入“22”,单击选中“公式输入参照”区域中的“(”“)”“＊”,单击工资项目列表中“缺勤天数”,单击“公式确认”,如图 5－25 所示。

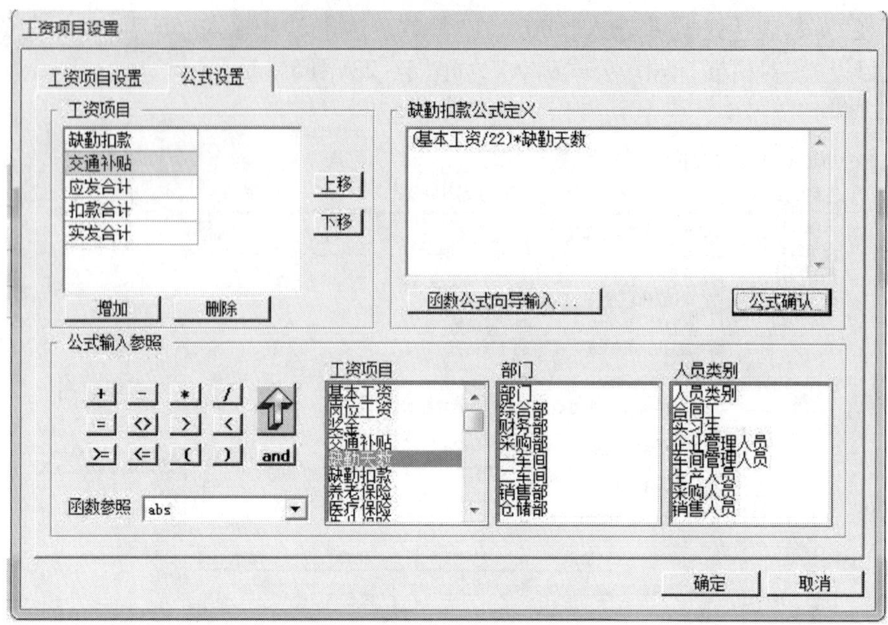

图 5－25　缺勤扣款公式

3. 根据同样方法设置其他的工资项目计算公式，如图 5－26 所示。

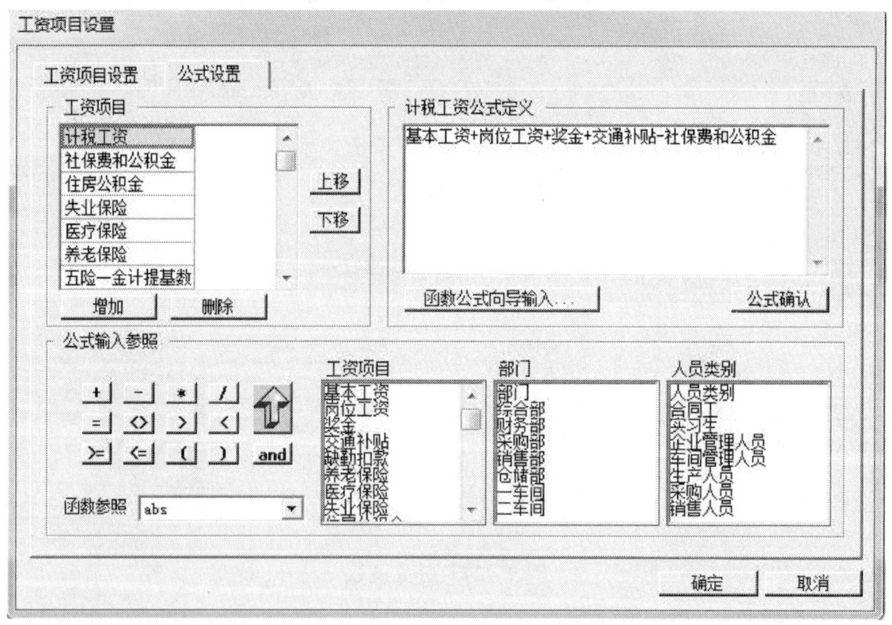

图 5－26　计算公式

七、扣税依据设置

企业计算职工工资薪金个人所得税的工作量较大，系统提供的个人所得税自动计算功能减轻了企业的负担，提高了工作效率。

【**任务** 5.7】　将“个人所得税”的扣税依据修改为“计税工资”。

操作步骤如下：

1. 打开“薪资管理→设置→选项”菜单窗口，如图 5－27 所示。

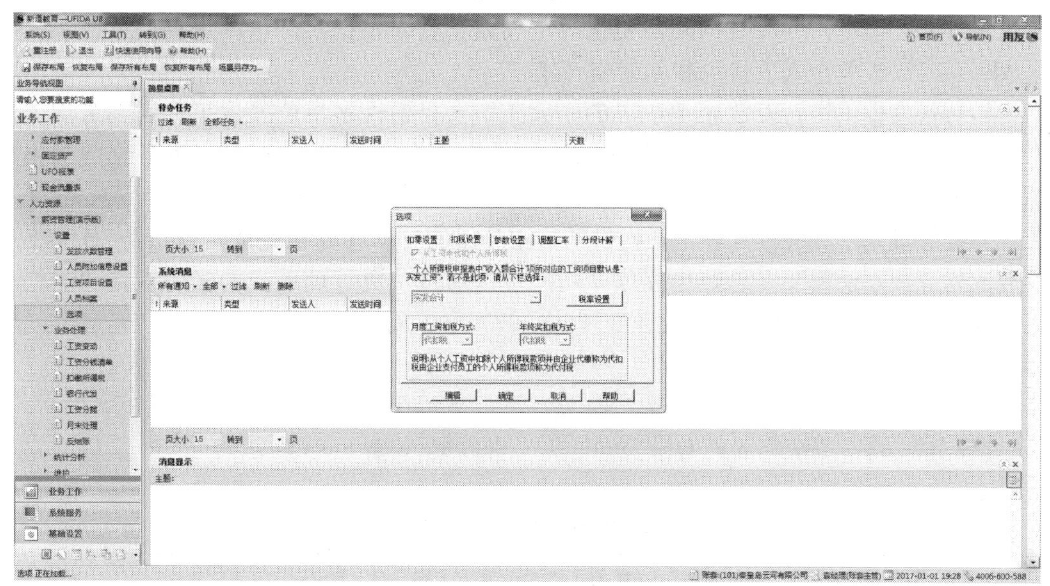

图 5－27　薪资选项

2. 选择“扣税设置”选项卡，单击“编辑”，在“税率设置”左边的下拉栏里选择“计税工资”，单击“确定”退出，如图 5－28 所示。

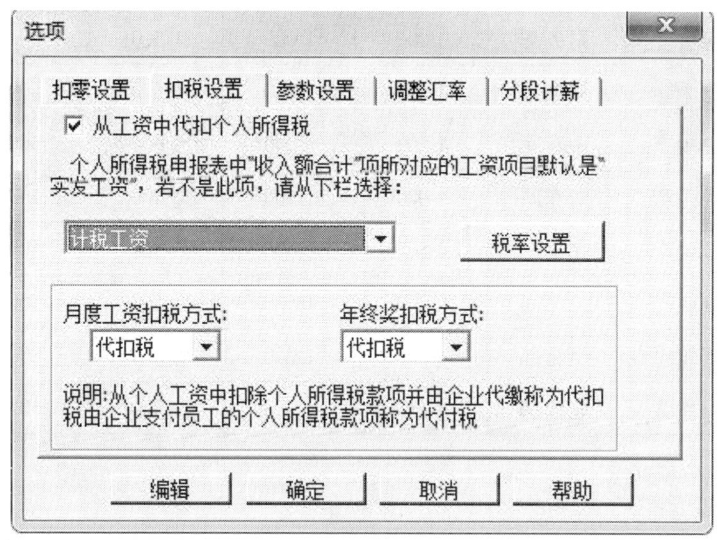

图 5－28　扣税设置

任务三　薪资管理系统日常业务处理

薪资管理系统的日常业务处理主要是对职工工资数据进行计算和调整，并根据这些数据进行工资发放，同时进行填制凭证等账务处理工作。

工资数据可以分为两种:固定数据和变动数据。固定数据一般比较稳定,很少变动,在日常工作中只有在其发生变化的时候才重新进行调整,平时不需要反复输入,常见的有基本工资、岗位工资等;变动数据则需要在每次发放工资时根据实际情况进行调整,例如,奖金、事假天数,以及个人所得税和养老金、保险等。

银行代发即由银行发放企业职工的个人工资。目前许多单位发放工资时都采用工资卡方式,这种做法既减轻了财务部门发放工资的工作强度,有效地避免了财务部门到银行提取大笔款项所承担的风险,又提高了对员工个人工资的保密程度。

薪资管理系统在凭证处理上只提供了费用分摊的自动计算和凭证处理功能,日常工资发放的凭证处理还需要在总账中完成。用户可以通过工资管理系统的账表查询功能汇总工资发放数据,在总账系统中按凭证处理的一般程序生成凭证。

一、录入并计算工资

【**任务**5.8】 秦皇岛云河有限公司职工工资数据,如表5-4所示。

表5-4 秦皇岛云河有限公司职工工资数据

人员编号	姓名	行政部门	基本工资	岗位工资	奖金	交通补贴	缺勤天数
0101	袁经理	综合部	5 000	2 000	2 000	500	
0201	张主管	财务部	3 500	1 000	1 500	500	
0202	李出纳	财务部	2 500	500	1 000	500	
0203	王会计	财务部	3 000	1 000	1 500	500	
0301	赵采购	采购部	4 000	1 000	1 500	500	1
0401	孙生产	一车间	4 500	2 000	2 000	500	
0402	徐生产	一车间	4 000	1 500	1 500	500	
0403	周生产	二车间	4 500	2 000	2 000	500	
0404	郑生产	二车间	4 000	1 500	1 500	500	
0501	杨销售	销售部	4 500	1 000	2 000	800	
0601	马库管	仓储部	3 500	1 000	1 500	500	1

操作步骤如下:

以"0203 王会计"的身份,操作日期2017年1月31日注册登录企业应用平台,执行"薪资管理→业务处理→工资变动"命令,进入"工资变动"窗口。根据表5-4的内容分别录入"基本工资""岗位工资""奖金"等工资项目数据。单击"计算"按钮,单击"汇总"按钮,计算全部工资项目内容。如图5-29所示。

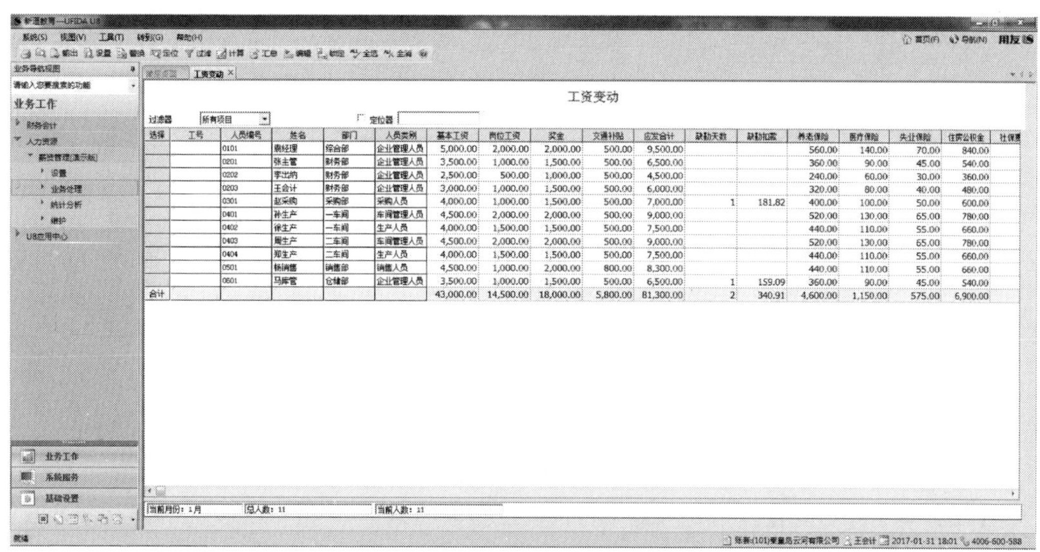

图 5－29　工资变动基本数据

二、编辑工资数据

【任务 5.9】　经过人力资源部考核和袁经理批准，1 月份对财务部每人增加奖金 500 元。

操作步骤如下：

在“工资变动”窗口，点击“选择”财务部的人员，单击“替换”按钮，打开“工资项数据替换”对话框，选择将工资项目“奖金”替换成“奖金＋500”，如图 5－30 所示。单击“确定”返回，系统弹出“数据替换后将不可恢复，是否继续?”后单击“是”按钮，系统继续提示“3 条记录被替换，是否重新计算?”单击“是”按钮返回，如图 5－31 所示。

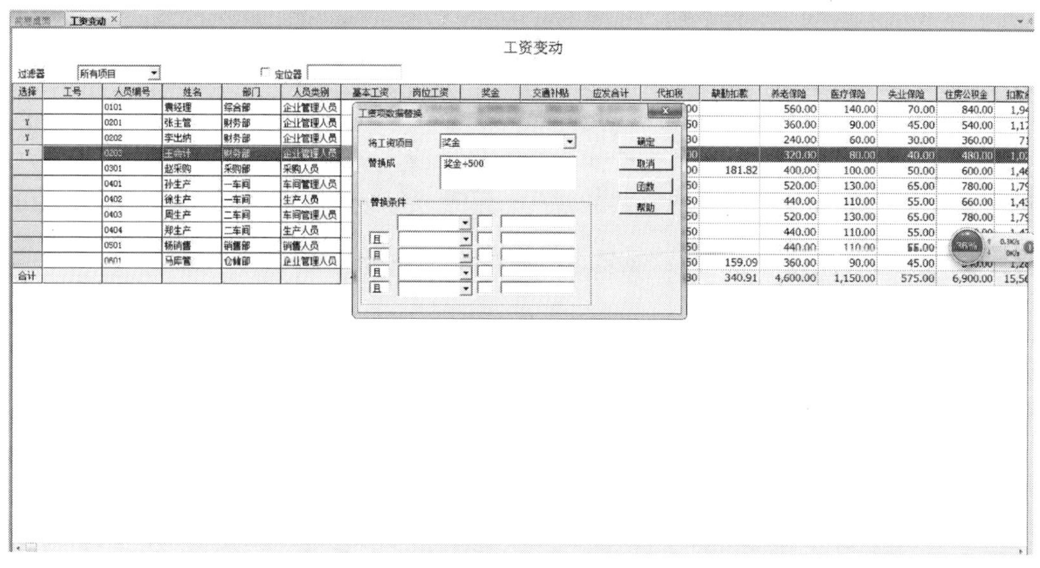

图 5－30　编辑工资数据

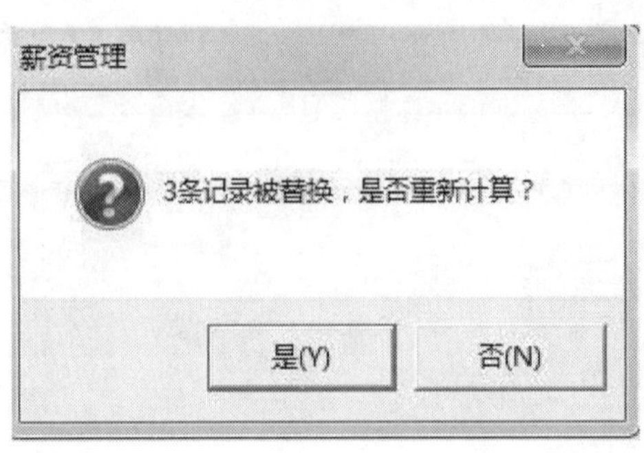

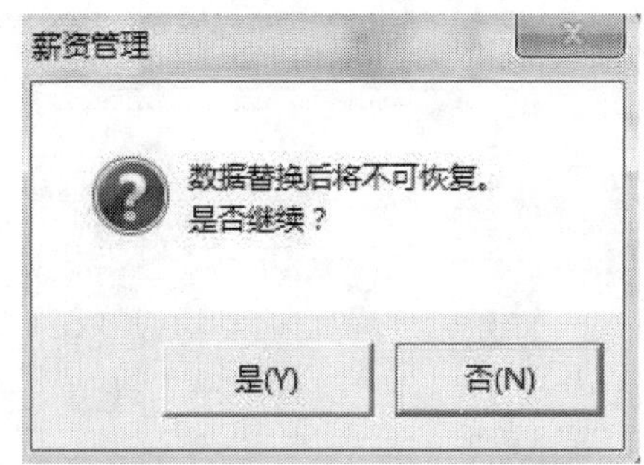

图 5－31　确认编辑工资数据

三、银行代发格式设置

【任务 5.10】 设置公司 1 月份银行代发工资表格式。

操作步骤如下：

1. 执行“业务处理→银行代发”命令，选择所有部门，打开“银行文件格式设置”对话框，下拉“银行模板”三角按钮，选择“中国工商银行”，单击“确定”按钮，系统弹出“确认设置的银行文件格式？”信息提示框，如图 5－32 所示。

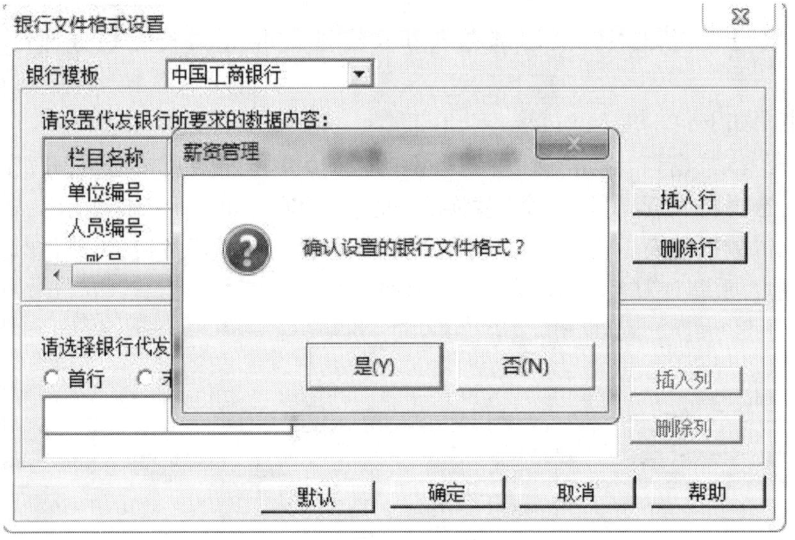

图 5－32　银行文件格式

2. 单击“是”按钮，进入“银行代发一览表”窗口，如图 5－33 所示。

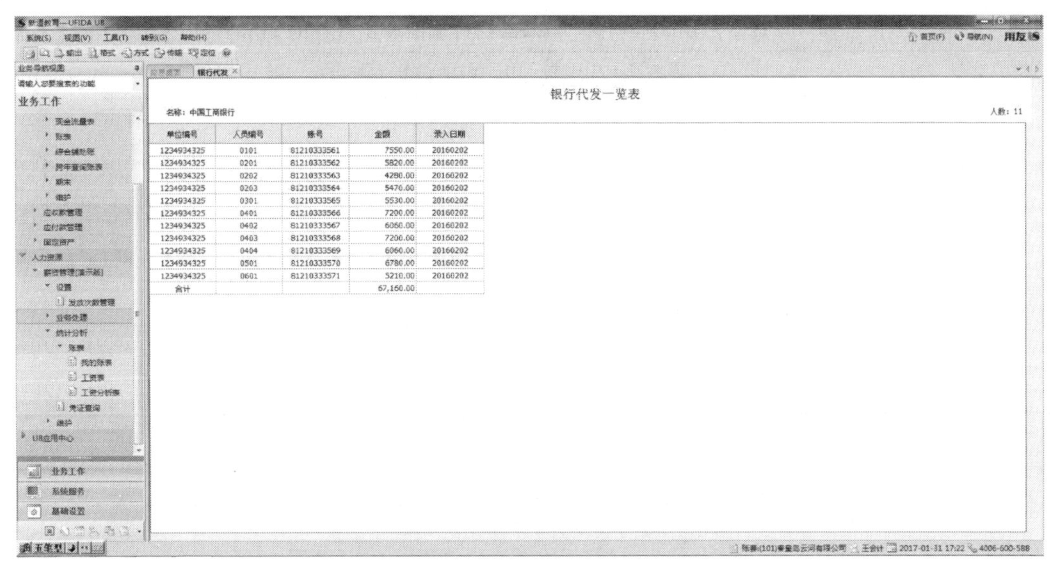

图5-33　银行代发一览表

四、工资分摊设置

一个月的工资计算并发放完后，还需要对工资总额按照工资的用途进行分摊以及各项经费的计提。第一次使用工资分摊功能，需对工资总额及计提基数进行设置，以后其他月份到月末时可直接进行工资分摊。

秦皇岛云河有限公司规定，单位的工会经费、职工教育经费、五险一金都按"五险一金计提基数"计提；职工个人负担的养老保险、医疗保险、失业保险、住房公积金计提比例分别为8%，2%，1%，12%。

温馨提示：不同部门、相同的人员类别在设置时，可以一次选择多个部门，也可以分开，设置不同的分摊科目。

【任务5.11】　见表5-5至表5-13。

表5-5　计提和分配本月职工工资

分摊构成设置（计提比例100%）				
部门名称	人员类别	项目	借方科目	贷方科目
综合部、财务部、仓储部	企业管理人员	应发合计	管理费用—工资	应付职工薪酬—工资
采购部	采购人员	应发合计	管理费用—工资	应付职工薪酬—工资
销售部	销售人员	应发合计	销售费用—工资	应付职工薪酬—工资
一车间、二车间	车间管理人员	应发合计	制造费用—工资	应付职工薪酬—工资
一车间	生产人员	应发合计	生产成本—直接人工—P1	应付职工薪酬—工资
二车间	生产人员	应发合计	生产成本—直接人工—P2	应付职工薪酬—工资

表 5－6　计提本月职工福利费（职工福利费按照应发合计的 14%计提）

分摊构成设置（计提比例 14%）				
部门名称	人员类别	项目	借方科目	贷方科目
综合部、财务部、仓储部	企业管理人员	应发合计	管理费用—福利费	应付职工薪酬—职工福利费
采购部	采购人员	应发合计	管理费用—福利费	应付职工薪酬—职工福利费
销售部	销售人员	应发合计	销售费用—福利费	应付职工薪酬—职工福利费
一车间、二车间	车间管理人员	应发合计	制造费用—工资	应付职工薪酬—职工福利费
一车间	生产人员	应发合计	生产成本—直接人工—P1	应付职工薪酬—职工福利费
二车间	生产人员	应发合计	生产成本—直接人工—P2	应付职工薪酬—职工福利费

表 5－7　计提工会经费

分摊构成设置（计提比例 2%）				
部门名称	人员类别	项目	借方科目	贷方科目
综合部、财务部、仓储部	企业管理人员	五险一金计提基数	管理费用—工资	应付职工薪酬—工会经费
采购部	采购人员	五险一金计提基数	管理费用—工资	应付职工薪酬—工会经费
销售部	销售人员	五险一金计提基数	销售费用—工资	应付职工薪酬—工会经费
一车间、二车间	车间管理人员	五险一金计提基数	制造费用—工资	应付职工薪酬—工会经费
一车间	生产人员	五险一金计提基数	生产成本—直接人工—P1	应付职工薪酬—工会经费
二车间	生产人员	五险一金计提基数	生产成本—直接人工—P2	应付职工薪酬—工会经费

表 5－8　计提职工教育经费

分摊构成设置（计提比例 2.5%）				
部门名称	人员类别	项目	借方科目	贷方科目
综合部、财务部、仓储部	企业管理人员	五险一金计提基数	管理费用—工资	应付职工薪酬—职工教育经费
采购部	采购人员	五险一金计提基数	管理费用—工资	应付职工薪酬—职工教育经费
销售部	销售人员	五险一金计提基数	销售费用—工资	应付职工薪酬—职工教育经费
一车间、二车间	车间管理人员	五险一金计提基数	制造费用—工资	应付职工薪酬—职工教育经费
一车间	生产人员	五险一金计提基数	生产成本—直接人工—P1	应付职工薪酬—职工教育经费
二车间	生产人员	五险一金计提基数	生产成本—直接人工—P2	应付职工薪酬—职工教育经费

表 5 - 9　计提单位承担的社会保险

分摊构成设置(计提比例 30%)				
部门名称	人员类别	项目	借方科目	贷方科目
综合部、财务部、仓储部	企业管理人员	五险一金计提基数	管理费用—工资	应付职工薪酬—社会保险费
采购部	采购人员	五险一金计提基数	管理费用—工资	应付职工薪酬—社会保险费
销售部	销售人员	五险一金计提基数	销售费用—工资	应付职工薪酬—社会保险费
一车间、二车间	车间管理人员	五险一金计提基数	制造费用—工资	应付职工薪酬—社会保险费
一车间	生产人员	五险一金计提基数	生产成本—直接人工—P1	应付职工薪酬—社会保险费
二车间	生产人员	五险一金计提基数	生产成本—直接人工—P2	应付职工薪酬—社会保险费

表 5 - 10　计提单位承担的住房公积金

分摊构成设置(计提比例 12%)				
部门名称	人员类别	项目	借方科目	贷方科目
综合部、财务部、仓储部	企业管理人员	五险一金计提基数	管理费用—工资	应付职工薪酬—住房公积金
采购部	采购人员	五险一金计提基数	管理费用—工资	应付职工薪酬—住房公积金
销售部	销售人员	五险一金计提基数	销售费用—工资	应付职工薪酬—住房公积金
一车间、二车间	车间管理人员	五险一金计提基数	制造费用—工资	应付职工薪酬—住房公积金
一车间	生产人员	五险一金计提基数	生产成本—直接人工—P1	应付职工薪酬—住房公积金
二车间	生产人员	五险一金计提基数	生产成本—直接人工—P2	应付职工薪酬—住房公积金

表 5-11 结转代扣个人承担的社会保险

分摊构成设置(计提比例 11%)				
部门名称	人员类别	项目	借方科目	贷方科目
综合部、财务部、仓储部	企业管理人员	五险一金计提基数	应付职工薪酬—工资	其他应付款—应付社会保险费
采购部	采购人员	五险一金计提基数		
销售部	销售人员	五险一金计提基数		
一车间、二车间	车间管理人员	五险一金计提基数		
一车间	生产人员	五险一金计提基数		
二车间	生产人员	五险一金计提基数		

表 5-12 结转代扣个人承担的住房公积金

分摊构成设置(计提比例 12%)				
部门名称	人员类别	项目	借方科目	贷方科目
综合部、财务部、仓储部	企业管理人员	五险一金计提基数	应付职工薪酬—工资	其他应付款—应付住房公积金
采购部	采购人员	五险一金计提基数		
销售部	销售人员	五险一金计提基数		
一车间、二车间	车间管理人员	五险一金计提基数		
一车间	生产人员	五险一金计提基数		
二车间	生产人员	五险一金计提基数		

表 5-13 结转代扣个人所得税

分摊构成设置(计提比例 100%)				
部门名称	人员类别	项目	借方科目	贷方科目
综合部、财务部、仓储部	企业管理人员	扣税合计	应付职工薪酬—工资	应交税费—应交个人所得税
采购部	采购人员	扣税合计	应付职工薪酬—工资	
销售部	销售人员	扣税合计	应付职工薪酬—工资	
一车间、二车间	车间管理人员	扣税合计	应付职工薪酬—工资	
一车间	生产人员	扣税合计	应付职工薪酬—工资	
二车间	生产人员	扣税合计	应付职工薪酬—工资	

操作步骤如下:

1. 执行“业务处理→工资分摊”命令,打开“工资分摊”对话框,如图 5-34 所示。

2. 单击“工资分摊设置”按钮,打开“分摊类型设置”对话框,单击“增加”按钮,打开“分摊计提比例设置”对话框,在“计提类型名称”栏录入“计提和分配本月职工工资”,分摊计提比例 100%,如图 5-35 所示。

3. 单击“下一步”按钮,打开“分摊构成设置”对话框。在“分摊构成设置”对话框中,分别选择分摊构成的各个项目内容,如图 5-36 所示。

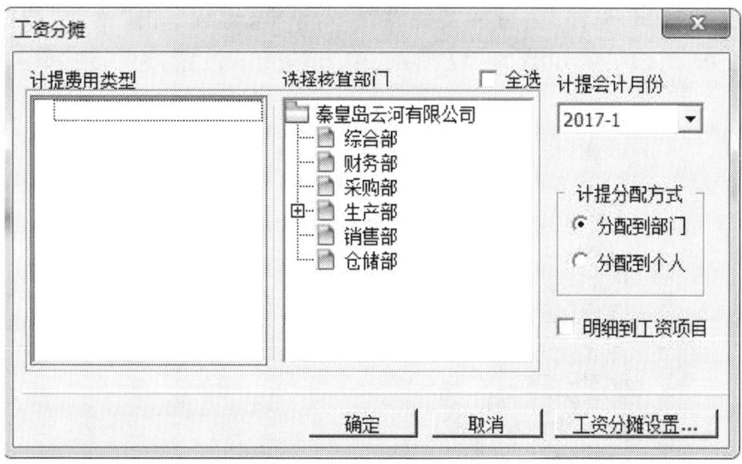

图 5－34　工资分摊

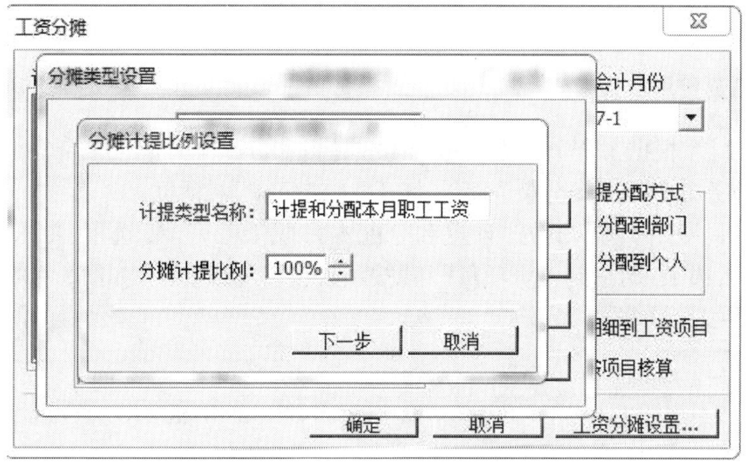

图 5－35　分摊计提比例设置

分摊构成设置

部门名称	人员类别	工资项目	借方科目	借方项目大类	借方项目	贷方科目	贷方项目大类
综合部,财务部,…	企业管理人员	应发合计	660201			221101	
一车间,二车间	车间管理人员	应发合计	510102			221101	
一车间	生产人员	应发合计	50010102	产品成本核算	P1	221101	
二车间	生产人员	应发合计	50010102	产品成本核算	P2	221101	
采购部	采购人员	应发合计	660201			221101	
销售部	销售人员	应发合计	660104			221101	

上一步　完成　取消

图 5－36　分摊构成设置

4. 单击“完成”按钮，返回到“分摊类型设置”对话框，继续单击“增加”按钮，设置表5-6至表5-13任务，增加结果如图5-37所示，单击“完成”按钮，返回到“分摊构成设置”对话框。

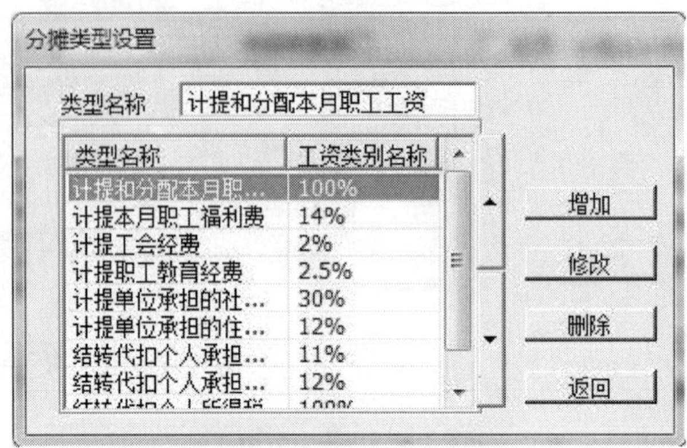

图5-37　分摊类型设置

五、分摊工资费用

【任务5.12】　根据工资分摊设置项目生成计提和分配本月职工工资等记账凭证。

1. 执行“业务处理→工资分摊”命令，打开“工资分摊”对话框。

2. 选中“计提费用类型”下的“计提和分配本月职工工资”复选框，单击“选择核算部门”下所有部门，选中“明细到工资项目”和“按项目核算”复选框。如图5-38所示。

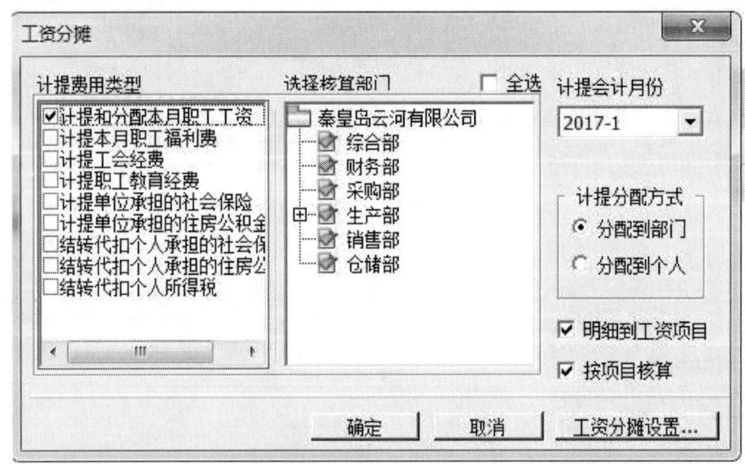

图5-38　工资分摊

3. 单击“确定”按钮，进入“计提和分配本月职工工资一览表”窗口，选中“合并科目相同、辅助项相同的分录”前的复选框，如图5-39所示。

4. 单击“制单”按钮，选择凭证类别为“转账凭证”，单击“保存”按钮，如图5-40所示。

同理，生成计提本月职工福利费等共8张凭证，如图5-41至图5-48所示。

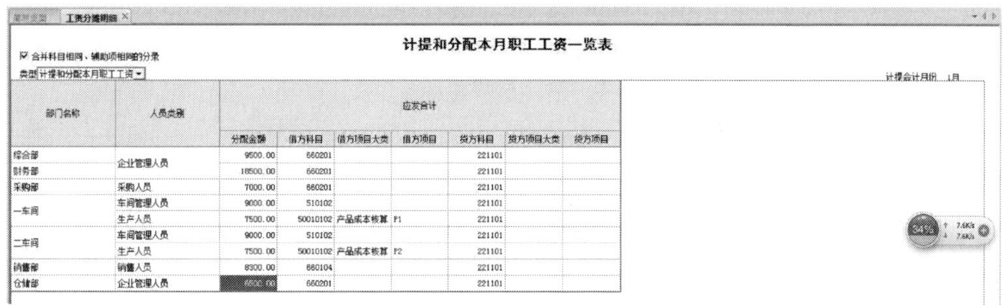

计提和分配本月职工工资一览表

☑ 合并科目相同、辅助项相同的分录

类型 计提和分配本月职工工资

计提会计月份 1月

部门名称	人员类别	应发合计						
		分配金额	借方科目	借方项目大类	借方项目	贷方科目	贷方项目大类	贷方项目
综合部	企业管理人员	9500.00	660201			221101		
财务部		18500.00	660201			221101		
采购部	采购人员	7000.00	660201			221101		
一车间	车间管理人员	9000.00	510102			221101		
	生产人员	7500.00	50010102	产品成本核算	F1	221101		
二车间	车间管理人员	9000.00	510102			221101		
	生产人员	7500.00	50010102	产品成本核算	F2	221101		
销售部	销售人员	8300.00	660104			221101		
仓储部	企业管理人员	6500.00	660201			221101		

图 5－39　计提和分配本月职工工资一览表

图 5－40　计提和分配本月职工工资

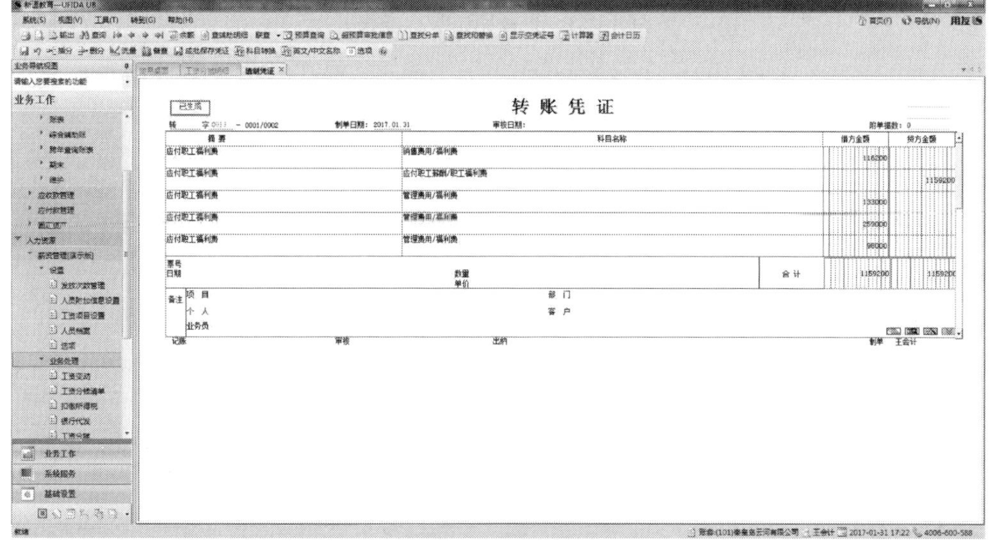

图 5－41　计提职工福利费

图 5－42　计提工会经费

图 5－43　计提职工教育经费

图 5－44　计提单位承担的社会保险

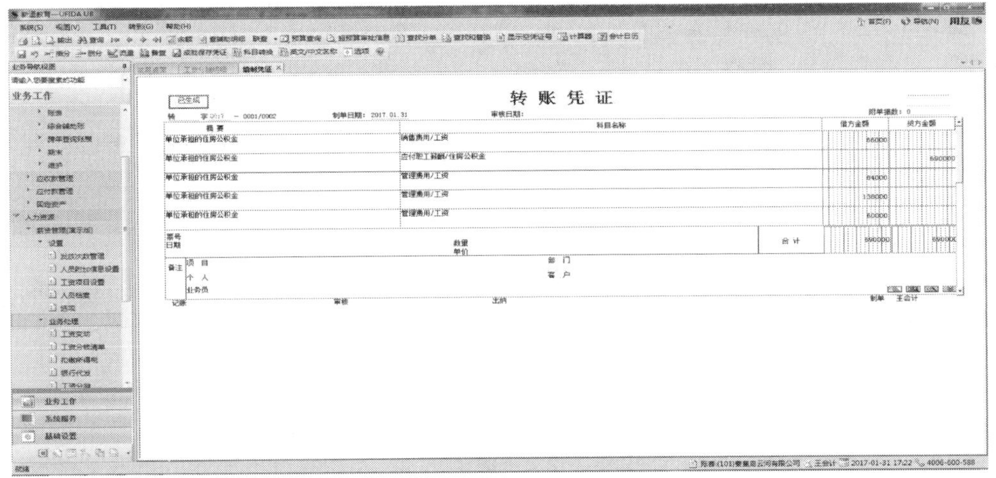

图 5－45　计提单位承担的住房公积金

图 5－46　计提个人承担的社会保险

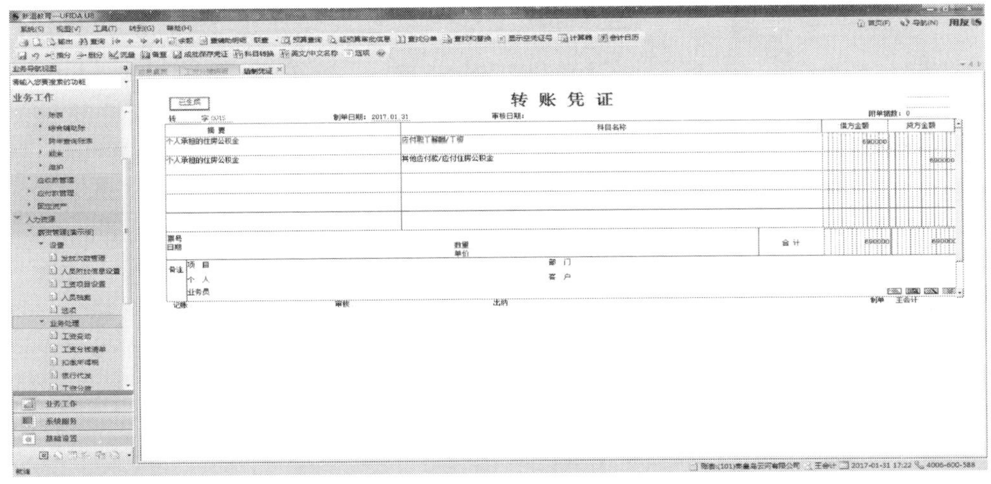

图 5－47　计提个人承担的住房公积金

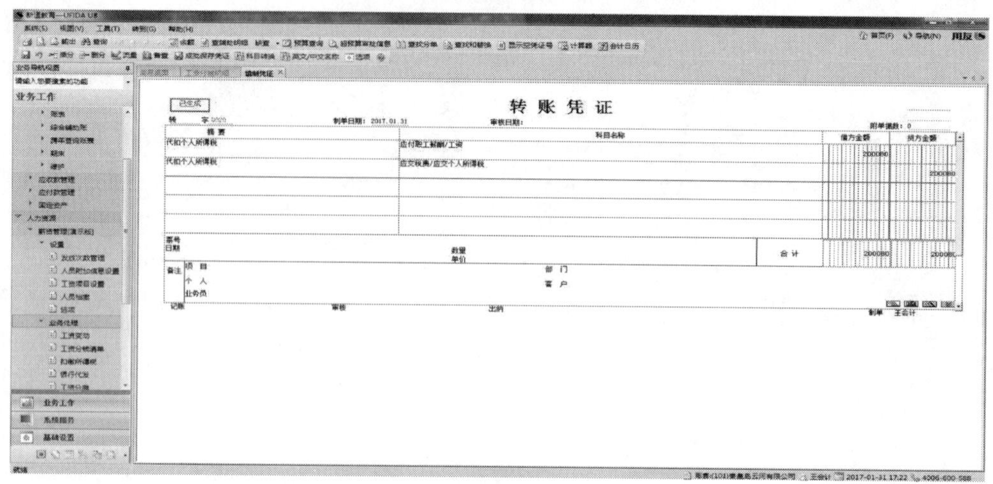

图 5－48　计提代扣的个人所得税

温馨提示：薪资系统形成的凭证一经保存即传到总账系统中，在总账系统凭证中审核记账。如需修改，在总账系统凭证中取消记账、取消审核，再到薪资管理系统统计分析凭证查询中修改、保存。

任务四　薪资管理系统期末处理

一、各种账表查询

【任务5.13**】**　查询个人所得税申报表、工资表。

1. 查询个人所得税申报表

操作步骤如下：

(1) 执行“薪资管理→业务处理→扣缴所得税”命令，弹出“个人所得税申报模板”对话框，选择“扣缴个人所得税报表”，如图 5－49 所示。

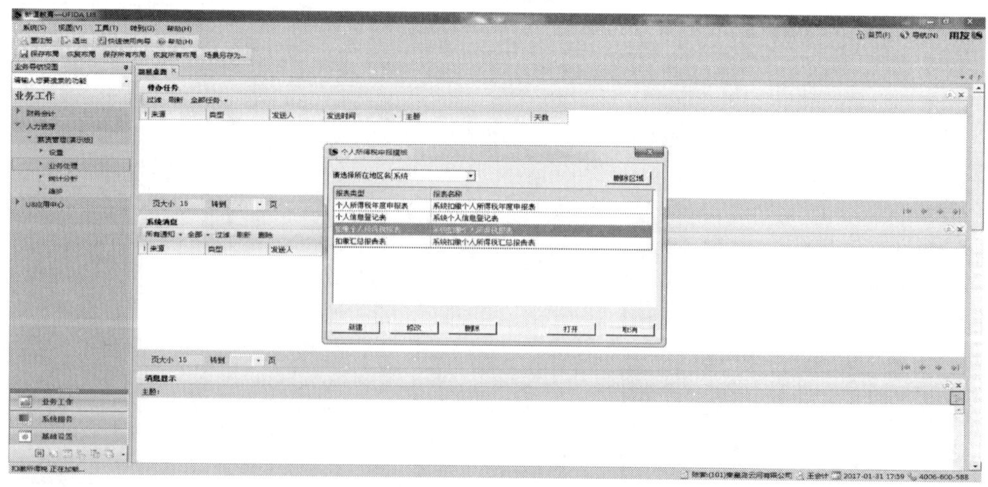

图 5－49　个人所得税申报模板

(2)单击“打开”按钮,弹出“所得税申报”对话框,如图5－50所示。

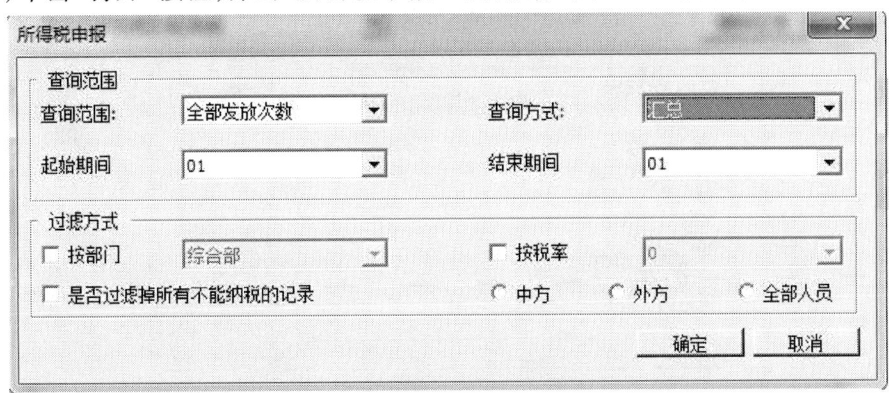

图5－50　所得税申报

(3)无须修改,单击“确定”按钮,弹出“系统扣缴个人所得税报表”对话框,如图5－51所示。

系统扣缴个人所得税报表

2017年1月－2017年1月

总人数：11

序号	纳税义务…	身份证照…	身份证号码	国家与地区	职业编码	所得项目	所得期间	收入额	免税收入额	允许扣除…	费用扣除…	准予扣除…	应纳税所…	税率	应扣税额	已扣税额	备注
1	袁经理	身份证					1	9500.00			3500.00		4390.00	10	334.00	334.00	
2	张主管	身份证					1	7000.00			3500.00		2465.00	10	141.50	141.50	
3	李出纳	身份证					1	5000.00			3500.00		810.00	3	24.30	24.30	
4	王会计	身份证					1	6500.00			3500.00		2080.00	10	103.00	103.00	
5	赵采购	身份证					1	7000.00			3500.00		2350.00	10	130.00	130.00	
6	孙生产	身份证					1	9000.00			3500.00		4005.00	10	295.50	295.50	
7	徐生产	身份证					1	7500.00			3500.00		2735.00	10	168.50	168.50	
8	周生产	身份证					1	9000.00			3500.00		4005.00	10	295.50	295.50	
9	郑生产	身份证					1	7500.00			3500.00		2735.00	10	168.50	168.50	
10	杨销售	身份证					1	8300.00			3500.00		3535.00	10	248.50	248.50	
11	马库管	身份证					1	6500.00			3500.00		1965.00	10	91.50	91.50	
合计								82800.00			38500.00		31075.00		2000.80	2000.80	

图5－51　系统扣缴个人所得税报表

2. 查询工资表

(1)执行“统计分析→账表→工资表”命令,打开“工资表”对话框。单击选中“工资发放条”,如图5－52所示。

(2)单击“查看”按钮,打开“工资发放条”对话框,单击选中所有部门,并单击“选定下级部门”前的复选框,如图5－53所示。

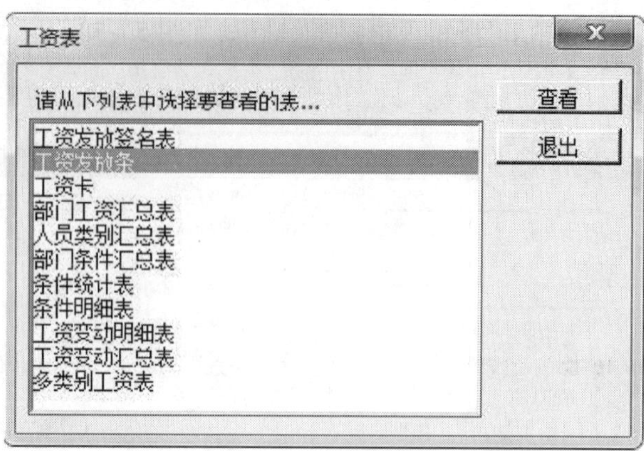

图 5 – 52　工资表

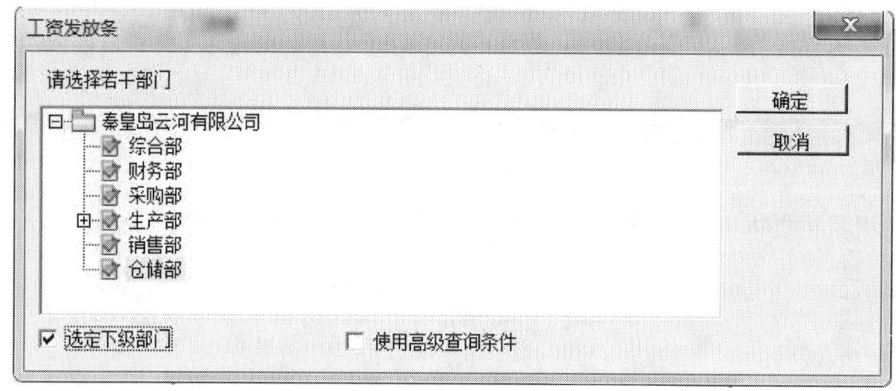

图 5 – 53　选定下级部门

(3)单击“确定”按钮,进入“工资发放条”窗口,如图 5 – 54 所示。

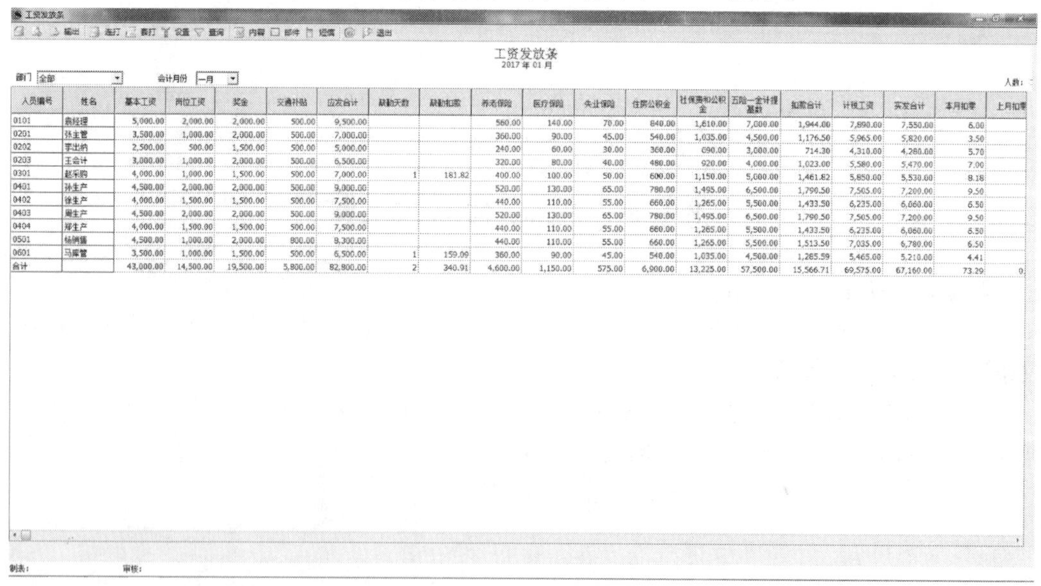

工资发放条
2017 年 01 月

部门 全部　会计月份 一月　人数:

人员编号	姓名	基本工资	岗位工资	奖金	交通补贴	应发合计	缺勤天数	缺勤扣款	养老保险
0101	袁经理	5,000.00	2,000.00	2,000.00	500.00	9,500.00			560.00
0201	张主管	3,500.00	1,000.00	2,000.00	500.00	7,000.00			360.00
0202	李出纳	2,500.00	500.00	1,500.00	500.00	5,000.00			240.00
0203	王会计	3,000.00	1,000.00	2,000.00	500.00	6,500.00			320.00
0301	赵采购	4,000.00	1,000.00	1,500.00	500.00	7,000.00	1	181.82	400.00
0401	孙生产	4,500.00	2,000.00	2,000.00	500.00	9,000.00			520.00
0402	徐生产	4,000.00	1,500.00	1,500.00	500.00	7,500.00			440.00
0403	周生产	4,500.00	2,000.00	2,000.00	500.00	9,000.00			520.00
0404	郑生产	4,000.00	1,500.00	1,500.00	500.00	7,500.00			440.00
0501	杨销售	4,500.00	1,000.00	2,000.00	800.00	8,300.00			440.00
0601	马库管	3,500.00	1,000.00	1,500.00	500.00	6,500.00	1	159.09	360.00
合计		43,000.00	14,500.00	19,500.00	5,800.00	82,800.00	2	340.91	4,600.00

人员编号	医疗保险	失业保险	住房公积金	社保费和公积金	五险一金计提基数	扣款合计	计税工资	实发合计	本月扣零	上月扣零
0101	140.00	70.00	840.00	1,610.00	7,000.00	1,944.00	7,890.00	7,550.00	6.00	
0201	90.00	45.00	540.00	1,035.00	4,500.00	1,176.50	5,965.00	5,820.00	3.50	
0202	60.00	30.00	360.00	690.00	3,000.00	714.30	4,310.00	4,280.00	5.70	
0203	80.00	40.00	480.00	920.00	4,000.00	1,023.00	5,580.00	5,470.00	7.00	
0301	100.00	50.00	600.00	1,150.00	5,000.00	1,461.82	5,850.00	5,530.00	8.18	
0401	130.00	65.00	780.00	1,495.00	6,500.00	1,790.50	7,505.00	7,200.00	9.50	
0402	110.00	55.00	660.00	1,265.00	5,500.00	1,433.50	6,235.00	6,060.00	6.50	
0403	130.00	65.00	780.00	1,495.00	6,500.00	1,790.50	7,505.00	7,200.00	9.50	
0404	110.00	55.00	660.00	1,265.00	5,500.00	1,433.50	6,235.00	6,060.00	6.50	
0501	110.00	55.00	660.00	1,265.00	5,500.00	1,513.50	7,035.00	6,780.00	6.50	
0601	90.00	45.00	540.00	1,035.00	4,500.00	1,285.59	5,465.00	5,210.00	4.41	
合计	1,150.00	575.00	6,900.00	13,225.00	57,500.00	15,566.71	69,575.00	67,160.00	73.29	0

制表:　审核:

图 5 – 54　工资发放条

二、期末结账

月末处理是将当月数据经过处理后结转至下月，每月工资数据处理完毕后均可进行月末处理。通过期末结账功能进入下月日常业务处理，已经结账的数据将不能修改。

【任务 5.14】 完成所有本月业务月末结账，将缺勤天数、缺勤扣款清零。

操作步骤如下：

1. 执行“业务处理→月末处理”命令，打开“月末处理”对话框，如图 5－55 所示。

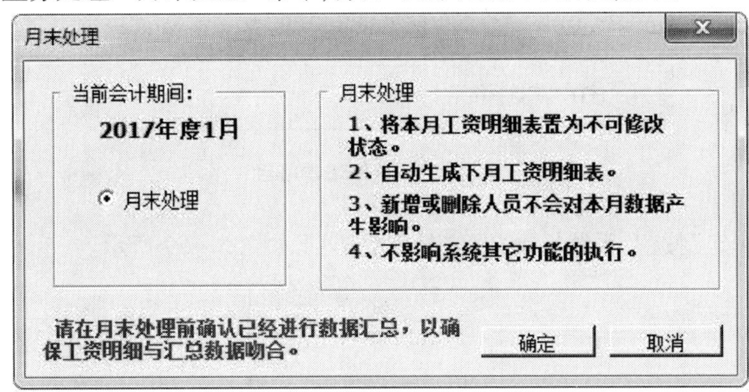

图 5－55　月末处理

2. 单击“确定”按钮，系统提示“月末处理之后，本月工资将不许变动！继续月末处理吗？”如图 5－56 所示。

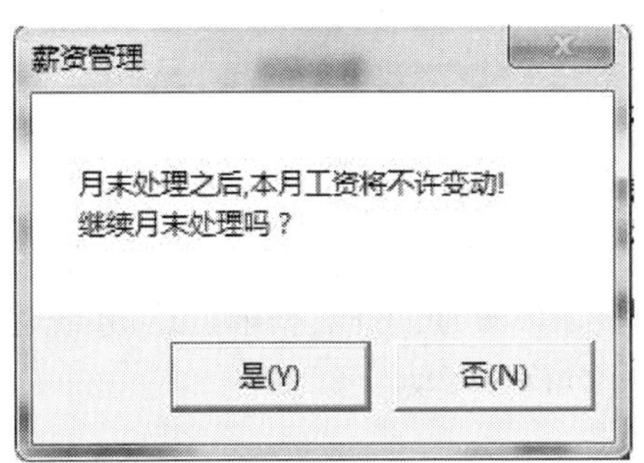

图 5－56　月末处理提示

3. 单击“是”按钮。系统提示“是否选择清零项？”如图 5－57 所示。

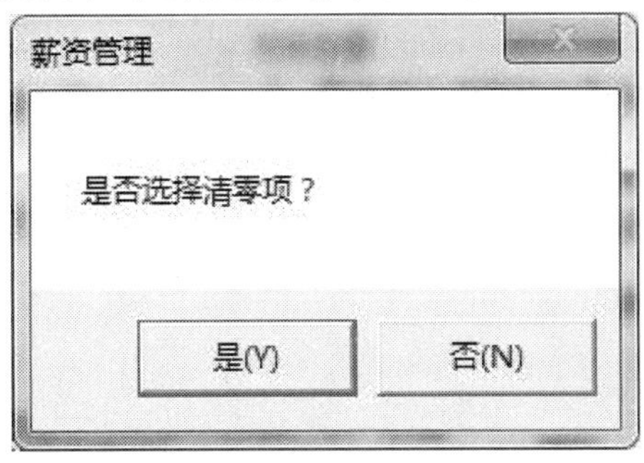

图 5－57　是否选择清零项

4. 单击“是”，从选择清零项目中选择“缺勤天数”和“缺勤扣款”，如图 5－58 所示。

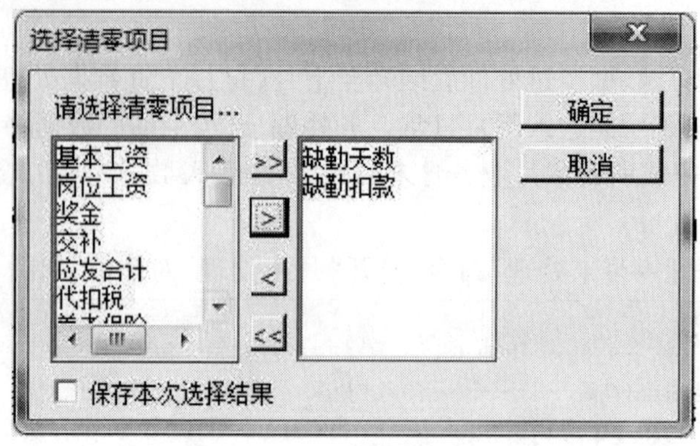

图 5－58　选择清零项目

5. 单击“确定”按钮，系统提示“月末处理完毕！”如图 5－59 所示。

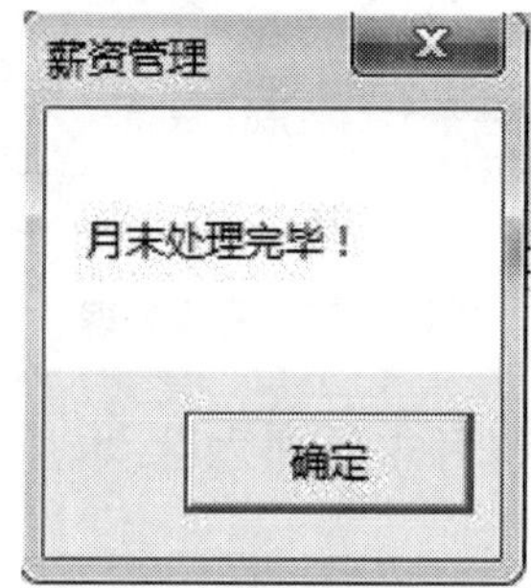

图 5－59　月末处理完毕

温馨提示：

月末处理只有在会计年度的 1 月－11 月进行。如果处理多个工资类别，应分别打开工资类别，分别进行月末处理。如果本月工资数据未汇总，系统将不允许进行月末处理。进行月末处理后，当月数据将不允许再变动。

【**任务** 5.15】　反结账

在进行月末处理后，如果发现还有一些业务或者其他事项要在已进行月末处理的月份进行账务处理，可以由工资类别主管使用反结账功能，取消已结账标记，再进行修改和处理。

温馨提示：

总账系统已结账的情况下不允许反结账。

操作步骤如下：

1. 执行“薪资管理→业务处理→反结账”命令，选择“结账会计期间”，如图 5－60 所示。

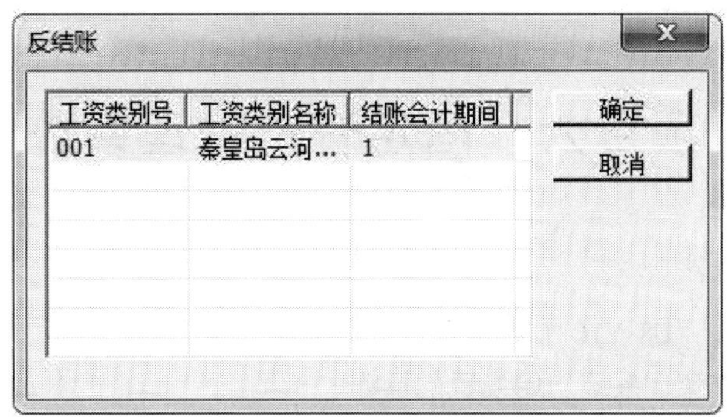

图 5-60 结账会计期间

2. 单击“确定”按钮,如图 5-61 所示。

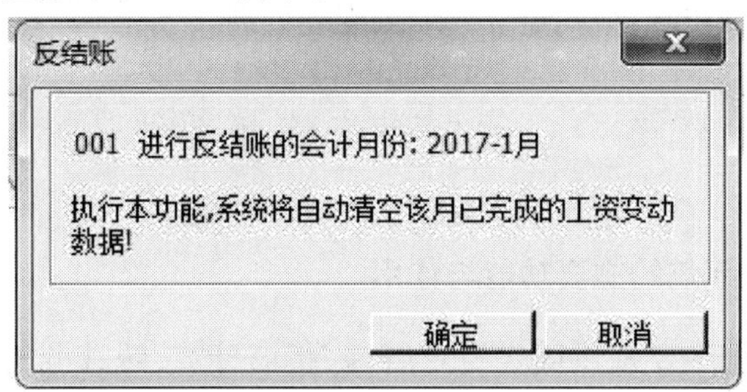

图 5-61 反结账

3. 单击“确定”按钮,弹出信息提示“反结账已成功完成”,如图 5-62 所示,单击“确定”按钮,完成反结账。

图 5-62 反结账已成功完成

项目六　固定资产管理系统

【学习目标】

1. 了解用友 ERP – U8 V10.1 固定资产管理系统的主要功能;
2. 熟悉固定资产管理系统初始设置的操作;
3. 掌握固定资产的日常业务处理;
4. 具备固定资产系统的月末处理能力。

【学习重点与难点】

固定资产管理系统初始化、固定资产增减变动处理。

任务一　固定资产管理系统认知

一、固定资产管理系统的主要功能与作用

固定资产管理系统主要提供固定资产管理、折旧计算、统计分析等功能。其中固定资产管理包括原始设备的管理、新增资产的管理、资产减少的处理、资产变动的管理等;折旧管理包括自动计提折旧形成清单和折旧分配表,按分配表自动制作记账凭证,并传递到总账系统,在对折旧进行分配时可以在单位和部门之间进行分配;通过“我的账表”完成统计分析功能,即对系统所能提供的全部账表进行管理。

二、固定资产管理系统操作流程

固定资产管理系统初始化设置是根据用户单位的具体情况,建立一个适合本单位固定资产管理系统的过程,包括设置控制参数、设置基础信息、录入固定资产原始卡片等。

固定资产的日常处理主要包括固定资产卡片管理、固定资产增减和固定资产的变动管理。

固定资产的期末处理包括计提本月折旧、对账和月末结账。

固定资产管理系统具体操作流程如下:

固定资产管理系统初始化设置(包括资产类别设置、折旧方法设置、部门对应折旧、增减方式设置、卡片样式设置)→ 原始卡片录入(包括资产增加、资产减少、资产变动、资产评估)→ 制单 →计提折旧 → 对账 → 结账。

任务二　固定资产管理系统初始设置

第一次启用固定资产系统时,需要对固定资产系统进行初始化,主要包括设置控制参数、设置基础信息等。

一、初始化账套的参数设置

【任务 6.1】 完成秦皇岛云河有限公司固定资产管理系统账套初始化的参数设置,任

务资料如下：

（1）账套启用月份为“2017.1”；

（2）主要折旧方法：平均年限法（一）；

（3）折旧汇总分配周期为1个月；当（月初已计提月份＝可使用月份－1）时，要求将剩余折旧全部提足；

（4）固定资产类别编码方式为2－1－1－2；固定资产编码方式：按“类别编码＋序号”自动编码，其中“序号”长度为5；

（5）与账务系统进行对账，固定资产对账科目为“1601 固定资产”；累计折旧对账科目为“1602 累计折旧”；勾选在对账不平衡的情况下允许月末结账。

操作步骤如下：

1. 修改系统日期为“2017－01－01”，以操作员“0101 袁经理”身份，操作时间为“2017－01－01”，登录企业应用平台。依次单击“财务会计→固定资产”菜单项，系统弹出“这是第一次打开此账套，还未进行过初始化，是否进行初始化?”信息提示对话框，单击“是”按钮，如图6－1所示。

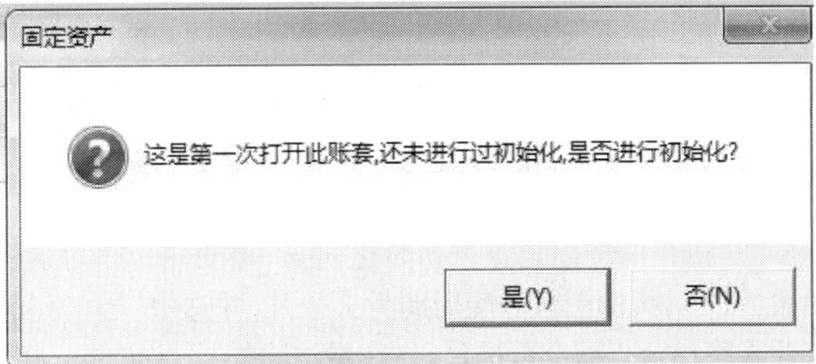

图6－1　启用固定资产管理系统

2. 单击“是”按钮后，打开“固定资产初始化向导—约定及说明”对话框，认真阅读，选择“我同意”后，点击“下一步”按钮，如图6－2所示。

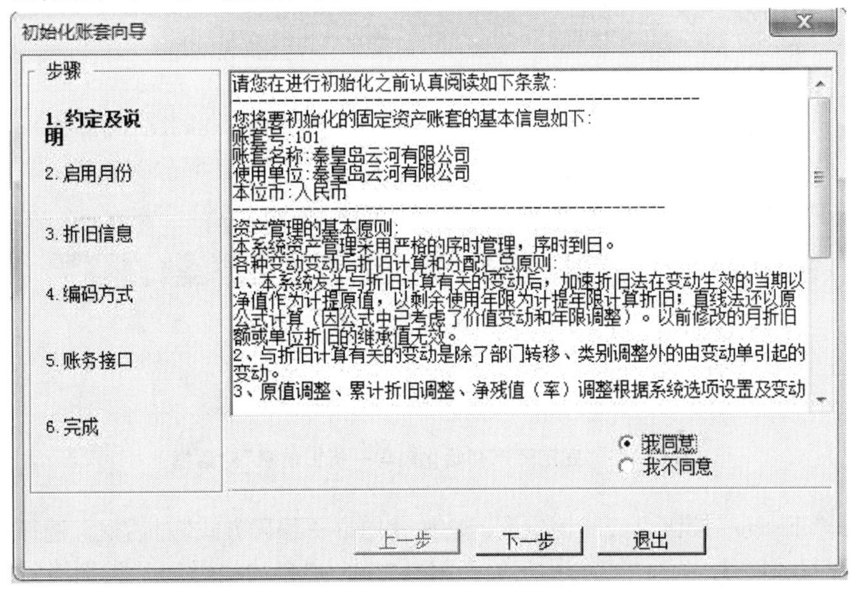

图6－2　“固定资产初始化向导—约定及说明”对话框

3. 打开“固定资产初始化向导—启用月份”对话框，如图 6－3 所示。

初始化账套向导
步骤
1. 约定及说明
2. 启用月份
3. 折旧信息
4. 编码方式
5. 账务接口
6. 完成
账套启用月份
2017.01
说明
在正式使用本系统前，必须将截至到该日期前的所有固定资产资料录入本系统，否则系统将不能正确进行固定资产的各项管理及核算工作。
上一步
下一步
退出

图 6－3 “固定资产初始化向导—启用月份”对话框

4. 单击“下一步”按钮，打开“固定资产初始化向导—折旧信息”对话框，选择主要折旧方法为“平均年限法(一)”，折旧汇总分配周期为 1 个月，并选中“当(月初已计提月份＝可使用月份－1)时，要求将剩余折旧全部提足(工作量法除外)”，如图 6－4 所示。

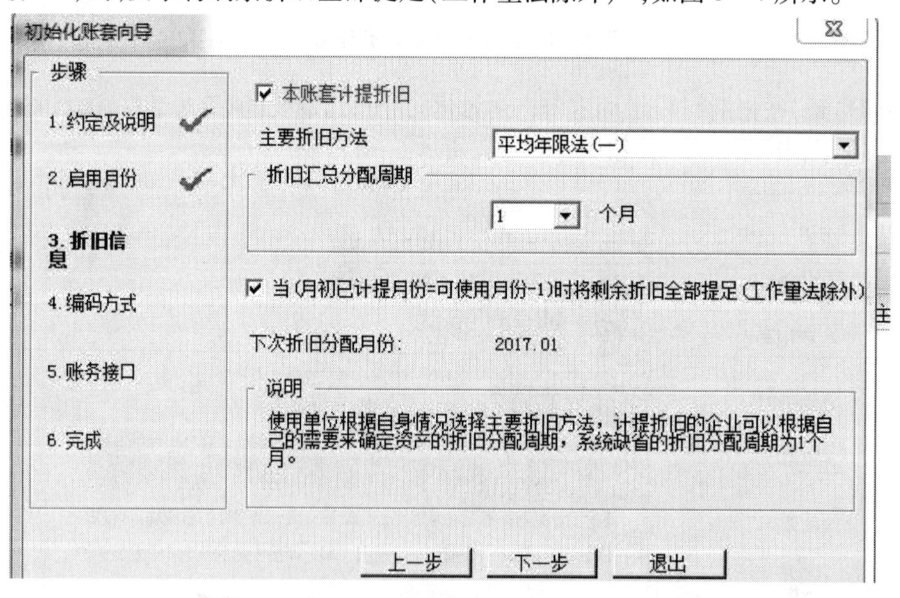

图 6－4 “固定资产初始化向导—折旧信息”对话框

5. 单击“下一步”按钮，打开“固定资产初始化向导—编码方式”对话框。选择资产类别编码方式为“2－1－1－2”，并选择固定资产编码方式为“自动编码”和“类别编码＋序号”，序号长度为“5”，如图 6－5 所示。

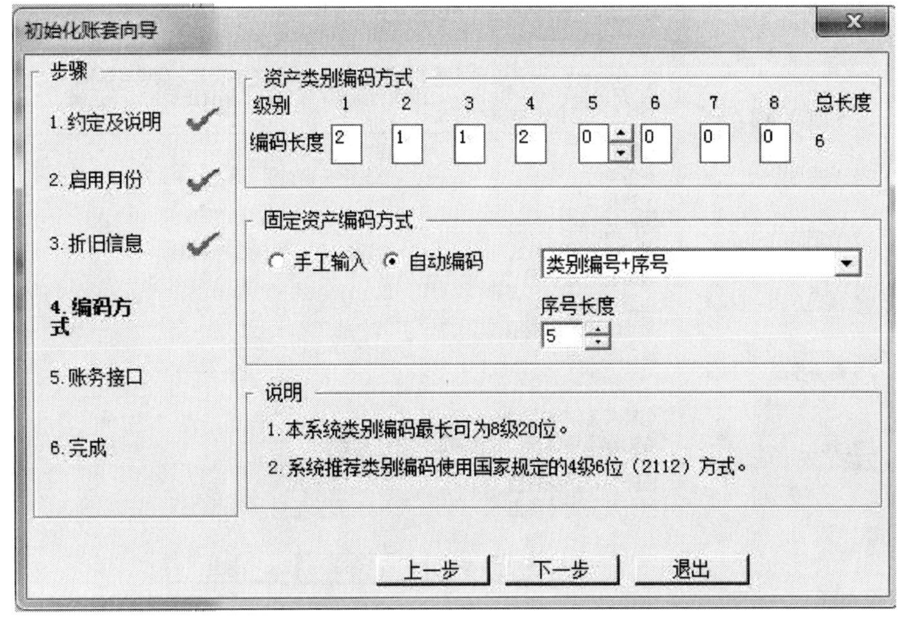

图 6-5 “固定资产初始化向导—编码方式”对话框

6. 单击“下一步”按钮，打开“固定资产初始化向导—财务接口”对话框。

7. 在“固定资产对账科目”栏录入“1601”，在“累计折旧对账科目”栏录入“1602”，并勾选“在对账不平衡的情况下允许月末结账”，如图 6-6 所示。

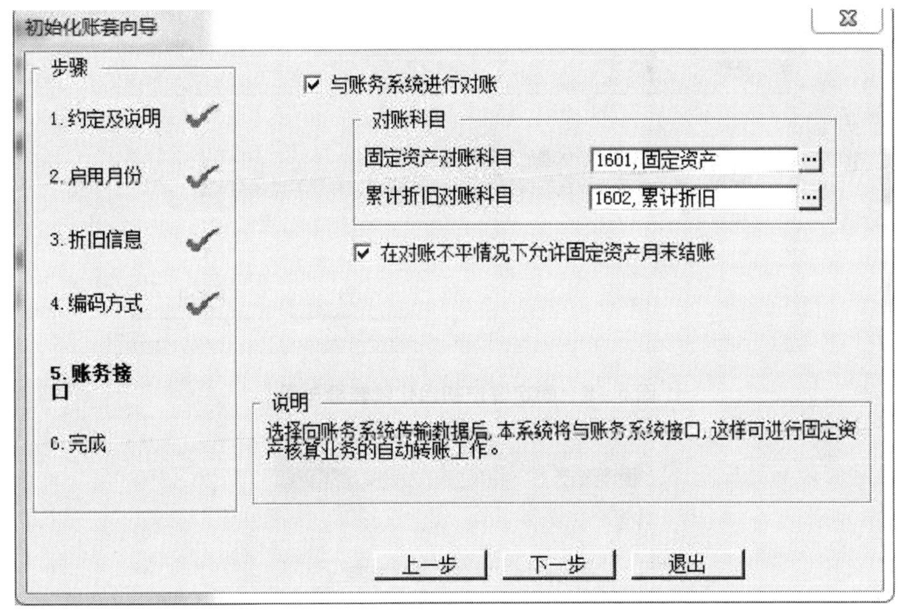

图 6-6 “固定资产初始化向导—财务接口”对话框

8. 单击“下一步”按钮，打开“固定资产初始化向导—完成”对话框，如图 6-7 所示。

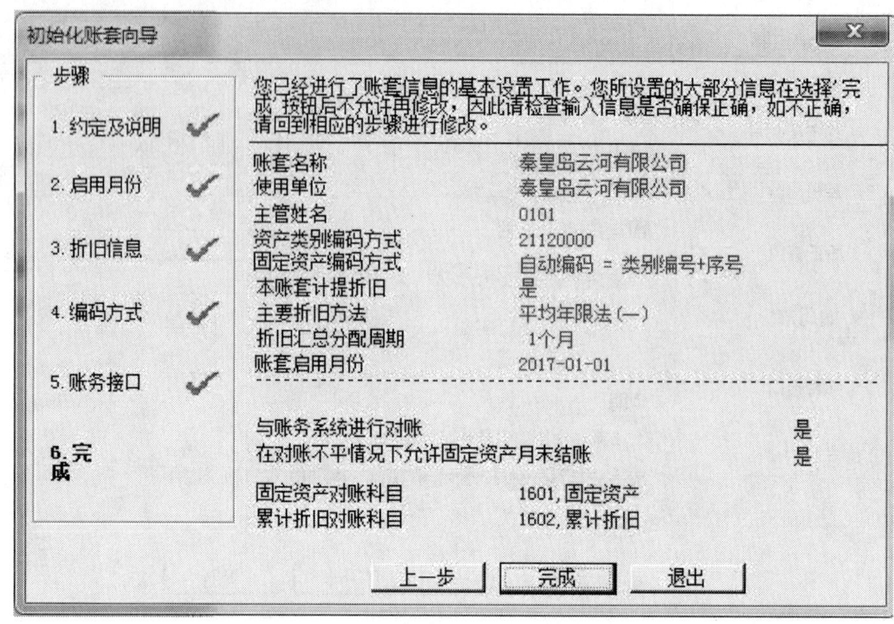

图 6－7 “固定资产初始化向导—完成”对话框

9. 单击“完成”按钮，系统弹出“已经完成了新账套的所有设置工作，是否确定所设置的信息完全正确并保存对新账套的所有设置?”信息提示框，如图 6－8 所示。单击“是”按钮，系统提示“已成功初始化本固定资产账套!”如图 6－9 所示。

10. 单击“确定”按钮，固定资产建账完成。

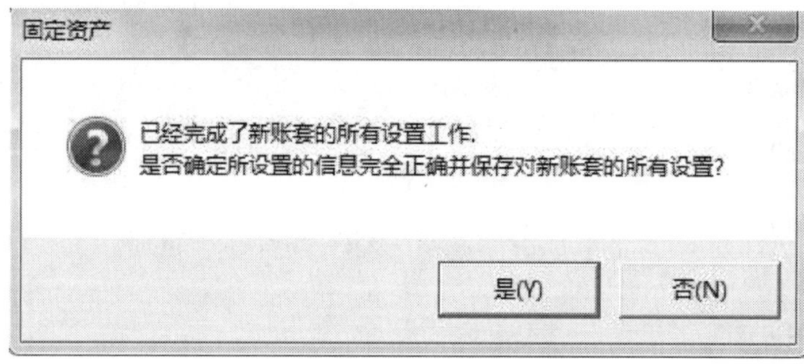

图 6－8 固定资产初始化账套导向图 1

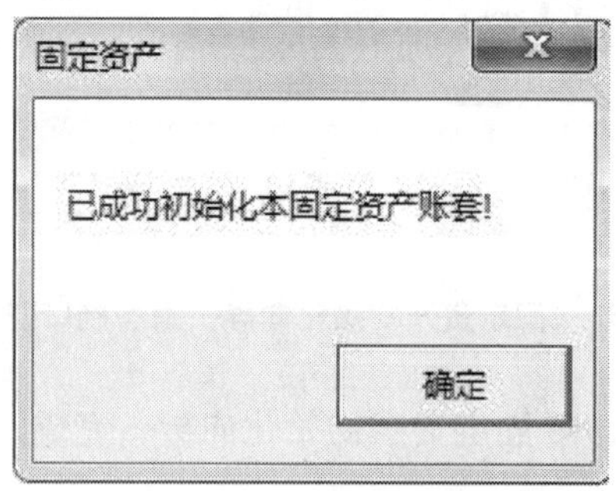

图 6－9 固定资产初始化账套导向图 2

温馨提示：

1. 固定资产的开始使用期间不得大于系统管理中建立该账套的期间。

2. 初始化设置完成后，有些参数不能修改，所以在设置中要细心慎重。如果发现参数有误必须改正，只能执行“维护—重新初始化账套”功能命令，该操作将清空对该子账套所做的设置。

二、设置选项

主要内容包括基本信息、折旧信息、与财务系统接口、编码方式等。

【任务6.2】　完成秦皇岛云河有限公司固定资产选项设置，不选择“业务发生后立即制单”，固定资产缺省入账科目为“固定资产”，累计折旧缺省入账科目为“累计折旧”，减值准备缺省入账科目为“固定资产减值准备”，增值税进项税额缺省入账科目为“应交税费—应交增值税—进项税额”，固定资产清理缺省入账科目为“固定资产清理”。

操作步骤如下：

1. 执行“设置”→“选项”命令，打开“选项”对话框。

2. 单击“编辑”按钮，单击“与财务系统接口”选项卡，取消“业务发生后立即制单”的复选框，选择固定资产缺省入账科目“固定资产(1601)”，累计折旧缺省入账科目“累计折旧(1602)”，减值准备缺省入账科目“固定资产减值准备(1603)”，增值税进项税额缺省入账科目“应交税费—应交增值税—进项税额(22210101)”，固定资产清理缺省入账科目“固定资产清理(1606)”，如图6－10所示。

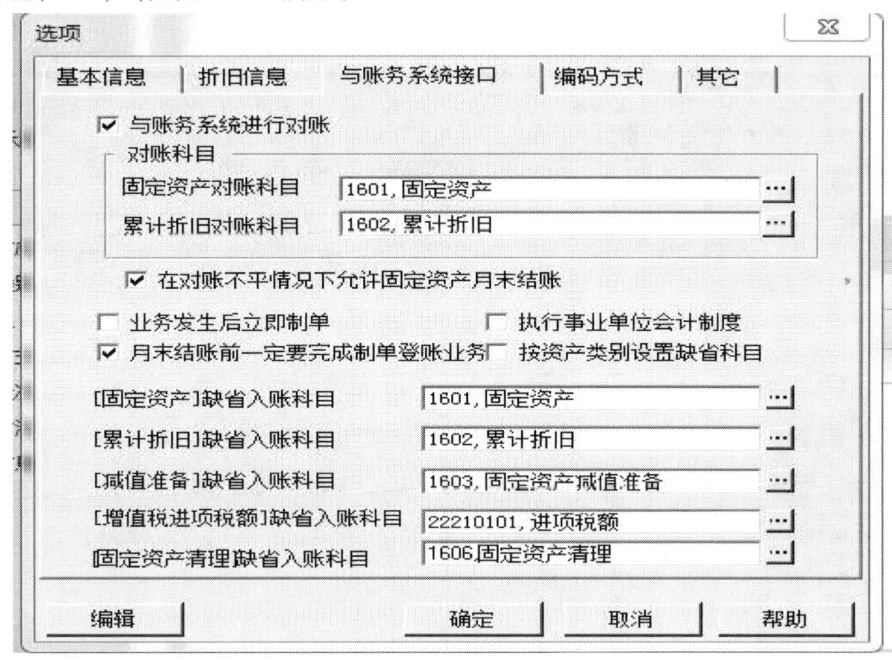

图6－10　固定资产选项设置

3. 单击“确定”按钮返回。

三、设置部门对应折旧科目

企业的固定资产使用部门不同，为便于在进行账务处理计提折旧时按部门自动生成会计分录,需事先设置各部门对应的会计科目。

【任务6.3】 完成秦皇岛云河有限公司各部门对应的会计科目,任务资料见下表6-1所示。

表6-1 部门及对应折旧科目

部门编码	部门名称	折旧科目
01	综合部	管理费用—折旧费
02	财务部	管理费用—折旧费
03	采购部	管理费用—折旧费
0401	一车间	制造费用—折旧费
0402	二车间	制造费用—折旧费
05	销售部	销售费用—折旧费
06	仓储部	管理费用—折旧费

操作步骤如下:

1. 执行"设置"→"部门对应折旧科目"命令,进入"固定资产部门编码目录—列表视图"窗口。

2. 选择"综合部"所在行,单击"修改"按钮,录入部门对应折旧科目"660204"并保存。依次完成各部门设置,如图6-11所示。

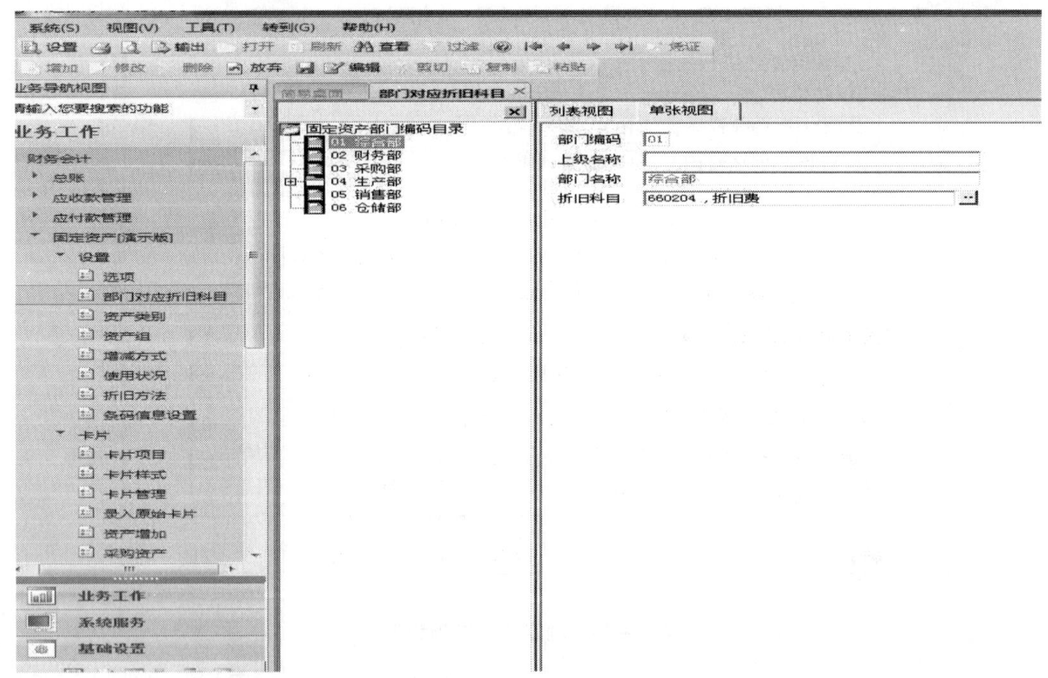

图6-11 部门对应会计科目

温馨提示:设置部门对应的折旧科目时,必须选择末级科目。

四、设置固定资产类别

【任务6.4】 完成秦皇岛云河有限公司固定资产的类别设置，任务资料见下表6－2所示。

表6－2　固定资产类别

编码	类别名称	计提属性	净残值率	折旧方法	使用年限	卡片式样
01	房屋及建筑物	正常计提	5%	平均年限法(一)		含税
011	厂房	正常计提	5%	平均年限法(一)	20年	含税
012	办公楼	正常计提	5%	平均年限法(一)	20年	含税
02	机器设备	正常计提	5%	平均年限法(一)		含税
021	生产线	正常计提	5%	平均年限法(一)	10年	含税
03	运输设备	正常计提	5%	平均年限法(一)		含税
031	运输汽车	正常计提	5%	平均年限法(一)	8年	含税
04	其他	正常计提	5%	平均年限法(一)		含税
041	电脑	正常计提	5%	平均年限法(一)	5年	含税

操作步骤如下：

1. 执行“设置”→“资产类别”命令，打开“类别编码 — 列表视图”窗口。

2. 单击“增加”按钮，打开“类别编码 — 单张视图”窗口。

3. 在“类别名称”栏录入“房屋及建筑物”，在“净残值率”栏录入“5”，在“计提属性”中选择“正常计提”，“折旧方法”选择“平均年限法(一)”，注意“卡片样式”选择“含税”并保存，依次继续录入剩余的“机器设备”“运输设备”“其他”固定资产类别。

4. 单击“放弃”按钮，系统提示“是否取消本次操作”，单击“是”按钮，返回“类别编码 — 列表视图”窗口。

5. 单击选中“固定资产分类编码表”中的“01 房屋及建筑物”分类，再单击“增加”按钮，在“类别名称”栏录入“厂房”的相关信息并保存。

6. 按此方法继续录入其他固定资产类别，如图6－12所示。

温馨提示：

1. 应先建立上级固定资产类别后再建立下级类别。在建立上级类别(如“01 房屋及建筑物”)时就设置了使用年限、净残值率，其下级类别(如“011 厂房”“012 办公楼”)如果与上级类别设置相同，就会自动继承不用修改；如果下级类别与上级类别设置不同，可以修改。

2. 类别编码不能重复，同一级的类别名称不能相同。类别编码、名称、计提属性及卡片样式不能为空。

3. 非明细级类别编码不能修改和删除，明细级类别编码修改时只能修改本级的编码。系统已使用的类别不允许增加下级和删除。

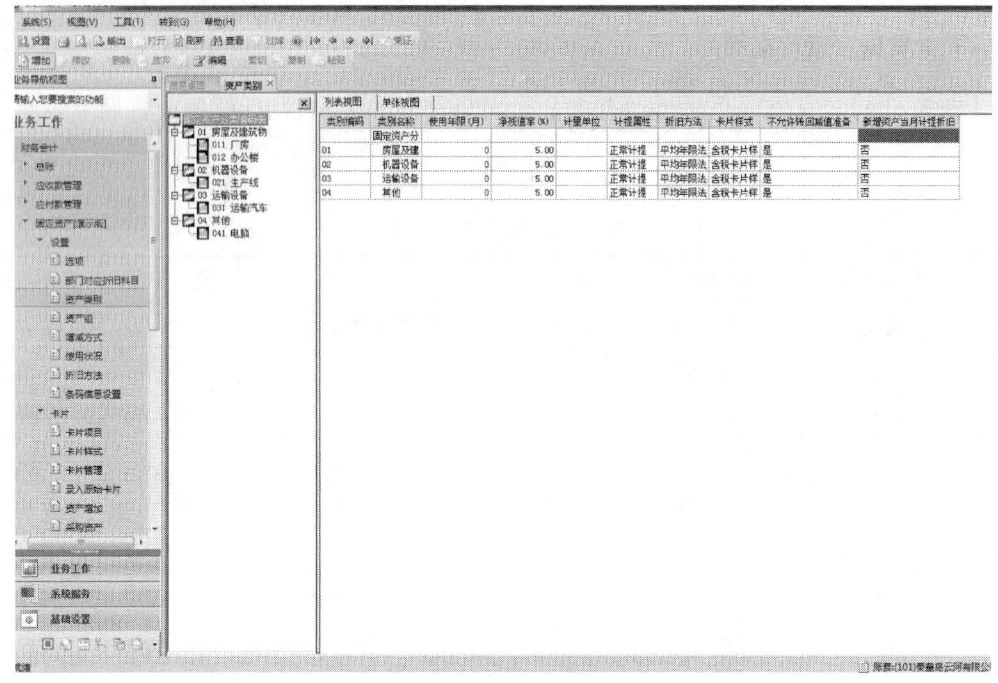

图6－12　资产类别设置

五、设置固定资产的增减方式

设置固定资产增减方式时所对应的入账科目是生成凭证时默认的科目。

【任务6.5】　完成秦皇岛云河有限公司固定资产的增减方式设置，任务资料见表6－3所示。

表6－3　增减方式及对应入账科目

增减方式名称		对应入账科目
增加方式	直接购入	银行存款—工行存款
	投资者投入	实收资本
	捐赠	营业外收入
	盘盈	以前年度损益调整
	在建工程转入	在建工程
	融资租入	长期应付款
减少方式	出售	固定资产清理
	盘亏	待处理财产损益—待处理固定资产损益
	投资转出	长期股权投资
	捐赠转出	营业外支出
	报废	固定资产清理
	毁损	固定资产清理

操作步骤如下：

1. 增加方式

（1）执行“设置”→“增减方式”命令，打开“增减方式—列表视图”窗口。

（2）在左侧增加方式列表中选中“直接购入”所在行，再单击“修改”按钮，在“对应入账科目”栏录入“100201”，单击“保存”按钮。

（3）同理，根据任务资料设置其他增加方式对应的入账科目，如图 6－13 所示。

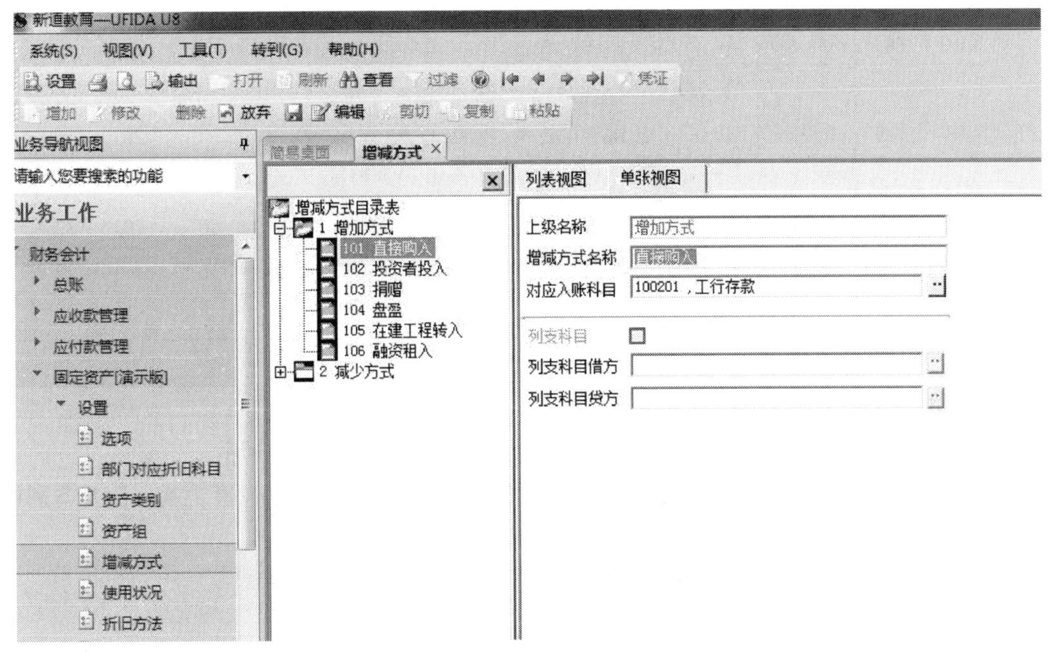

图 6－13　增加方式设置

2. 减少方式

（1）执行“设置”→“增减方式”命令，打开“增减方式—列表视图”窗口。

（2）在左侧减少方式列表中选中“出售”所在行，再单击“修改”按钮，在“对应入账科目”栏录入“1606”，单击“保存”按钮。

（3）同理，根据任务资料设置其他减少方式对应的入账科目。

温馨提示：

本系统提供的报表中有固定资产盘盈盘亏报表，所以增减方式中“盘盈、盘亏、毁损”不能修改和删除。非明细增减方式不能删除，已使用的增减方式不能删除。生成凭证时，如果入账科目发生了变化，可以即时修改。

六、录入原始卡片

原始卡片录入是在系统启用前，将原有的固定资产信息详细录入到系统中，如 2017 年 1 月启用该模块，则需要将 2017 年 1 月前在账固定资产信息全部录入到系统中。

【任务 6.6】　完成秦皇岛云河有限公司固定资产原始卡片录入。任务资料见表 6－4 所示。

表 6－4　固定资产信息

名称(所属类别)	原值	累计折旧	增加方式	使用部门	使用状况	使用年限(月)	开始使用日期
大厂房(厂房)	3 000 000	712 500	在建工程转入	一车间	在用	240	2011－12－31
小厂房(厂房)	1 500 000	356 250	在建工程转入	二车间	在用	240	2011－12－31
手工线(生产线)	600 000	285 000	直接购入	一车间	在用	120	2011－12－31
自动线(生产线)	800 000	356 250	直接购入	二车间	在用	120	2011－12－31
办公楼(办公楼)	1 500 000	285 000	在建工程转入	综合部、财务部、采购部、销售部各占用25%	在用	240	2012－12－31
笔记本电脑(电脑)	5 000	2 850	直接购入	采购部	在用	60	2013－12－31
小汽车(运输汽车)	120 000	42 750	直接购入	销售部	在用	96	2013－12－31
合计	7 525 000	2 040 600					

操作步骤如下：

1. 执行“卡片”→“录入原始卡片”命令，打开“资产类别参照”对话框。

2. 双击“固定资产分类编码表”中的“房屋建筑物”，再单击“房屋建筑物”下级类别中的“011 厂房”，如图 6－14 所示。

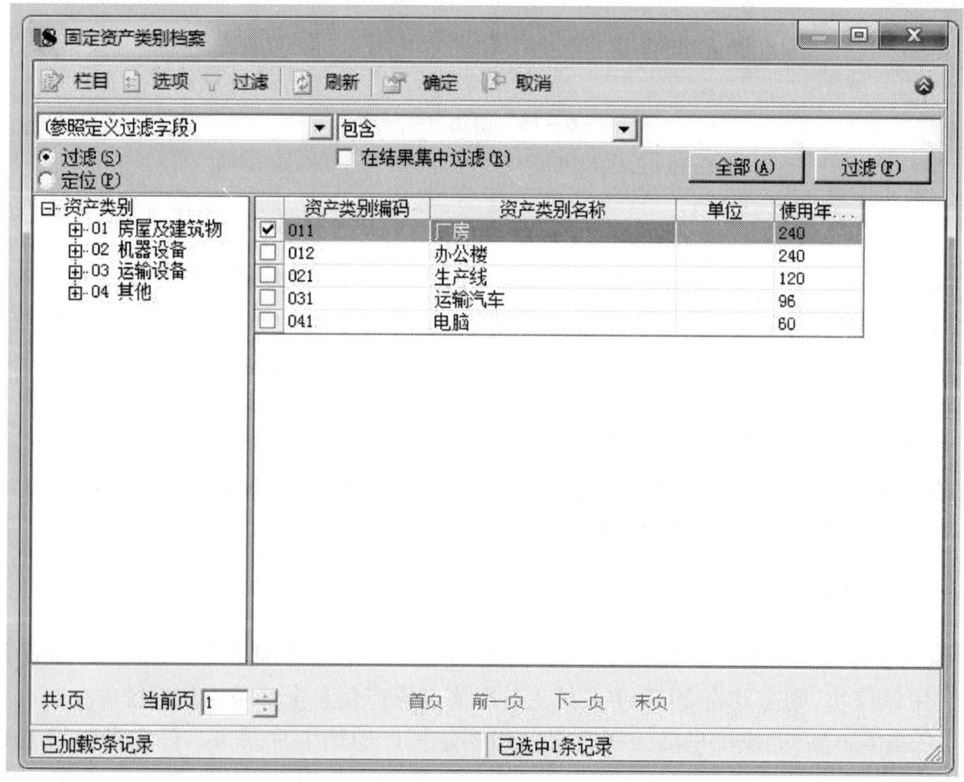

图 6－14　固定资产类别档案窗口

3. 单击“确定”按钮，进入“固定资产卡片【录入原始卡片：00001 号卡片】”窗口。

4. “卡片编号”和“固定资产编号”是自动生成的，在固定资产名称处输入“大厂房”，双击“使用部门”，出现“固定资产—本资产部门使用方式”对话框，如图 6－15 所示。

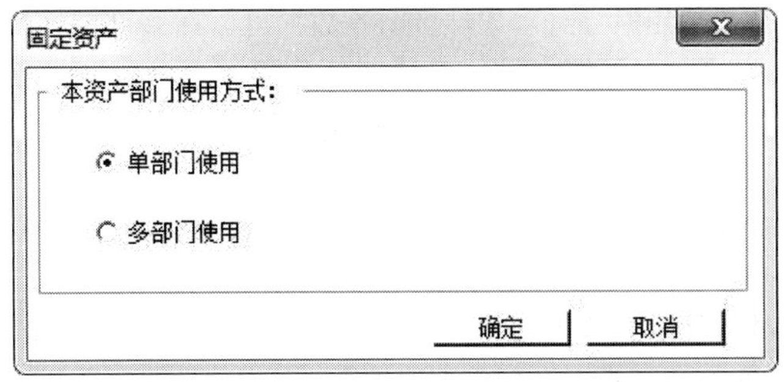

图 6－15　固定资产—本资产部门使用方式

5. 选中“单部门使用”，单击“确定”按钮，打开“部门参照”窗口。

6. 选择“一车间”，单击“确定”按钮。

7. 单击“增加方式”栏，再单击“增加方式”按钮，打开“增加方式参照”对话框，双击选中“105 在建工程转入”，单击“确定”按钮。

8. 单击“使用状况”栏，再单击“使用状况”按钮，打开“使用状况参照”对话框。默认“在用”，单击“确定”按钮。

9. 在“开始使用日期”栏录入“2011－12－31”，在“原值”栏录入“3000000”，在“累计折旧”栏录入“712500”。

10. 在“使用年限(月)”栏录入“240”。如图 6－16 所示。

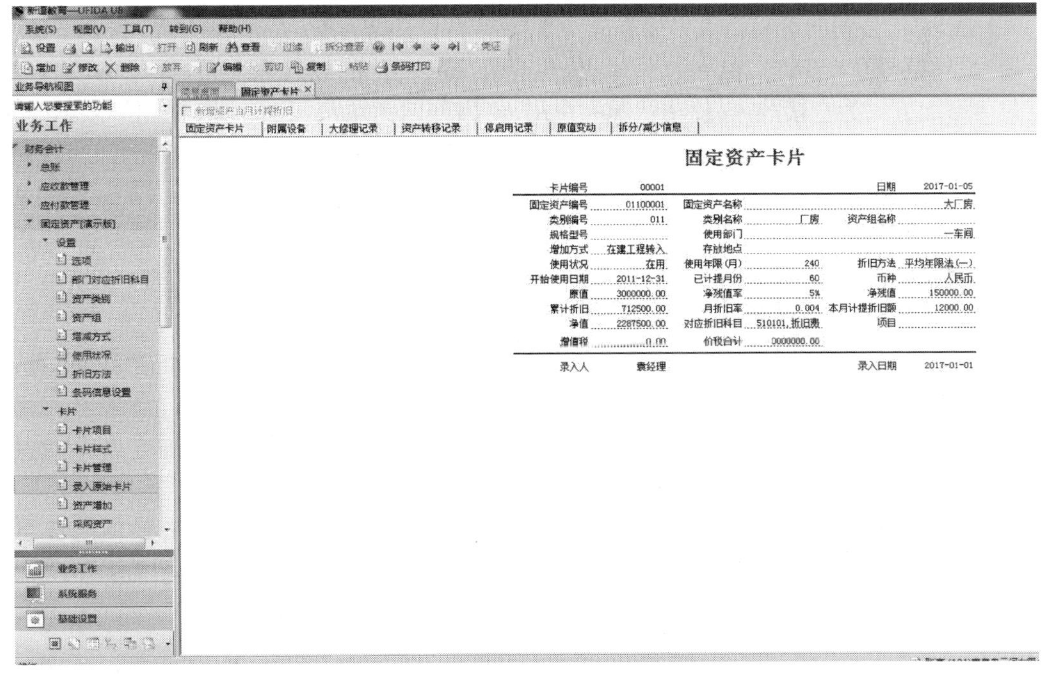

图 6－16　录入原始卡片对话框

11. 单击"保存"按钮,系统提示"数据成功保存!"

12. 单击"确定"按钮。以此方法继续录入其他的固定资产卡片。

温馨提示:

1. 当资产为多部门使用时,原值、累计折旧等数据可以在多部门间按设置的比例分摊。如办公楼在综合部、财务部、采购部、销售部按25%分摊。

2. 单个资产对应多个使用部门时,卡片上的对应折旧科目处不能输入默认为选择使用部门时设置的折旧科目。

3. 固定资产原始卡片录入完毕后,所有资产的原值、累计折旧金额要与启用当月的总账管理模块中"固定资产"和"累计折旧"科目的金额保持一致。

4. 固定资产原始卡片录入完毕后,要检查录入的具体资产项目是否对应在相应的资产类别下,否则会影响固定资产折旧金额的准确性。

5. 固定资产原始卡片录入完毕后,在检查中发现录入项目有误或重复录入,可以在"卡片管理"中修改或删除。

任务三　固定资产管理系统的日常业务处理

固定资产管理系统的日常业务处理主要包括固定资产的增减处理、变动处理、资产评估处理、盘盈、盘亏、批量制单等。

一、固定资产增加管理

【任务6.7】 完成秦皇岛云河有限公司的固定资产增加设置并生成凭证(建议凭证在批量制单完成)。任务资料如下:

1月5日,公司向秦皇岛大力设备公司直接购入手工线一条,买价20万元,收到增值税专用发票(票号0066788),税率为17%,价税合计23.4万元,以转账支票(票号zz120345)支付。增加方式为直接购入,使用状况为在用,使用部门为单部门一车间,使用年限10年,折旧方法为平均年限法(一),开始使用日期为1月5日,净残值率为5%,对应折旧科目为制造费用。

操作步骤如下:

1. 更换操作员,以"0203 王会计"的身份登录企业应用平台。打开"固定资产"模块,执行"卡片"→"资产增加"命令,打开"固定资产类别档案"对话框。

2. 单击"02 机器设备",再单击选中其下级类别"021 生产线"。点击"确定"按钮,进入"固定资产卡片"窗口。

3. 在"固定资产名称"栏录入"手工线";选择使用部门为"一车间";增加方式为"直接购入";使用状况为"在用";选择折旧方法为"平均年限法(一)";在"原值"栏录入"200 000";"增值税"栏录入"34 000";在"使用年限(月)"栏录入"120";"开始使用日期"栏录入"2017 -01 -05";"净残值率"栏录入"5%";"对应折旧科目"栏录入"510 101",如图6 -17所示。

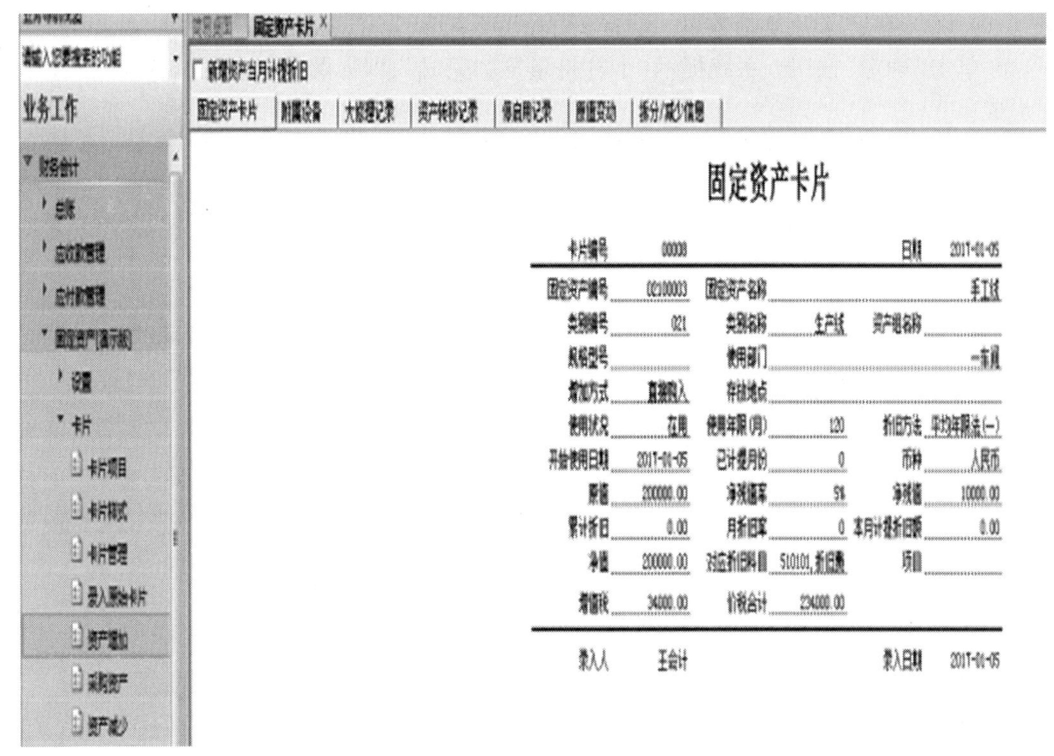

图 6 - 17　新增资产卡片窗口

4. 单击"保存"按钮,系统提示"数据保存成功"。单击"确定"按钮。

【任务 6.8】　完成秦皇岛云河有限公司的固定资产增加设置并生成凭证(建议凭证在批量制单完成)。任务资料如下:

1 月 6 日,公司财务部向秦皇岛卓越商贸公司购置三台戴尔电脑,买价 7 000 元/台,收到增值税专用发票(票号 0066789),税率 17%,价税合计 24 570 元,以转账支票(票号 zz120346)支付,增加方式为"直接购入",使用状况为"在用",使用部门为"财务部",使用年限为 5 年,折旧方法为平均年限法(一),开始使用日期为 1 月 6 日,净残值率为 5%,对应折旧科目为管理费用。(使用卡片复制功能)

操作步骤如下:

1. 执行"卡片"→"资产增加"命令,打开"固定资产类别档案"对话框。

2. 单击"04 其他",再单击选中其下级类别"041 电脑"。点击"确定"按钮,进入"固定资产卡片"窗口。

3. 在"固定资产名称"栏录入"戴尔电脑";选择使用部门为"财务部";增加方式为"直接购入";使用状况为"在用";选择折旧方法为"平均年限法(一)";在"原值"栏录入"7 000";"增值税"栏录入"1 190";在"使用年限(月)"栏录入"60";"开始使用日期"栏录入"2017 - 01 - 06";"净残值率"栏录入"5%";"对应折旧科目"栏录入"660204"。

4. 单击"保存"按钮,系统提示"数据保存成功",单击"确定"按钮退出,第一台戴尔电脑的新增资产卡片形成。

5. 打开"卡片管理",找到刚增加的"戴尔电脑",双击打开此卡片,单击左上角"复制"按钮,进入"固定资产"窗口,在"起始资产编号"栏录入"04100003",在"终止资产编号"栏录入“04100004”,“卡片复制数量”选择“2”,如图 6－18 所示。

6. 单击“确定”按钮。系统提示“卡片批量复制完成”,即另两台戴尔电脑的新增资产卡片形成。

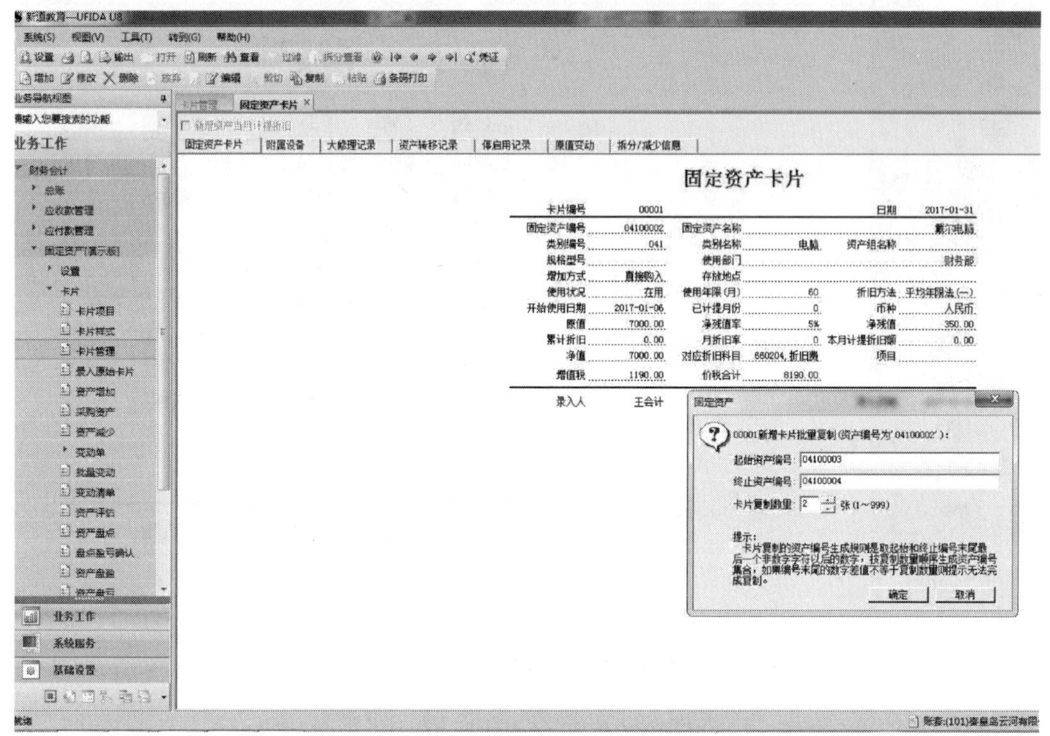

图 6－18　固定资产增加卡片批量复制

二、固定资产评估管理

【任务 6.9】　完成秦皇岛云河有限公司的固定资产评估设置并生成凭证(建议凭证在批量制单完成)。任务资料如下:

1 月 7 日,公司对办公楼进行资产评估,评估结果为原值 1 800 000 元,累计折旧为 285 000 元。

操作步骤如下:

1. 执行“卡片→资产评估”命令,进入“资产评估”窗口。

2. 单击“增加”按钮,打开“评估资产选择”对话框。

3. 勾选可评估项目中“原值”和“累计折旧”,其他是系统默认的,如图 6－19 所示。

4. 单击“确定”按钮。

5. 在“资产评估”窗口,选择卡片编号中的“办公楼”,双击输入评估后数据。即在“评估后原值”栏输入“1 800 000”,在“评估后累计折旧”栏输入“285 000”,如图 6－20 所示。

6. 单击“保存”按钮,系统弹出“是否确认要进行资产评估?”信息提示对话框,点击“是”。

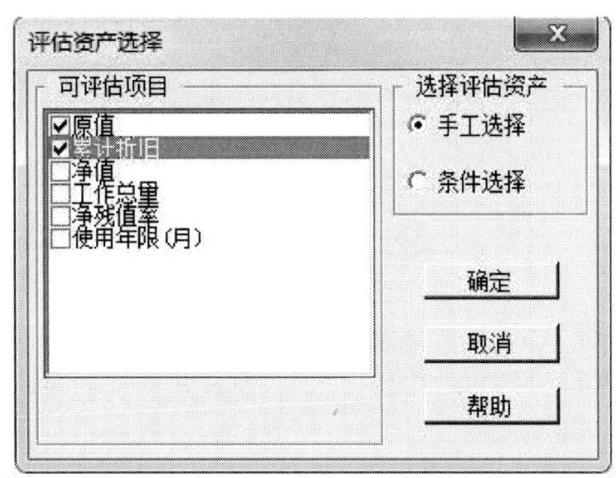

图 6-19　评估资产选择对话框

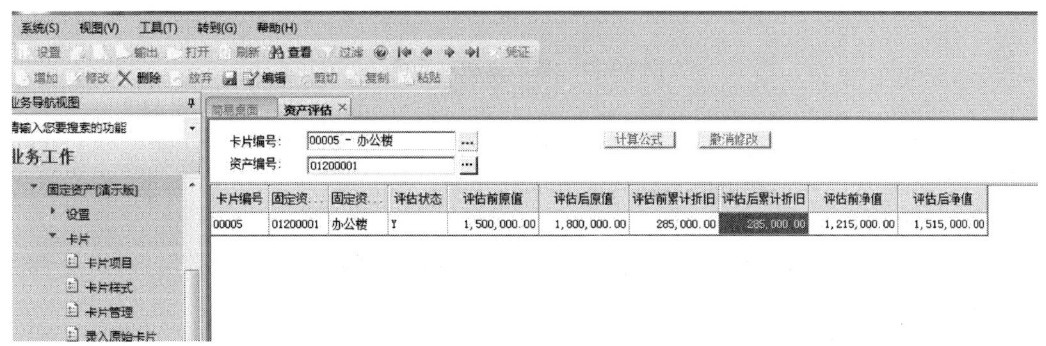

卡片编号	固定资...	固定资...	评估状态	评估前原值	评估后原值	评估前累计折旧	评估后累计折旧	评估前净值	评估后净值
00005	01200001	办公楼	Y	1,500,000.00	1,800,000.00	285,000.00	285,000.00	1,215,000.00	1,515,000.00

图 6-20　资产评估对话框

三、固定资产调配(变动)

固定资产使用部门不同,计提折旧对应的科目也不同。由于生产经营的需要,企业固定资产会在内部调动,所以要及时反映变动的信息,填写变动单。

【任务 6.10】　完成秦皇岛云河有限公司固定资产调配业务。任务资料如下:

1 月 8 日,公司将销售部的小汽车转给综合部使用,变动原因是公司统一调配资源(填写变动单)。

操作步骤如下:

1. 执行“卡片→变动单→部门转移”命令,进入“固定资产变动单”窗口。

2. 在“卡片编号”中选择变动的“运输汽车(小汽车)”双击,“卡片编号”和“资产名称”会自动生成,选择变动前部门“销售部”,变动后部门输入“综合部”,录入变动原因“公司统一调配”,单击“保存”按钮,显示“数据保存成功”,点击“确定”,如图 6-21 所示。

四、批量制单处理

固定资产模块针对生成会计凭证有两种方式,其中之一是利用批量制单功能完成,其优点是避免多次重复制单的烦琐性。

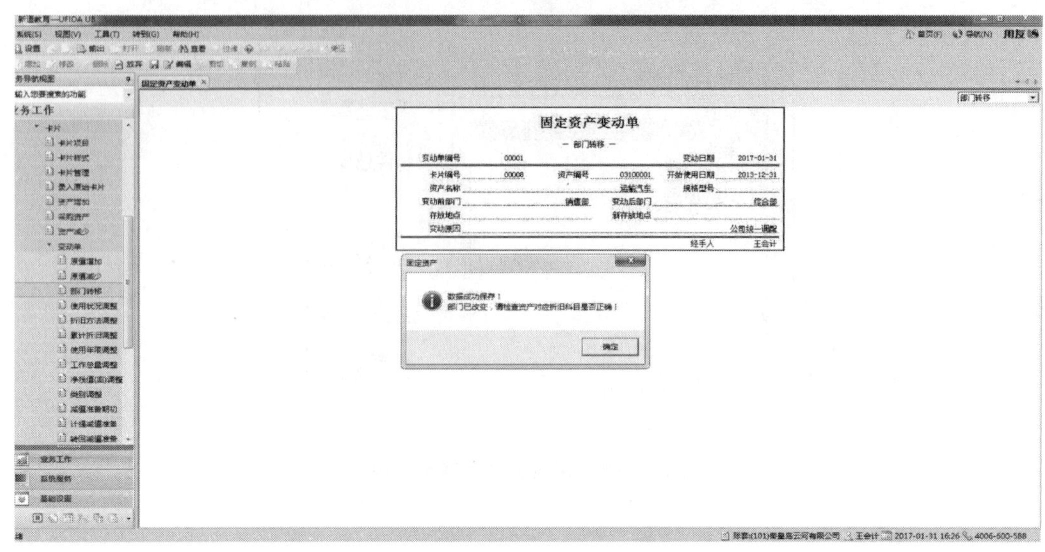

图 6-21　资产变动对话框

【任务 6.11】　完成秦皇岛云河有限公司针对上述固定资产增加(手工生产线、3 台戴尔电脑)和固定资产评估增值的会计凭证生成业务。

操作步骤如下:

1. 执行"处理→批量制单"命令,进入"查询条件—批量制单"窗口,"常用条件"全部默认,点击"确定"。

2. 在"批量制单"窗口,双击需要进行凭证制单业务相应的"选择"栏,出现"Y"标志,并将需要同时购入的 3 台电脑输入合并号"1",合并制单。

3. 在"凭证类别"选择框以购入方式增加的资产类别选"付款凭证"(如果此处不选凭证类别,则生成凭证时修改成相应类别),如图 6-22 所示。

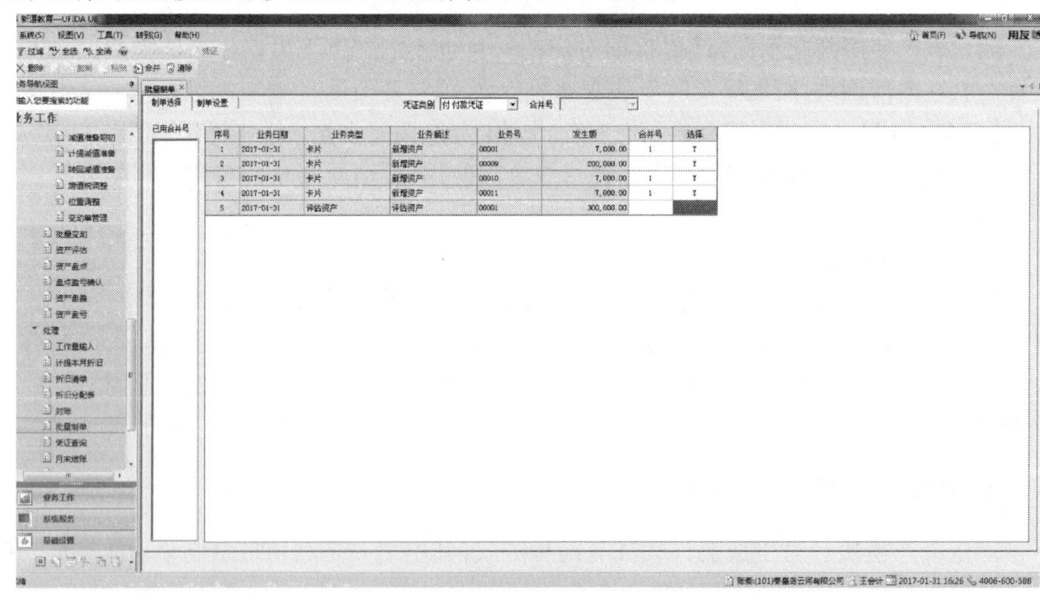

图 6-22　批量制单

4. 单击“制单设置”选项卡，显示将要生成凭证的会计科目，核对，如图 6－23 所示。

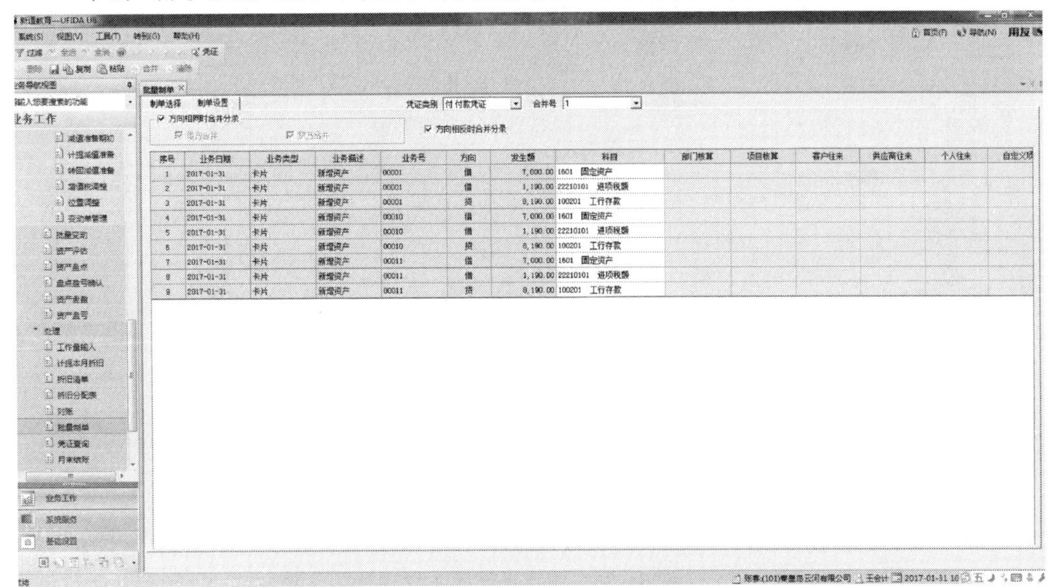

图 6－23　批量制单会计科目对话框

5. 单击“凭证”按钮，弹出一张会计凭证，点击“保存”按钮，如图 6－24 所示。

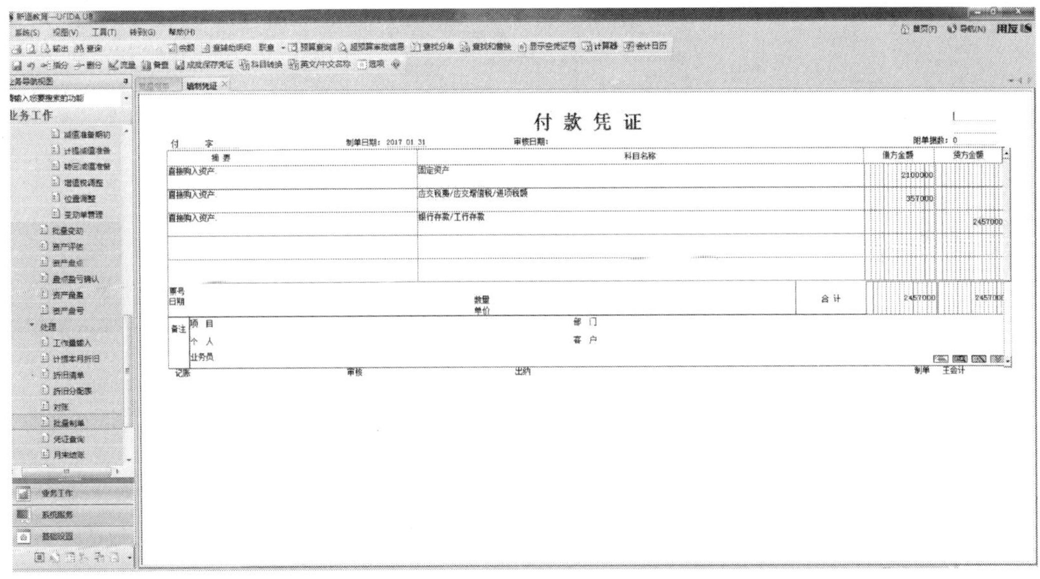

图 6－24　固定资产凭证(1)

6. 依次在“批量制单”窗口下，执行“制单选择”→“制单设置”→“凭证”→“保存”命令，完成凭证的生成，如图 6－25、图 6－26 所示。

温馨提示：

固定资产模块生成会计凭证的另一种方式是在完成一笔业务时直接在录完固定资产卡片后生成，前提条件是在固定资产初始设置“选项”中，勾选“业务发生时立即制单”。

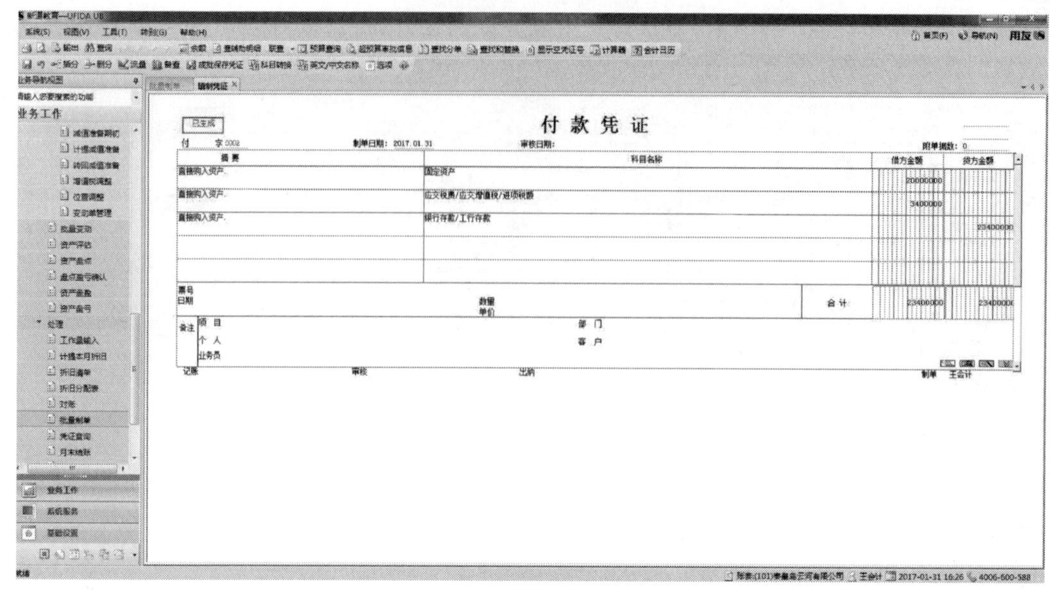

图 6－25　固定资产凭证（2）

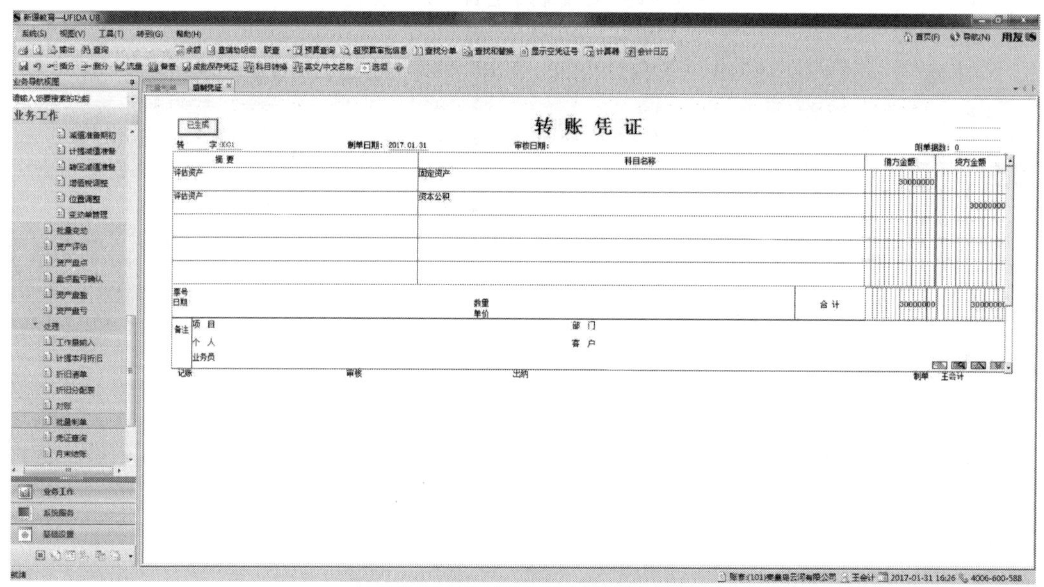

图 6－26　固定资产评估凭证

任务四　固定资产管理系统期末处理

固定资产管理系统期末处理包括计提折旧、批量制单、对账与结账、账表查询等。

一、固定资产折旧处理

计提折旧功能对各项资产每期计提一次折旧，并自动生成折旧分配表，然后制作记账凭证，将本期的折旧费用自动登账。

【任务6.12】　完成秦皇岛云河有限公司2017年1月折旧的计提并制单。要求计提本月折旧制单生成凭证采用直接生成,不通过批量制单方式。(提示:在固定资产初始设置选项中,勾选“业务发生时立即制单”)

操作步骤如下:

1. 在固定资产管理系统,执行“固定资产→处理→计提本月折旧”命令,系统弹出“是否要查看折旧清单?”的窗口,如图6-27所示。

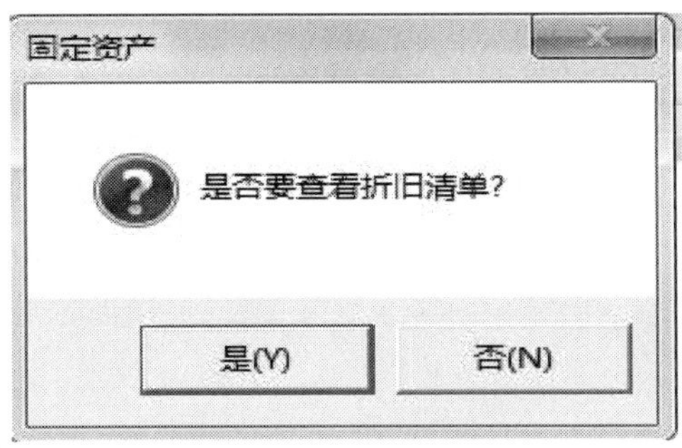

图6-27　计提折旧

2. 单击“是”,系统提示“本操作将计提本月折旧,并花费一定时间,是否要继续?”如图6-28所示。

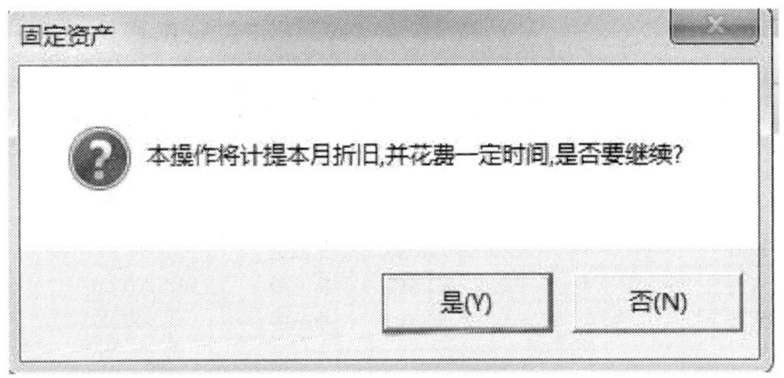

图6-28　计提折旧提示

3. 单击“是”按钮,打开“折旧清单”窗口,如图6-29所示。

按部门查询

固定资产部门编码目录
01 综合部
02 财务部
03 采购部
04 生产部
05 销售部
06 仓储部

卡片编号	资产编号	资产名称	原值	计提原值	本月计提折旧额	累计折旧	本年计提折旧	减值准备	净值	净残值	折旧率	单位折旧	本月工作量	累计工作量	规格型号
00001	01100001	大厂房	000.00	000,000.00	12,000.00	724,500.00	12,000.00	0.00	500.00	0,000.00	0.0040		0.000	0.000	
00002	01100002	小厂房	000.00	500,000.00	6,000.00	362,250.00	6,000.00	0.00	750.00	5,000.00	0.0040		0.000	0.000	
00003	02100001	手工线	000.00	600,000.00	4,740.00	289,740.00	4,740.00	0.00	260.00	0,000.00	0.0079		0.000	0.000	
00004	02100002	自动线	000.00	800,000.00	6,320.00	382,570.00	6,320.00	0.00	430.00	0,000.00	0.0079		0.000	0.000	
00005	01200001	办公楼	000.00	500,000.00	6,000.00	291,000.00	6,000.00	0.00	000.00	0,000.00	0.0040		0.000	0.000	
00006	04100001	笔记本电脑	000.00	5,000.00	79.00	2,929.00	79.00	0.00	071.00	250.00	0.0158		0.000	0.000	
00007	03100001	小汽车	000.00	120,000.00	1,188.00	43,938.00	1,188.00	0.00	062.00	6,000.00	0.0099		0.000	0.000	
合计			000.00	525,000.00	36,327.00	076,927.00	36,327.00	0.00	073.00	1,250.00			0.000	0.000	

图6-29　计提折旧清单

4. 单击“退出”按钮,系统提示“计提折旧完成”,如图6-30所示。

5. 单击“确定”,打开“折旧分配表”窗口,如图6-31所示。

6. 单击“凭证”按钮,生成一张记账凭证。注意修改凭证类别为“转账凭证”。

7. 单击“保存”按钮,凭证左上角出现“已生成”字样,表示凭证已传递到总账,如图6-32所示。

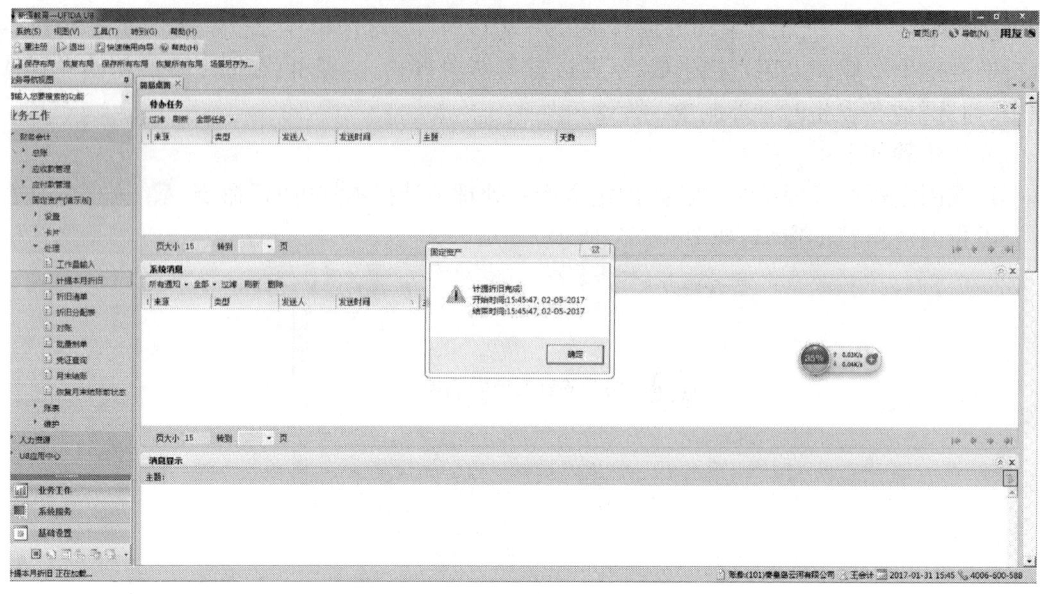

图 6-30 “固定资产折旧完成”提示框

简易桌面 | 折旧分配表

◉ 按部门分配
○ 按类别分配

部门分配条件...

01 (2017.01-->2017.01)

部门编号	部门名称	项目编号	项目名称	科目编号	科目名称	折 旧 额
01	综合部			660204	折旧费	2,688.00
02	财务部			660204	折旧费	1,500.00
03	采购部			660204	折旧费	1,579.00
0401	一车间			510101	折旧费	16,740.00
0402	二车间			510101	折旧费	12,320.00
05	销售部			660102	折旧费	1,500.00
合计						36,327.00

图 6-31 折旧分配表

已生成

转 账 凭 证

转 字 0002 - 0001/0002 制单日期：2017.01.08 审核日期： 附单据数：0

摘 要	科目名称	借方金额	贷方金额
计提第[1]期间折旧	管理费用/折旧费	268800	
计提第[1]期间折旧	管理费用/折旧费	150000	
计提第[1]期间折旧	管理费用/折旧费	157900	
计提第[1]期间折旧	制造费用/折旧费	1674000	
计提第[1]期间折旧	制造费用/折旧费	1232000	
票号 日期	数量 单价 合 计	3632700	3632700

备注 项 目 部 门 综合部
个 人 客 户
业务员

记账 审核 出纳 制单 王会计

图 6-32 记账凭证窗口

温馨提示：

1. 如果计提的折旧已通过记账凭证把数据传递到账务处理系统，则必须删除该凭证才能重新计提折旧。

2. 要删除有误的凭证，需要在固定资产系统模块“处理”→“凭证查询”中找到要删除的凭证，点击左上角的“删除”功能键即可，然后重新计提生成凭证。

二、固定资产减少处理

企业会计准则规定本月减少的固定资产本月计提折旧，所以本账套需要在计提折旧后才能做固定资产减少的业务处理。

【任务 6.13】 1 月 31 日，采购部的笔记本电脑由于遭受水灾，导致毁损，经过袁经理批准，同意转入营业外支出。完成秦皇岛云河有限公司对固定资产进行清理的业务处理。

操作步骤如下：

1. 执行“卡片”→“资产减少”命令，打开“资产减少”对话框。

2. 在“卡片编号”栏对照选择要减少的“笔记本电脑”双击。

3. 单击右上角的“增加”按钮，双击“减少方式”栏，在“减少方式”栏参照按钮选择“206 毁损”，如图 6－33 所示。

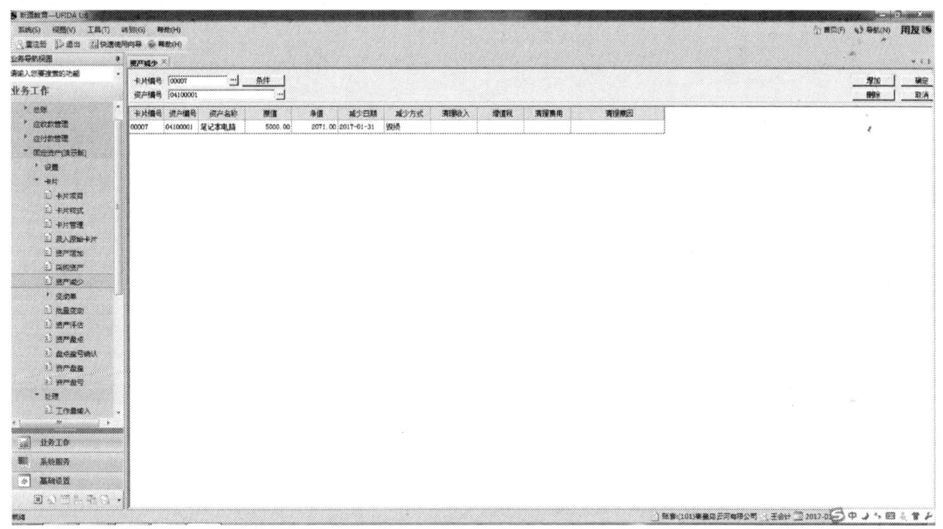

图 6－33　固定资产减少

4. 单击“确定”按钮，系统弹出“所选卡片已经减少成功！”如图 6－34 所示。

图 6－34　固定资产提示框

5. 依次单击“处理→批量制单”，弹出“批量制单”窗口，双击“选择”出现“Y”符号，“凭证类别”选择“转账凭证”，如图 6－35 所示。

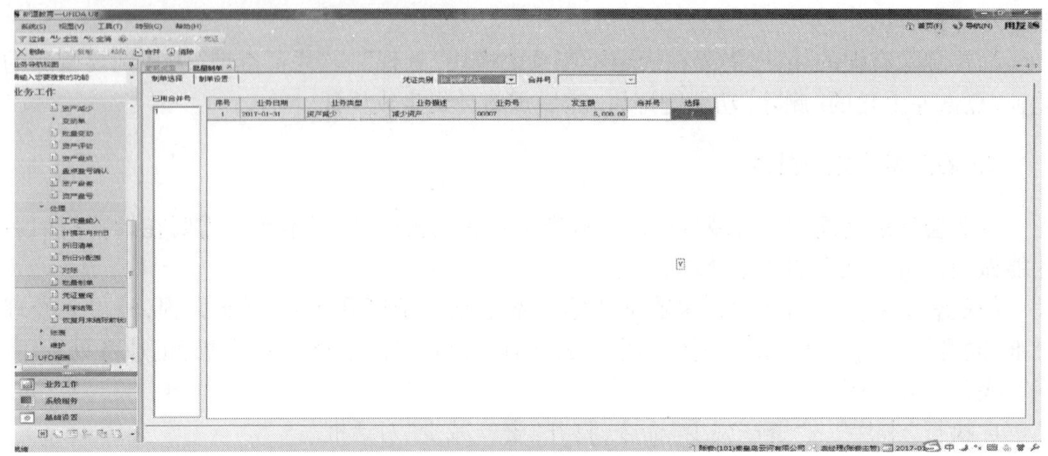

图 6－35　制单选择窗口

6. 点击“制单设置”按钮，再单击“凭证”，进入“填制凭证”窗口，点击“保存”按钮。如图 6－36 所示。

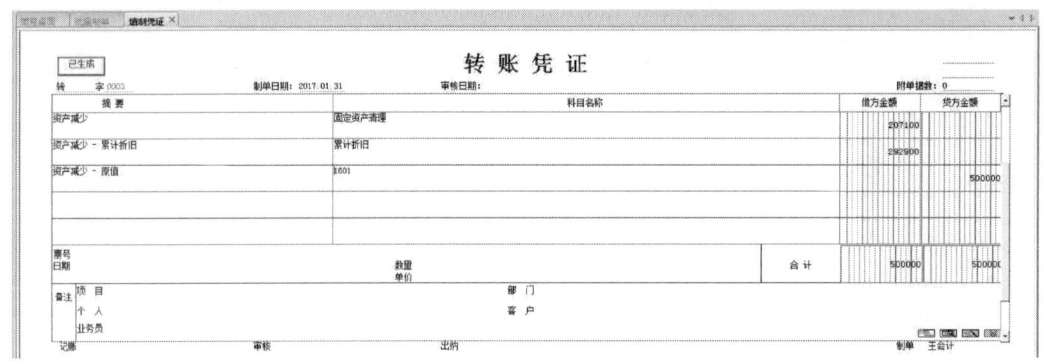

转 账 凭 证

已生成

转 字 0003　制单日期：2017.01.31　审核日期：　附单据数：0

摘要	科目名称	借方金额	贷方金额
资产减少	固定资产清理	207100	
资产减少－累计折旧	累计折旧	292900	
资产减少－原值	1601		500000
票号 日期	数量 单价 合计	500000	500000

备注　项目　部门　个人　客户　业务员

记账　审核　出纳　制单　王会计

图 6－36　生成资产减少凭证

温馨提示：

（1）固定资产减少的凭证在该系统完成，但损毁的损失转入“营业外支出”的凭证需要在总账系统完成。

（2）在生成固定资产报废净损失凭证前，要以操作员“0201 张主管”身份将固定资产系统生成的凭证进行审核并记账，便于结转损失时定义存取数据。

7. 执行“财务会计”→“总账”→“期末”→“转账定义”→“自定义转账”命令，进入“自定义转账设置”窗口，单击“增加”，弹出“转账目录”窗口，“转账序号”填“0003”，“转账说明”录入“转入营业外支出”，“凭证类别”选择“转账凭证”，单击“确定”。

8. 单击“增行”，在“科目编码”栏选择“6711 营业外支出”，“方向”选择“借”，在“金额公式”栏打开“公式向导”，如图 6－37、图 6－38 所示。

图 6－37　自定义转账设置

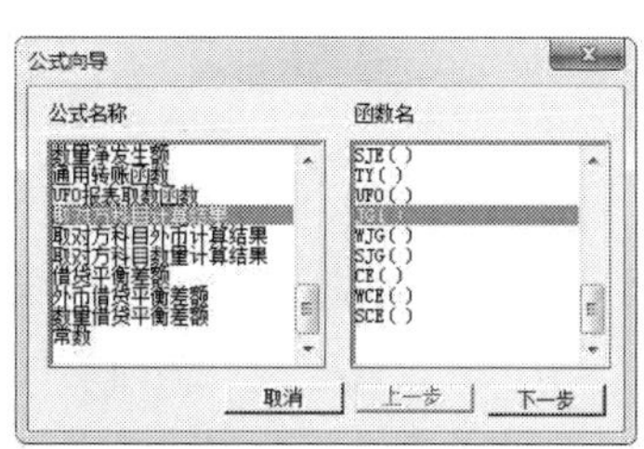

图 6－38　公式向导

9. 在“函数名”中选择“JG( )”函数，单击“下一步”，出现“公式向导”另一个对话框，单击“完成”。

10. 再单击“增行”，在“科目编码”栏选择“1606 固定资产清理”，“方向”选择“贷”，金额公式在“公示向导”中选择“期末余额 ”对应的“函数名 QM ”，点击“下一步”，显示科目“1606”，如图 6－39 所示。

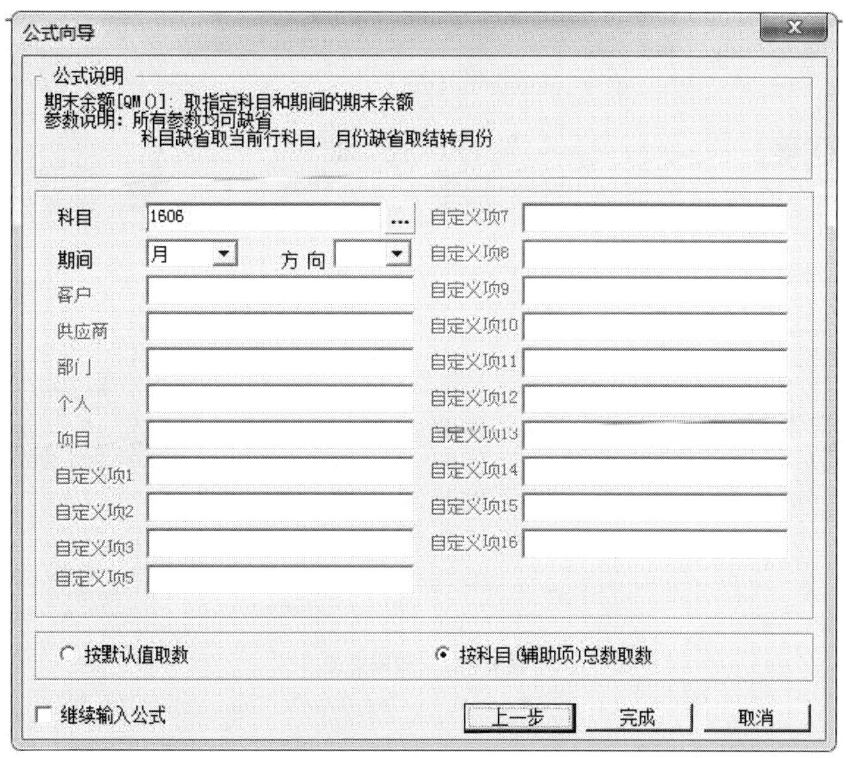

图 6－39　公式向导窗口

11. 单击“完成”，然后“保存”，退出即可。

12. 以操作员“0201 张主管”身份审核所有的固定资产凭证并进行审核记账，再以“0203 王会计”的身份进入企业应用平台。依次单击“财务会计”→“总账”→“期末”→“转账定义”，弹出“转账生成”窗口，单击“全选→确定”，如图 6－40、图 6－41 所示。

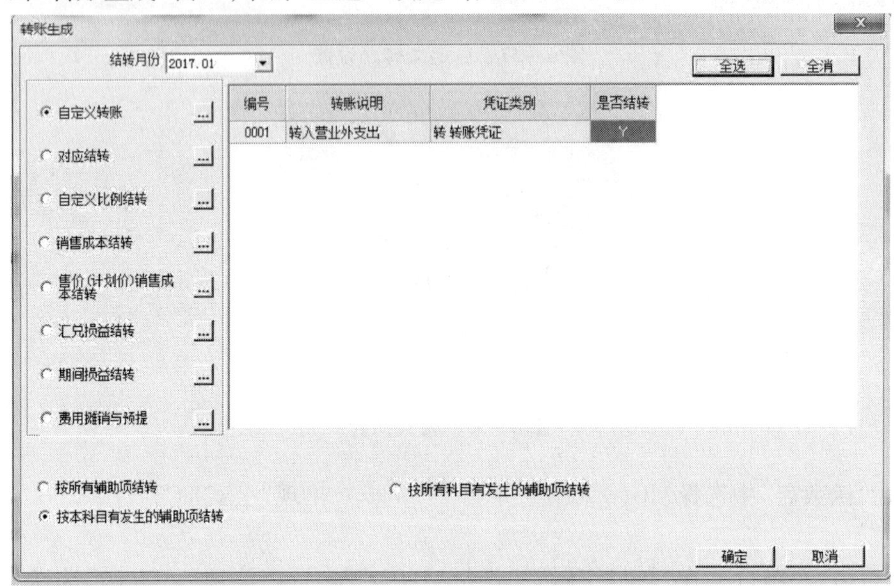

图 6－40　转账生成窗口

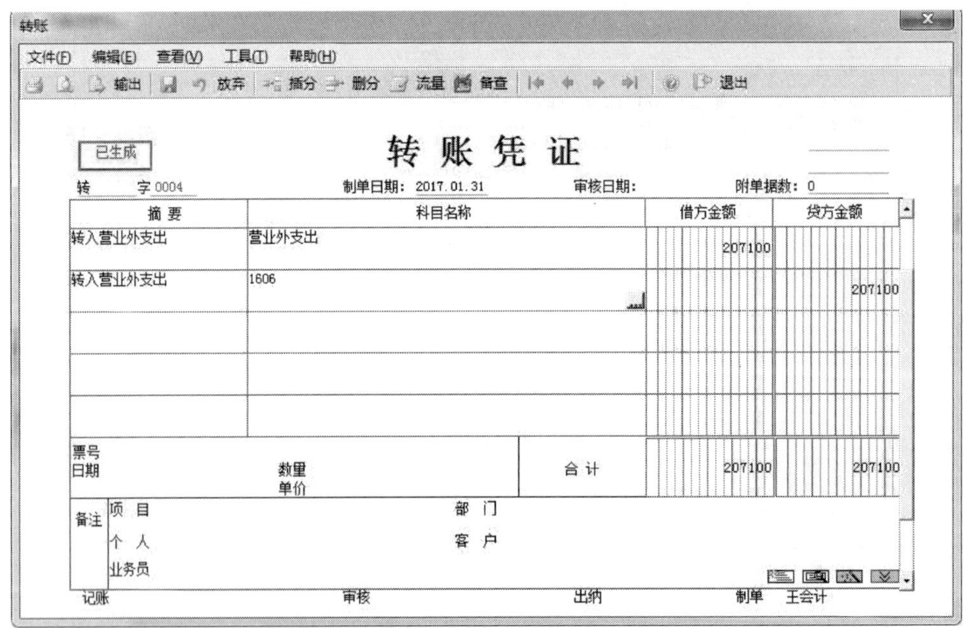

图 6－41　转账凭证

三、固定资产账表查询

在固定资产系统中提供了“固定资产原值一览表”“固定资产到期提示表”“固定资产

统计表”“评估汇总表”“评估变动表”等统计表。这些表从不同的侧面对固定资产进行统计分析,使管理者可以全面细致地了解企业对资产的管理及资产分布情况,为及时掌握资产的价值、数量以及新旧程度等指标提供依据。

【任务6.14】 查询秦皇岛云河有限公司上述固定资产的“固定资产原值一览表”。

操作步骤如下:

1. 执行“账表”→“我的账表”→“账簿”命令。
2. 执行“账簿”中的“统计表”命令,如图6-42所示。

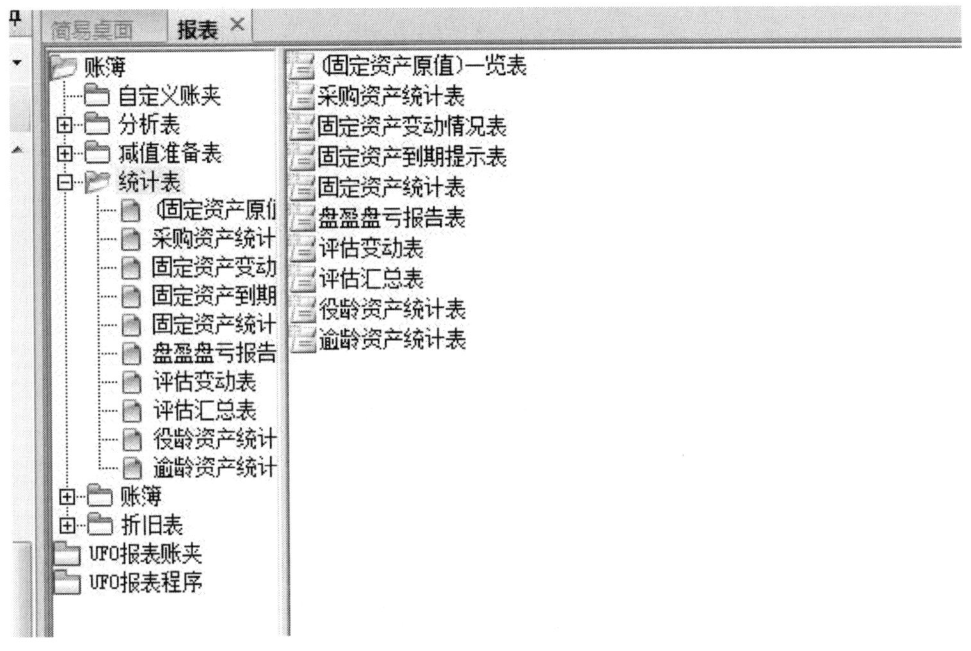

图6-42　固定资产统计表

3. 双击“(固定资产原值)一览表”,打开“(固定资产原值)一览表”对话框。
4. 单击“确定”按钮,进入“(固定资产原值)一览表”窗口,如图6-43所示。

(固定资产原值)一览表

使用单位:秦皇岛云河有限公司　　期间:2017.01

部门级次1-1

部门名称	合计				房屋及建筑物				机器设备		
	原值	累计折旧	减值准备	净值	原值	累计折旧	减值准备	净值	原值	累计折旧	减值准备
综合部(01)	570,000.00	116,688.00		453,312.00	450,000.00	72,750.00		377,250.00			
财务部(02)	471,000.00	72,750.00		398,250.00	450,000.00	72,750.00		377,250.00			
采购部(03)	450,000.00	72,750.00		377,250.00	450,000.00	72,750.00		377,250.00			
生产部(04)	5,960,000.00	1,739,060.00		4,220,940.00	4,500,000.00	1,086,750.00		3,413,250.00	1,460,000.00	652,310.00	
销售部(05)	450,000.00	72,750.00		377,250.00	450,000.00	72,750.00		377,250.00			
合计	7,901,000.00	2,073,998.00		5,827,002.00	6,300,000.00	1,377,750.00		4,922,250.00	1,460,000.00	652,310.00	

图6-43　固定资产原值一览表

5. 单击“退出”按钮退出。
6. 其余的账表同理查询即可。

四、对账

固定资产管理系统中的固定资产价值应和财务系统中固定资产科目的数值相等,为此要进行对账。对账操作不限制执行的时间,任何时候均可。如果系统设置时选择了与财务对账功能，则系统会在执行月末结账时自动对账一次，给出对账结果。

【任务 6.15】 完成秦皇岛云河有限公司 1 月份固定资产期末对账处理。

操作步骤如下：

1. 执行“固定资产”→“处理”→“对账”命令，打开“与账务对账结果”对话框，如图 6-44 所示。

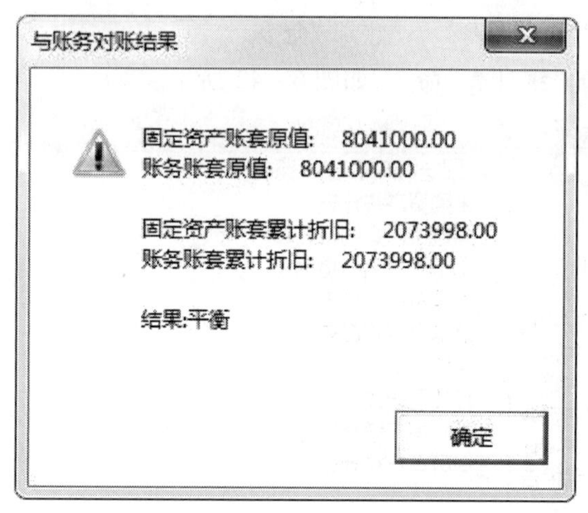

图 6-44 固定资产与账务对账结果

2. 单击“确定”按钮。

温馨提示：

1. 在总账记账完毕后，固定资产管理系统才可以进行对账和月末结账。

2. 如在财务接口中选择了“在对账不平情况下允许固定资产月末结账”选框，则可以直接进行月末结账。

五、结账

在固定资产系统完成了本月全部制单业务后，可以进行月末结账。月末结账每月进行一次，结账后当期数据不能修改。本期不结账，将不能处理下期的数据。结账前一定要进行数据备份，否则数据一旦丢失，将造成无法挽回的后果。

【任务 6.16】 完成秦皇岛云河有限公司 1 月末对固定资产模块进行期末结账处理。

操作步骤如下：

1. 执行“固定资产” →“处理”→“月末结账”命令，打开“月末结账”对话框，如图 6-45 所示。

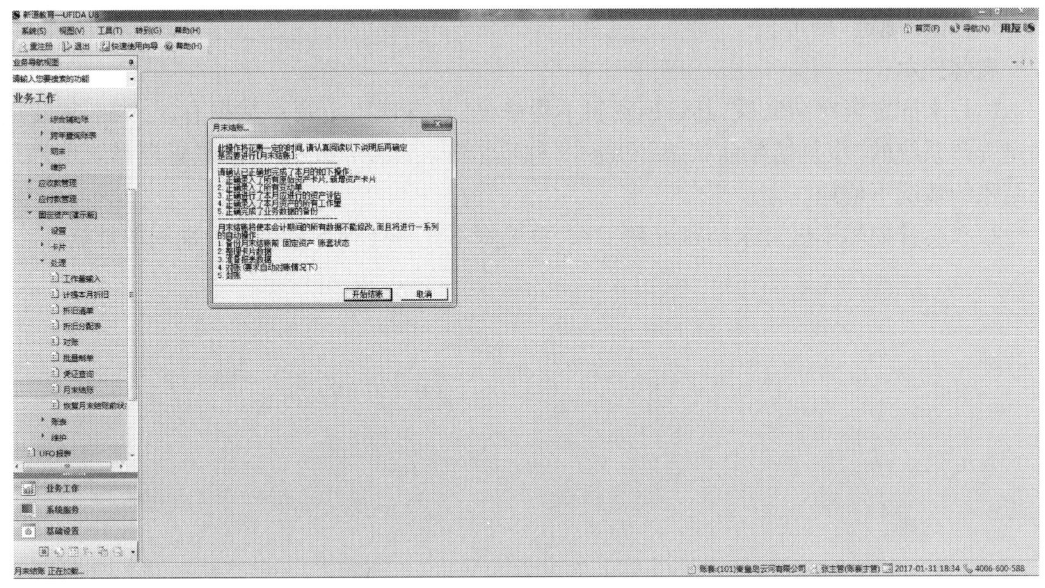

图 6-45 固定资产结账

2. 单击“开始结账”按钮，出现“与总账对账结果”对话框。

3. 单击“确定”按钮，出现系统提示，如图 6-46 所示。

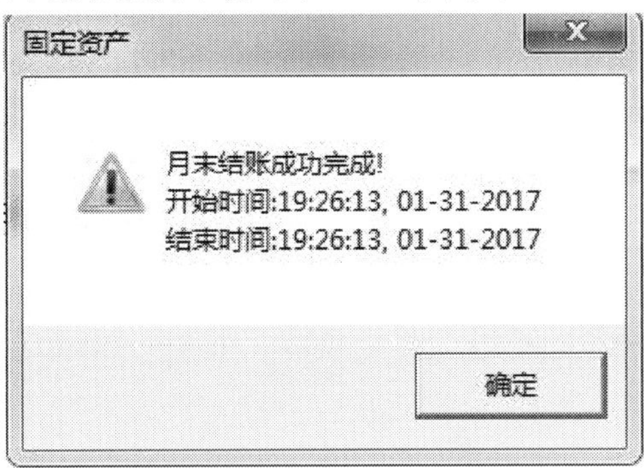

图 6-46 结账完成提示

4. 单击“确定”按钮，如图 6-47 所示。

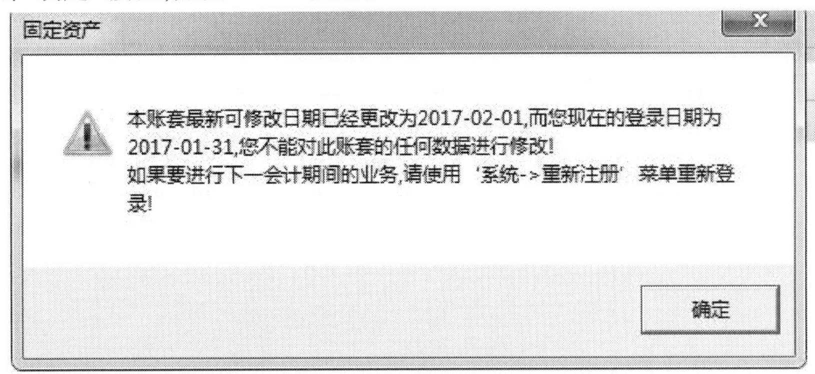

图 6-47 固定资产系统月末结账后系统提示信息

5. 单击“确定”即可。

温馨提示：

1. 月末固定资产结账后，其数据资料不得修改，若发现固定资产数据有误，则必须使用固定资产系统的“恢复结账前状态”功能，又称反结账。该功能必须在总账管理系统也未月末结账的情况下使用。

2. 本会计期间不做月末结账处理工作，系统将不允许处理下一个会计期间的数据。

项目七　应收款管理系统

【学习目标】

1. 了解用友 ERP－U8 V10.1 应收款管理系统的主要功能；
2. 熟悉应收款管理系统初始设置的操作；
3. 掌握应收款的日常业务处理；
4. 具备应收款系统的月末处理能力。

【学习重点与难点】

应收款管理系统初始化、应收业务和收款业务处理。

任务一　应收款管理系统认知

一、应收款管理系统的主要功能与作用

应收款管理系统主要实现企业与客户业务往来账款的核算与管理，它以录入销售发票、收款单、其他应收单等原始单据为依据，提供企业销售业务和其他业务所形成的往来款项、确认应收款的收回、坏账的发生、汇票收取承兑、贴现及转账等多种业务处理功能。

二、应收款管理系统的操作步骤

应收款管理系统的操作从初始化开始，在系统启用之初，先进行账套控制参数设置和初始数据录入，然后才能进行日常业务的处理，期末进行月末结账处理。具体流程如下：

应收款管理系统初始设置（包括参数设置、初始设置、期初余额录入）→应收款管理系统日常管理（包括应收单据处理、收款单据处理 、转账、票据贴现、制单、账表查询等 ）→应收款管理系统期末管理（包括期末结账、应收账表统计分析）。

任务二　应收款管理系统初始设置

应收款管理系统的初始化设置主要包括控制参数设置、基本科目设置、结算方式科目设置、账龄区间设置等，为应收款的日常处理及统计分析提供依据和参照。期初余额的录入是账面数据完整性和连续性的保证。

一、参数设置

【任务 7.1】　设置秦皇岛云河有限公司应收款系统参数。任务资料如下：

单据审核日期依据为“业务日期”；坏账处理方式为“应收款余额百分比法”；自动计算现金折扣；应收款核算模型为详细核算；受控科目制单方式选择“明细到单据”；应收款核销方式为“按单据”；其他选项按系统默认设置。

操作步骤如下：

1. 以操作员“0101 袁经理”身份，操作日期为“2017－01－01”，登录企业应用平台。

2. 打开“业务工作”选项卡，执行“财务会计”→“应收款管理”→“设置”→“选项”命令，打开“账套参数设置”对话框。

3. 单击“编辑”按钮，修改单据审核日期依据为“业务日期”；坏账处理方式为“应收款余额百分比法”；自动计算现金折扣；应收款核算模型为详细核算。如图7－1所示。

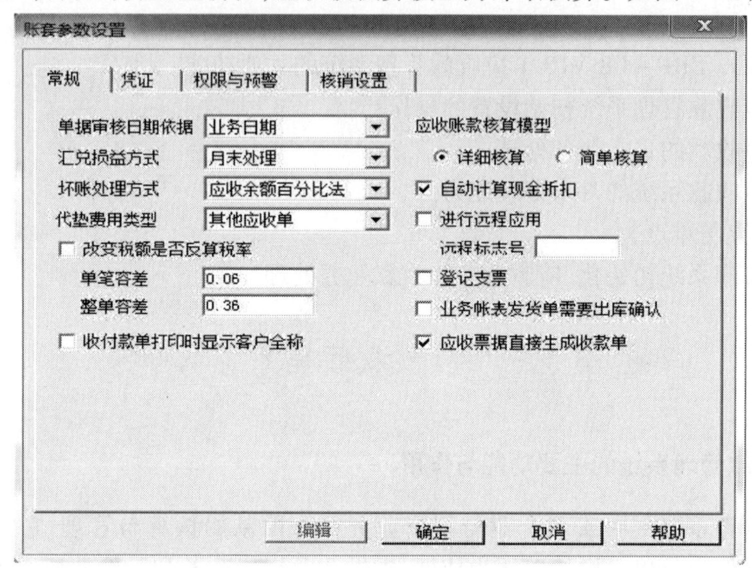

图7－1　账套参数设置

4. 依次单击“凭证”按钮，修改受控科目制单方式选择“明细到单据”，单击“核销设置”按钮，修改应收款核销方式为“按单据”。单击“确定”按钮。

二、初始设置

企业应收业务类型比较固定，为保证会计核算的一致性，相同业务生成的凭证科目应固定，可将常用的科目预先设置好，在生成凭证时系统会自动把对应科目带出，简化了操作。其初始设置包括科目设置、坏账准备设置、账龄区间设置等。

（一）基本科目设置

【任务7.2】 完成秦皇岛云河有限公司应收款系统基本科目设置。任务资料如下：

应收科目为“1122 应收账款”；预收科目为“2203 预收账款”；销售收入科目为“6001 主营业务收入”；现金折扣科目为“660302 财务费用—现金折扣”；税金科目为“22210103 销项税额”；银行承兑科目为“112102 应收票据—银行承兑汇票”；商业承兑科目为“112101 应收票据—商业承兑汇票”。

操作步骤如下：

1. 在应收款管理系统中，执行“设置”→“初始设置”命令。

2. 在属性结构列表中双击“设置科目”，选中“基本科目设置”，点击左上角的“增加”按钮，选择“基础科目种类”下拉菜单中的“应收科目”和“对应科目”下拉菜单中的“1122 应收款”。同理，完成其他基本科目设置。如图7－2所示。

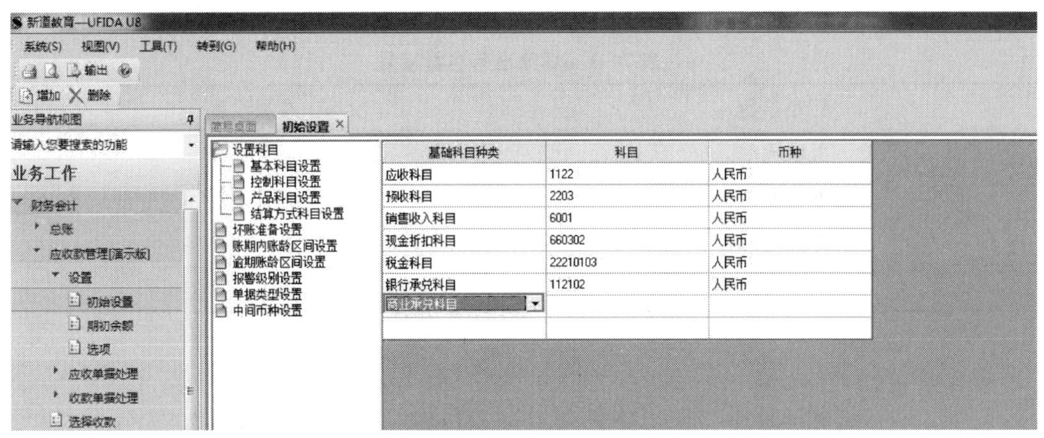

图 7－2　基本科目设置

（二）结算方式科目设置

【任务 7.3】　完成秦皇岛云河有限公司应收款系统结算方式科目设置。任务资料如下：

现金结算方式科目为“1001 库存现金”；现金支票结算方式科目为“100201 银行存款—工行存款”；转账支票结算方式科目为“100201 银行存款—工行存款”；电汇结算方式科目为“100201 银行存款—工行存款”；同城特约委托收款结算方式科目为“100201 银行存款—工行存款”。

操作步骤如下：

1. 在应收款管理系统中，执行“设置”→“初始设置”命令。

2. 在左侧属性结构列表中双击“设置科目”，选中“结算方式科目设置”，在结算方式下拉菜单和币种下拉菜单选中“人民币”，科目下拉菜单选中“1001 库存现金”。同理，完成其他结算方式科目设置。如图 7－3 所示。

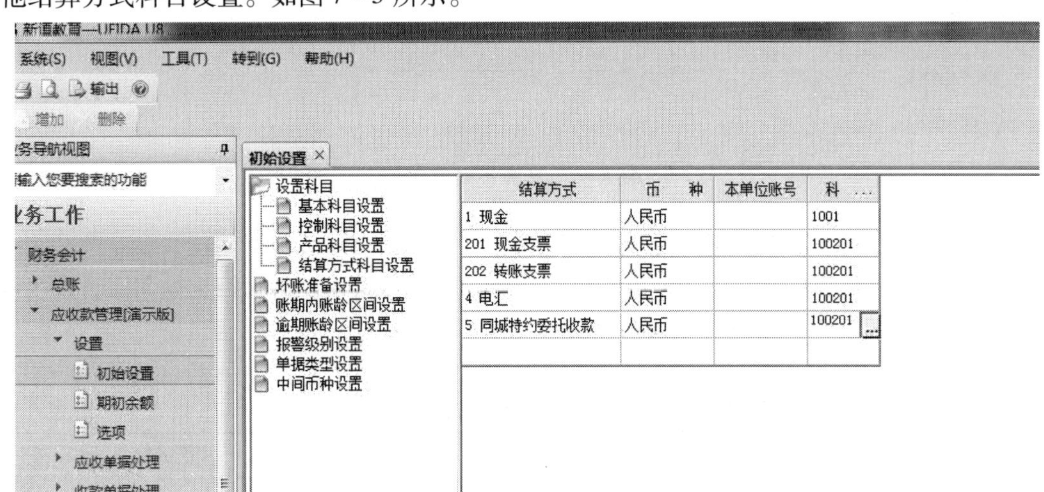

图 7－3　结算方式科目设置

（三）坏账准备设置

【任务 7.4】　完成秦皇岛云河有限公司应收款系统坏账准备设置。任务资料如下表 7－1 所示。

表 7-1　坏账准备参数设置

控制参数	参数设置
提取比率	1%
坏账准备期初余额	70.20 元
坏账准备科目	1231 坏账准备
对方科目	6701 资产减值损失

操作步骤如下：

1. 在应收款管理系统中，执行“设置”→“初始设置”→“坏账准备设置”命令，打开“坏账准备设置”窗口。

2. 提取比率输入“1%”，坏账准备期初余额输入“70.20”，坏账准备科目选择“1231 坏账准备”，对方科目选择“6701 资产减值损失”，单击“确定”按钮。系统提示“储存完毕”，单击“确定”按钮，如图 7-4 所示。

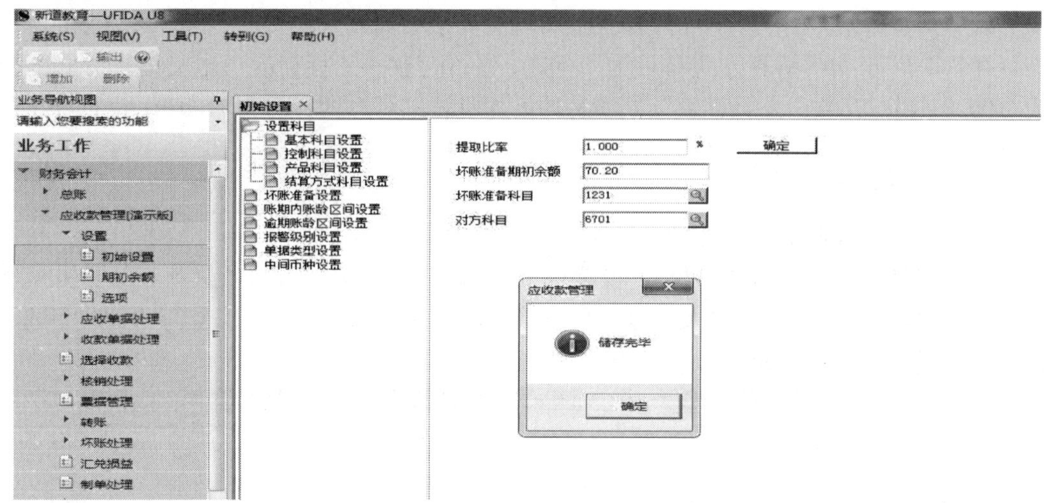

图 7-4　坏账准备设置

（四）账期内账龄区间和逾期账龄区间设置

【任务 7.5】　完成秦皇岛云河有限公司应收款系统账期内账龄区间和逾期账龄区间设置。任务资料如表 7-2 所示：

表 7-2　账期内账龄区间和逾期账龄区间设置

序号	起止天数	总天数
01	0-10	10
02	11-30	30
03	31-60	60
04	61 以上	

操作步骤如下：

1. 在应收款管理系统中，执行“设置”→“初始设置”→“账期内账龄区间设置”命令，打开“账期内账龄区间设置”窗口。

2. 在“总天数”栏输入“10”，按回车键，接着在“总天数”栏输入“30”，按此方法录入其他内容，如图7－5所示。

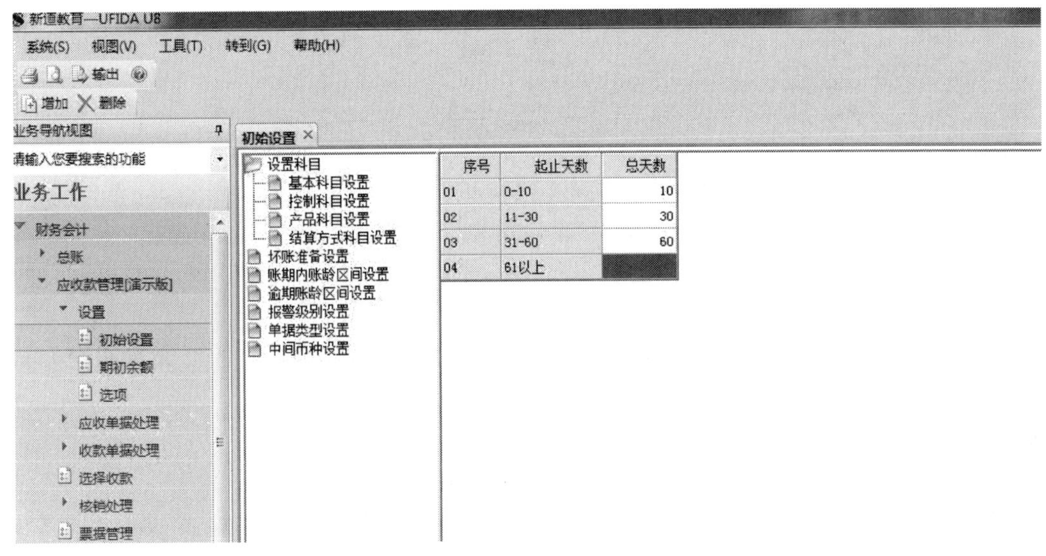

图7－5　账龄区间设置

3. 在应收款管理系统中，执行“设置”→“初始设置”→“逾期账龄区间设置”命令，打开“逾期账龄区间设置”窗口。

4. 在“总天数”栏输入“10”，按回车键，接着在“总天数”栏输入“30”，按此方法录入其他内容。

（五）设置应收款相关单据编号

【任务7.6】　完成秦皇岛云河有限公司应收款系统应收款相关单据编号，将销售专用发票编号设置为手工改动，重号时自动重取。

操作步骤如下：

1. 在“企业应用平台”中，执行“基础设置”→“单据设置”→“单据编号设置”命令，打开“单据编号设置”窗口。

2. 执行“单据类型”→“销售管理”→“销售专用发票”命令。

3. 单击“修改”按钮，选择“手工改动，重号时自动重取”复选框，如图7－6所示。

4. 单击“保存”按钮，单击“退出”按钮。

（六）期初余额录入

启用应收款管理系统时，把启用前各客户的欠款情况录入到本系统中，作为本系统的期初余额。

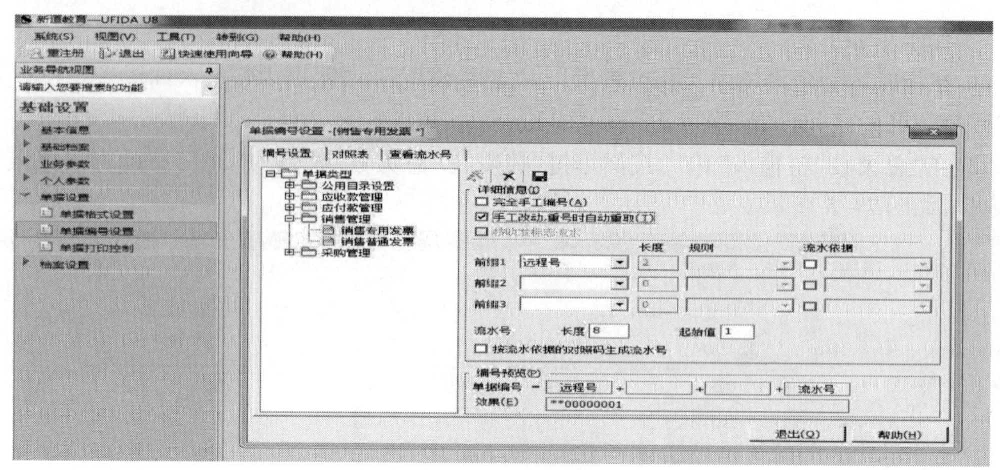

图7-6　单据编号设置

【任务7.7】　完成秦皇岛云河有限公司应收款的期初余额录入。任务资料如表7-3所示。

表7-3　应收款期初余额表

单据类型	开票日期	发票号	客户名称	税率	部门	业务员	科目	货物名称	数量	无税单价
销售专用发票	2016-12-22	101	天津众泰公司	17%	销售部	杨销售	1122	P2	50	120元

操作步骤如下：

1. 在应收款管理系统中，执行“设置”→“期初余额”命令，进入“期初余额—查询”对话框，单击“确定”按钮，如图7-7所示。

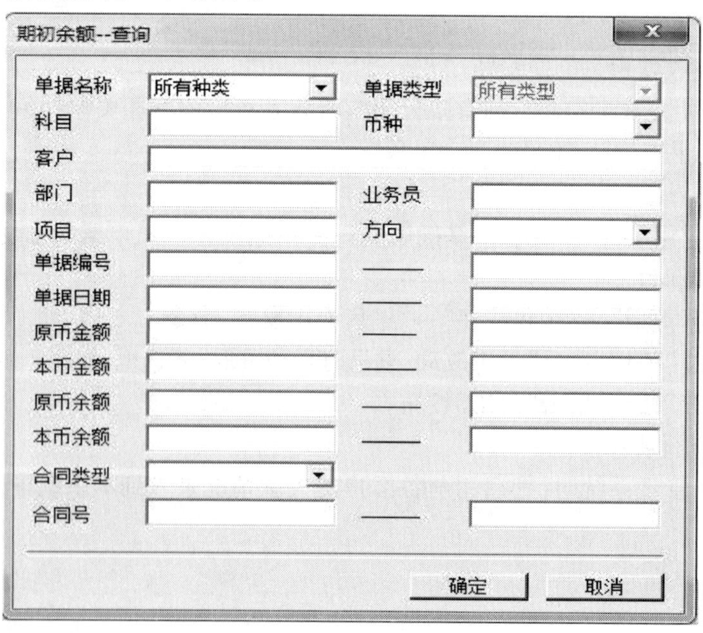

图7-7　期初余额查询

2. 单击“增加”按钮，打开“单据类别”对话框，“单据名称”选择“销售发票”，“单据类型”选择“销售专用发票”，“方向”选择“正向”，单击“确定”按钮，如图 7－8 所示。

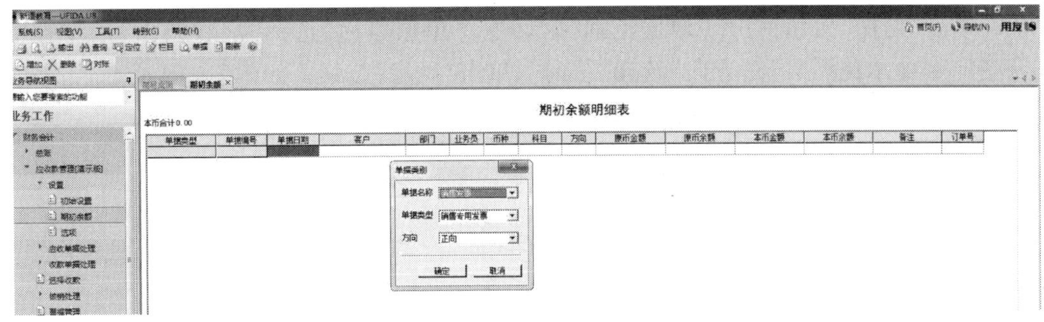

图 7－8　单据类别

3. 单击“增加”按钮，修改“开票日期”为“2016－12－22”，录入发票号“101”；在“客户名称”栏选择“天津众泰公司”（系统自动带出该公司信息）；在“税率%”栏录入“17.00”；“科目”栏录入“1122”；“销售部门”选择“销售部”；“业务员”选择“杨销售”；在“货物编号”下拉框中选择“P2”对应的货物编号“0202”；在“数量”栏录入“50.00”；在“无税单价”处录入“120.00”。单击“保存”按钮。如图 7－9 所示。

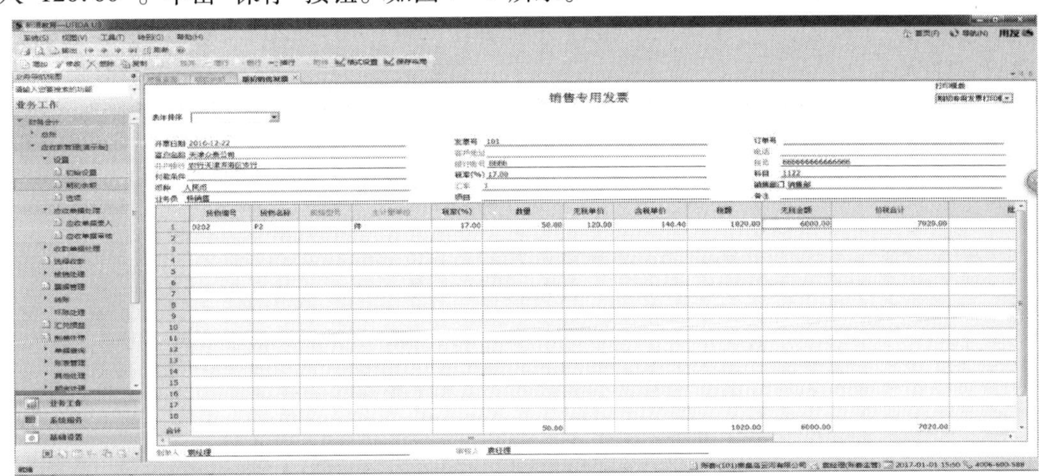

图 7－9　销售专用发票

【任务 7.8】　完成秦皇岛云河有限公司应收票据的期初余额录入。

任务资料见表 7－4：

表 7－4　应收票据期初余额表

签发日期	客户	业务员	摘要	金额	票号	承兑银行	到期日
2016－12－20	唐山联众公司	杨销售	赊销 P1 产品 80 件，无税单价 100 元/件，收到对方开来的 3 个月的商业承兑汇票一张	9 360	111	中国工商银行	2017－03－20

操作步骤如下:

1. 和上题的步骤 1 相同。

2. 单击"增加"按钮,打开"单据类别"对话框,"单据名称"选择"应收票据";"单据类型"选择"商业承兑汇票";"方向"选择"正向";单击"确定"按钮。如图 7-10 所示。

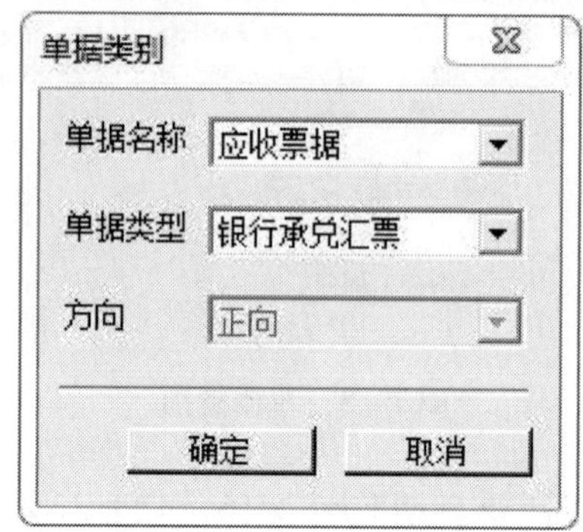

图 7-10 单据类别

3. 单击"增加"按钮,修改"签发日期"为"2016-12-20";开票单位为"唐山联众公司";业务员为"杨销售";金额"9360.00";票号"111";科目选中"112101 应收票据—商业承兑(银行承兑)";承兑银行"中国工商银行";到期日"2017-03-20"。单击"保存"按钮。如图 7-11 所示。

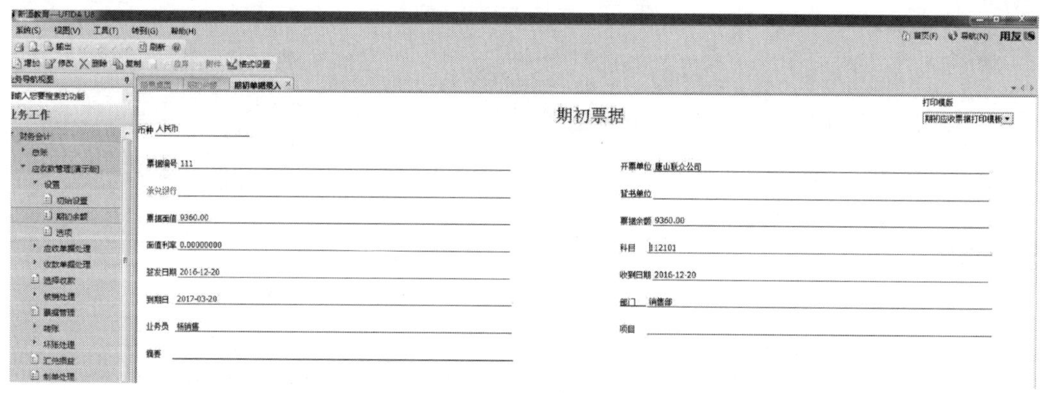

图 7-11 期初应收票据

【任务 7.9】 完成秦皇岛云河有限公司预收款的期初余额录入。

任务资料如下表 7-5 所示:

表 7-5 预收账款期初余额表

日期	结算方式	客户	业务员	摘要	方向	金额
2016-12-27	转账支票	桂林山水公司	杨销售	预收 P2 产品货款,40 件,无税单价 120 元/件	贷	1 000 元

操作步骤如下:

1. 和上题的步骤 1 相同。

2. 单击“增加”按钮，打开“单据类别”对话框，“单据名称”选择“预收款”；“单据类型”选择“收款单”；“方向”选择“正向”；单击“确定”按钮。

3. 单击“增加”按钮，修改日期为“2016－12－27”；结算方式“转账支票”；客户“桂林山水公司”；业务员“杨销售”；金额“1000.00”；单击“保存”按钮。如图7－12所示。

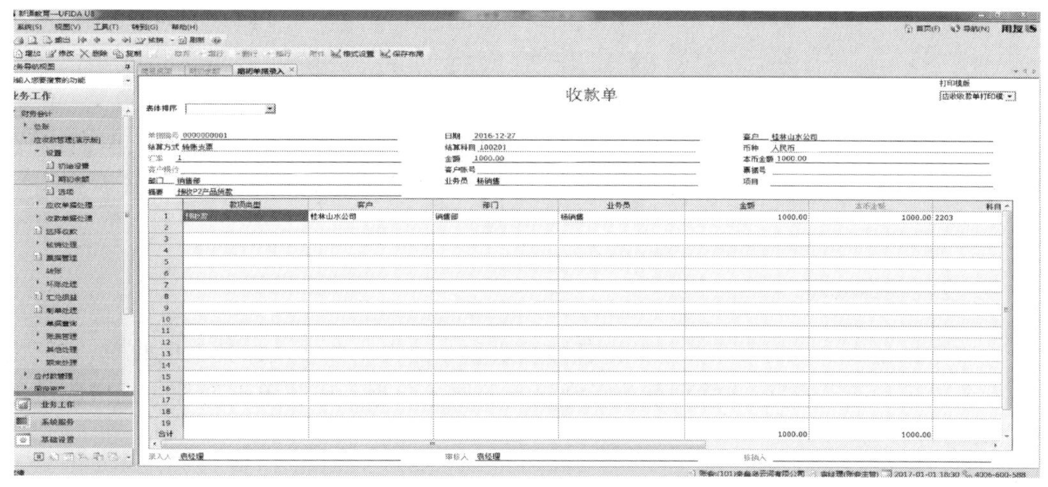

图7－12　期初预收单

【任务7.10】　完成秦皇岛云河有限公司应收、预收项目的期初余额对账。

操作步骤如下：

1. 在应收款管理系统中，执行“设置”→“期初余额”命令，进入“期初余额—查询”窗口。

2. 单击“确定”按钮，进入“期初余额明细表”，如图7－13所示。

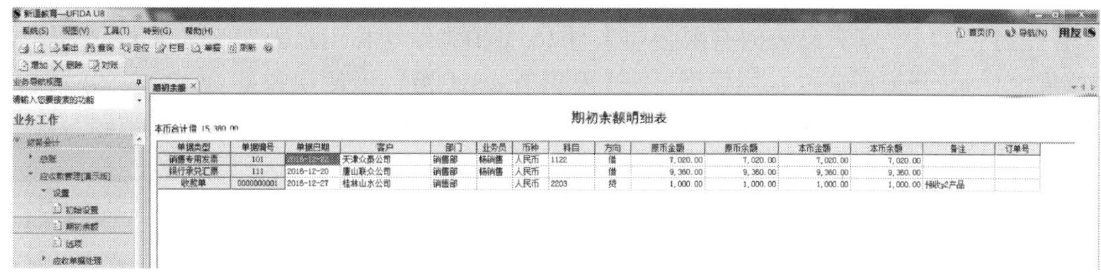

图7－13　期初余额明细表

3. 在“期初余额明细表”对话框单击“对账”按钮，打开“期初对账”对话框，进行总账管理系统和应收管理系统期初余额的对账，应收期初金额和总账期初金额相等，表示对账成功，如图7－14所示。

图7－14　应收款期初对账

4. 单击“退出”按钮，完成期初对账工作。

温馨提示：

应收项目期初余额录入完毕，应进行期初对账工作，查看应收款管理系统与总账管理系统的期初余额是否平衡，如不平衡要修改错误，直至平衡。

任务三　应收款管理系统日常业务处理

应收款管理系统的日常业务主要包括应收单据处理、收款单据处理、核销处理、票据管理、转账处理、坏账处理及制单处理等业务内容，还提供了相关单据查询和账表查询的功能。

一、应收单据处理

应收单据是指由于销售业务开具的各种发票和非销售业务涉及的其他应收单，它们是应收业务处理的起点，是应收管理系统日常核算的原始单据。应收单据处理包括应收单的录入、修改和审核。

温馨提示：

1. 如果用户启用销售管理系统，则销售发票在销售管理系统填制，会自动传递到应收管理系统。

2. 应收单据中的蓝色项目为必选项，是应收业务的关键点，也是用户进行制单处理、单据查询、账表查询的着手点，应准确填写。

3. 已经审核的单据在未进行其他处理之前取消审核，可以修改或删除。修改或删除操作也是在应收单据处理下的应收单据录入状态下进行。

【任务 7.11】 秦皇岛云河有限公司 1 月 15 日销售给桂林山水公司 625 件 P1 产品，无税单价 150 元，开出增值税专用发票一张（发票号 zzs2000），增值税税率为 17%，同时以转账支票代垫运杂费 1000 元（支票号 ZZ100）。完成销售发票、代垫运费应收单的填制。该公司商品收发类别和销售类型，见下表 7－6 和表 7－7 所示：

表 7－6　收发类别

收发类别编码	收发类别名称	收发类别编码	收发类别名称
1	正常入库	2	正常出库
101	采购入库	201	销售出库
102	产成品入库	202	领用出库

表 7－7　销售类型

销售类型编码	销售类型名称	出库类别
1	普通销售	201（销售出库）

1. 填制销售发票

操作步骤如下：

（1）以操作员“0203 王会计”身份，操作日期为“2017 - 01 - 31”，登录企业应用平台，进入应收款管理系统中，执行“应收单据处理”→“应收单据录入”命令，打开“单据类别”对话框。“单据名称”为“销售发票”；“单据类型”为“销售专用发票”；“方向”为“正向”。如图 7 - 15 所示。

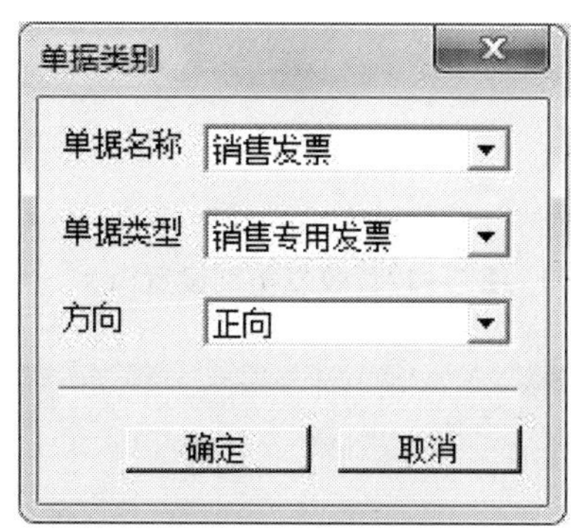

图 7 - 15　单据类别

（2）单击“增加”按钮，根据销售业务内容修改销售日期为“2017 - 01 - 15”，录入发票号“zzs2000”，单击“销售类型”参照按钮，进入“销售类型基本参照”窗口，单击“编辑”按钮，再单击“增加”按钮，输入销售类型编码“1”，销售类型名称“普通销售”，单击“出库类别”参照按钮。注意：“出库类别”项目需要事先完成“收发类别编码”和“收发类型名称”设置，如图 7 - 16 所示。

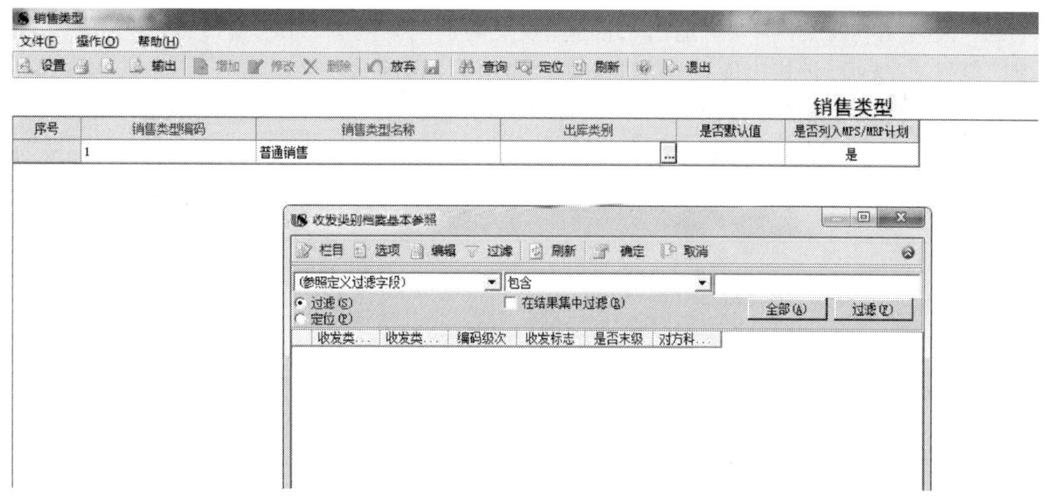

图 7 - 16　进入出库类别设置

（3）单击“编辑”，再单击“增加”按钮，将“收发类别编码”和“收发类别名称”设置完成。即输入收发类别编码“1”；收发类别名称“正常入库”；收发标志选中“收”项；然后点击“保存”。如图 7 - 17 所示。

（4）在“正常入库”项目下，依次增加“101 采购入库”，点击“保存”；“102 产成品入库”，点击“保存”。同理增加收发类别编号“2”，收发类别“正常出库”，收发标志选中“发”，进一步增加“201 销售出库”和“202 领用出库”。如图 7 - 18 所示。

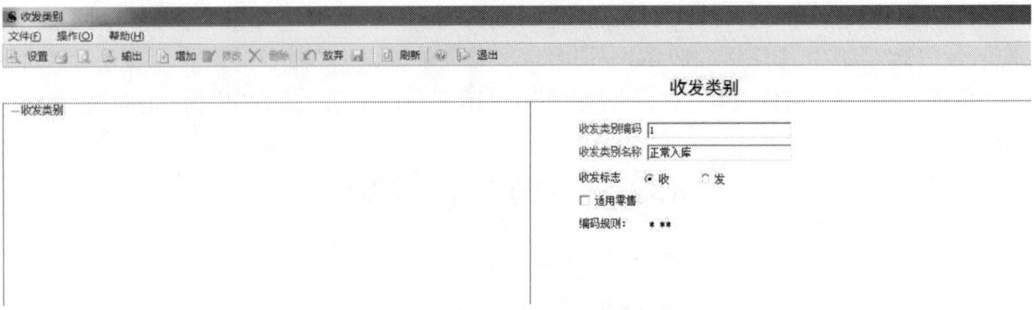

图 7－17　收发类别设置(1)

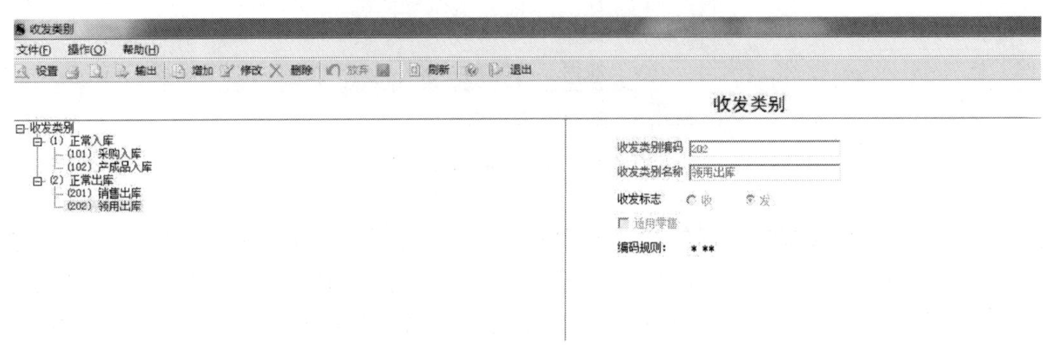

图 7－18　收发类别设置(2)

(5)设置完收发类别单击“退出”,回到“收发类别档案基本参照”窗口,继续完成“出库类别”参照项,选择“销售出库”,点击“保存”,如图 7－19 所示。

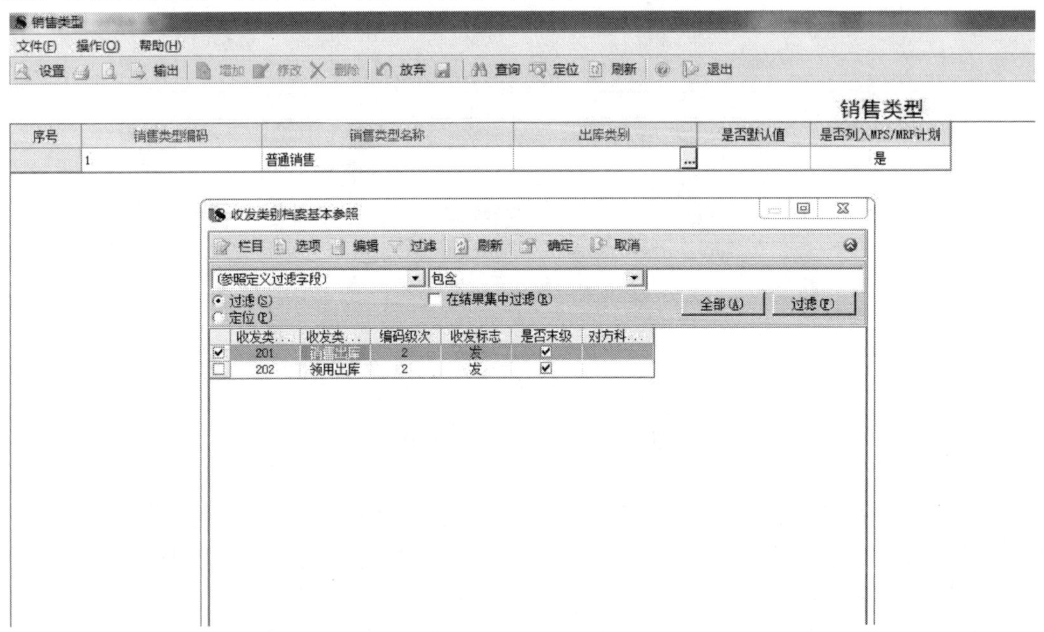

图 7－19　出库类别设置

(6)在客户栏选中“桂林山水公司”,在“存货编码”栏下拉框中选中“P1”产品对应的存货编码“0201”，输入数量“625”，无税单价“150”，单击“保存”按钮，如图 7－20 所示。

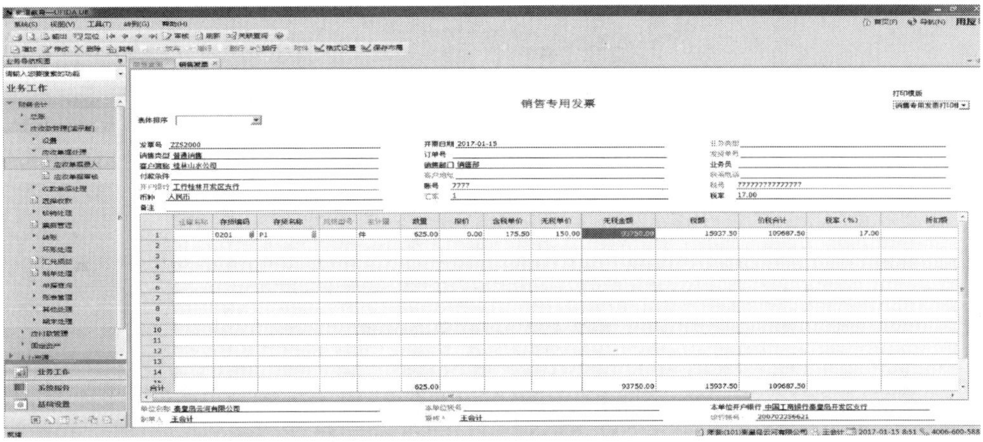

图 7－20　销售专用发票

(7)单击“审核”按钮，系统出现“是否立即制单?”后单击“是”，系统自动生成凭证，修改凭证类型为“转账凭证”，单击“保存”按钮，如图 7－21 所示。

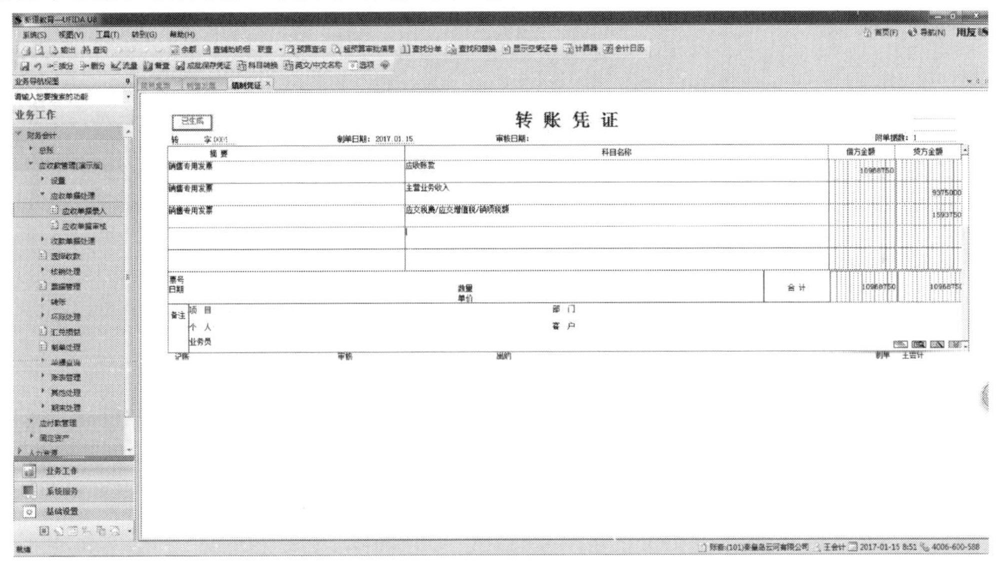

图 7－21　制单生成凭证

2. 代垫运费应收单

(1)以操作员“0203 王会计”身份，操作时间为“2017－01－31”，登录应收款管理系统中，执行“应收单据处理”→“应收单据录入”命令，打开“单据类别”对话框。“单据名称”为“应收单”；“单据类型”为“其他应收单”；“方向”为“正向”。如图 7－22 所示。

(2)单击“增加”按钮，系统弹出一张空白应收单，修改单据日期“2017－01－15”，选择客户名称“桂林山水公司”，在科目栏输入“1122 应收款”，金额栏输入“1000”，在摘要输入“代垫运费”，退出，如图 7－23 所示。

(3)单击“审核”按钮，系统出现“是否立即制单?”后单击“是”，系统自动生成凭证，修改凭证类型为“付款凭证”，单击“保存”按钮，如图 7－24 所示。

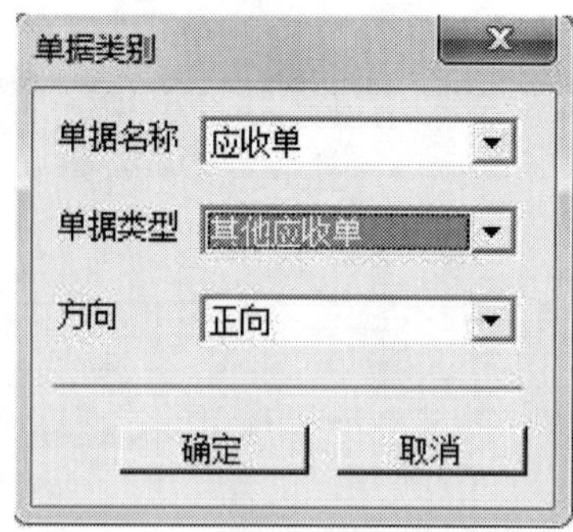

图 7－22　选择单据类型

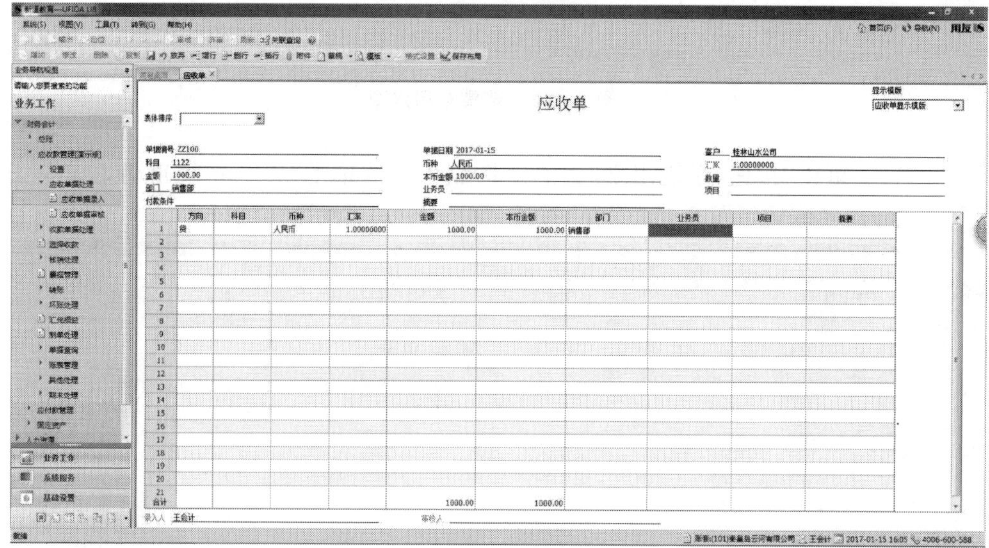

图 7－23　应收单

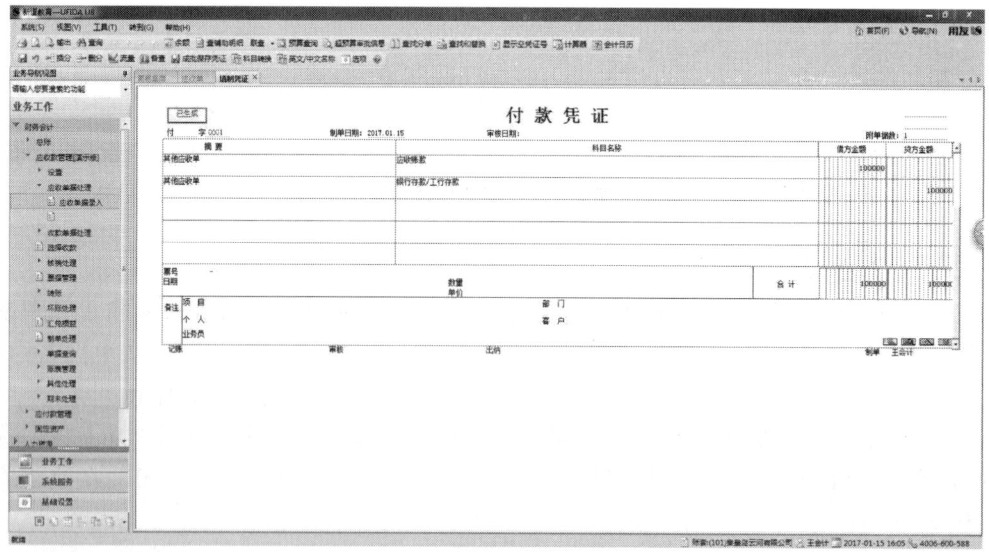

图 7－24　制单生成的凭证

温馨提示：

已审核和生成凭证的应收单不能修改和删除，若要修改和删除，必须取消相应的操作。

【任务 7.12】 秦皇岛云河有限公司 1 月 16 日销售给天津众泰公司 1000 件 P1 产品，无税单价 150 元，开出增值税专用发票一张（发票号 zzs2001），增值税税率 17%，公司销售给唐山联众公司 1000 件 P2 产品，无税单价 200 元，开出增值税专用发票一张（发票号 zzs2002），增值税税率 17%。完成销售发票的填制、审核和制单处理。

操作步骤如下：

1. 以操作员“0203 王会计”身份，操作日期为“2017－01－31”，登录企业应用平台，进入应收款管理系统中，执行“应收单据处理”→“应收单据录入”命令，打开“单据类别”对话框。单据名称为“销售发票”，单据类型为“销售专用发票”，方向为“正向”。

2. 单击“增加”按钮，按照销售业务内容逐项录入“销售专用发票”。注意：先录入本次销售的产品 P1 并“保存”。如图 7－25 所示。

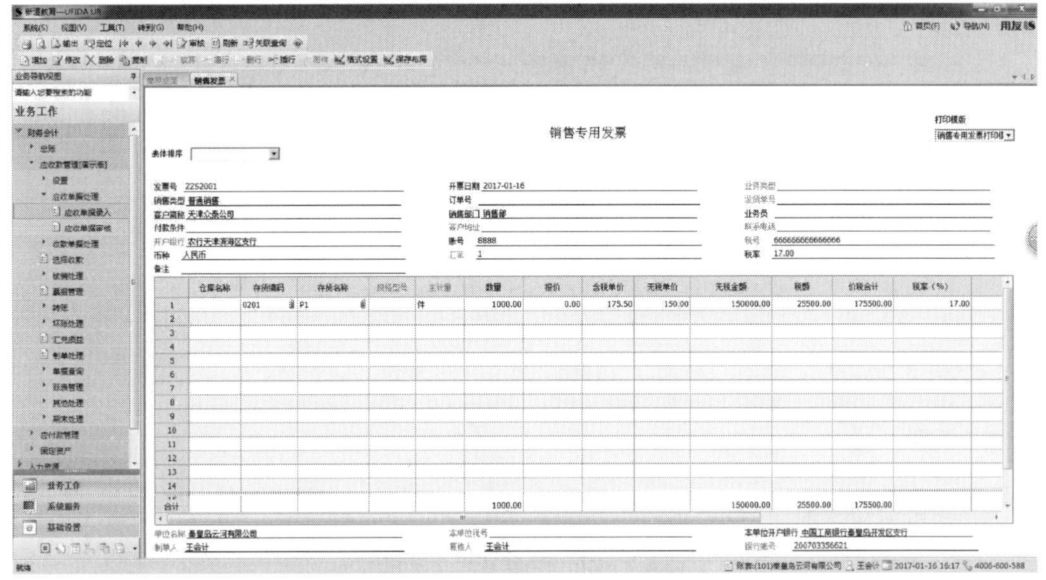

图 7－25　销售 P1 产品专用发票

3. 单击“审核”按钮，系统出现“是否立即制单?”后单击“是”，系统自动生成凭证，单击“保存”按钮，如图 7－26 所示。

4. 销售 P2 产品，销售专用发票与上笔 P1 业务相同，录入销售 P2 产品业务的销售专用发票，如图 7－27 所示。

5. 单击“审核”按钮，系统出现“是否立即制单?”后单击“是”，系统自动生成凭证，修改凭证编号为“转账凭证”，单击“保存”按钮，如图 7－28 所示。

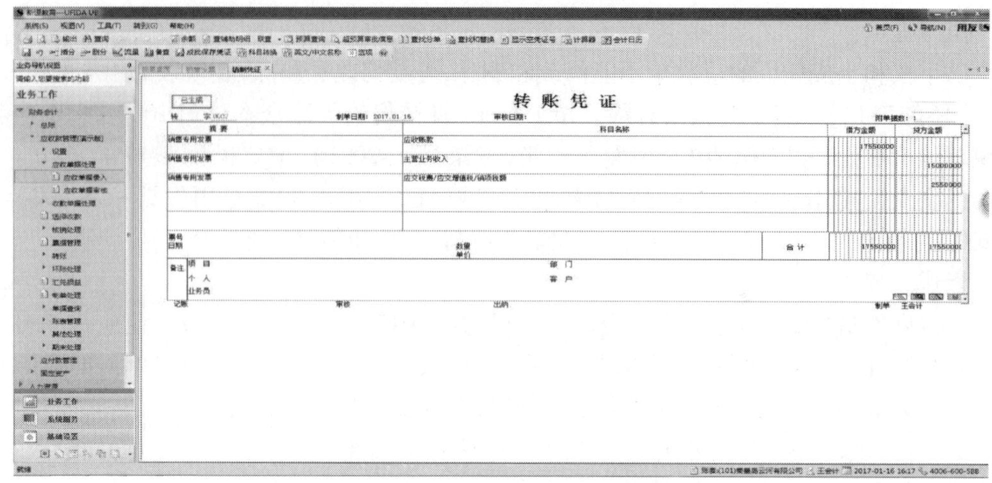

图 7－26　销售 P1 产品生成凭证

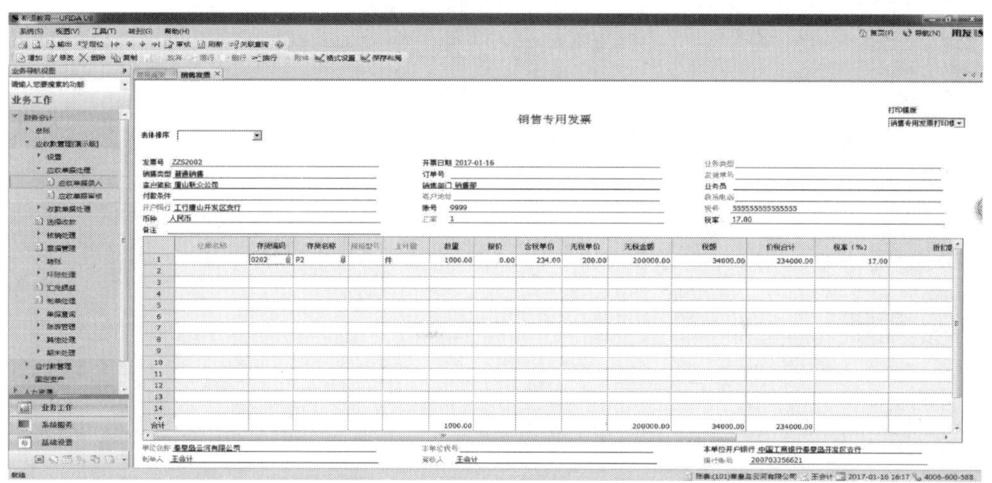

图 7－27　P2 销售专用发票

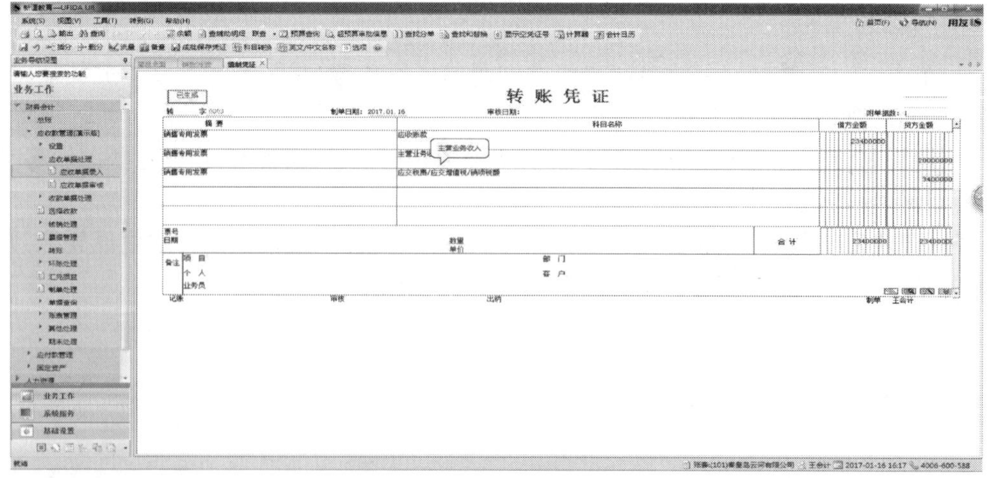

图 7－28　P2 销售生成凭证

温馨提示：

1. 如果修改销售发票,则执行“应收单据处理”→“应收单据录入”命令,打开“单据类别”对话框,选择对应的单据类别,单击“确定”按钮,进入“销售发票”窗口,找到要修改的发票,单击“修改”按钮,进行修改并保存。

2. 如果要删除销售发票,则执行“应收单据处理”→“应收单据录入”命令,打开“单据类别”对话框,选择对应的单据类别,点击“确定”按钮,进入“销售发票”窗口,找到要删除的发票,单击“删除”按钮,系统提示“单据删除后不能恢复,是否继续?”后单击“是”即可。

二、收款单据处理

收款单是企业收到交款人交来的应收款、预收款等款项时开具的收款单据,收款单据处理业务包括收款单录入、审核、与对应的应收单据核销。

【任务7.13】 秦皇岛云河有限公司2017年1月10日收到天津众泰公司交来的转账支票一张,金额7020元,支票号(ZZ533),用来偿还2016年12月22日购货所欠货款,款项结清。完成收款单录入、收款单审核、制单和单据核销处理。

1. 录入收款单

操作步骤如下：

(1)以操作员“0202 李出纳”身份,操作日期为“2017－01－31”,登录企业应用平台。在应收款管理系统中,执行“收款单据处理”→“收款单录入”命令,进入“收款单窗口”。

(2)单击“增加”按钮,修改日期为“2017－01－10”,客户选择“天津众泰公司”,结算方式选择“转账支票”,在“金额”栏输入“7 020.00”,“票据号”输入“ZZ533”,单击“保存”按钮。如图7－29所示。

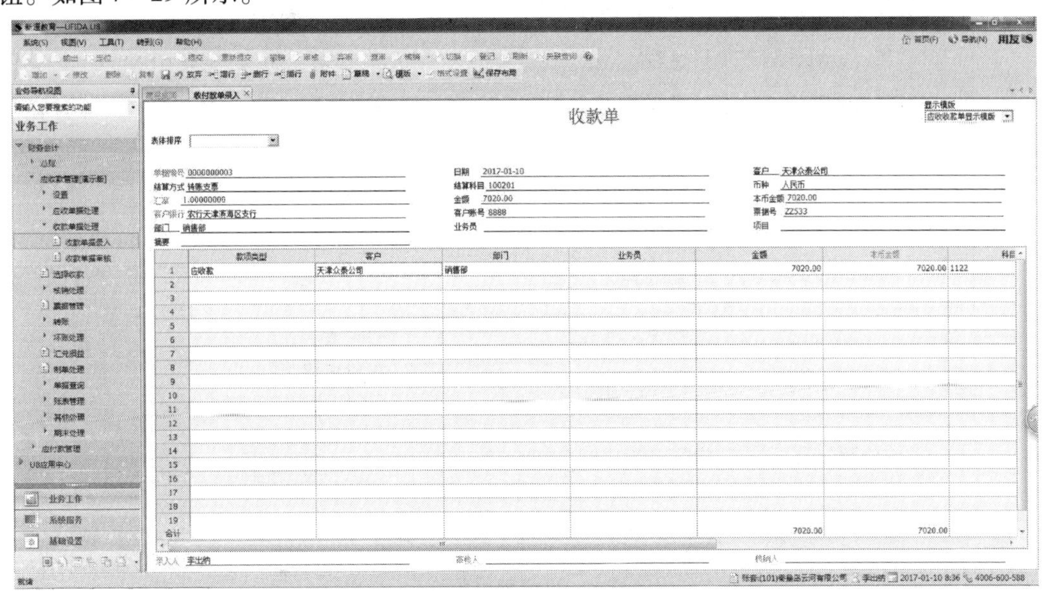

图7－29 收款单录入

2. 审核收款单

(1)以操作员“0201 张主管”身份,操作日期为“2017－01－31”,登录企业应用平台。在应收款管理系统中,执行“收款单据处理”→“收款单据审核”命令,进入“结算单过滤条件”对话框。

(2)单击“确定”按钮,进入“收付款单列表”窗口,选中要审核的收款单,选择“Y”,单击“审核”按钮,系统提示“本次审核成功单据[1]张”,单击“确定”按钮,如图 7-30 所示。

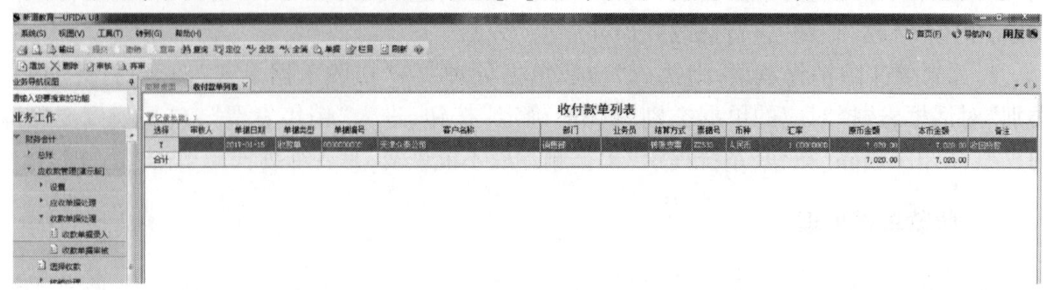

图 7-30　收款单审核

3. 制单

(1)以操作员“0203 王会计”身份,操作时间为“2017-01-31”,登录企业应用平台。在应收款管理系统中,执行“制单处理”命令,进入“制单查询”,勾选“收付款单制单”,如图 7-31 所示。

图 7-31　制单查询

(2)点击“确定”,进入“制单”页面,凭证类型选择“收款凭证”,如图 7-32 所示。

(3)点击“制单”,生成凭证,如图 7-33 所示。

4. 核销收款单据

(1)以操作员“0203 王会计”身份,操作时间为“2017-01-31”,登录企业应用平台。

在应收款管理系统中，执行“核销处理”→“手工核销”命令，打开“核销条件”对话框。“客户”下拉菜单中选择“天津众泰公司”，如图 7－34 所示。

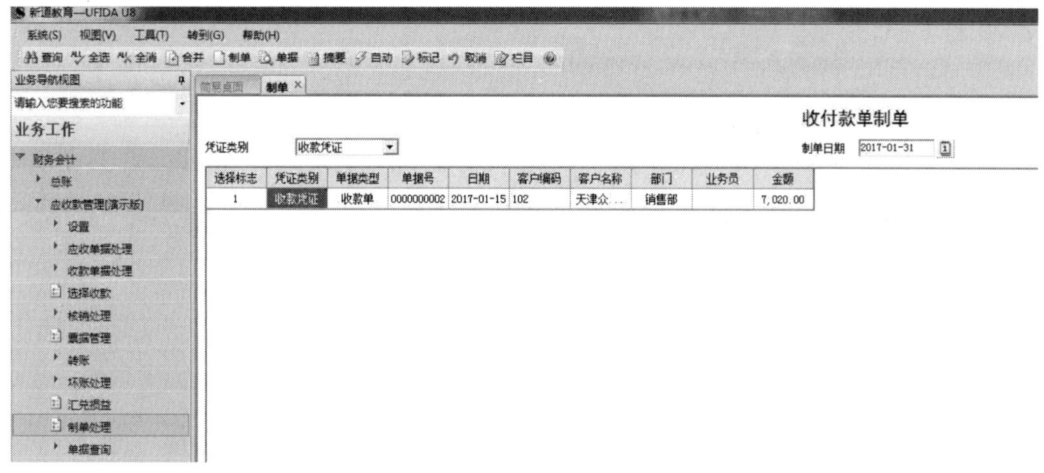

图 7－32　制单窗口

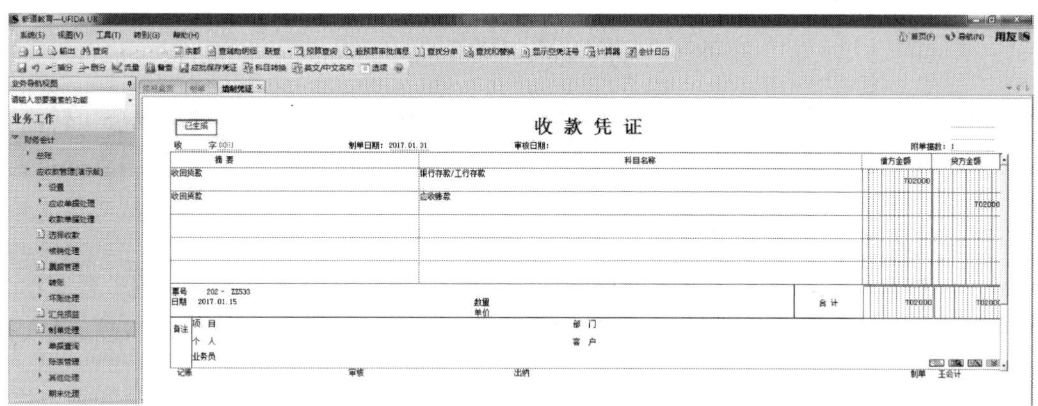

图 7－33　收款单生成凭证

核销条件

通用 | 收付款单 | 单据

客户　102 － 天津众泰公司

部门

业务员

币种　人民币　　计算日期　2017-01-10

现款结算　否

自定义项　确定　取消

图 7－34　核销条件选择窗口

(2)单击“确定”按钮,进入“单据核销窗口”。找到单据日期为“2016-12-22”的业务单据,在“本次结算”栏输入“7 020.00”,单击“保存”按钮。系统自动核销,已核销单据消失。如图7-35所示。

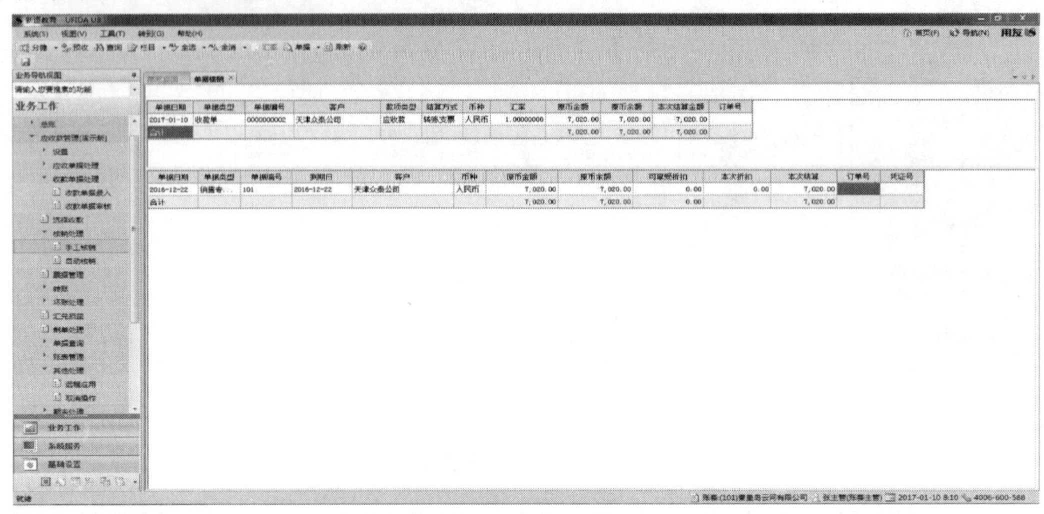

图7-35 单据核销

【任务7.14】 秦皇岛云河有限公司2017年1月18日,公司收到天津众泰公司转账支付的100 000元所欠货款。完成收款单录入、收款单审核、制单和核销处理。

操作步骤如下:

1. 录入收款单

以操作员“0202 李出纳”身份,操作日期为“2017-01-31”,登录企业应用平台。在应收款管理系统中,执行“收款单据处理”→“收款单录入”命令,进入“收款单窗口”,录入相关收款信息,如图7-36所示。

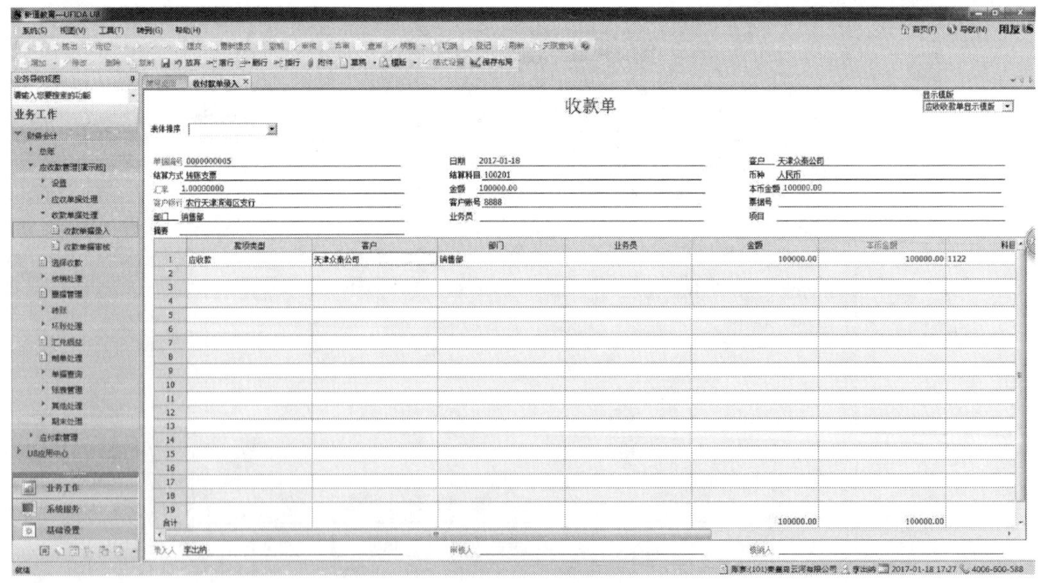

图7-36 收款单

2. 收款单审核

(1)以操作员“0201 张主管”身份,操作日期为“2017－01－31”,登录企业应用平台。在应收款管理系统中,执行“收款单据处理”→“收款单据审核”命令,进入“结算单过滤条件”对话框。

(2)单击“确定”按钮,进入“收付款单列表”窗口,双击选择要审核的单据,单击“审核”按钮,系统提示“本次审核成功单据[1]张”,单击“确定”按钮,如图7－37所示。

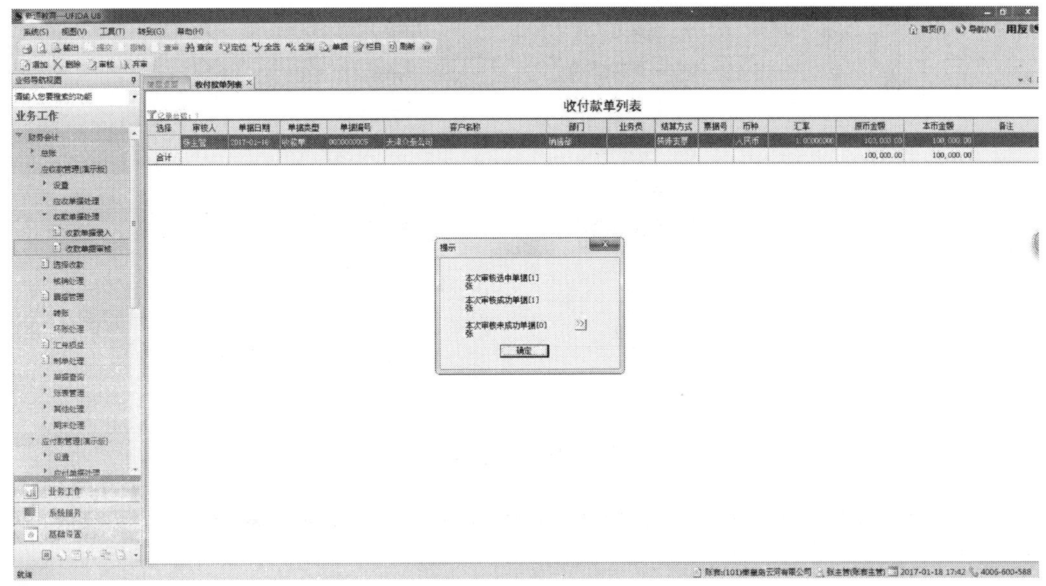

图7－37 收付款单审核

3. 制单

(1)以操作员“0203 王会计”身份,操作时间为“2017－01－31”,登录企业应用平台。在应收款管理系统中,执行“制单处理”命令,进入“制单查询”,勾选“收付款单制单”,如图7－38所示。

(2)单击“确定”按钮,进入“收付款单制单”窗口,单击“全选”按钮,单击“制单”按钮,单击“保存”按钮,如图7－39所示。

4. 核销

(1)以操作员“0203 王会计”身份,操作时间为“2017－01－31”,登录企业应用平台。在应收款管理系统中,执行“核销处理”→“手工核销”命令,打开“核销条件”对话框,在“客户”下拉菜单中选择“天津众泰公司”。

(2)单击“确定”按钮,进入“单据核销窗口”。找到该业务单据,在“本次结算”栏输入“100000”,单击“保存”按钮,系统自动核销。

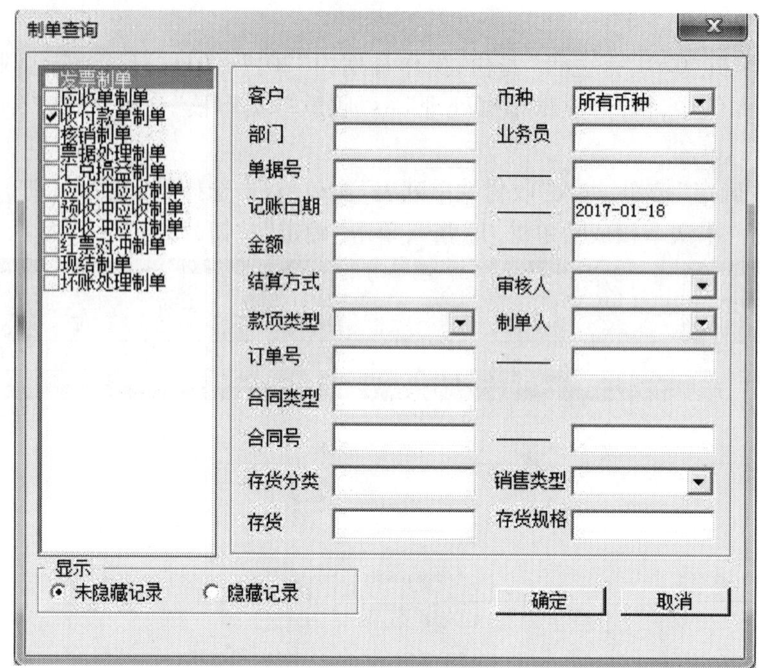

图 7－38　制单查询

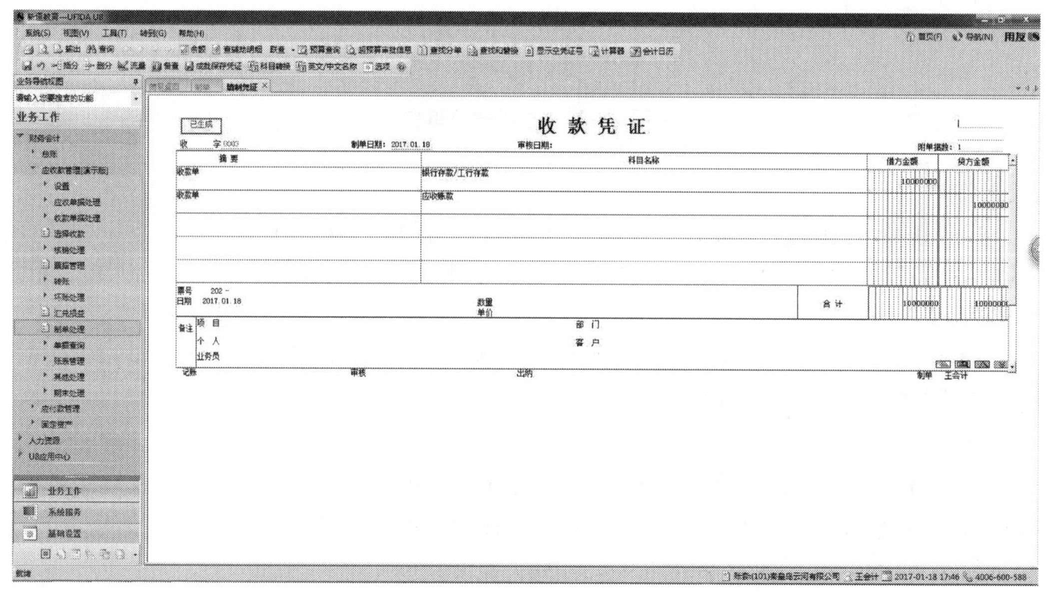

图 7－39　收款凭证

【任务 7.15】　秦皇岛云河有限公司 2017 年 1 月 20 日，公司收到天津众泰公司转账支付的 175 500 元所欠货款和唐山联众公司转账支付的 234 000 元所欠货款。完成收款单录入、收款单审核、制单和核销处理。

操作步骤如下：

1. 录入收款单

以操作员“0202 李出纳”身份，操作日期为“2017－01－31”，登录企业应用平台。在应收款管理系统中,执行"收款单据处理"→"收款单录入"命令,进入"收款单窗口",录入相关收款信息,如图 7-40 所示。

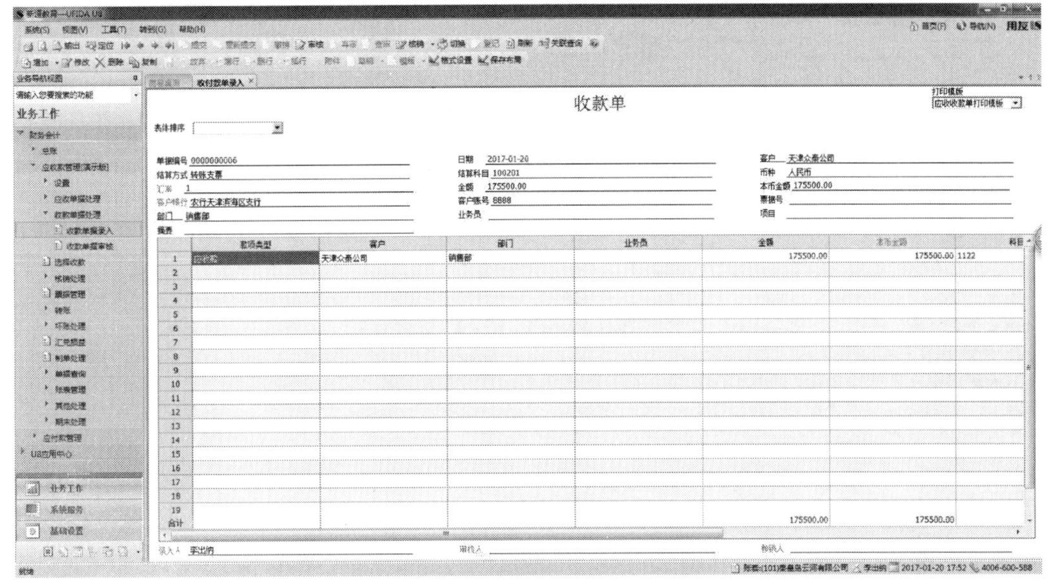

图 7-40　收款单

2. 收款单审核

以操作员"0201 张主管"身份,操作日期为"2017-01-31",登录企业应用平台。在应收款管理系统中,执行"收款单据处理"→"收款单据审核"命令,进行审核,如图 7-41 所示。

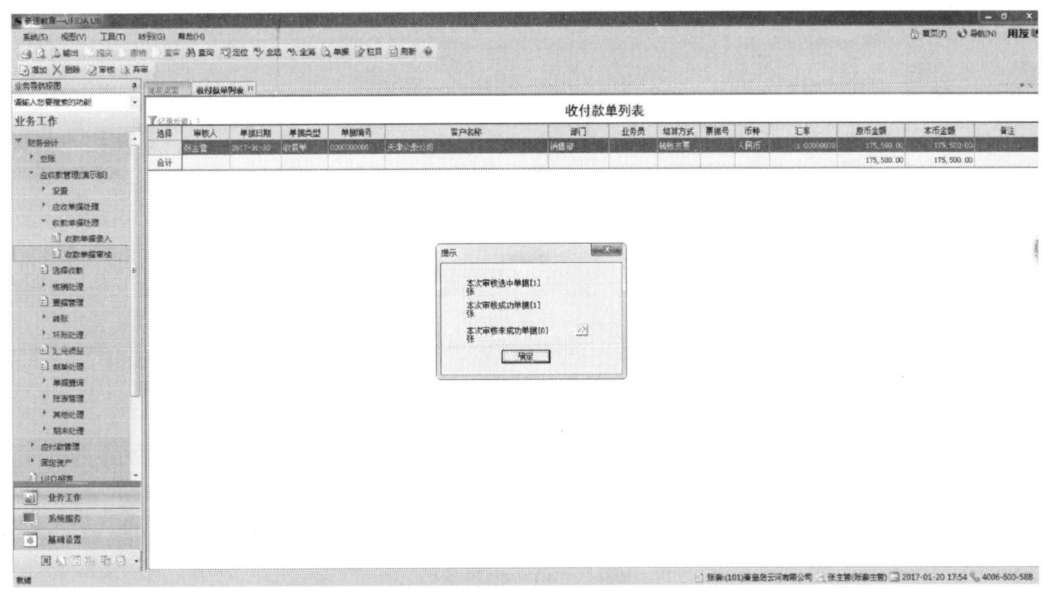

图 7-41　收付款单审核

3. 制单

以操作员"0203 王会计"身份,操作时间为"2017-01-31",登录企业应用平台。在应收款管理系统中,执行“制单处理”命令,进入“制单查询”,勾选“收付款制单”,进行制单,如图 7-42 所示。

图 7-42　生成凭证

4. 核销与任务【7.13】和【7.14】相同。

5. 同样按上述步骤完成对唐山联众公司的收款单、审核、制单和核销处理。相关处理结果如图 7-43、图 7-44、图 7-45 所示。

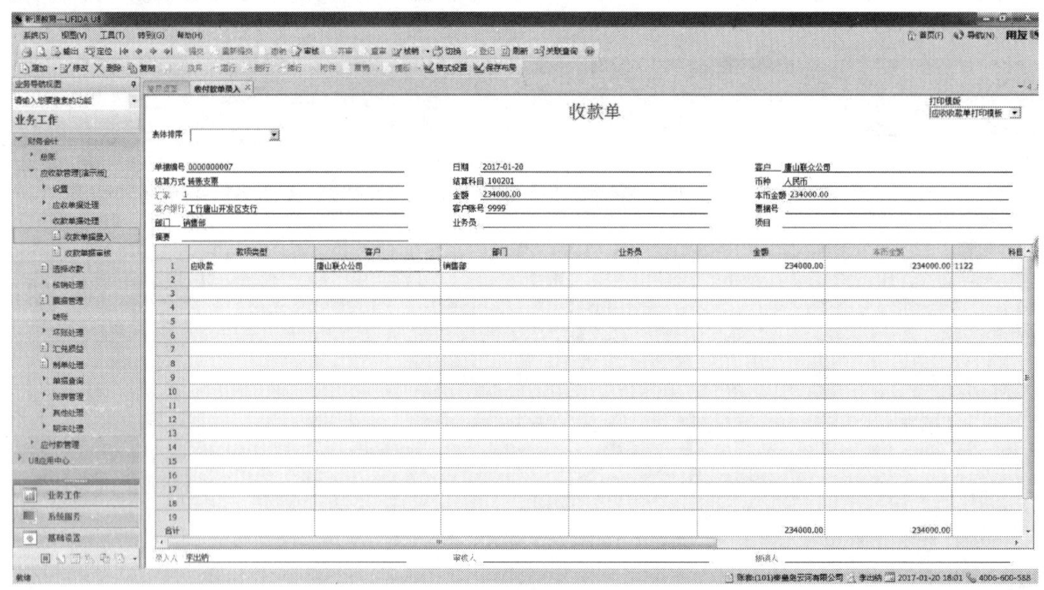

图 7-43　收款单

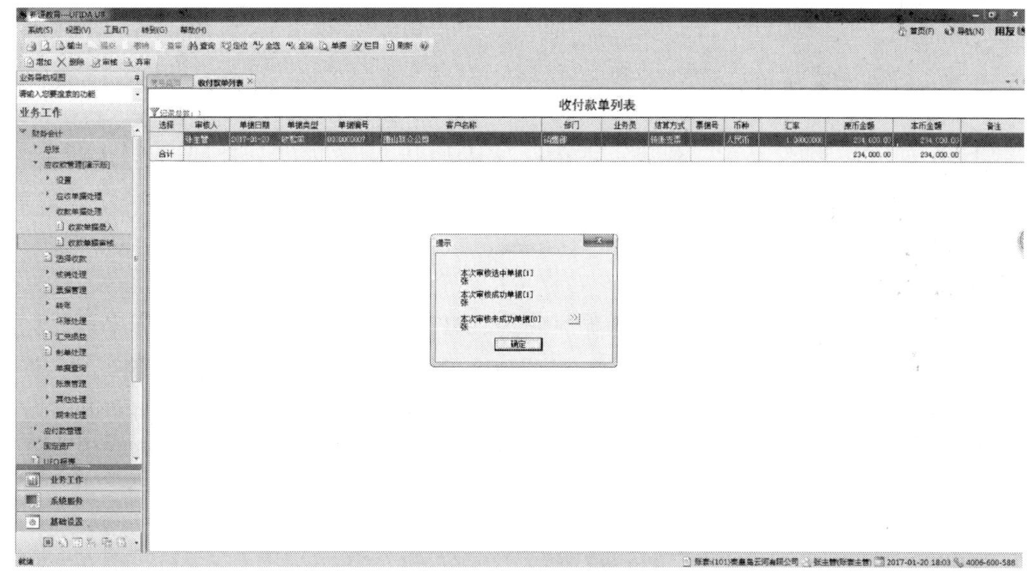

图 7－44　收款单审核

图 7－45　生成凭证

温馨提示：

1. 在收款单录入窗口，款项类型有应收款、预收款、其他费用三种，录入时要根据业务性质选择相应类型。

2. 单据核销是收到客户所欠货款后，将收款单和对应的应收单进行冲销，表明该往来业务已经结清。

3. 单据核销方式有手工核销和自动核销两种。可以在收款单录入界面填制收款单后直接单击“核销”按钮操作，还可以通过“核销处理”功能中的选择“手工核销”或“自动核销”新型单据进行核销处理。

4. 取消核销的操作步骤：点击“其他处理”→“取消操作”→选择取消类型“核销”→选

中字条标志→“OK 确认”即可。

三、转账(应收冲应收)

【任务 7.16】 秦皇岛云河有限公司 2017 年 1 月 16 日,经客户协商同意,将 1 月 10 日公司销售给桂林山水公司的 625 件 P1 产品的应收款中的 100 000 元转给天津众泰公司。完成转账处理。

操作步骤如下:

1. 以操作员“0203 王会计”身份,操作时间为“2017 - 01 - 31”,登录企业应用平台。在应收款管理系统中,执行“转账”→ “应收冲应收”命令,进入“应收冲应收”对话框,输入客户框选择“102 天津众泰公司”,另一客户选择“103 桂林山水”,单击“查询”按钮。如图 7 - 46 所示。

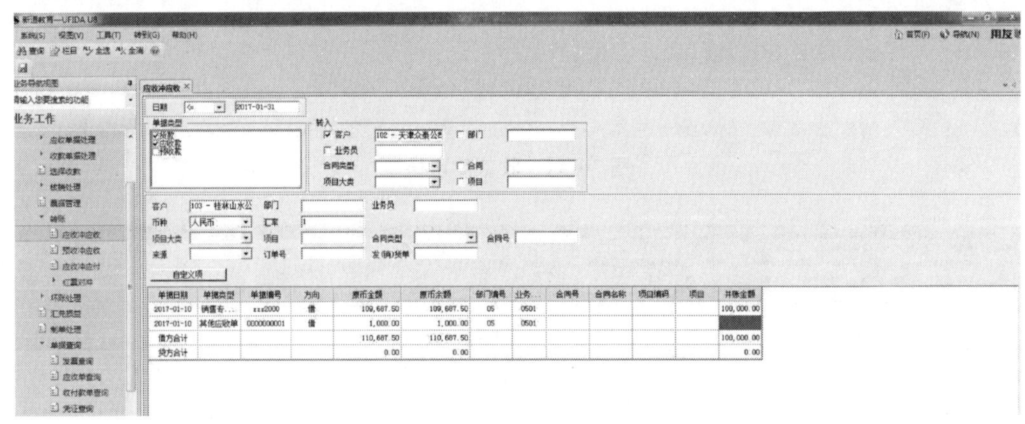

图 7 - 46 应收冲应收

2. 单击“保存”按钮,系统弹出“是否立即制单?”后单击“是”按钮,生成凭证,修改凭证类型为“转账凭证”,如图 7 - 47 所示。

图 7 - 47 生成凭证

3. 核销。

温馨提示：

1. 每一笔应收款的转账金额不得大于其余额。

2. 此转账功能还可以实现“预收冲应收”功能。

四、票据管理

在企业实际销售业务中，商业汇票是常用的结算方式之一，商业汇票包括商业承兑和银行承兑两种，企业销售收到商业汇票形成应收票据。为更好地管理这类业务，系统提供了票据管理功能，将收到的商业汇票录入系统，并根据需要进行票据背书、贴现、转出、到期结算等处理。

【任务 7.17】　秦皇岛云河有限公司 2017 年 1 月 17 日，公司收到桂林山水公司签发的无息银行承兑汇票一张，票据编号 1212，面值 10 687.50，出票日期 1 月 17 日，到期日 4 月 17 日。1 月 20 日，因公司急需资金，持该银行承兑汇票到银行办理贴现，当日贴现率为 6%。完成商业汇票填写、审核、制单和商业汇票贴现、填写、审核、制单处理。

操作步骤如下：

1. 收到银行承兑汇票

（1）以操作员“0203 王会计”身份，操作时间为“2017－01－31”，登录企业应用平台。在应收款管理系统中，执行“票据管理”，进入“票据管理”窗口，单击“增加”按钮，进入“应收票据”窗口，录入“银行承兑汇票”，单击“保存”按钮，如图 7－48 所示。

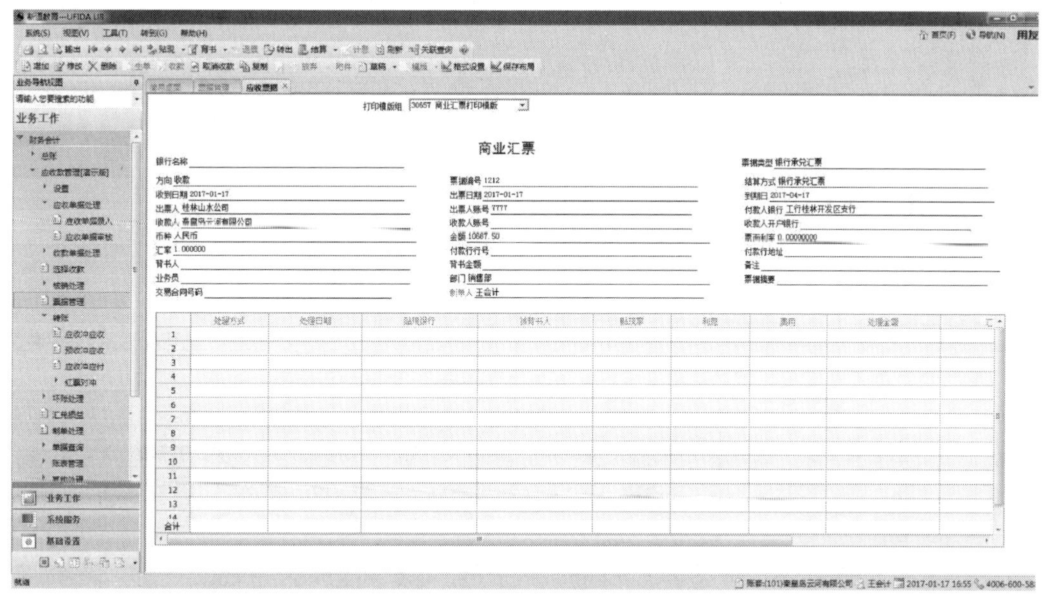

图 7－48　录入商业汇票

（2）执行“收款单据处理”→“收款单据审核”命令，进入“收付款单列表”，进行审核，如图 7－49 所示。

（3）审核后，立即制单或通过制单处理生成凭证，单击“保存”按钮，如图 7－50 所示。

（4）核销。

2. 票据贴现

（1）以“0203 王会计”身份执行“应收款管理系统”→“票据管理”命令，在“查询条件选择”窗口单击“确定”按钮进入“票据管理”窗口，双击“选择”出现“Y”，单击“贴现”命令，进入票据贴现窗口，输入贴现日期为“2017－01－20”，贴现率为“6%”，系统自动计算出贴现费用和贴现净额，如图7－51所示。

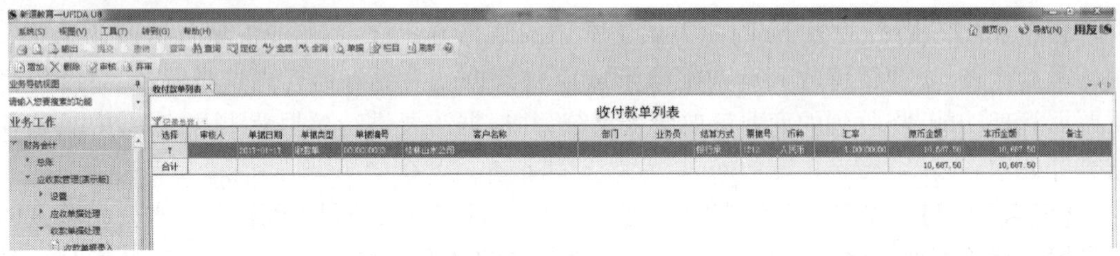

图7－49　审核商业汇票

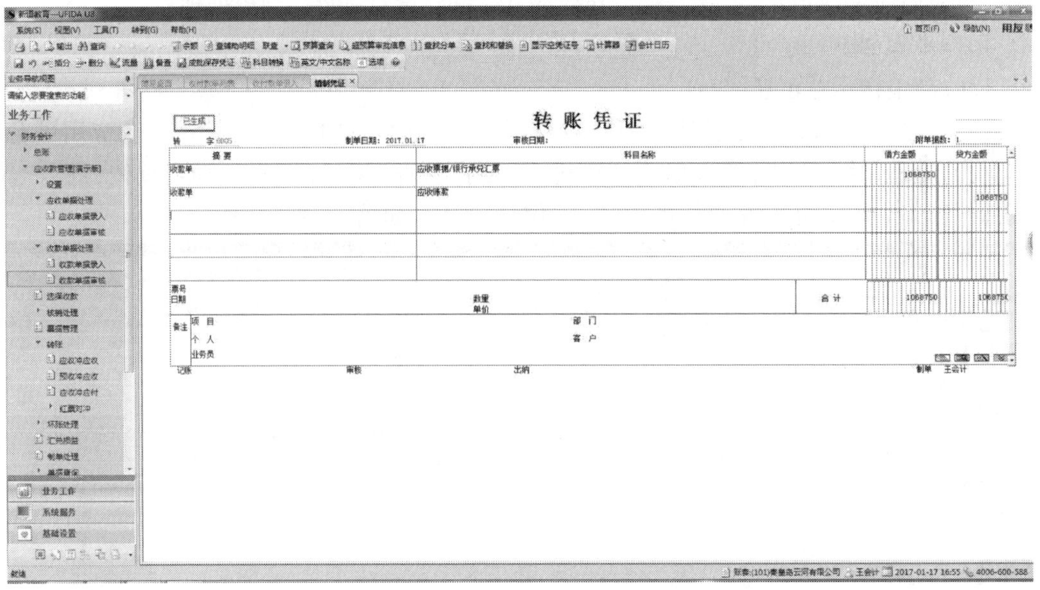

图7－50　生成凭证

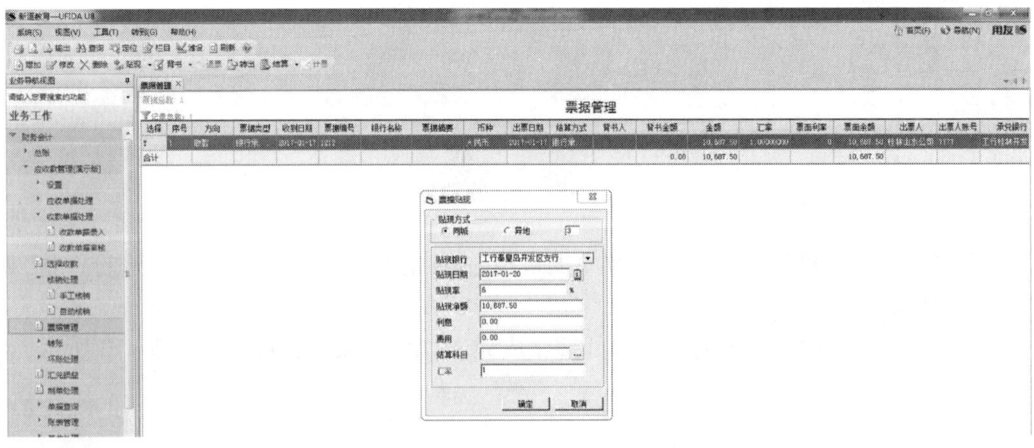

图7－51　票据贴现

(2)单击“确定”按钮,系统弹出“是否立即制单?”后单击“是”按钮,如图7-52所示。

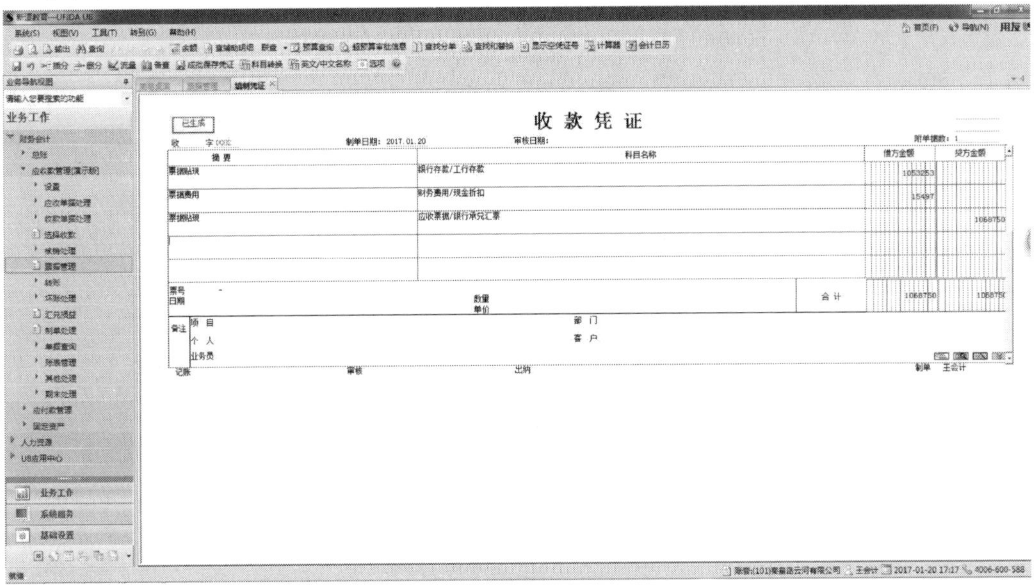

图7-52 贴现生成凭证

温馨提示:

1. 票据的贴现日期决定贴现利息和贴现净额的计算结果,所以必须录入准确。

2. 录入收到的商业汇票,在系统中视同“收款单据”,需要在收款单据处理中进行审核,从而生成凭证。

3. 在该模块系统生成的凭证需要在总账系统中进行出纳签字、审核、记账。

任务四 应收款管理系统期末处理

一、月末结账

月末结账是在应收款管理系统的期末处理工作,包括月末结账和应收账表统计分析。

月末结账是在本期业务全部处理完成后,系统对本期信息数据进行汇总计算,余额转入下期,以便结束本期业务操作,开始下期业务处理的过程。月末结账后,本月将不能再进行任何业务变动操作。若企业发现该月还有未处理的业务或月末结账有误,可以取消月末结账,但要取消结账操作只有在该月总账系统未结账时才能进行。

【任务7.18】 完成秦皇岛云河有限公司1月份应收款管理系统的结账操作。

操作步骤如下:

1. 以操作员“0203 王会计”身份,操作时间为“2017-01-31”,登录“应收款管理系统”,执行“期末处理”→“月末结账”命令,双击需要结账的1月份“结账标志”空白栏,显示结账标志,如图7-53所示。

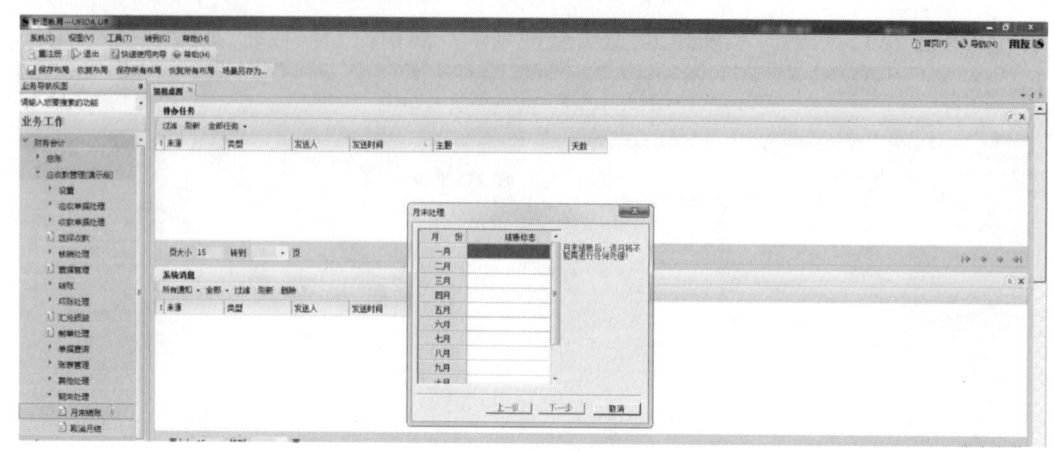

图 7－53　结账标志

2. 单击“下一步”按钮，系统自动检查各项业务的记账和制单处理情况，弹出检查结果报告单。单击“完成”按钮，提示“1 月份结账成功”，单击“确定”按钮，完成月末结账操作。

二、取消结账

【任务 7.19】　完成秦皇岛云河有限公司 1 月份应收款管理系统的取消结账操作。

操作步骤如下：

以操作员“0203 王会计”身份，操作时间为“2017－01－31”，登录“应收款管理系统”，执行“期末处理”→“取消月结”命令，选择 1 月“已结账”标志。单击“确定”按钮，系统提示“取消结账成功”。单击“确定”按钮，完成取消结账操作。

温馨提示：

1. 月末结账时，依次按顺序月结账，如果上月没有结账，则本月不能结账；如果本月有未核销的结算单，不能结账；若总账系统也已经结账，应收款管理系统不能取消结账。

2. 应收款管理系统结账后，总账系统才能结账。

3. 如果应收款管理系统与销售系统集成使用，则需要在销售管理系统结账后才能结账。

三、应收账表统计分析

对应收业务账表的统计分析，有利于及时了解应收款项的分布、资金占用状态，便于采取措施，加快资金回收，提高应收款项的管理能力。而统计分析包括应收账龄分析、收款账龄分析、欠款分析、收款预测等。

应收款账龄分析主要是根据应收款账龄区间分布，计算出各个账龄区间的应收款占应收款项总额的比例，用以分析各项应收款的资金占用情况和客户信用情况，便于及时发现问题，催收账款，加强企业对往来款项动态的监督管理。

【任务 7.20】　完成秦皇岛云河有限公司 1 月份应收款和预收账款账龄分析。

操作步骤如下：

1. 以操作员“0203 王会计”身份，操作时间为“2017－01－31”，登录“应收款管理系统”，执行“统计分析”→“应收款账龄分析”命令，在“查询条件”对话框选择查询对象为

“客户”,如图 7－54 所示。

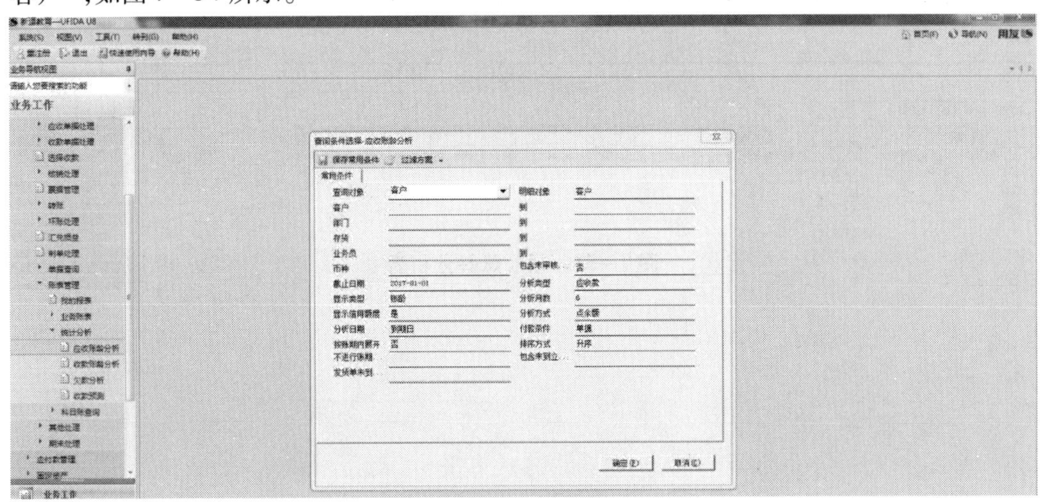

图 7－54　查询条件

2. 单击“确定”按钮,系统会自动进行账龄分析,生成“应收账龄分析表”,如图 7－55 所示。

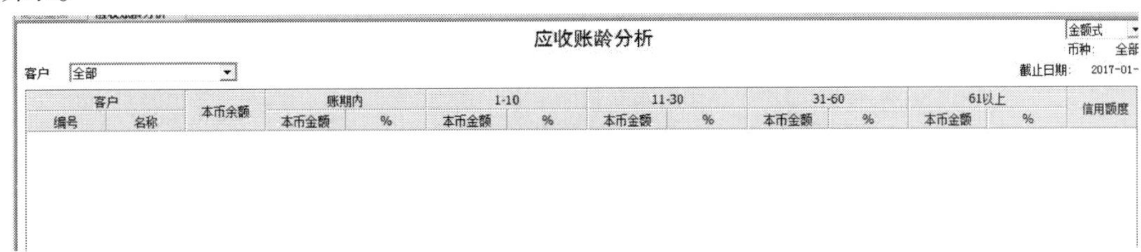

图 7－55　生成应收账龄分析表

温馨提示:由于本月所有的应收款都已经收回并核销,应收的余额为零。

3. 继续登录“应收款管理系统”,执行“统计分析” →“应收款账龄分析”命令,在“查询条件”对话框,选择查询对象为“客户”,“分析类型”为“预收款”,如图 7－56 所示。

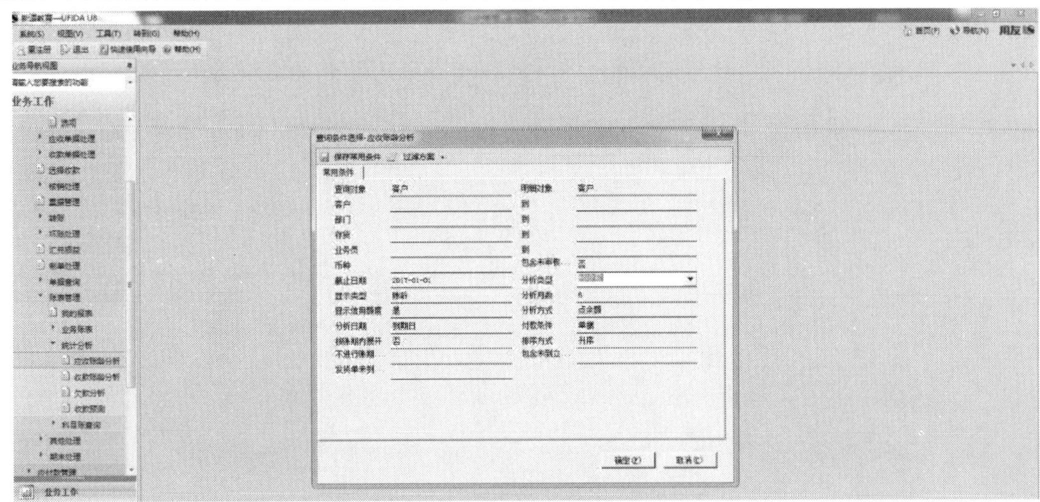

图 7－56　查询条件

4. 点击“确定”按钮，系统会自动进行账龄分析，生成“预收账龄分析表”，如图 7－57 所示。

客户		本币余额	账期内		1-10		11-30		31-60		61以上		信用额度
编号	名称		本币金额	%	本币金额	%	本币金额	%	本币金额	%	本币金额	%	
103	桂林山水公司	1,000.00							1,000.00	100.00			
数量									1				
金额		1,000.00							1,000.00	100.00			

图 7－57　预收账龄分析表

项目八　应付款管理系统

【学习目标】

1. 了解应付款管理系统的主要功能；
2. 熟悉应付款管理系统的操作流程；
3. 掌握应付款管理系统的基本业务操作方法；
4. 具备应付款管理业务的处理能力。

【重点难点】

应付业务和付款业务处理。

任务一　应付款管理系统认知

一、应付款管理系统的主要功能与作用

应付款管理系统主要用于核算和管理企业日常经营过程中产生的各种因赊购产品而引起的供应商往来款项的产生、收回、转账等应付款业务。它以录入采购发票、其他应收单等原始单据为依据，确认应付款项，对应付款项的偿还及转账、票据管理等业务进行处理等，为查询和分析往来业务提供资料，加强对往来款项的监督管理。

二、应付款管理系统的业务操作流程

首先要进行初始化设置，包括账套控制参数设置和初始数据录入；然后进行日常业务处理，包括录入应付单付款单、审核应付单付款单、转账处理、票据管理、制单处理等；最后进行月末结账处理。

任务二　应付款管理系统初始设置

应付款管理系统初始化设置主要包括账套控制参数设置和初始数据录入（包括初始设置和期初余额两部分）。

一、参数设置

因不同的企业对应付款项的管理和核算方法存在差异，因此应付款管理系统提供了系统控制参数设置选项，企业可根据自己的实际情况进行设置，以便系统根据所设定的选项进行相应的处理。

【任务8.1】　秦皇岛云河有限公司应付账款系统参数设置如下：单据审核日期依据为“单据日期”；汇兑损益方式为“月末处理”；应付账款核算模型为“详细核算”；受控科目制单方式选择“明细到供应商”；控制科目依据为“按供应商”；采购科目依据为“按存货分

类”;取消“控制操作员权限”;其他选项按系统默认设置。

操作步骤如下:

1. 以账套主管“0101 袁经理”的身份注册,操作日期为“2017－01－01”,进入企业应用平台,如图 8－1 所示。

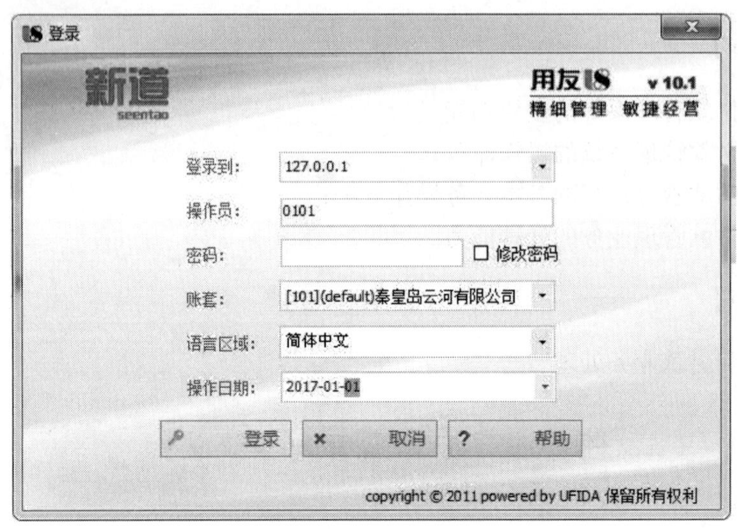

图 8－1　注册登录

2. 打开“业务工作→财务会计→应付款管理→设置→选项”,进入账套参数设置界面,单击“编辑”,弹出“选项修改需要重新登录才能生效”对话框,单击“确定”按钮,按照任务要求进行各项账套对应参数的修改设置,然后单击“确定”按钮,如图 8－2 所示。

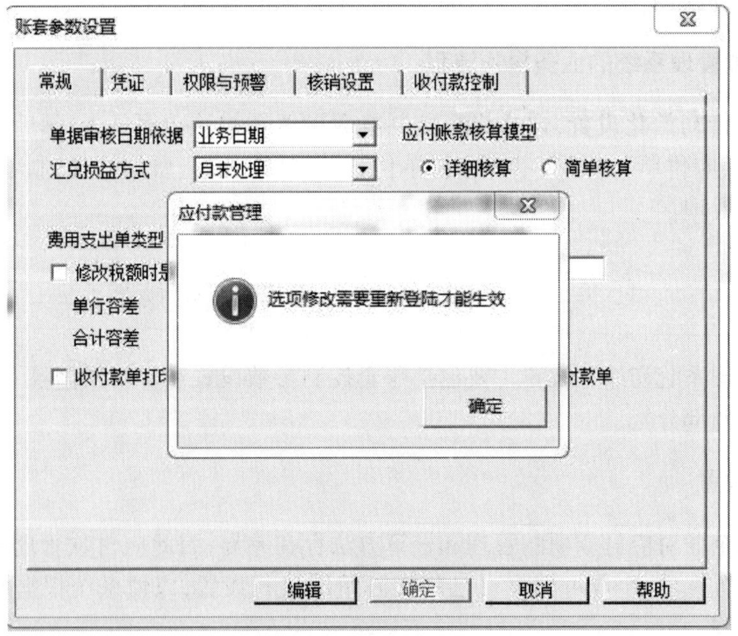

图 8－2　账套参数设置

二、初始设置

系统初始设置的内容有基本科目设置、结算方式科目设置、账期内账龄区间和逾期账龄区间设置、期初余额录入等内容,设置的步骤、方法与应收款管理系统初始设置相同。

(一)基本科目设置

因企业应付业务类型比较固定,生成凭证的科目也比较固定,为了简化凭证生成操作,将常用科目预先设置好,生成凭证时,系统会自动把相应科目带入。

【任务8.2】 应付科目为“220201 一般应付账款”,预付科目为“1123 预付账款”,采购科目为“1402 在途物资”,税金科目为“22210101 进项税额”,现金折扣科目为“660302 财务费用—现金折扣”,商业承兑科目为“2201 应付票据”,银行承兑科目为“2201 应付票据”。

操作步骤如下:

进入“应付款管理→设置→初始设置”,选择“设置科目→基本科目设置”,点击“增加”,并录入对应的会计科目编号。如图8-3所示。

基础科目种类	科目	币种
应付科目	220201	人民币
预付科目	1123	人民币
采购科目	1402	人民币
税金科目	22210101	人民币
现金折扣科目	660302	人民币
商业承兑科目	2201	人民币
银行承兑科目	2201	人民币

图8-3　基本科目设置

(二)结算方式科目设置

【任务8.3】 现金结算方式科目为“1001 库存现金”,现金支票结算方式科目为“100201 银行存款—工行存款”,转账支票结算方式科目为“100201 银行存款—工行存款”,电汇结算方式科目为“100201 银行存款—工行存款”,同城特约委托收款结算方式科目为“100201 银行存款—工行存款”。

操作步骤如下:

进入“应付款管理→设置→初始设置→设置科目→结算方式科目设置”,在结算科目录入窗口录入结算方式对应的会计科目。如图8-4所示。

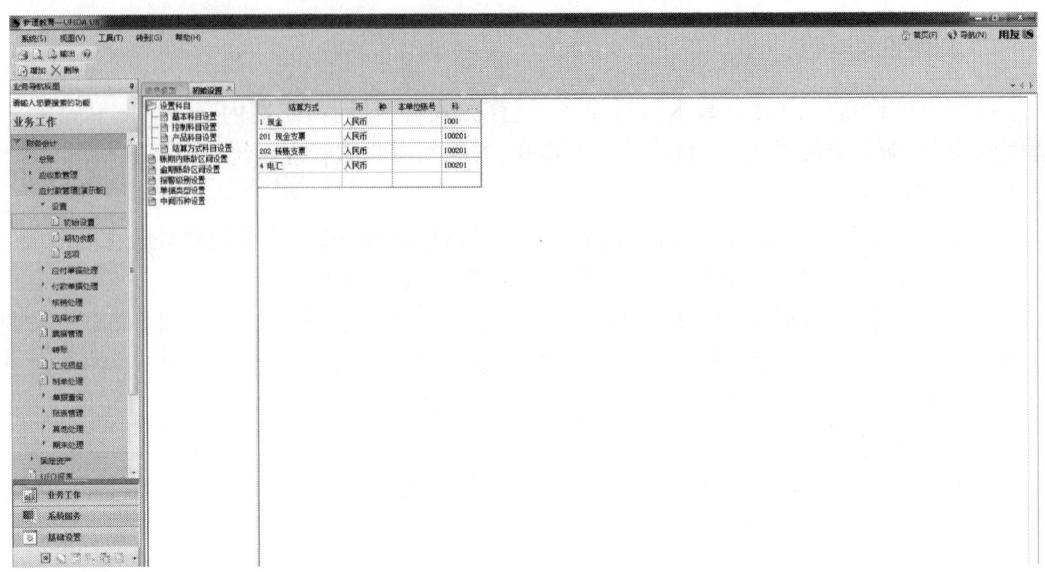

图 8－4　结算方式科目设置

（三）账期内账龄区间和逾期账龄区间设置

【**任务** 8.4】　见表 8－1。

表 8－1　账期内账龄区间和逾期账龄区间

序号	起止天数	总天数
01	1－30	30
02	31－60	60
03	61－90	90
04	91 以上	

账期内账龄区间操作步骤如下：

进入"应付款管理→设置→初始设置→设置科目→账期内账龄区间设置"，在总天数录入窗口录入起止天数，点击"增加"按钮，录入相应数据，如图 8－5 所示。

逾期账龄区间操作步骤如下：

进入"应付款管理→设置→初始设置→设置科目→逾期账龄区间设置"，在总天数录入窗口录入起止天数，点击"增加"按钮，录入相应数据，如图 8－6 所示。

（四）期初余额录入

初次使用本系统时，要将未处理的所有供应商的应付账款、预付账款和应付票据等数据在应付款管理系统中录入到该系统的初始数据中并对账。这样便于日后的核销处理，既保证了数据的连续性，又保证了数据的完整性。

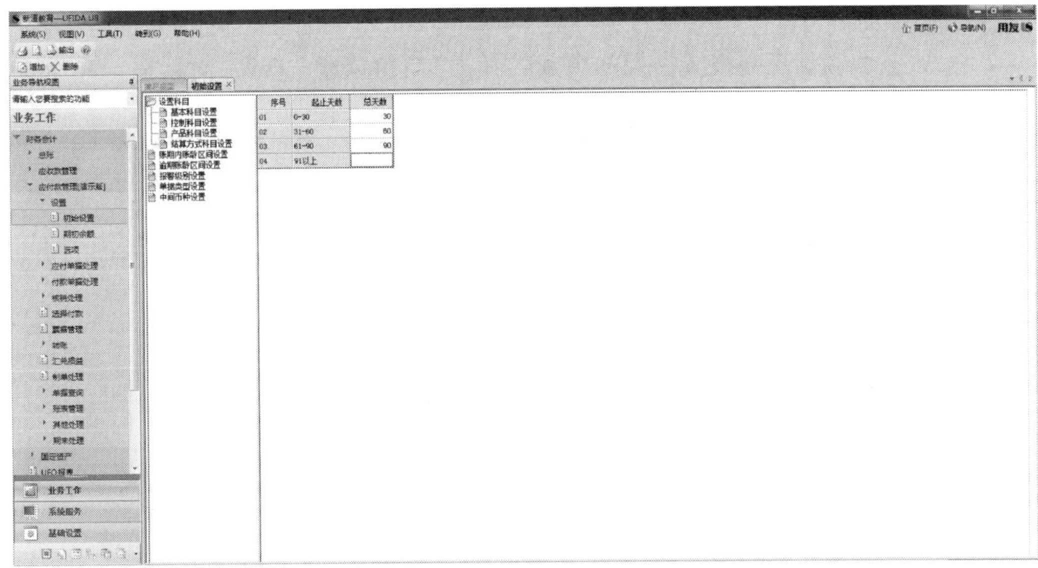

图 8－5　账期内账龄区间

图 8－6　逾期账龄区间

【**任务** 8.5】 见表 8－2。

表 8－2　应付账款期初余额表

单据类型	单据日期	供应商名称	科目	采购部门	业务员	货物编号	货物名称	数量	无税单价
采购专用发票	2016－12－24	河北华夏公司	220201	采购部	赵采购	0101	R1	600	50 元
采购专用发票	2016－12－26	辽宁远大公司	220201	采购部	赵采购	0102	R2	500	60 元

操作步骤如下：

1. 进入“应付款管理→设置→期初余额”，弹出“期初余额—查询”对话框，如图 8－7 所示。

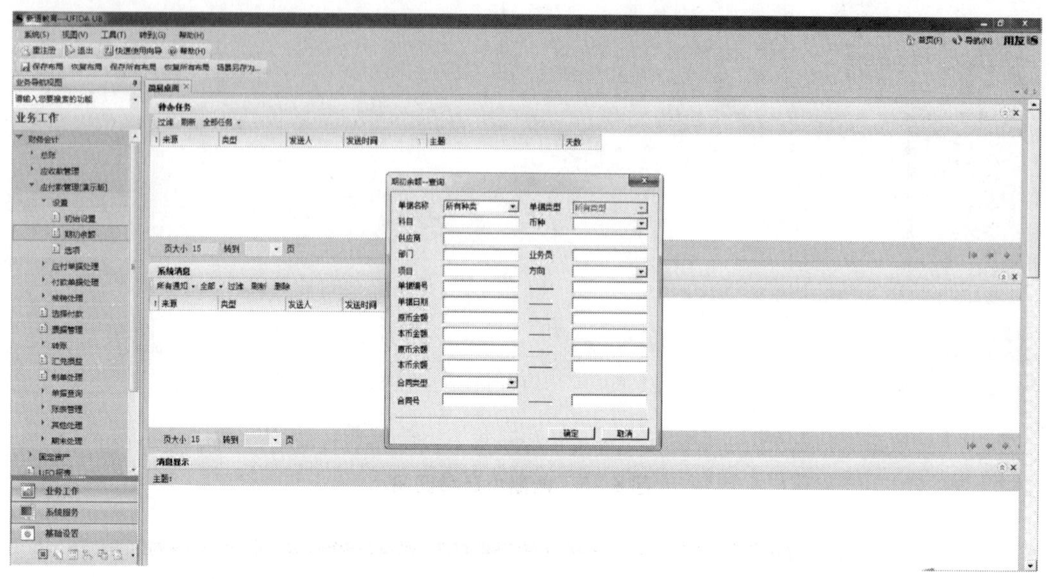

图 8－7　期初余额—查询

2. 单击“确定”按钮，弹出“期初余额明细表”对话框，单击“增加”按钮，弹出“单据类别”对话框，选择单据名称为“采购发票”，单据类型为“采购专用发票”，方向为“正向”，如图 8－8 所示。

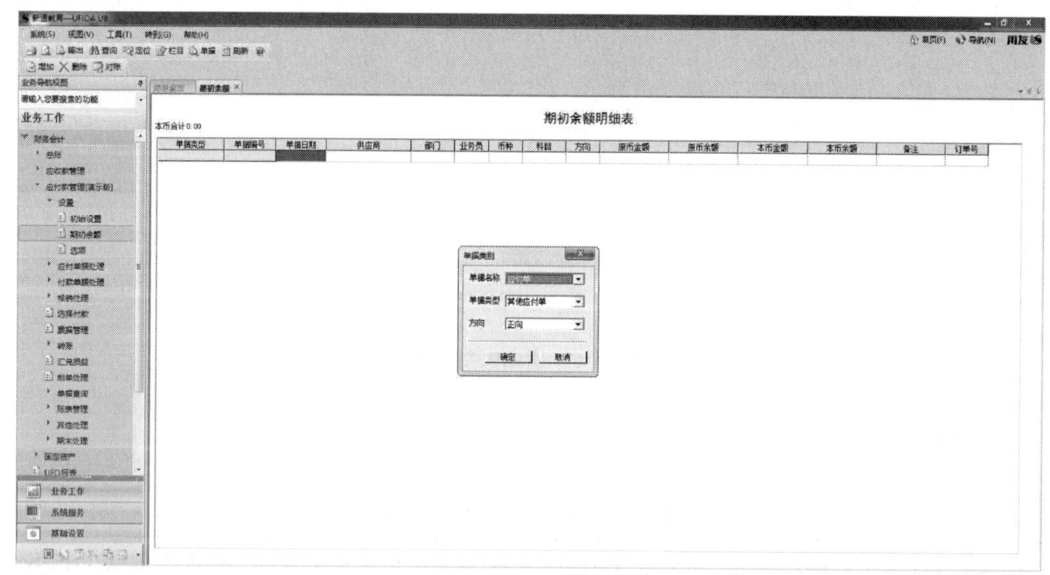

图 8－8　单据类别

3. 单击“确定”按钮，弹出“采购专用发票”对话框，单击“增加”按钮，根据表 8－2 的数据录入相关期初余额并保存。关闭“采购发票”“期初余额”界面，再单击“设置→期初余额”，如图 8－9 所示。

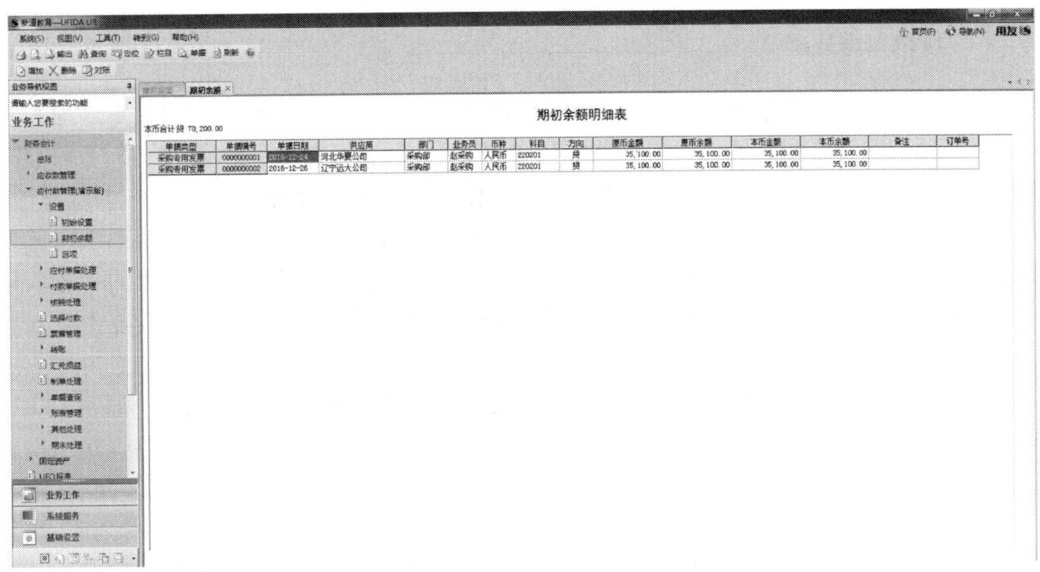

图 8－9　期初余额明细表

4. 单击“对账”按钮，如图 8－10 所示，没有差额表示对账正确。

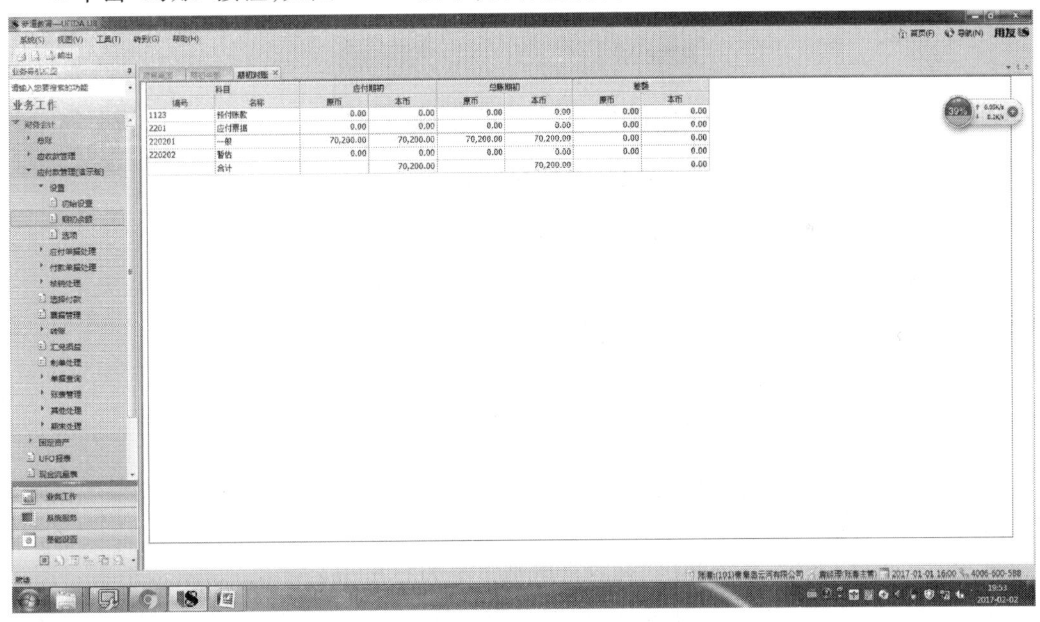

图 8－10　对账

任务三　应付款管理系统日常业务处理

应付款管理系统日常业务主要有：应付单据录入审核、付款单据录入审核、票据管理、核销处理、制单处理等内容，同时提供了各种查询功能。任务三由操作员“0203 王会计”负责应付单据录入、审核、制单处理工作，由操作员“0202 李出纳”负责付款单的录入，由账套主管“0201 张主管”负责应付单审核，由操作员“0203 王会计”负责制单处理。

一、应付单据处理

应付单包括采购业务中产生的应付单,即采购发票及其他业务产生的应付单。应付单据处理是对采购发票和其他应付单这些原始单据进行录入、审核、核销、修改、查询等操作。内容包括:录入采购发票、录入应付单据、应付单据审核、修改和删除等。

操作提示:如果应付款管理系统与采购管理系统集成使用,即启用供应链系统。采购发票在采购管理系统中录入,应付系统中只进行查询、核销、制单等操作,录入的单据仅限于应付单。本教材没有使用采购系统,则所有发票和应付单均需在应付款系统中录入并处理。

【任务8.6】 1月5日,根据采购计划,公司从河北华夏公司购入2 000个原材料R1,无税单价50元/个,收到增值税专用发票一张(发票号zzs0001),增值税税率为17%,材料已验收入库,货款暂欠。

操作步骤如下:

1. 以操作员“0203 王会计”注册,操作日期为“2017－1－31”,进入企业应用平台。单击“业务工作→财务会计→应付款管理→应付单据处理→应付单据录入”,在系统弹出的“单据类别”对话框选择单据名称“采购发票”,单据类型“采购专用发票”,方向“正向”,如图8－11所示。

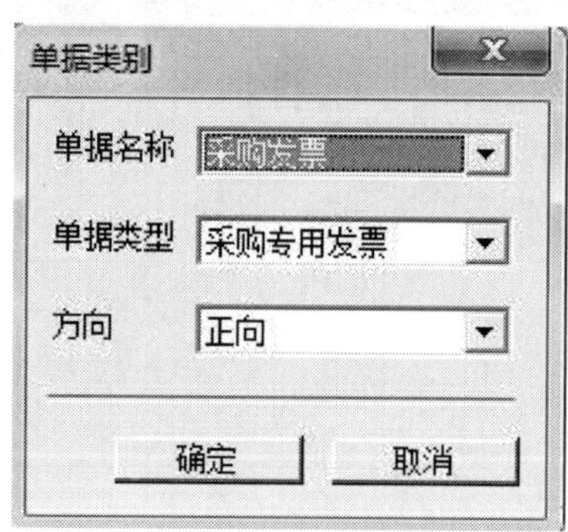

图8－11 单据类别—采购专用发票

2. 单击“确定”按钮,进入采购发票录入界面,单击“增加”按钮,录入专用发票数据并保存,如图8－12所示。

3. 单击“审核”按钮,系统弹出“是否立即制单?”如图8－13所示。

4. 选择“是”按钮,弹出“转账凭证”界面,因材料已入库,把在途物资修改成原材料,生成的凭证单击保存,如图8－14所示。

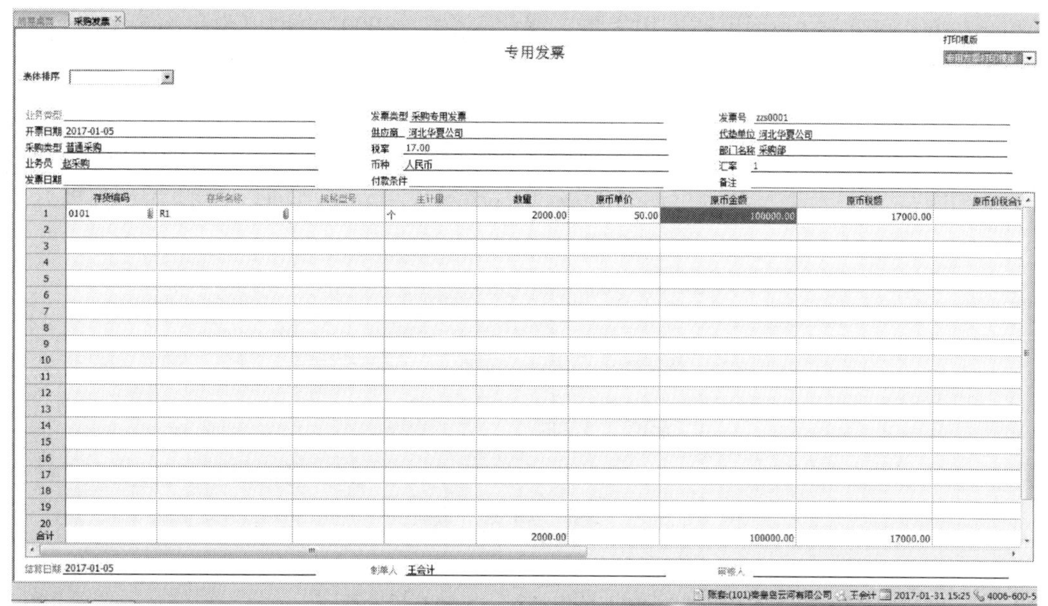

图 8－12　采购专用发票

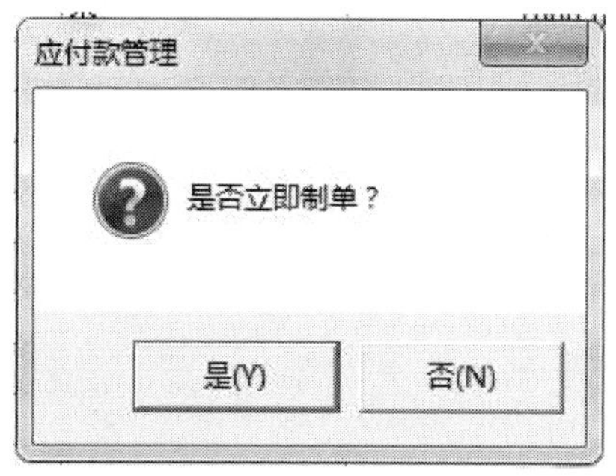

图 8－13　是否立即制单

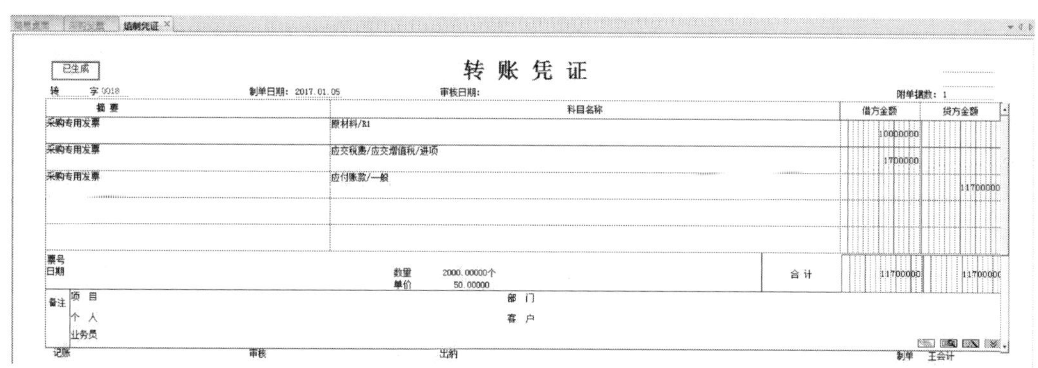

图 8－14　采购专用发票制单

温馨提示：应付单据录入后，可以由审核人在“应付单据处理→应付单据审核”中审核应付单据，也可以有权限的操作员在应付单据录入界面直接单击“审核”，完成单据审核。

【任务 8.7】　1 月 6 日，根据采购计划，公司从辽宁远大公司购入 1 000 个原材料 R2，无税单价 60 元/个，收到增值税专用发票一张（发票号 zzs0002），增值税税率为 17%，材料已验收入库，同时收到运费普通发票一张，税率为 11%，对方代垫运费 500 元，货款暂欠。

操作步骤如下：

1. 进入“应付款管理→应付单据处理→应付单据录入”，在系统弹出的“单据类别”对话框，选择单据名称“采购发票”，单据类型“采购专用发票”，方向“正向”，如图 8－15 所示。

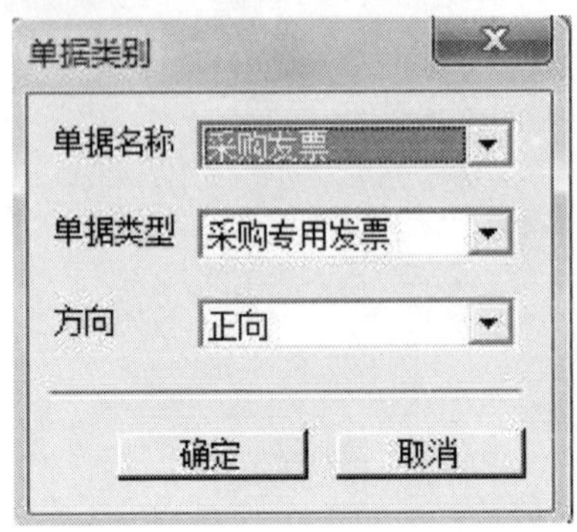

图 8－15　单据类别—采购专用发票

2. 单击“确定”按钮，进入采购发票录入界面，单击“增加”按钮，录入专用发票数据并保存，如图 8－16 所示。

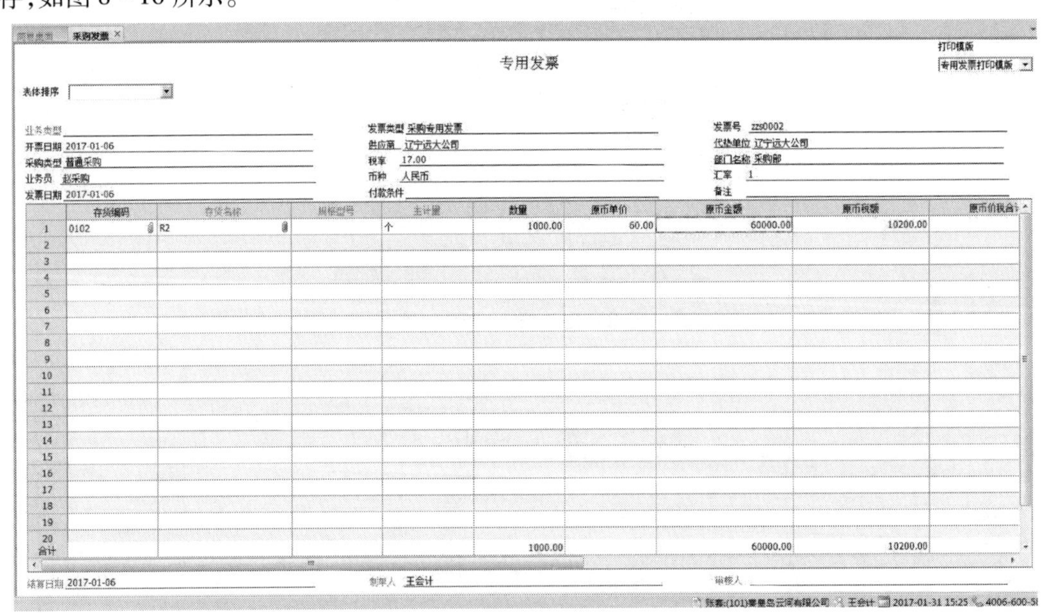

图 8－16　采购专用发票

3. 单击“审核”按钮，系统弹出“是否立即制单？”如图 8－17 所示。

4. 选择“是”按钮，弹出“转账凭证”界面，因材料已入库，把在途物资修改成原材料，生成的凭证单击“保存”，如图 8－18 所示。

5. 进入“应付款管理→应付单据处理→应付单据录入”，在系统弹出的“单据类别”对话框，选择单据名称“采购发票”，单据类型“采购普通发票”，方向“正向”，单击“确定”按钮，进入普通发票录入界面，如图 8－19 所示。

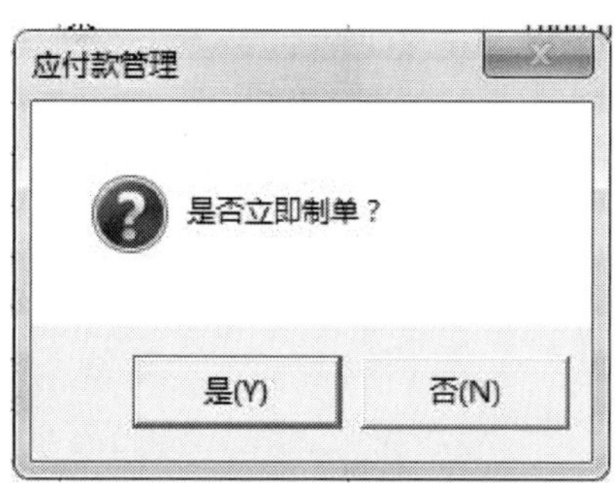

图 8－17　是否立即制单

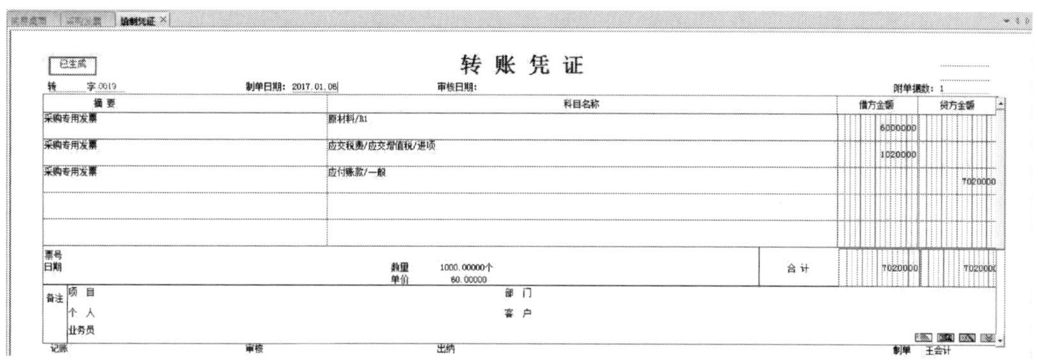

图 8－18　采购专用发票制单

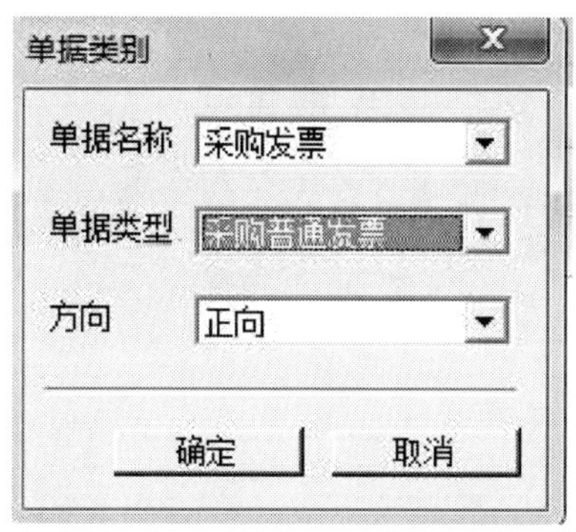

图 8－19　单据类别—采购普通发票

6. 单击“增加”按钮，录入普通发票数据信息，并保存，如图 8－20 所示。

7. 单击“审核”按钮，系统弹出“是否立即制单?”后选择“是”，因材料已入库，运输费计入材料成本，把在途物资修改成原材料，单击“保存”按钮，生成的凭证如图 8－21 所示。

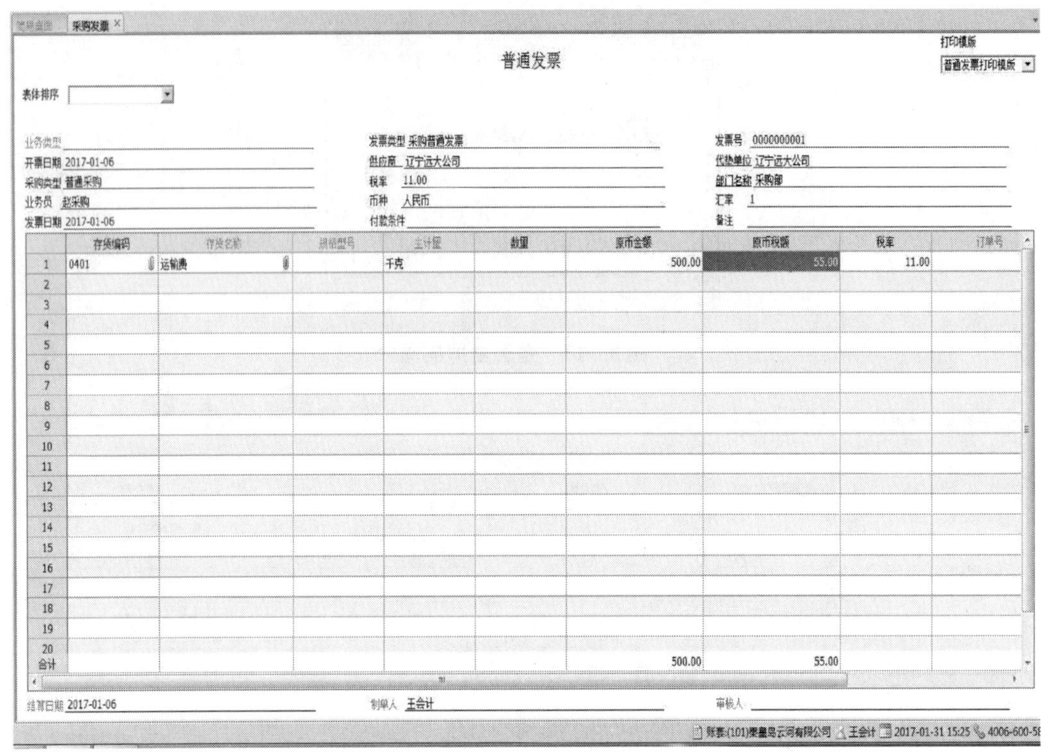

图 8－20　普通发票

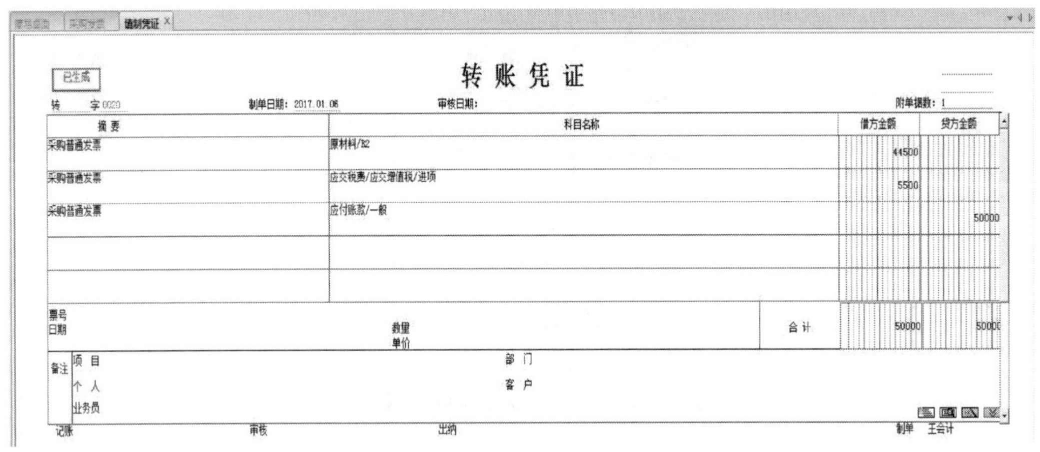

图 8－21　普通发票生成凭证

【任务 8.8】　1 月 10 日，公司向苏州锦绣公司购入 1 000 个原材料 R1，无税单价 80 元/个，收到增值税专用发票一张（发票号 zzs0003），增值税税率为 17%，材料已验收入库，货款暂欠。

操作步骤同【任务 8.6】，形成专用发票如图 8－22 所示，转账凭证如图 8－23 所示。

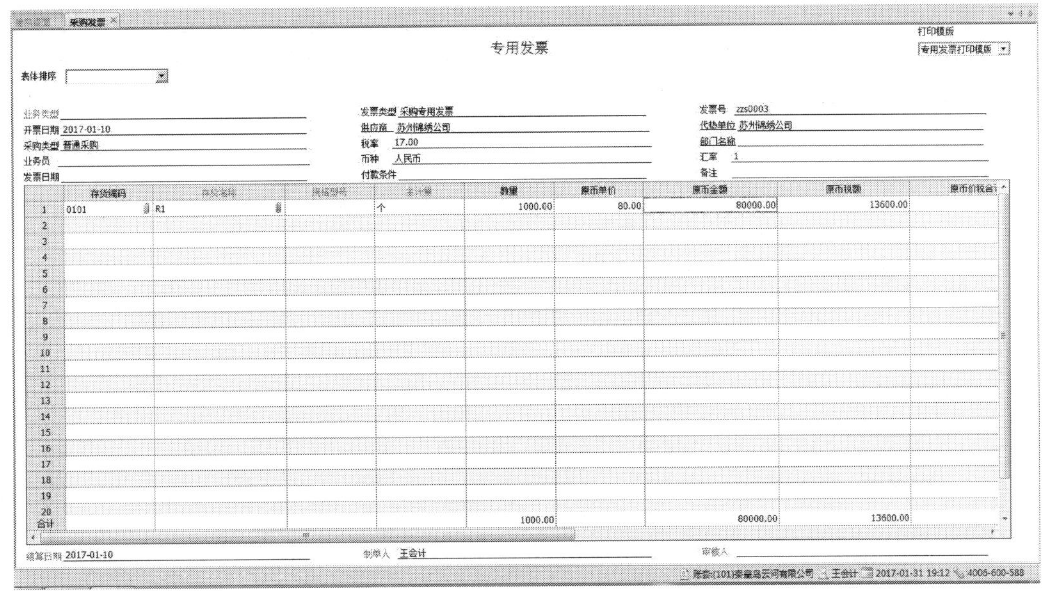

图 8－22　专用发票

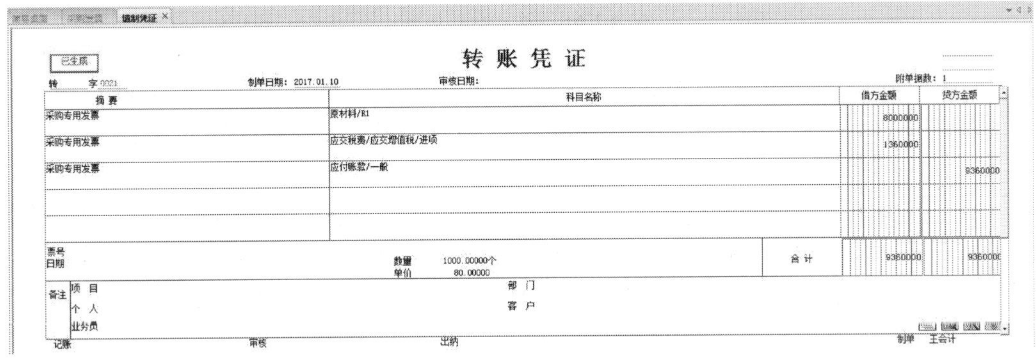

图 8－23　转账凭证

【任务 8.9】　1 月 11 日，公司发现 1 月 10 日向苏州锦绣公司购入的 1 000 个原材料 R1，无税单价应为 50 元/个，采购专用发票号 zzs0003。

操作步骤如下：

1. 在修改之前，进入“业务工作→应付款管理→单据查询→凭证查询”，打开“凭证查询条件”，点击“确定”按钮，弹出“凭证查询列表”，选择业务号为“zzs0003”单据，点击“删除”按钮。

2. 进入“应付款管理→应付单据处理→应付单据审核”，打开“应付单查询条件”单据，名称选择“采购发票”，点击“已审核”和“确定”按钮，双击打开“应付单据列表”，选择发票号为“zzs0003”单据，如图 8－24 所示，单击“弃审”按钮。

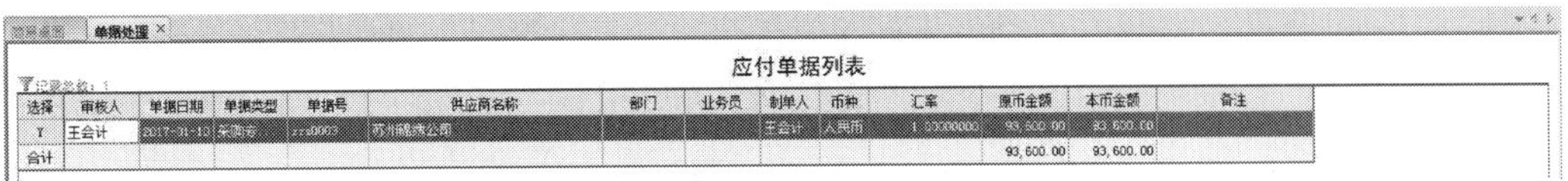

应付单据列表

选择	审核人	单据日期	单据类型	单据号	供应商名称	部门	业务员	制单人	币种	汇率	原币金额	本币金额	备注
Y	王会计	2017-01-10	采购专	zzs0003	苏州锦绣公司			王会计	人民币	1.00000000	93,600.00	93,600.00	
合计											93,600.00	93,600.00	

图 8－24　应付单据列表

3. 进入“应付款管理→应付单据处理→应付单据录入”，选择“采购专用发票”，单击“确定”按钮，打开“专用发票”界面，点击“→”查找“zzs0003”发票号，单击“弃审”和“修改”按钮，修改单价为50元，点击“保存”，如图8－25所示。

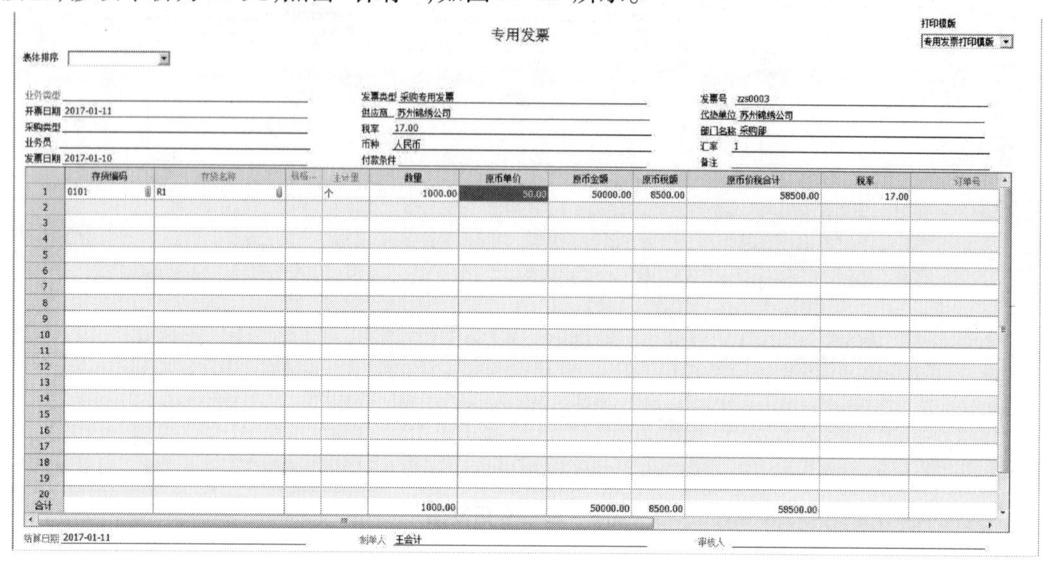

图8－25　修改专用发票

【任务8.10】 1月12日，公司发现1月10日向苏州锦绣公司购入的1000个原材料R1，无税单价50元/个，采购专用发票号zzs0003，采购专用发票填制错误，应该删除。

操作步骤如下：

进入“业务工作→应付款管理→应付单据处理→应付单据录入”，在系统弹出的“单据类别”对话框，选择单据名称“采购发票”，单据类型“采购专用发票”，方向“正向”，单击“确定”按钮。进入采购发票录入界面，选择发票号为“zzs0003”，单击“删除”按钮，系统自动弹出“单据删除后不能恢复，是否继续？”后选择“是”，如图8－26所示。

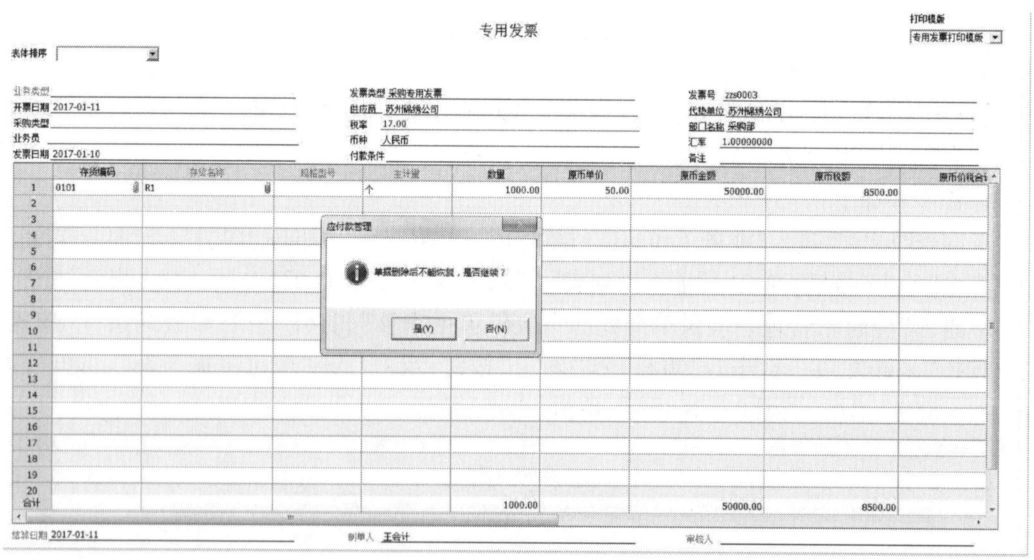

图8－26　删除专用发票

二、付款单据处理

应付单据处理主要是对企业支付给供应商的应付款、预付款和其他费用等业务原始单据，在应付单据处理中对付款单进行录入、审核、单据核销及制单处理。

操作提示：付款单据处理业务由操作员“0202 李出纳”注册进入企业应用平台录入付款单；由账套主管“0201 张主管”注册进入企业应用平台进行审核；由操作员“0203 王会计”进行单据核销及制单处理等业务。

【任务 8.11】 1 月 7 日，公司开出转账支票（票号 ZZ102）一张，金额 105 800 元，其中 70 700元支付 6 日从辽宁远大公司购入的 1 000 个原材料 R2 的全部价款和运费，其余款项 35 100 元转为预付账款。

操作步骤如下：

1. 以操作员“0202 李出纳”的身份注册，操作日期为“2017 - 01 - 31”，进入企业应用平台。单击“业务工作→应付款管理→付款单据处理→付款单据录入”，弹出“付款单”界面，单击“增加”按钮，录入付款单，如图 8 - 27 所示。

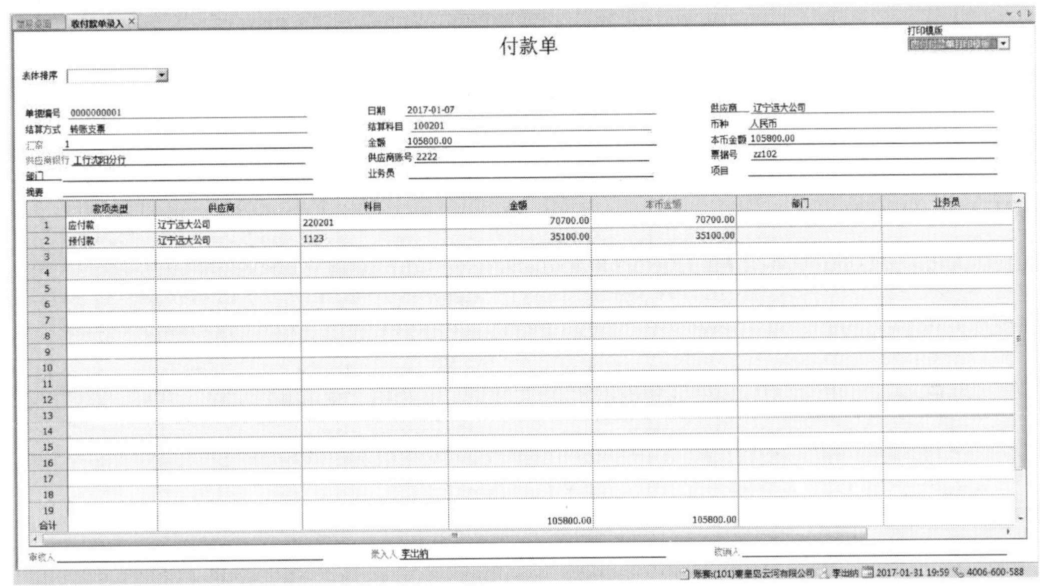

图 8 - 27　付款单

2. 以账套主管“0201 张主管”的身份进入企业应用平台，单击“业务工作→财务会计→应付款管理→付款单据处理→付款单据审核”，打开“收付款单列表”，双击“选择”项，单击“审核”按钮，如图 8 - 28 所示。

收付款单列表

选择	审核人	单据日期	单据类型	单据编号	供应商	部门	业务员	结算方式	票据号	币种	汇率	原币金额	本币金额	备注
	张主管	2017-01-07	付款单	0000000001	辽宁远大公司			转账支票	zz102	人民币	1.00000000	105,800.00	105,800.00	
合计												105,800.00	105,800.00	

图 8 - 28　收付款单列表

3. 以操作员“0203 王会计”的身份进入企业应用平台，单击“应付款管理→制单处理”，打开制单查询界面，选择“收付款制单”，单击“确定”，打开“收付款单制单”界面，单击选择标志，录入“1”，凭证类别选择“付款凭证”，时间选择“2017－01－07”，如图 8－29 所示。

图 8－29　收付款单制单

4. 单击“制单”按钮，生成凭证，如图 8－30 所示。

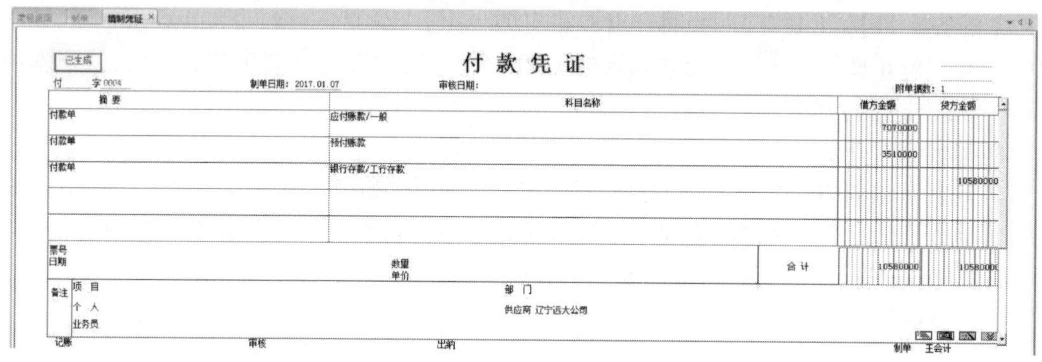

图 8－30　付款制单

【任务 8.12】　1 月 10 日，以转账支票（票号 ZZ103）向河北华夏公司支付采购的原材料 R1 款项 117000 元。

操作步骤同【任务 8.11】。形成的付款单如图 8－31 所示，付款凭证如图 8－32 所示。

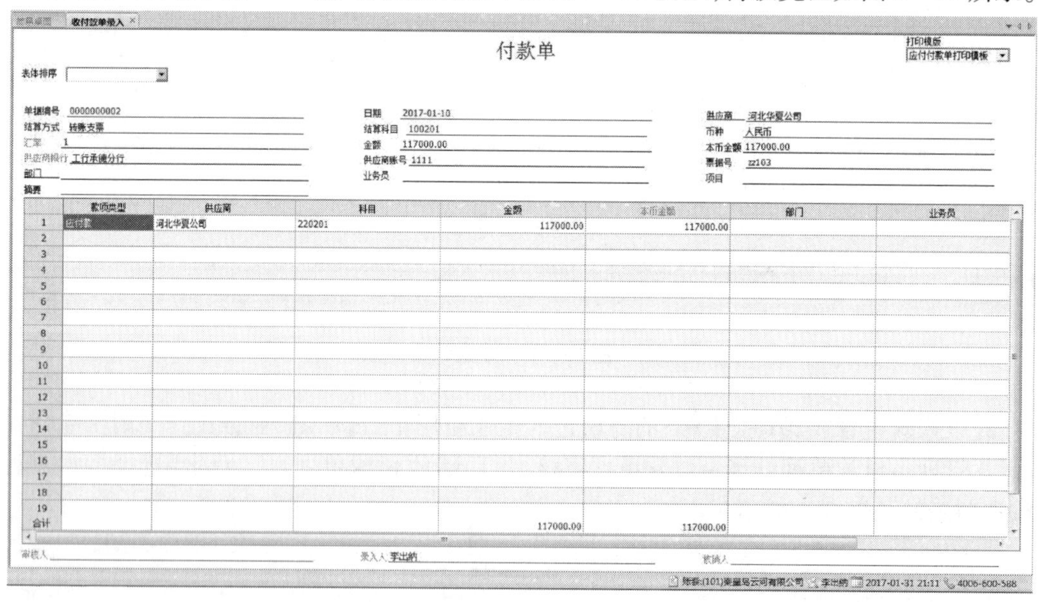

图 8－31　付款单

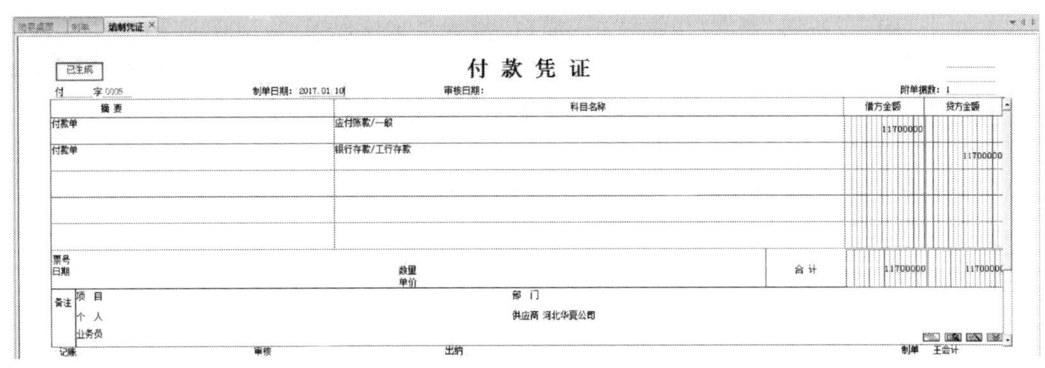

付 款 凭 证

已生成

付　字 0005　制单日期：2017.01.10　审核日期：　附单据数：1

摘要	科目名称	借方金额	贷方金额
付款单	应付账款/一般	11700000	
付款单	银行存款/工行存款		11700000
票号 日期	数量 单价 合计	11700000	11700000

备注　项目　部门

个人　供应商 河北华夏公司

业务员

记账　审核　出纳　制单 王会计

图 8－32　付款凭证

三、核销处理

核销处理是指用日常进行的付款业务核销应付款的操作，即将付款单与应付发票、应付单进行勾对。作用是建立付款与应付款的核销记录，加强往来款项的管理。

温馨提示：

1. 核销处理项包括手工核销和自动核销两种选项。但在“付款单录入”界面，也可直接进行对该付款单据与应付款的核销操作。

2. 付款单必须审核后才能进行核销。

3. “单据核销”窗口显示，上表为结算单列表，主要是付款单的记录，下表是被核销单据列表，主要是应付款记录。核销时，可以修改结算单列表中“本次结算金额”，但不能大于该记录的金额。

4. 如果操作有误，可通过“其他处理→取消操作”将其恢复到操作前状态，如果该处理单据已经制单，应先删除其对应的凭证，再取消操作来恢复。

【任务 8.13】　1 月 7 日，将付给辽宁远大公司的货款 70 700 元付款单进行核销。

1. 以操作员“0203 王会计”的身份进入企业应用平台。单击“应付款管理→核销处理→手工核销”，打开“核销条件”窗口，供应商选择“辽宁远大公司”，如图 8－33 所示。

核销条件

通用 | 收付款单 | 单据

供应商 102 - 辽宁远大公司

部门

业务员

币种 人民币　计算日期 2017-01-31

自定义项　确定　取消

图 8－33　核销条件

2. 单击“确定”按钮，弹出“单据核销”窗口，付款单本次结算 70 700 元，在下方采购发票单据中，选择单据日期为“2017 - 01 - 06”，在“本次结算”栏分别录入金额 500 元和 70 200元，如图 8 - 34 所示。单击“保存”和“关闭”按钮，退出界面。

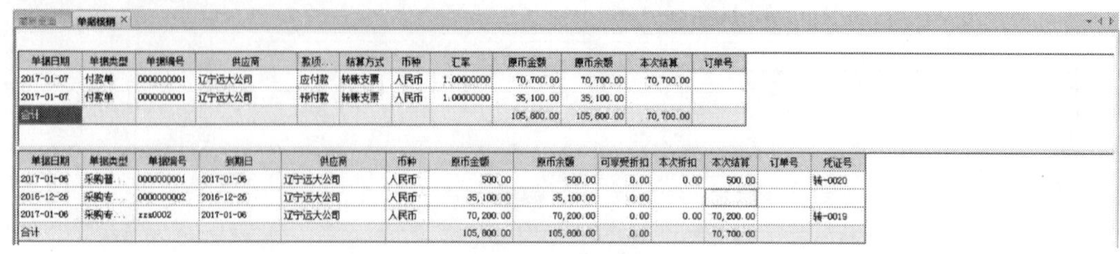

单据日期	单据类型	单据编号	供应商	款项...	结算方式	币种	汇率	原币金额	原币余额	本次结算	订单号
2017-01-07	付款单	0000000001	辽宁远大公司	应付款	转账支票	人民币	1.0000000	70,700.00	70,700.00	70,700.00	
2017-01-07	付款单	0000000001	辽宁远大公司	预付款	转账支票	人民币	1.0000000	35,100.00	35,100.00		
合计								105,800.00	105,800.00	70,700.00	

单据日期	单据类型	单据编号	到期日	供应商	币种	原币金额	原币余额	可享受折扣	本次折扣	本次结算	订单号	凭证号
2017-01-06	采购普...	0000000001	2017-01-06	辽宁远大公司	人民币	500.00	500.00	0.00	0.00	500.00		转-0020
2016-12-26	采购专...	0000000002	2016-12-26	辽宁远大公司	人民币	35,100.00	35,100.00	0.00				
2017-01-06	采购专...	zzs0002	2017-01-06	辽宁远大公司	人民币	70,200.00	70,200.00	0.00	0.00	70,200.00		转-0019
合计						105,800.00	105,800.00	0.00		70,700.00		

图 8 - 34　单据核销

【**任务** 8.14】　1 月 10 日，对向河北华夏公司采购的原材料 R1 付款单 117 000 元，进行核销。

操作步骤同【任务 8.12】。形成的单据核销如图 8 - 35 所示。

单据日期	单据类型	单据编号	供应商	款项...	结算方式	币种	汇率	原币金额	原币余额	本次结算	订单号
2017-01-10	付款单	0000000002	河北华夏公司	应付款	转账支票	人民币	1.00000000	117,000.00	117,000.00	117,000.00	
合计								117,000.00	117,000.00	117,000.00	

单据日期	单据类型	单据编号	到期日	供应商	币种	原币金额	原币余额	可享受折扣	本次折扣	本次结算	订单号	凭证号
2016-12-24	采购专...	0000000001	2016-12-24	河北华夏公司	人民币	35,100.00	35,100.00	0.00				
2017-01-05	采购专	zzs0001	2017-01-05	河北华夏公司	人民币	117,000.00	117,000.00	0.00	0.00	117,000.00		转-0018
合计						152,100.00	152,100.00	0.00		117,000.00		

图 8 - 35　单据核销

温馨提示：如果某一操作有误，可通过“其他处理→取消操作”功能将其恢复到操作前状态，取消操作类型包括取消核销、取消转账、取消票据管理、取消选择付款、取消应付冲应付、预付冲应付、应付冲应收等。如果取消操作的单据已进行了后续处理，如制单业务，则先删除其后续操作所对应的凭证，再执行“取消操作”功能。

四、转账

转账处理包括应付冲应付、预付冲应付、应付冲应收、红票对冲等业务，它是当用户需要对应付款业务进行调整时所设的操作。转账应该在客户的应收款余额范围内进行。

温馨提示：预付冲应付也可以执行自动转账，操作方法是在“预付冲应付”界面选择供应商，录入转账总金额，单击“自动转账”即可。

【**任务** 8.15】　1 月 8 日，公司与辽宁远大公司协商，将 7 日预付的 35 100 元款项冲抵上月所欠的应付货款。

操作步骤如下：

1. 以“0203 王会计”进入企业应用平台，单击进入“业务工作→财务会计→应付款管理→转账→预付冲应付”，打开“预付冲应付”窗口，在预付款页面，选择供应商“辽宁远大公司”，单击“过滤”按钮，在待冲账的预付款单列表行的“转账金额”栏录入“35 100”，如图 8 - 36所示。同样，在应付款页面过滤出应付单列表，在相应的“转账金额”栏录入“35 100”，如图 8 - 37 所示。

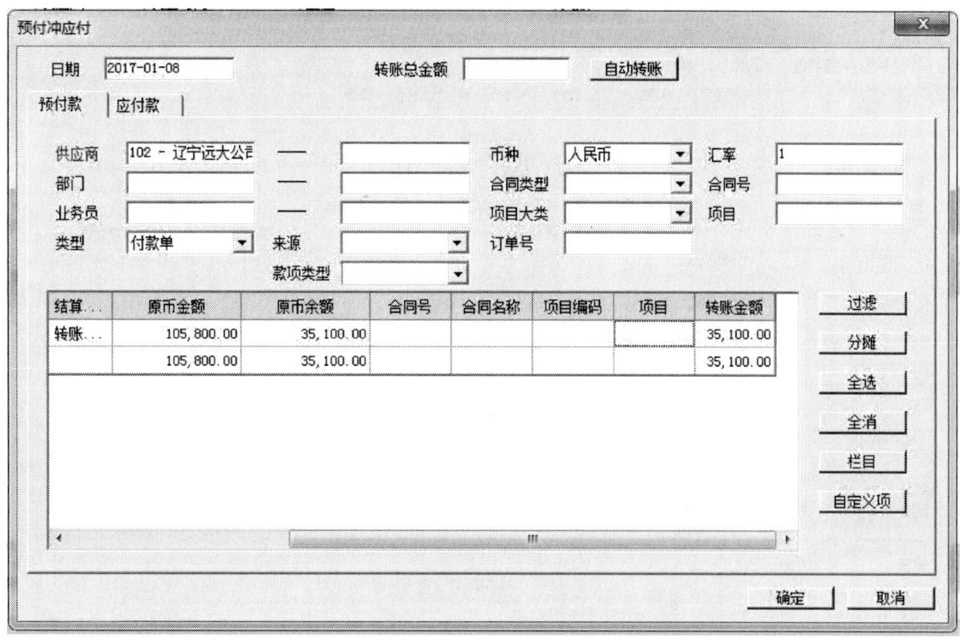

图 8 - 36　预付款

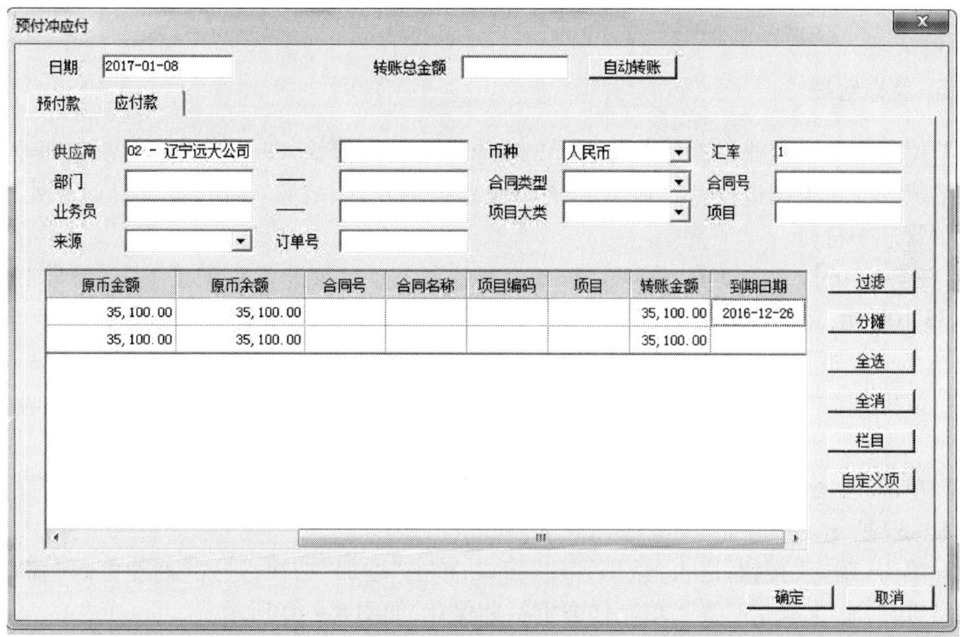

图 8 - 37　应付款

2. 系统弹出“是否立即制单?”后,选择“是”,生成凭证,如图 8 - 38 所示。

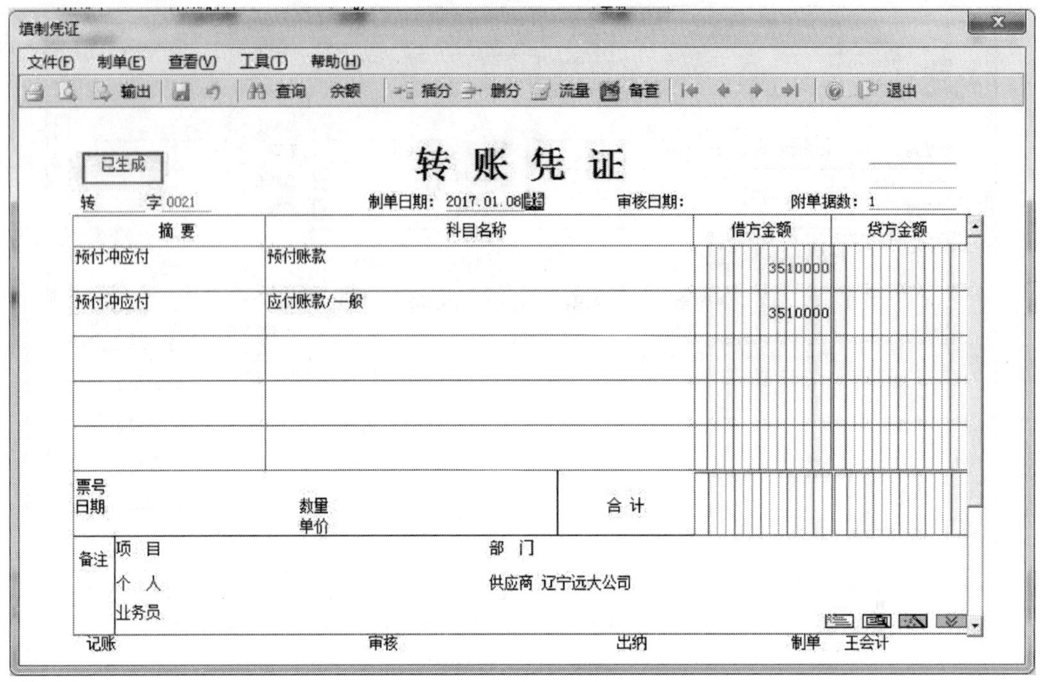

图 8－38 预付冲应付凭证

五、票据管理

票据管理是对企业用以延期偿还所欠供应商的应付货款，即银行承兑汇票和商业承兑汇票形成的应付票据进行专项管理，所有涉及票据的开具、结算、转出、计息等业务处理，都在票据管理中进行。

【任务 8.16】 1 月 5 日，向河北华夏公司签发并承兑商业承兑汇票一张，票号 10001，面值 35 100 元，到期日 1 月 12 日。

操作步骤如下：

1. 以操作员“0203 王会计”的身份注册，操作日期为“2017－01－31”，进入企业应用平台。

2. 单击“业务工作→财务会计→应付款管理→票据管理”，打开“查询条件审核界面”，如图 8－39 所示。

3. 单击“确定”按钮，进入“票据管理”窗口，单击“增加”按钮，进入“商业汇票”窗口，票据类型选择“商业承兑汇票”，填制任务资料并保存，如图 8－40 所示。

4. 单击“应付款管理→付款单据处理→付款单据审核”，双击“选择”按钮，如图 8－41 所示。

5. 单击“审核”按钮，如图 8－42 所示。

6. 进入“应付款管理→制单处理”，单击“收付款单制单”，打开制单窗口，选择凭证类别“转账凭证”，在“选择标志”下录入“1”，“制单日期”选择“2017－01－05”，点击“制单”生成凭证，点击“保存”按钮，出现“已生成”，如图 8－43 所示。

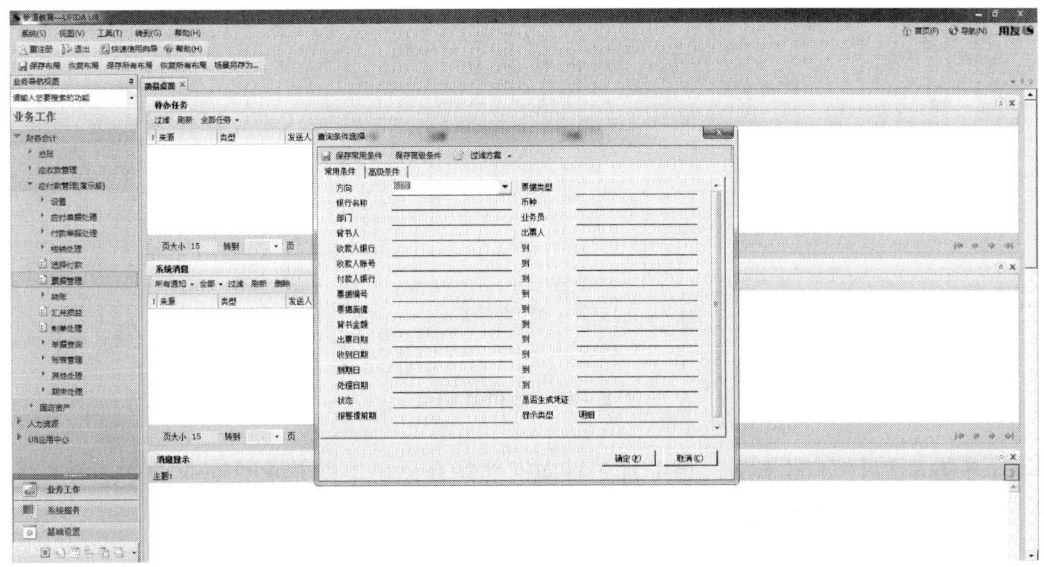

图 8－39　票据管理

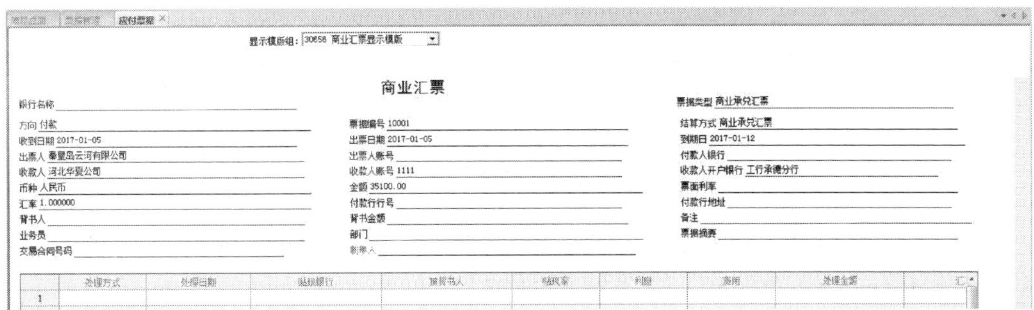

图 8－40　商业汇票

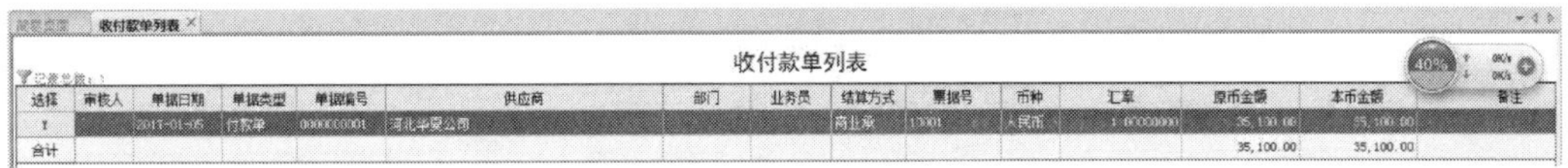

图 8－41　付款单据选择

图 8－42　付款单据审核

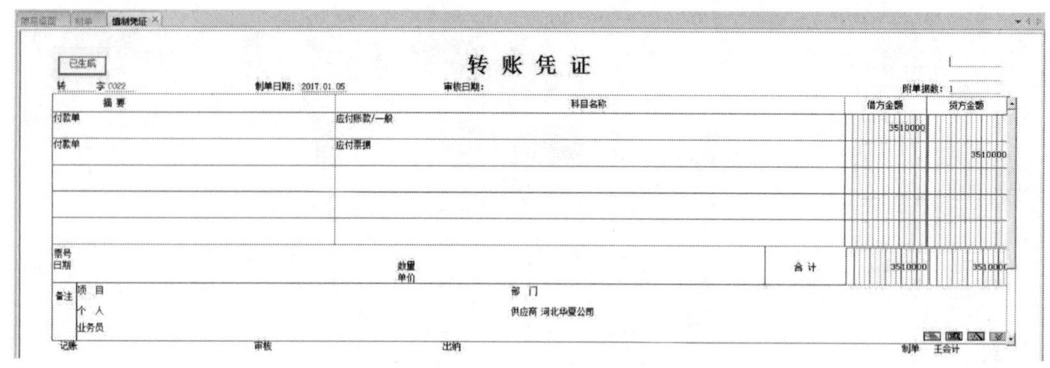

图 8－43　收付款制单

【任务 8.17】 1 月 12 日，将 1 月 5 日向河北华夏公司签发并承兑商业承兑汇票一张，票号 10001，进行结算并核销。

操作步骤如下：

1. 进入“应付款管理→票据管理”，弹出“查询条件选择”窗口，点击“确定”按钮，进入“票据管理”窗口，如图 8－44 所示。

图 8－44　票据管理

2. 双击“票据编号 10001”进入“商业汇票”窗口，单击“结算”按钮，录入结算科目“100201 银行存款—工行存款”，如图 8－45 所示。

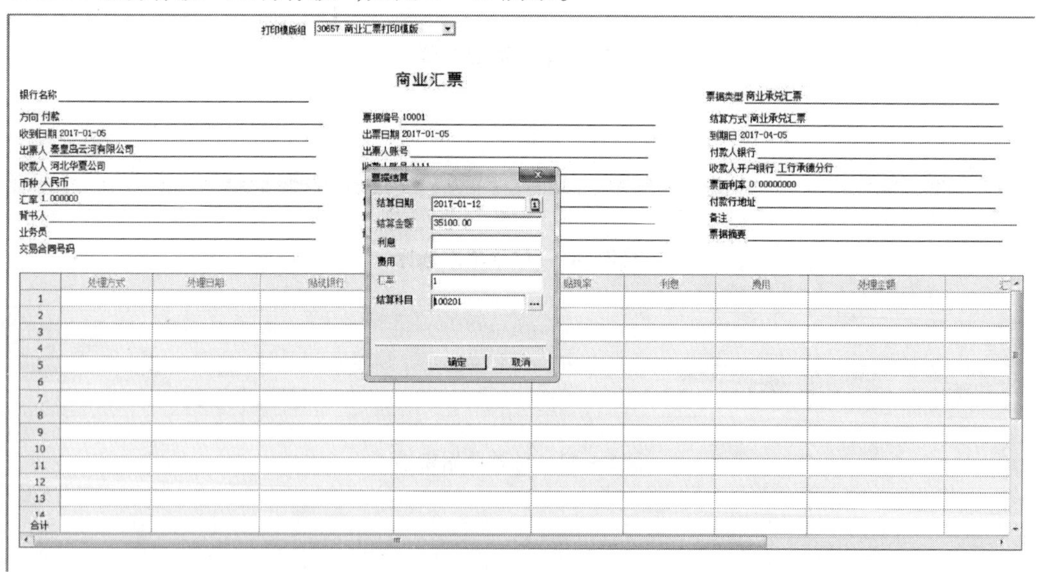

图 8－45　结算

3. 系统弹出“是否立即制单?”后，选择“是”，生成凭证，保存凭证，如图 8－46 所示，关闭界面。

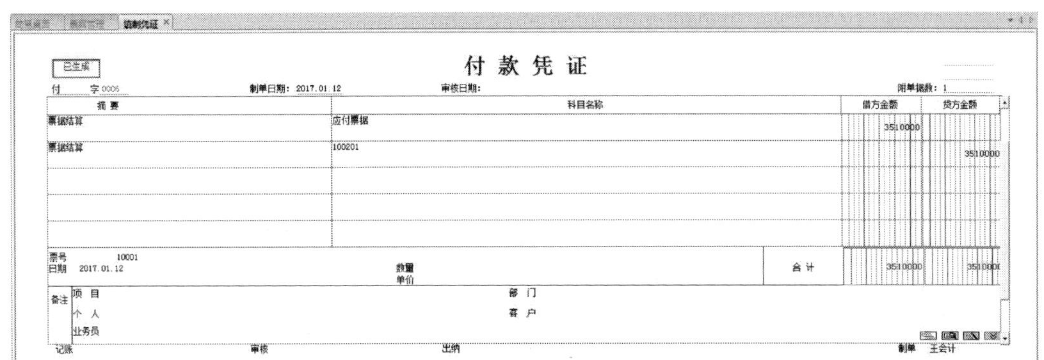

已生成

付款凭证

付 字 0005　制单日期：2017.01.12　审核日期：　附单据数：1

摘要	科目名称	借方金额	贷方金额
票据结算	应付票据	3510000	
票据结算	100201		3510000
票号 10001 日期 2017.01.12	数量 单价 合计	3510000	3510000

备注　项目　部门　个人　客户　业务员

记账　审核　出纳　制单 王会计

图 8 - 46　结算制单

4. 单击"应付款管理→核销处理→手工核销"，打开"核销条件"窗口，供应商选择"河北华夏公司"，单击"确定"按钮，弹出"单据核销"窗口，付款单本次结算 35 100 元，在下方采购发票单据"本次结算"栏录入金额"35 100"元，如图 8 - 47 所示。单击"保存"和"关闭"按钮，退出界面。

单据日期	单据类型	单据编号	供应商	款项...	结算方式	币种	汇率	原币金额	原币余额	本次结算	订单号
2017-01-05	付款单	0000000005	河北华夏公司	应付款	商业承...	人民币	1.00000000	35,100.00	35,100.00	35,100.00	
合计								35,100.00	35,100.00	35,100.00	

单据日期	单据类型	单据编号	到期日	供应商	币种	原币金额	原币余额	可享受折扣	本次折扣	本次结算	订单号	凭证号
2016-12-24	采购专...	0000000001	2016-12-24	河北华夏公司	人民币	35,100.00	35,100.00	0.00	0.00	35,100.00		
合计						35,100.00	35,100.00	0.00		35,100.00		

图 8 - 47　单据核销

任务四　应付款管理系统期末处理

如果确定本月各项处理已结束，则可以选择执行期末处理月末结账功能，结账后，该月将不能进行任何处理，但只有进行月结后，才能进行下月操作。

一、账表管理

应付款管理系统的账表管理设置了业务账表、统计分析、科目账查询三大项。

【任务 8.18】　查询全部供应商的业务明细账等，并进行应付账龄分析。

操作步骤如下：

1. 以操作员"0203 王会计"的身份注册，操作日期为"2017 - 01 - 31"，进入企业应用平台。单击"业务工作→财务会计→应付款管理→账表管理→业务账表→业务明细账"，打开"查询条件—应付明细账" 界面，如图 8 - 48 所示。

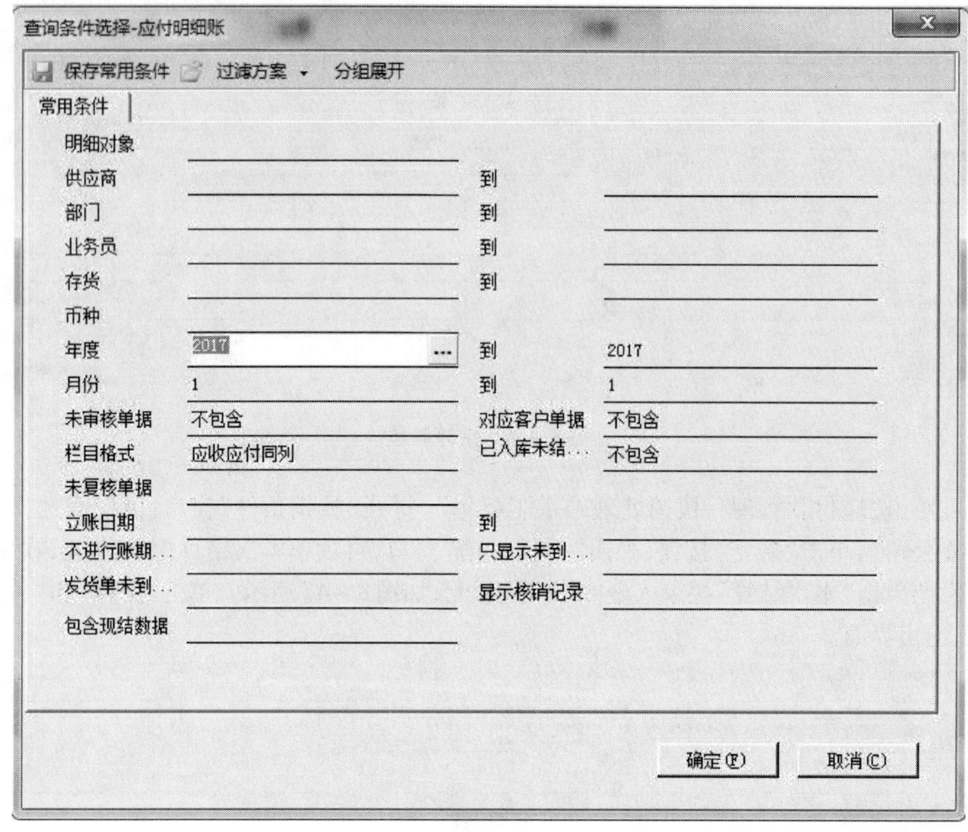

图 8－48　查询条件—应付明细账

2. 单击“确定”按钮,打开应付明细账,如图 8－49 所示。

应付明细账

币种:　全部
期间:　1　-　1

年	月	日	凭证号	供应商		摘要	单据类型	单据号	订单号	币种	本期应付	本期付款	余额	到期日
				编码	名称						本币	本币	本币	
				101	河北华夏公司	期初余额							35,100.00	
2017	1	5	转-0018	101	河北华夏公司	采购专...	采购专...	zzs0001		人民币	117,000.00		152,100.00	2017-01-05
2017	1	5	转-0022	101	河北华夏公司	付款单	付款单	0000000005		人民币		35,100.00	117,000.00	2017-01-05
2017	1	10	付-0005	101	河北华夏公司	付款单	付款单	0000000002		人民币		117,000.00		2017-01-10
				(101)小计:							117,000.00	152,100.00		
				102	辽宁远大公司	期初余额							35,100.00	
2017	1	6	转-0019	102	辽宁远大公司	采购专...	采购专...	zzs0002		人民币	70,200.00		105,300.00	2017-01-06
2017	1	6	转-0020	102	辽宁远大公司	采购普...	采购普...	0000000001		人民币	500.00		105,800.00	2017-01-06
2017	1	7	付-0004	102	辽宁远大公司	付款单	付款单	0000000001		人民币		105,800.00		2017-01-07
				(102)小计:							70,700.00	105,800.00		
合...											187,700.00	257,900.00		

图 8－49　应付明细账

3. 以相同方法继续查询其他账项。

二、月末结账

【任务 8.19】　对本月进行月末结账。

操作步骤如下:

1. 以账套主管“0201 张主管”的身份注册,操作日期为“2017－01－31”,进入企业应用平台。单击“业务工作→财务会计→应付款管理→期末处理→月末结账”，打开“月末处理”界面，双击 1 月“结账标志”，出现“Y”，如图 8 - 50 所示。

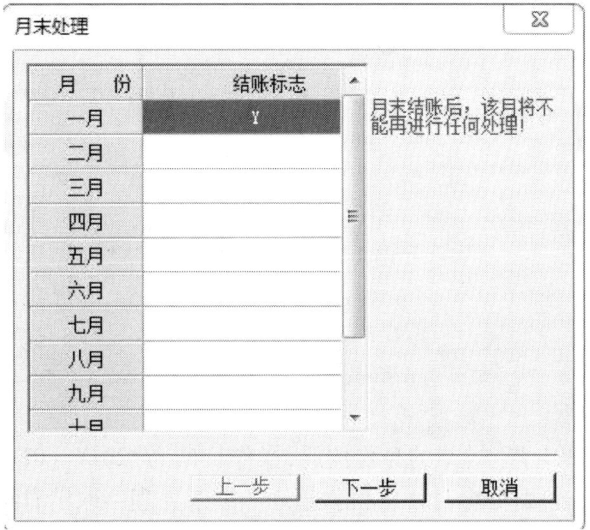

图 8 - 50　月末处理

2. 单击“下一步”按钮，出现月末检查结果，“处理类型—处理情况”，如图 8 - 51 所示。

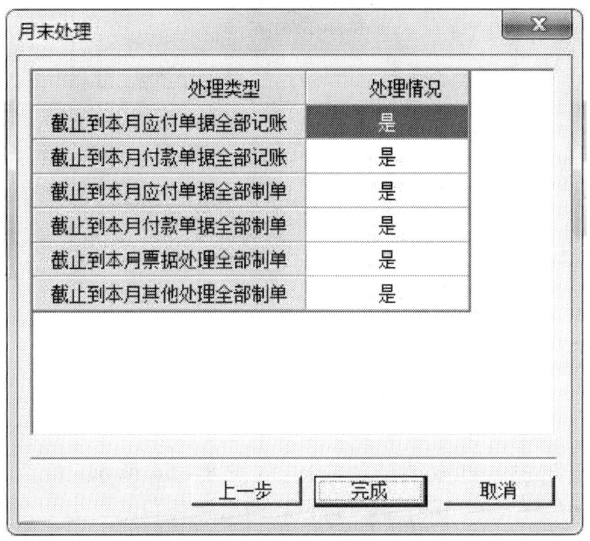

处理类型	处理情况
截止到本月应付单据全部记账	是
截止到本月付款单据全部记账	是
截止到本月应付单据全部制单	是
截止到本月付款单据全部制单	是
截止到本月票据处理全部制单	是
截止到本月其他处理全部制单	是

图 8 - 51　月末处理

3. “处理情况”栏全部标识“是”，意味着本月应付系统业务已全部完成，可以结账。单击“完成”按钮，出现“1 月份结账成功”界面，如图 8 - 52 所示。

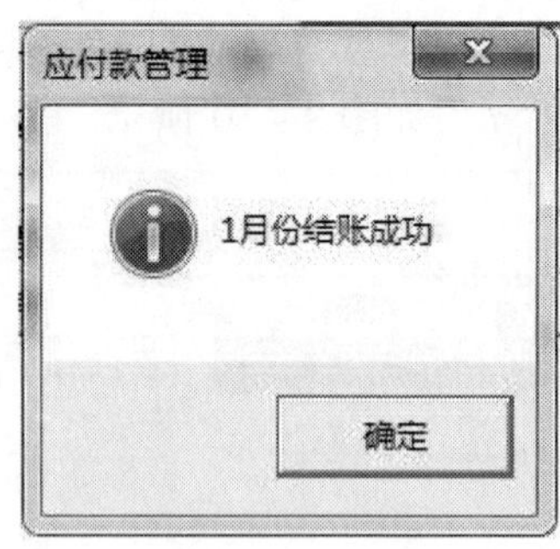

图 8－52　结账成功

三、取消结账

取消结账步骤如下：

1. 以账套主管“0201 张主管”的身份注册，操作日期为“2017－01－31”，进入企业应用平台。单击“业务工作→财务会计→应付款管理→期末处理→取消月结”，打开“取消结账”界面，如图 8－53 所示。

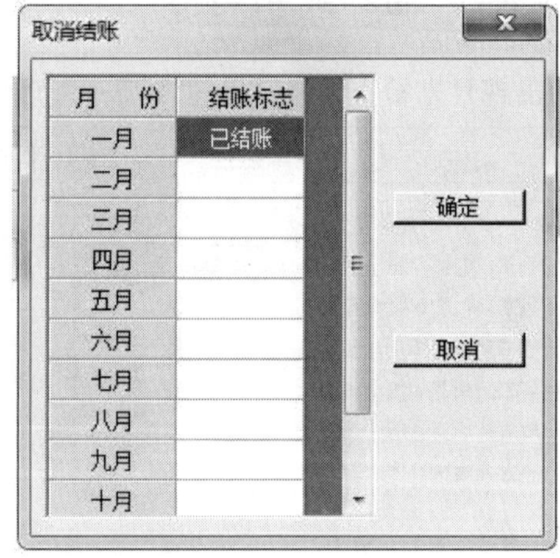

图 8－53　取消结账

2. 直接单击“确定”按钮，即取消结账成功，如图 8－54 所示。

图 8－54　取消结账成功

项目九　会计报表管理系统

【学习目标】

1. 了解会计报表管理系统的种类、特点和功能；
2. 了解会计电算化环境下会计报表管理系统的有关基本概念；
3. 掌握报表格式设计和公式设置的方法；
4. 能够编制会计报表；
5. 能够编制自定义会计报表和使用模板生成相关会计报表。

【重点难点】

表间取数、自定义报表、财务分析。

任务一　会计报表管理系统认知

一、报表管理系统的主要功能

会计报表是企业根据日常会计核算资料定期编制的、综合反映企业某一特定日期财务状况和某一会计期间经营成果、现金流量及所有者权益的总结性书面文件。它是企业财务报告的主要部分，是企业向外传递会计信息的主要手段。

二、报表管理系统的主要作用

UFO 报表系统是报表处理的工具，在 UFO 报表中可以设计报告的格式和编制公式，从总账系统或其他子系统中读取有关的财务信息，自动编制各种会计报表（包括资产负债表、利润表、现金流量表等），对报表进行审核、汇总，生成各种分析图表（如企业财务指标分析表），并按预定格式输出各种会计报表。

任务二　自定义报表

UFO 报表系统将含有数据的报表分为两大部分来处理，即报表格式设计工作与报表数据处理工作。报表格式设计工作和报表数据处理工作是在不同的状态下进行的。

使用自定义方式制作报表，即报表的格式和单元格的取数公式都是由用户自己定义的制作报表的方式。

下面以制作一个具体的货币资金报表为例，初步了解使用 UFO 报表系统制作报表的过程，货币资金表表样见表 9－1。

表 9-1 货币资金表

单位名称： 年 月 日 单位:元

项目	行次	期初数	期末数
库存现金	1		
银行存款	2		
合计	3		

制表人：

【任务 9.1】 使用自定义方式制作并生成秦皇岛云河有限公司 2017 年 1 月 31 日货币资金表。报表格式和公式要求如下：

1. 报表格式

(1)表头。标题“货币资金表”设置为黑体、14 号、居中；单位名称和年、月、日应设置为关键字。

(2)表体。表体中文字设置为楷体、12 号、居中。

(3)表尾。“制表人”设置为宋体、10 号；第 3 栏、第 4 栏设为右对齐。

(4)行高和列宽。表头所在行行高为 7，其余行为默认行高；第 1 列列宽为 50，第二列列宽为 15，第 3 列列宽为 50，第 4 列列宽为 50。

(5)单元属性。表头、表体中文字以及表尾所在的表格的单元属性为字符型。

2. 报表公式

库存现金期初数：C4 = QC("1001",月)

库存现金期末数：D4 = QM("1001",月)

银行存款期初数：C5 = QC("1002",月)

银行存款期末数：D5 = QM("1002",月)

期初数合计：C6 = C4 + C5

期末数合计：D6 = D4 + D5

操作步骤如下：

1. 启动 UFO 报表管理系统

(1)执行“开始”→“程序”→“用友 ERP - U8 V10.1”→“企业应用平台”命令，打开“登录窗口”对话框。输入操作员“0201”或“张主管”；在“账套”下拉列表框中选择“秦皇岛云河有限公司”；更改“操作日期”为“2017.01.31”；单击“确定”按钮，进入软件系统。

(2)进入企业应用平台左侧下方“业务工作”界面的“财务会计”。双击“UFO 报表”，如图 9-1 所示。

(3)进入“UFO 报表”窗口后，关闭“日积月累”，执行“文件”→“新建”命令，建立一张空白表，报表名默认为“report1”。

2. 报表格式定义

(1)设置报表尺寸。执行“格式”→“表尺寸”命令，打开“表尺寸”对话框，输入行数“7”，列数“4”，单击“确认”按钮。如图 9-2 所示。

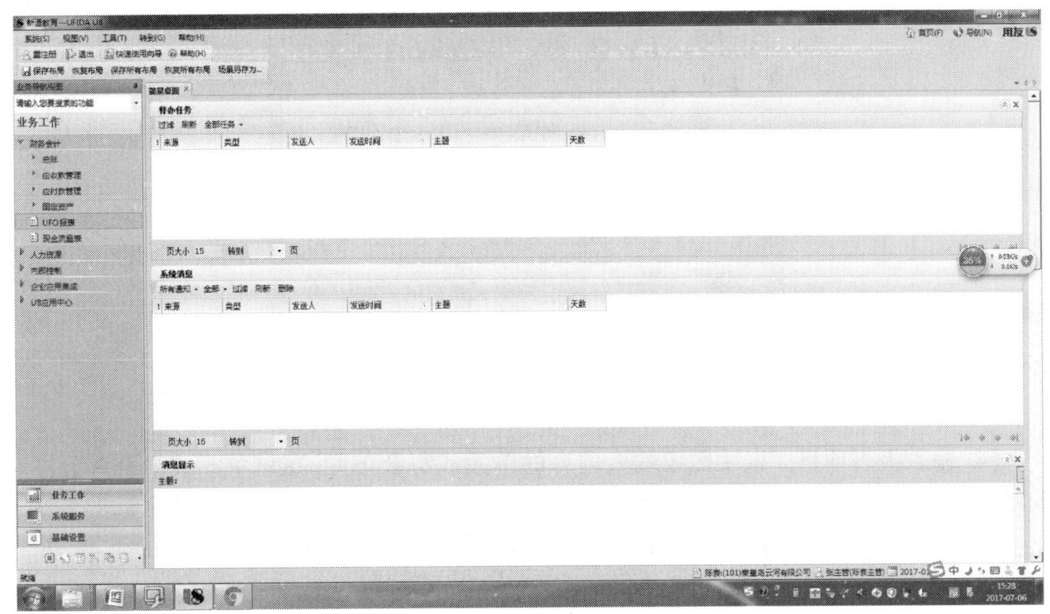

图 9－1　进入报表系统界面

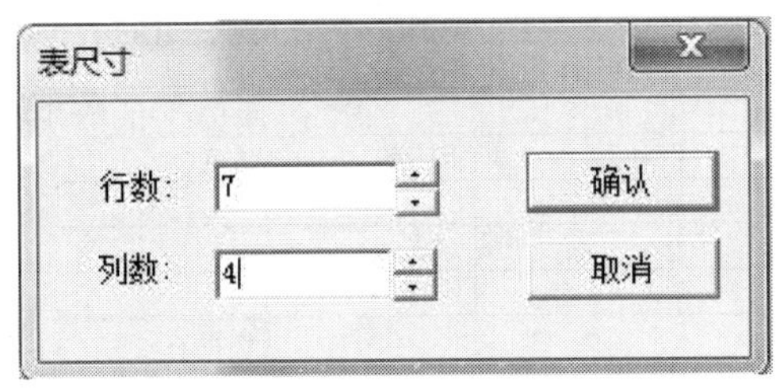

图 9－2　设置报表尺寸

(2)定义组合单元。选择单元格区域“A1:D1”,执行“格式”→“组合单元”命令,打开“组合单元”对话框,选择组合方式“整体组合”或“按行组合”,该单元格区域即合并成一个单元格。如图 9－3 所示。

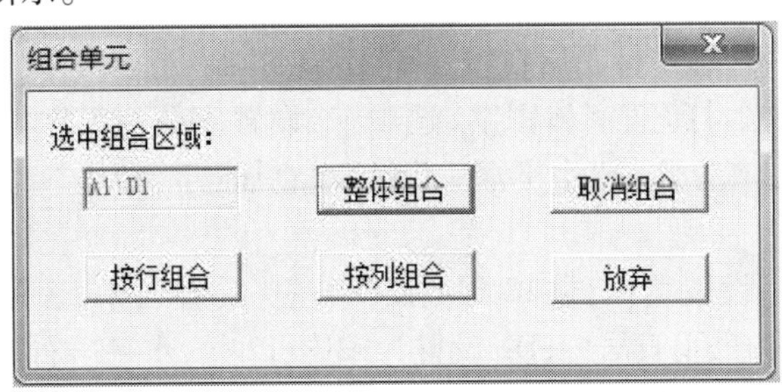

图 9－3　定义组合单元

(3)画表格线。选中报表需要画线的单元格区域“A3:D6”,执行“格式”→“区域画线”命令,打开“区域画线”对话框,选择“网线”单选项,单击“确认”按钮,将所选区域画上表格线。如图 9－4 所示。

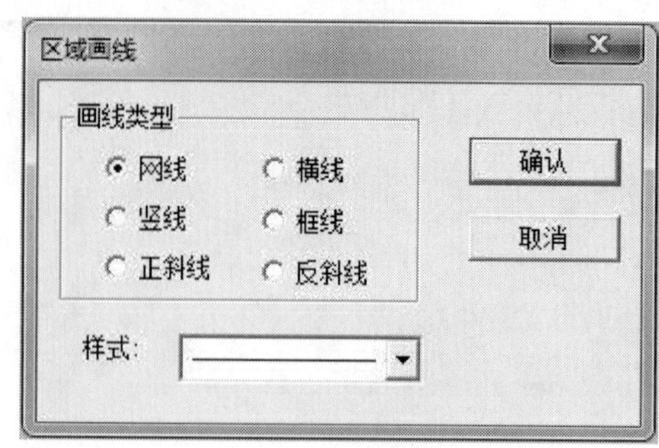

图 9-4　区域画线

(4)输入报表项目。选中需要输入内容的单元或组合单元,在该单元或组合单元中输入相关文字内容,例如在 A1 组合单元输入"货币资金表"字样。如图 9-5 所示。

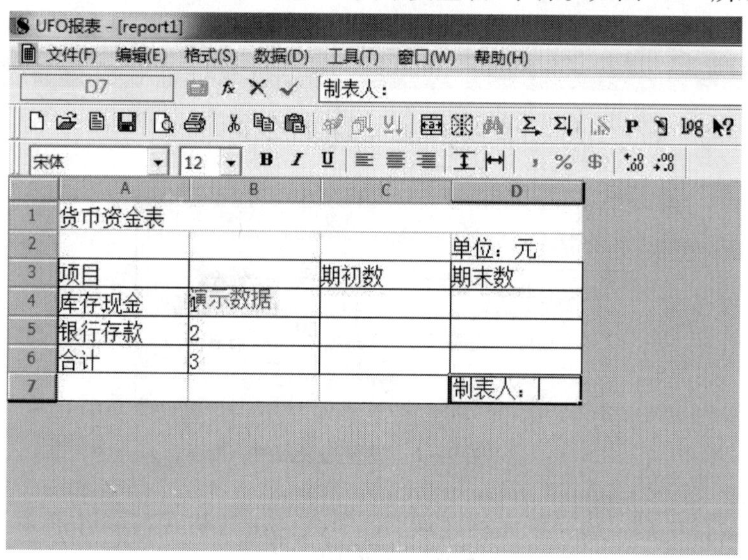

图 9-5　项目输入结果

(5)设置单元风格。选中标题所在组合单元 A1,执行"格式"→"单元格属性"命令,打开"单元格属性"对话框,打开"字体图案"选项卡,设置字体为"黑体",字号为"14";打开"对齐"选项卡,设置对齐方式为"水平居中"和"垂直居中",单击"确定"按钮。如图 9-6 所示。

同理,表体中文字设置为宋体、12 号、水平居中、垂直居中;表尾设置为宋体、10 号;C4:D6设置为水平右对齐、垂直居中;D2 设置为宋体、12 号、水平居右、垂直居中。

(6)定义报表行高和列宽。选中需要调整的单元格 A1 所在行,执行"格式"→"行高"命令,打开"行高"对话框,输入行高"7",单击"确定"按钮,如图 9-7 所示。

选中需要调整的单元格所在列,执行"格式"→"列宽"命令,可设置该列的宽度。本列设置为:A 列 50;B 列 15;C 列 50;D 列 50 。如图 9-8 所示。

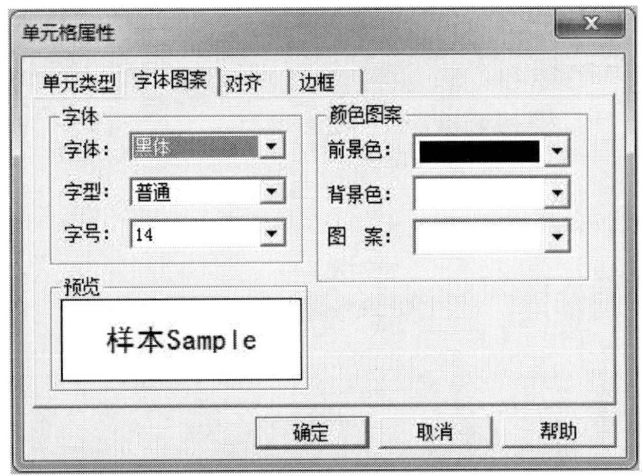

图 9－6　单元格属性

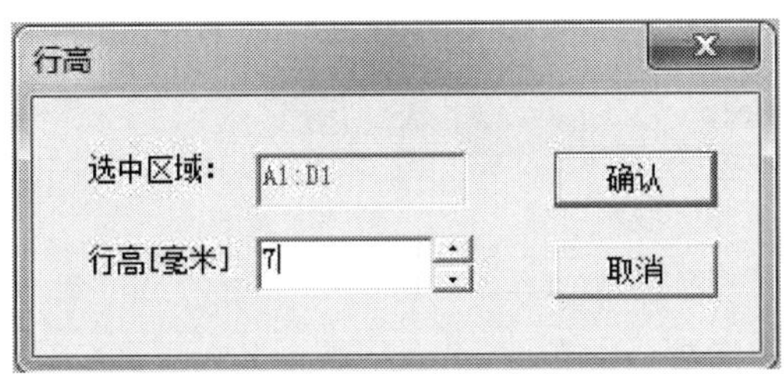

图 9－7　定义报表行高

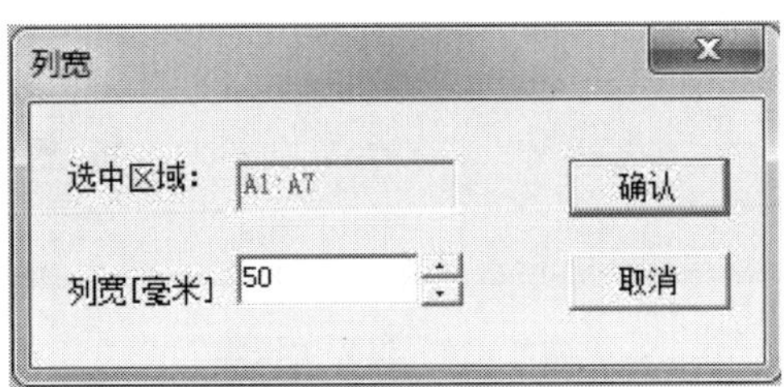

图 9－8　定义报表列宽

(7)定义单元属性。选定单元格 C4:D6，执行“格式”→“单元格属性”命令，打开“单元格属性”对话框，打开“单元类型”选项卡，选择“数值”选项、“逗号”格式，单击“确定”按钮。如图 9－9 所示。

(8)设置关键字。选中需要输入关键字的单元格 A2，执行“数据”→“关键字”→“设置”命令，打开“设置关键字”对话框，选中“单位名称”单选框，如图 9－10 所示，单击“确定”按钮。同理，在 C2 处依次设置“年”“月”“日”关键字。(如果取消关键字，需执行“数据”→“关键字”→“取消”命令)

执行“数据”→“关键字”→“偏移”命令，打开“定义关键字偏移”对话框，在需要调整位置的关键字的后面输入偏移量。年“－100”，月“－50”，日“0”。如图 9－11 所示。单击“确定”按钮。

温馨提示：关键字的位置可以用偏移量来表示，负数值表示向左移，正数值表示向右移。在调整时,可以通过输入正或负的数值来调整。

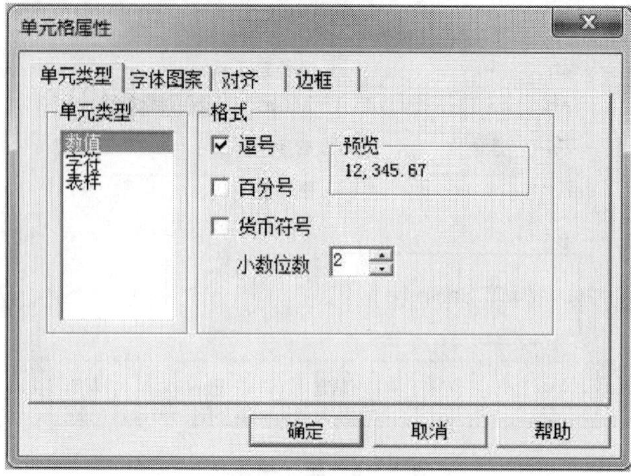

图 9-9　设置单元属性

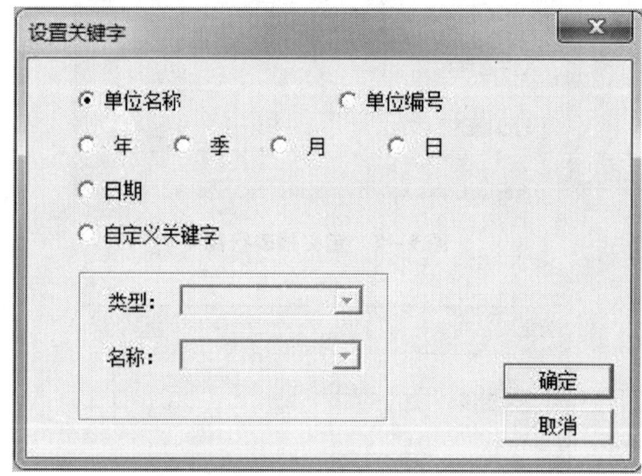

图 9-10　设置关键字

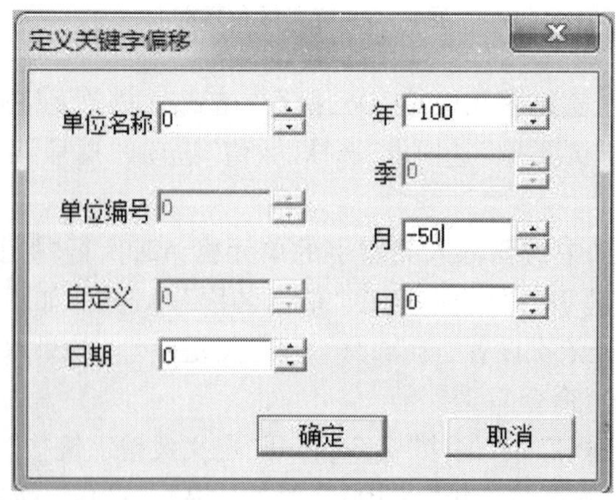

图 9-11　定义关键字偏移

3. 报表公式定义

（1）定义单元公式——直接输入公式

选定需要定义公式的单元格 C4 在“库存现金”的期初数，执行“数据”→“编辑公式”→“单元公式”命令，打开“定义公式”对话框（单击“f_x”按钮或按“ = ”键，都可打开“定义公式”对话框）。在“定义公式”对话框中直接输入总账期初函数公式：QC（"1001"，月），单击“确认”按钮，同理，可输入其他公式。

（2）定义单元公式——引导输入公式

选中被定义单元格 D4 在“库存现金”的期末数，单击“f_x”按钮，打开“定义公式”对话框，单击“函数向导”按钮，打开“函数向导”对话框，在“函数分类”列表框中选择“用友账务函数”，在右侧的“函数名”列表框中选择“期末（QM）”，如图 9－12 所示，单击“下一步”按钮，进入“账务函数”对话框。

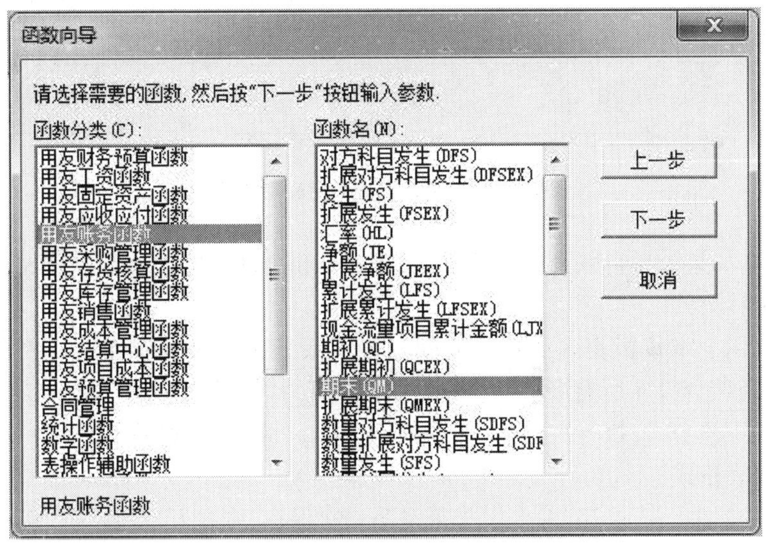

图 9－12　函数向导

单击“参照”按钮，在“科目”处输入“1001”，在“期间”处输入“月”，如图 9－13 所示。

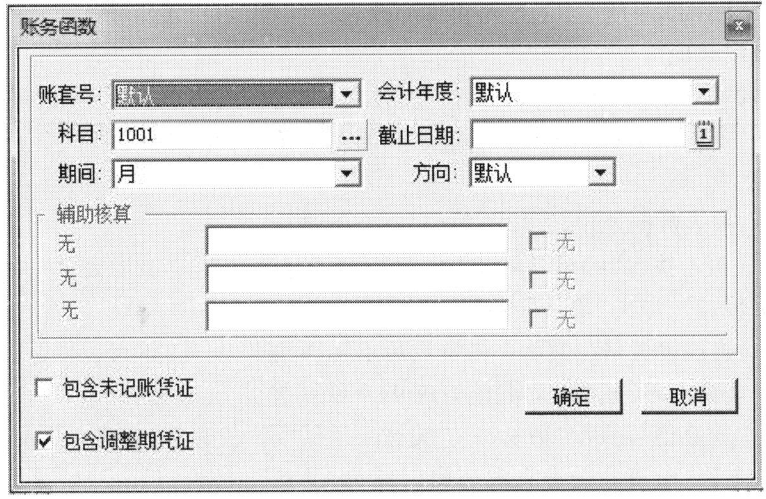

图 9－13　财务函数向导

其余均采用系统默认值,单击“确定”按钮,返回“函数向导”对话框。单击“确定”按钮,返回“定义公式”对话框,单击“确认”按钮。同理,可定义其他单元公式。

定义完的公式在单元格区域中显示为“公式单元”,最后结果如图 9－14 所示。

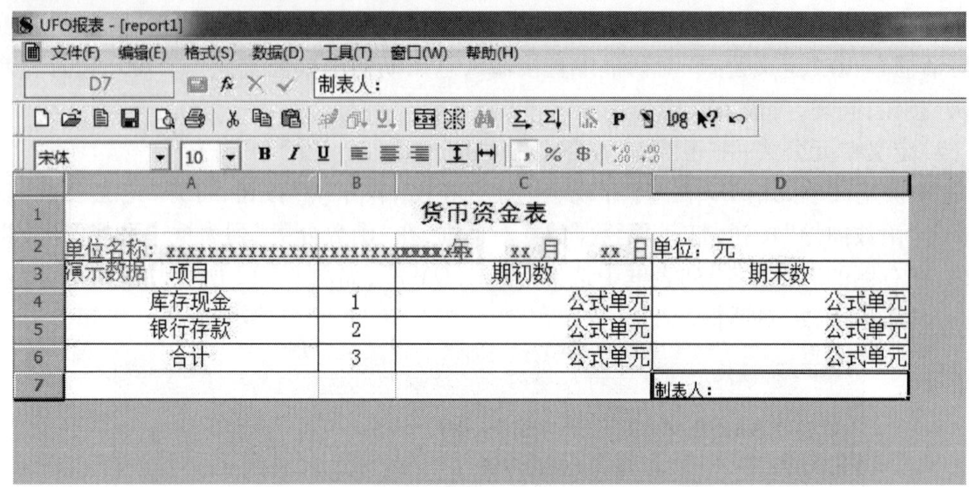

图 9－14　货币资金表定义后结果

温馨提示:如果未进行账套初始化,那么账套号和会计年度需要直接输入。

4. 定义审核公式

审核公式用于审核报表内或报表之间勾稽关系是否正确。例如,“资产负债表”中的“资产合计 = 负债合计 + 所有者权益合计”。本实训的“货币资金表”中不存在这种勾稽关系。若要定义审核公式,执行“数据”→“编辑公式”→“审核公式”命令即可。

5. 保存报表格式

(1)执行“文件”→“保存”命令。如果是第一次保存,则打开“另存为”对话框。

(2)选择保存文件夹;输入报表文件名“货币资金表”;选择“保存类型(*. rep)”,单击“保存”按钮。

温馨提示:报表格式设置完,切记要及时将该报表格式保存下来,以便以后随时调用,如果没有保存就退出,系统会提示“是否保存报表?”信息,防止误操作。

6. 报表数据处理

(1)打开报表。启动 UFO 系统,执行“文件”→“打开”命令,选择保存的报表文件“货币资金表”,单击“打开”按钮。单击空白报表底部左下角的“格式→数据”按钮,设置当前状态为“数据”状态。

温馨提示:报表数据处理必须在“数据”状态下进行。

(2)增加表页。执行“编辑”→“追加”→“表页”命令,打开“追加表页”对话框,输入需要增加的表页数“2”,单击“确认”按钮。

温馨提示:追加表页是在最后一张表页后追加 N 张空表页,插入表页是在当前表页后面插入一张空表页,一张报表最多只能管理 99 999 张表页。

(3)输入关键字值。执行“数据”→“关键字”→“录入”命令,打开“录入关键字”对话框。输入单位名称“秦皇岛云河有限公司”,年为“2017”,月为“1”,日为“31”,如图 9－15 所示。

单击“确认”按钮,系统弹出“是否重算第 1 页?”信息提示对话框,单击“是”按钮,系统会自动根据单元公式计算 1 月份数据;单击“否”按钮,系统不再计算 1 月份数据,以后可利用“表页重算”功能生成 1 月份数据。

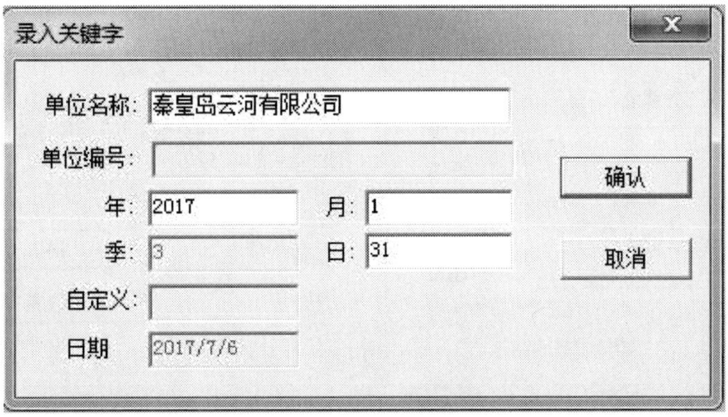

录入关键字			
单位名称:	秦皇岛云河有限公司		
单位编号:			确认
年:	2017	月:	1
季:	3	日:	31
自定义:			取消
日期	2017/7/6		

图 9 – 15　录入关键字

温馨提示:每一张表页均对应不同的关键字值,输出时随同单元一起显示。日期关键字可以确认报表数据取数的时间范围,即确定数据生成的具体日期。

(4)生成报表。执行“数据”→“表页重算”命令,系统弹出“是否重算第 1 页?”信息提示对话框,单击“是”按钮,系统会自动在初始的账套和会计年度范围内根据单元公式计算生成数据。如图 9 – 16 所示。

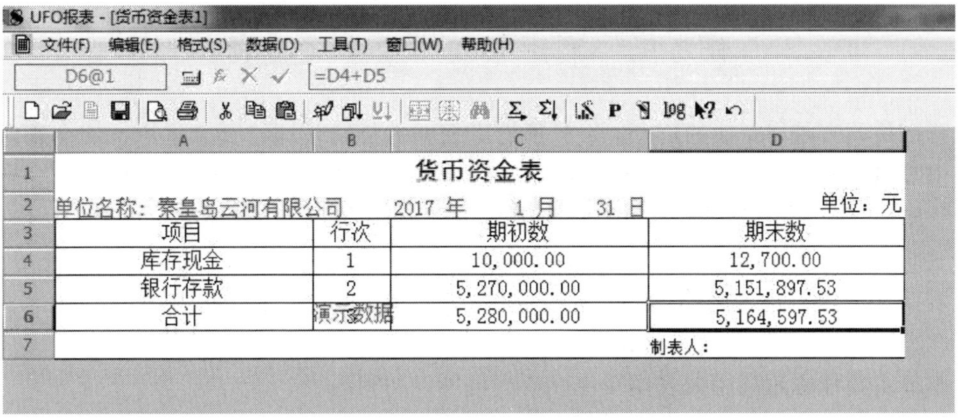

UFO报表 - [货币资金表1]

文件(F) 编辑(E) 格式(S) 数据(D) 工具(T) 窗口(W) 帮助(H)

D6@1　=D4+D5

	A	B	C	D
1			货币资金表	
2	单位名称: 秦皇岛云河有限公司		2017 年　1 月　31 日	单位: 元
3	项目	行次	期初数	期末数
4	库存现金	1	10,000.00	12,700.00
5	银行存款	2	5,270,000.00	5,151,897.53
6	合计	演示数据	5,280,000.00	5,164,597.53
7				制表人:

图 9 – 16　生成 1 月的报表

7. 表页管理及报表输出

(1)表页排序。执行“数据”→“排序”→“表页”命令,打开“表页排序”对话框。确定信息:选择第一关键值“年”,排序方向“递增”;第二关键值“月”,排序方向“递增”。如图 9 – 17 所示。

单击“确认”按钮,系统将自动把表页按年份递增顺序重新排列,如果年份相同则按月份递增顺序排列。

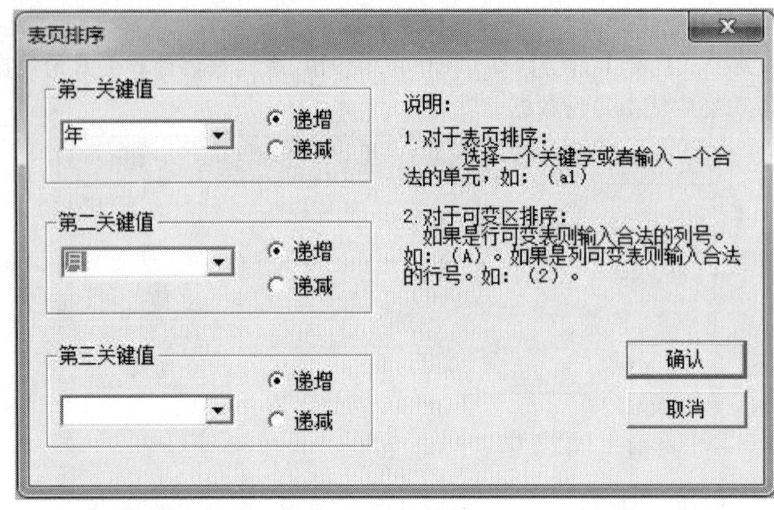

图9－17　表页排序

(2)表页查找。执行“编辑”→“查找”命令,打开“查找”对话框,确定查找内容“表页”,确定查找条件“月 =1”,单击“查找”按钮,查找到符合条件的表页作为当前表页。

(3)报表输出。请输出“货币资金表”至“D:\班级姓名学号\101 账套\输出日期”文件夹中,输出完成之后查看该文件夹中是否存在两个备份文件。文件名分别为“货币资金表. rep”和“货币资金表. xls”。

任务三　利用报表模板生成报表

资产负债表是将企业的资产、负债、所有者权益的科目,根据“资金运用 = 资金来源”的会计恒等式,分为“资产”和“负债及所有者权益”两大区块,在经过分录、过账、试算、调整等会计程序后,以特定日期的静态企业财务状况为基准,浓缩成的一张报表。

利润表是反映企业在一定会计期间经营成果的报表。利润表一般有表首、正表两部分。表首部分说明报表名称、编制单位、编制日期、报表编号、货币名称、计量单位等;正表是利润表的主体,反映形成经营成果的各个项目和计算过程。

本节主要任务是利用报表模板生成资产负债表和利润表。

【任务9.2】　利用报表模板生成资产负债表:利用“2007 年新会计制度科目”报表模板,生成“101”账套的 2017 年 1 月 31 日的“资产负债表”,并进行两次输出,输出至“D:\班级姓名学号\101 账套\输出日期”文件夹中,输出完成之后查看该文件夹中是否存在两个备份文件。文件名分别为“资产负债表. rep”和“资产负债表. xls”。

本笔业务是月末对资产负债表进行编制的业务,需要调用“资产负债表”报表模板、调整报表格式、生成资产负债表数据并保存。

操作步骤如下:

1. 调用资产负债表模板

(1)在“格式”状态下,执行“格式”→“报表模板”命令,打开“报表模板”对话框。

(2)“您所在的行业”选择“2007 年新会计制度科目”,“财务报表”选择“资产负债表”。如图 9－18 所示。

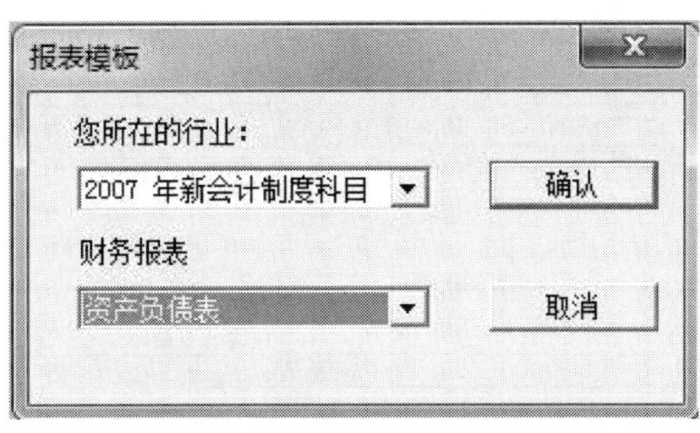

图 9-18 调用资产负债表模板

(3)单击"确认"按钮,系统弹出"模板格式将覆盖本表格式!是否继续?"信息提示框。

(4)单击"是"按钮,即可打开"资产负债表"模板。

2. 调整报表模板

(1)单击"数据→格式"按钮,将"资产负债表"处于"格式"状态。

(2)在"格式"状态下,执行"数据"→"关键字"→"设置"命令,设置"单位名称"等关键字的格式。

(3)保存调整后的报表模板。

3. 生成资产负债表数据

(1)在"数据"状态下,执行"数据"→"关键字"→"录入"命令,打开"录入关键字"对话框。

(2)输入关键字"秦皇岛云河有限公司";年为"2017",月为"1",日为"31"。

(3)单击"确认"按钮,系统弹出"是否重算第 1 页?"信息提示框。

(4)单击"是"按钮,系统会自动根据单元公式计算 1 月份数据。

(5)单击工具栏上的"保存"按钮,将生成的报表数据保存。如图 9-19 所示。

【任务 9.3】 利用报表模板生成利润表:利用"2007 年新会计制度科目"报表模板,生成"101"账套的 2017 年 1 月份的"利润表",并进行两次输出,输出至"D:\班级姓名学号\101 账套\输出日期"文件夹中,输出完成之后查看该文件夹中是否存在两个备份文件。文件名为"利润表. rep"和"利润表. xls"。

本笔业务是月末对利润表进行编制的业务,需要调用"利润表"报表模板、调整报表格式、生成利润表数据并保存。

操作步骤如下:

1. 调用利润表模板

(1)在"格式"状态下,执行"格式"→"报表模板"命令,打开"报表模板"对话框。

(2)"您所在的行业"选择"2007 年新会计制度科目","财务报表"选择"利润表"。如图 9-20 所示。

UFO报表 - [货币资金表]

文件(F) 编辑(E) 格式(S) 数据(D) 工具(T) 窗口(W) 帮助(H)

H16@1 =QC("2241",全年,,,年,,)

资产负债表

会企01表

单位名称：秦皇岛云河有限公司　　2017 年　1 月　31 日　　单位:元

资　产	行次	期末余额	年初余额	负债和所有者权益（或股东权益）	行次	期末余额	年初余额
流动资产：				流动负债：			
货币资金	1	5,164,597.53	5,280,000.00	短期借款	32	1,100,000.00	1,000,000.00
交易性金融资产	2			交易性金融负债	33		
应收票据	3	9,360.00	9,360.00	应付票据	34		
应收账款	4	-70.20	6,949.80	应付账款	35		70,200.00
预付款项	5	演示数据		预收款项	36	1,000.00	1,000.00
应收利息	6			应付职工薪酬	37	133,098.20	108,494.50
应收股利	7			应交税费	38	30,855.19	127,385.00
其他应收款	8			应付利息	39	5,500.00	
存货	9	357,961.25	390,000.00	应付股利	40		
一年内到期的非流动资产	10			其他应付款	41	26,450.00	13,225.00
其他流动资产	11			一年内到期的非流动负债	42		
流动资产合计	12	5,531,848.58	5,686,309.80	其他流动负债	43		
非流动资产：				流动负债合计	44	1,296,903.39	1,320,304.50
可供出售金融资产	13			非流动负债：			
持有至到期投资	14			长期借款	45	2000000.00	2000000.00
长期应收款	15			应付债券	46		
长期股权投资	16			长期应付款	47		
长期应收款	15			应付债券	46		
长期股权投资	16			长期应付款	47		
投资性房地产	17			专项应付款	48		
固定资产	18	5,967,002.00	5,484,400.00	预计负债	49		
在建工程	19			递延所得税负债	50		
工程物资	20			其他非流动负债	51		
固定资产清理	21			非流动负债合计	52	2000000.00	2000000.00
生产性生物资产	22			负债合计	53	3296903.39	3320304.50
油气资产	23			所有者权益（或股东权益）：			
无形资产	24			实收资本（或股本）	54	6,000,000.00	6,000,000.00
开发支出	25			资本公积	55	1,050,405.30	750,405.30
商誉	26			减：库存股	56		
长期待摊费用	27			盈余公积	57	100,000.00	100,000.00
递延所得税资产	28			未分配利润	58	1,051,541.89	1,000,000.00
其他非流动资产	29			所有者权益（或股东权益)合计	59	8,201,947.19	7,850,405.30
非流动资产合计	30	5967002.00	5484400.00				
资产总计	31	11498850.58	11170709.80	负债和所有者权益(或股东权益)总计	60	11,498,850.58	11,170,709.80

图 9－19　生成资产负债表

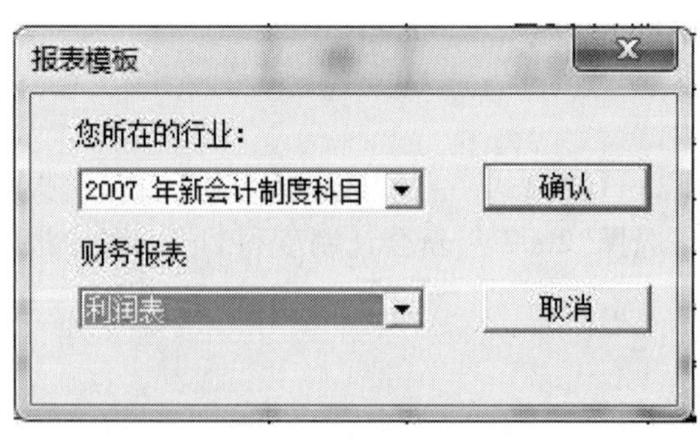

图 9－20　调用利润表模板

(3)单击“确认”按钮,系统弹出“模板格式将覆盖本表格式！是否继续?”信息提示框。

(4)单击“是”按钮,即可打开“利润表”模板。

2. 调整报表模板

(1)单击“数据→格式”按钮,将“利润表”处于“格式”状态。

(2)在“格式”状态下,执行“数据”→“关键字”→“设置”命令,设置“单位名称”等关键字格式。

(3)保存调整后的报表模板。

3. 生成利润表数据

(1)在“数据”状态下,执行“数据”→“关键字”→“录入”命令,打开“录入关键字”对话框。

(2)输入关键字“秦皇岛云河有限公司”;年为“2017”,月为“1”。

(3)单击“确认”按钮,系统弹出“是否重算第1页?”信息提示框。

(4)单击“是”按钮,系统会自动根据单元公式计算1月份数据。

(5)单击工具栏上的“保存”按钮,将生成的报表数据保存。如图9-21所示。

利润表

会企02表

单位名称：秦皇岛云河有限公司　　2017 年　1 月　　单位:元

项　目	行数	本期金额	上期金额
一、营业收入	1	443,750.00	
减：营业成本	2	270,323.75	
营业税金及附加	3	1,061.26	
销售费用	4	21,519.50	
管理费用	5	74,397.00	
财务费用	6	5,654.97	
资产减值损失	7		
加：公允价值变动收益（损失以“-”号填列）	8		
投资收益（损失以“-”号填列）	9		
其中：对联营企业和合营企业的投资收益	10		
二、营业利润（亏损以“-”号填列）	11	70793.52	
加：营业外收入	12	演示数据	
减：营业外支出	13	2,071.00	
其中：非流动资产处置损失	14		
三、利润总额（亏损总额以“-”号填列）	15	68722.52	
减：所得税费用	16	17,180.63	
四、净利润（净亏损以“-”号填列）	17	51541.89	
五、每股收益：	18		
（一）基本每股收益	19		
（二）稀释每股收益	20		

图9-21　生成利润表

任务四　定义财务指标分析表

企业的财务指标，是对企业经营结果进行分析的指标，一般包括偿债能力分析指标（如流动比率、速动比率、资产负债率）、营运能力分析指标（如应收账款周转率、总资产周转率）和盈利能力分析指标（如资产利润率、销售净利率）。表 9－2 是一般企业常用的企业主要财务指标分析表。

【任务 9.4】 1 月 31 日，编制企业 2017 年 1 月份的企业主要财务指标分析表，并进行两次输出，输出至“D:\班级姓名学号\101 账套\输出日期”文件夹中，输出完成之后查看该文件夹中是否存在两个备份文件。文件名为“财务指标分析表. rep” 和“财务指标分析表. xls”。格式如表 9－2 所示。

任务说明：(1)请将系统日期修改为 2017 年 1 月 31 日；(2)财务部主管张主管进行企业财务指标分析表的格式编制、定义关键字和单元计算公式，以及报告数据计算。

表 9－2　企业主要财务指标分析表

单位名称：秦皇岛云河有限公司　　2017 年 1 月

能力	指标	数值
偿债能力分析	流动比率	
	速动比率	
	资产负债率	
营运能力分析	应收账款周转率	
	总资产周转率	
盈利能力分析	资产利润率	
	销售净利率	

温馨提示：

1. 本笔业务是月末对企业财务指标分析表进行编制，首先需要进行格式编制，然后定义关键字和单元计算公式，最后做报告数据计算。

2. 在 UFO 报表系统中，通过自定义方式做表 9－2 的格式编辑时，需要分为以下 7 步：即新建报表、定义组合单元、画表格线、输入报表项目、定义报表行高和列宽、设置单元风格和定义单元属性。

3. 针对本业务的需求，结合 UFO 报表系统的特点，需要进行如表 9－3 所示的公式定义。

表 9－3　财务指标分析表中单元格的公式定义

指标	公式	单元格公式	单元格位置
流动比率	流动资产/流动负债	"资产负债表"－>C18@1/"资产负债表"－>G19@1	C4
速动比率	(流动资产－存货－预付款项)/流动负债	("资产负债表"－>C18@1－"资产负债表"－>C15@1－"资产负债表"－>C11@1)/"资产负债表"－>G19@1	C5
资产负债率	负债总额/资产总额	"资产负债表"－>G29@1/"资产负债表"－>C38@1	C6
应收账款周转率	营业收入/(期初应收账款＋期末应收账款)/2	2＊"利润表"－>C5@1/("资产负债表"－>C10@1＋"资产负债表"－>D10@1)	C7
总资产周转率	营业收入/(期初资产总额＋期末资产总额)/2	2＊"利润表"－>C5@1/("资产负债表"－>C38@1＋"资产负债表"－>D38@1)	C8
资产利润率	利润总额/(期初资产总额＋期末资产总额)/2	2＊"利润表"－>C19@1/("资产负债表"－>C38@1＋"资产负债表"－>D38@1)	C9
销售净利率	净利润/营业收入	"利润表"－>C21@1/"利润表"－>C5@1	C10

操作步骤如下：

1. 新建报表

(1)打开"UFO 报表"窗口。在"财务会计"子系统中,双击"UFO 报表"菜单项,系统打开"UFO 报表"窗口;单击菜单栏中的"文件→新建"菜单项,系统新建一个报表,默认报表名为"report1"。

(2)保存为"财务指标分析表"报表。在"UFO 报表"窗口中,单击菜单栏中的"文件→另存为"菜单项,系统打开"另存为"对话框,在对话框中,选择要"保存"的文件夹,并输入报表的"文件名"为"财务指标分析表",选择"文件类型"依次为"＊.rep"和"＊.xls",然后单击"另存为"按钮,保存该报表格式,此时"report1"窗口的标题变为"财务指标分析表",且其左下角为"格式",表明当前状态是"格式"状态。(注:保存两遍)

(3)定义行列数。单击菜单栏中的"格式→表尺寸"菜单项,打开"表尺寸"对话框,输入行数为"10"、列数为"3",然后单击"确认"按钮,退出对话框,返回"财务指标分析表"窗口。

2. 定义组合单元

(1)打开"组合单元"对话框。首先,选中 A1:C1 区域(从 A1 拖拽鼠标到 C1 单元),然后单击菜单栏中的"格式→组合单元"菜单项,系统打开"组合单元"对话框。

(2)组合 A1:C1 单元(即合并单元格)。在"组合单元"对话框中,单击"整体组合"或"按行组合"按钮,系统退出对话框返回窗口,此时可见 A1:C1 区域合并为一个单元格。

(3)参照步骤(1)和(2),组合 A2:C2,A4:A6,A7:A8 和 A9:A10。

3. 画表格线

首先,选中 A3:C10 区域,然后单击菜单栏中的"格式→区域画线"菜单项,系统打开"区域画线”窗口，默认“画线类型”为“网线”，单击“确认”按钮，系统返回窗口并完成画线，结果如图9－22所示。

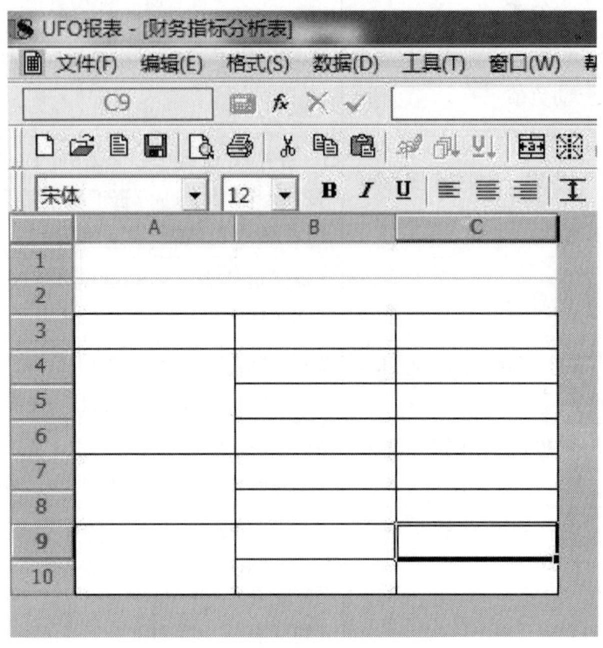

图9－22　画表格线结果示意图

4. 输入报表项目

依据表9－2，在图9－22所示表的对应单元格或组合单元格中，输入报表项目文字内容，结果如图9－23所示。

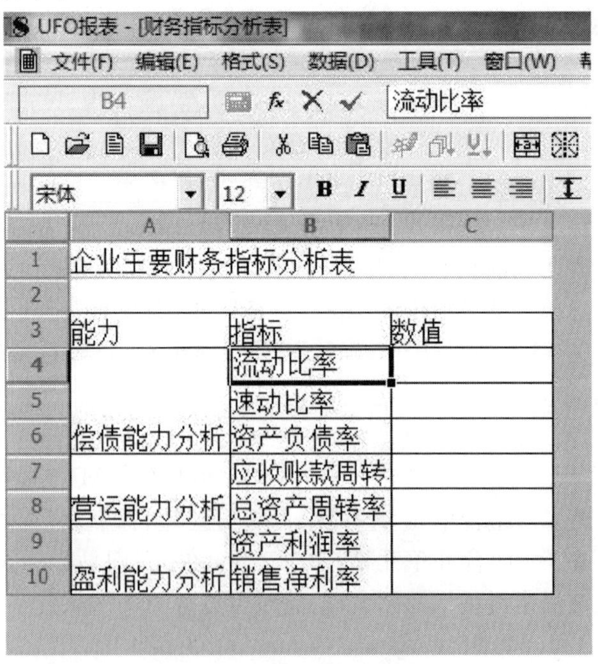

图9－23　报表项目示意图

温馨提示：

(1)报表项目是指报表的文字内容，主要包括表头内容、表体项目、表尾项目等，但不包括关键字。

(2)报表的编制日期、单位名称是关键字，不能作为文字内容输入。

5. 定义报表行高和列宽

(1)设置 A1 单元格的行高为 10。首先单击 A1 单元格以选中该单元格，然后单击菜单栏的“格式→行高”菜单项，打开“行高”对话框，输入“行高”为“10”，单击“确认”按钮，系统退出对话框返回“财务指标分析表”窗口。

(2)设置 A2:C10 区域中单元格的行高为 7。首先选中 A2:C10 区域，然后打开“行高”对话框，输入“行高”为“7”，单击“确认”按钮。

(3)设置 A 列的列宽为 35。首先单击表的列名“A”以选中 A 列，然后单击菜单栏中的“格式→列宽”菜单项，打开“列宽”对话框，输入“列宽”为“35”，单击“确认”按钮。

(4)重复步骤(3)，设置 B 列的列宽为 40、C 列的列宽为 30。

6. 设置单元风格

(1)设置标题单元格 A1 的字体字号。选中 A1 单元格，单击菜单栏中的“格式→单元属性”菜单项，打开“单元格属性”对话框；单击其“字体图案”选项卡，设置“字体”为“黑体”，“字号”为“14”；单击其“对齐”选项卡，设置“水平方向”和“垂直方向”的对齐方式为“居中”；单击其“确定”按钮，系统退出对话框。

(2)重复步骤(1)，设置单元格 A2 的字体为“宋体”，“字形”为“粗体”，“字号”为“12”，其“水平方向”和“垂直方向”的对齐方式为“居中”；设置区域 A3:C3 的字体为“宋体”，“字形”为“粗体”，“字号”为“12”，“水平方向”和“垂直方向”的对齐方式为“居中”；设置区域 A4:C10 的字体字号为“宋体”，“12”，“水平方向”和“垂直方向”的对齐方式为“居中”。结果如图 9－24 所示。

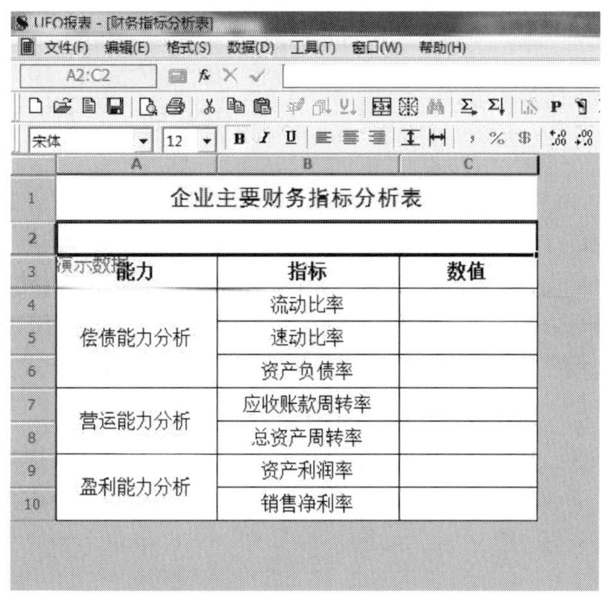

图 9－24　报表项目示意图

7. 定义单元属性。设置单元格数值的显示方式。选中 C4:C10 区域，单击菜单栏中的

“格式→单元属性”菜单项，打开“单元格属性”对话框，在其“单元类型”选项卡左侧的“单元类型”列表框中，选择“数值”选项，并勾选右侧的“百分号”，设置“小数位数”为“2”，然后单击“确定”按钮，系统退出对话框。

8. 保存报表格式。单击工具栏中的“保存”按钮，保存编辑结果。

9. 关闭报表。单击菜单栏中的“文件→关闭”菜单项，关闭该报表。

温馨提示：

（1）因为系统不自动保存，故请注意随时“保存”报表的编辑结果，而不是完成之后才保存，以免因电脑故障等原因导致编辑成果丢失。

（2）格式状态下输入内容的单元均默认为表样单元，未输入内容的单元均默认为数值单元（在数据状态下可输入数值）。若希望在数据状态下输入字符，则应将其定义为字符单元。

（3）表样单元输入后对所有表页有效，而数值单元和字符单元输入后仅对本表页有效。

10. 财务部主管张主管定义关键字和单元计算公式

（1）打开“财务指标分析表. rep”。在 UFO 报表系统中，单击菜单栏中的“文件→打开”菜单项，打开已保存样式的“财务指标分析表. rep”文件，系统打开“财务指标分析表”窗口，默认处于“数据”状态，单击其左下角的“数据”按钮，使其处于“格式”状态。

（2）设置关键字及其位置。打开“设置关键字”对话框，首先选中 A2 组合单元（需要输入关键字的位置），然后单击菜单栏中的“数据→关键字→设置”菜单项，系统打开“设置关键字”对话框，设置关键字“单位名称”。在“设置关键字”对话框中，选中“单位名称”单选项，然后单击“确定”按钮，系统返回窗口，此时 A2 单元的内容已经改为“单位名称：XXXX”。重复以上步骤，在 A2 单元中设置“年”“月”关键字。

温馨提示：每个报表可以同时定义多个关键字，如果要取消关键字，可单击“数据→关键字→设置”菜单项。

（3）调整关键字的位置。单击菜单栏中的“数据→关键字→偏移”菜单项，在系统打开的“定义关键字偏移”对话框中，输入“单位名称”的偏移量为“10”，“年”的偏移量为“ -60”，“月”的偏移量为“ -20”，然后单击对话框中的“确定”按钮，返回“财务指标分析表”窗口，结果如图 9 -25 所示。

温馨提示：关键字偏移量单位为像素，负数表示向左移、正数表示向右移。

（4）报表公式定义

① 打开“定义公式”对话框。首先选中 C4 单元（即准备显示“流动比率”数值的位置），然后单击菜单栏中的“数据→编辑公式→单元公式”菜单项，系统打开“定义公式”对话框。

② 定义 C4 的单元公式。在“定义公式”对话框中，直接输入公式："资产负债表" - > C18@ 1/"资产负债表" - > G19@ 1，结果如图 9 -26 所示。请注意：所有符号必须为半角。

③ 单击对话框中的“确认”按钮，系统返回窗口，此时 C4 单元显示为“公式单元”。

④ 重复步骤① ~ ③，依据表 9 -3，完成 C5 ~ C10 各个单元格计算公式的录入。结果请参见图 9 -27。

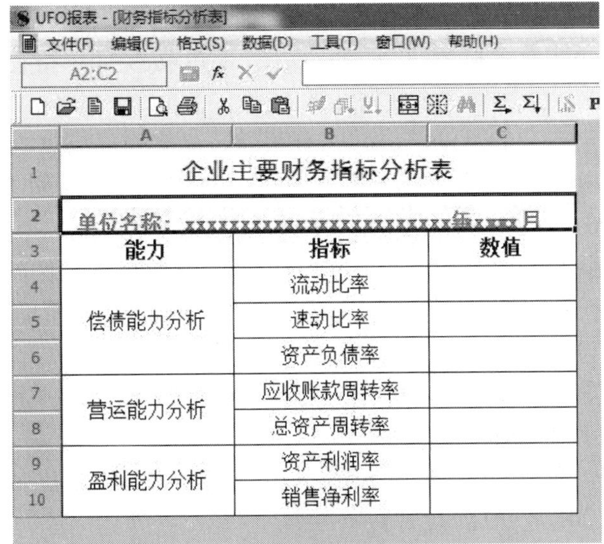

能力	指标	数值
偿债能力分析	流动比率	
	速动比率	
	资产负债率	
营运能力分析	应收账款周转率	
	总资产周转率	
盈利能力分析	资产利润率	
	销售净利率	

（表头：企业主要财务指标分析表；单位名称：xxxxxxxxxxxxxxxxxxxxxxxxx年xxxx月）

图 9－25　设置关键字位置的结果

图 9－26　“财务指标分析表”C4 的公式定义

UFO报表 - [财务指标分析表]

文件(F) 编辑(E) 格式(S) 数据(D) 工具(T) 窗口(W) 帮助(H)

A1:C1　企业主要财务指标分析表

企业主要财务指标分析表

单位名称：xxxxxxxxxxxxxxxxxxxxxxxxx年xxxx月

能力	指标	数值
偿债能力分析	流动比率	公式单元
	速动比率	公式单元
	资产负债率	公式单元
营运能力分析	应收账款周转率	公式单元
	总资产周转率	公式单元
盈利能力分析	资产利润率	公式单元
	销售净利率	公式单元

图 9－27　“财务指标分析表”公式定义结果

温馨提示：单元公式中涉及的符号，均为英文半角字符；单击“f_x”按钮，或者双击某公式单元，或按“＝”键，都可以打开“定义公式”对话框。

(5)保存报表格式。单击菜单栏中的“文件→保存”菜单项，保存编辑结果。

(6)关闭报表。单击菜单栏中的“文件→关闭”菜单项，关闭该报表。

11. 财务部主管张主管进行报表数据计算

(1)打开“财务指标分析表.rep”。在 UFO 报表系统中，单击菜单栏中的“文件→打开”菜单项，打开已保存样式的“财务指标分析表.rep”文件，系统打开“财务指标分析表”窗口，默认处于“数据”状态。

(2)设置提示选择账套。确认“数据→计算时提示选择账套”菜单项有对勾，表示在进行报表的数据计算时，系统提示选择账套。若没有，则单击菜单栏中的“数据→计算时提示选择账套”菜单项以设置。

(3)打开“录入关键字”对话框。单击窗口菜单栏中的“数据→关键字→录入”菜单项，系统打开“录入关键字”对话框。

(4)录入关键字。在“录入关键字”对话框中，输入关键字“单位名称”为“秦皇岛云河有限公司”；“年”为“2017”；“月”为“1”。

(5)打开选择账套窗口。在“录入关键字”对话框中，单击“确认”按钮，系统弹出“是否重算第 1 页?”提示框，单击“是”按钮，系统弹出企业应用平台的“登录”界面。

(6)选择账套。在“操作员”处输入“0201”，选择账套“[101]秦皇岛云河有限公司”，然后单击“登录”按钮，系统会自动根据单元公式计算 1 月份的数据，结果如图 9－28 所示。

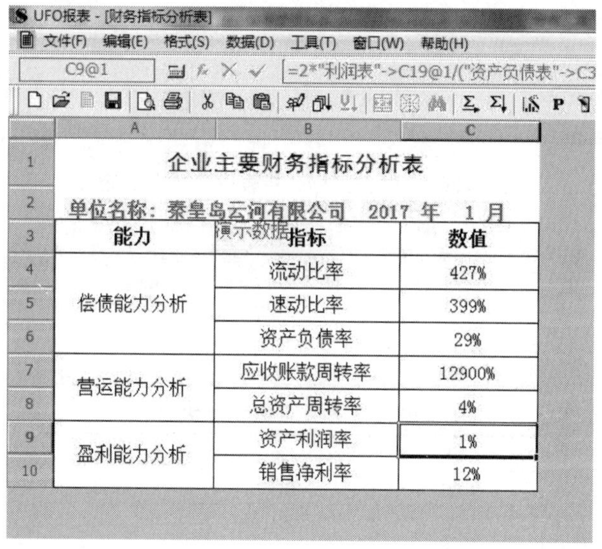

能力	指标	数值
偿债能力分析	流动比率	427%
	速动比率	399%
	资产负债率	29%
营运能力分析	应收账款周转率	12900%
	总资产周转率	4%
盈利能力分析	资产利润率	1%
	销售净利率	12%

图 9－28　1 月份财务报表分析表数据

(7)保存。单击工具栏中的“保存”按钮，保存该文件。

(8)退出。单击菜单栏中的“文件→退出”菜单项，退出该窗口。

项目十　综合实训

一、实训要求

1. 会计科目采用(用友 ERP－U8 V10.1 版)“2007 新会计制度科目”。

2. 记账凭证摘要必须填写完整。

3. 本实训经济业务中所有涉及的单价均为不含税单价。

4. 完成各模块期初数据操作(操作员:002;操作时间:2012－01－01);根据经济业务在相应模块填制相关业务单据,生成会计凭证(操作员:003;操作时间:2012－01－31);完成总账模块中审核凭证、记账、结账和编制报表(操作员:004;操作时间:2012－01－31)。

5. 所有凭证制单日期为业务发生日期,附单据数不用填写。

6. 账套备份和报表输出到“班级姓名学号”文件夹下。

二、企业概况

(一)企业基本情况

企业名称:哈尔滨乐家装饰材料有限公司(简称:乐家装饰材料,位于哈尔滨市开发区 1 号);企业类型:生产型企业;法定代表人:刘乐;联系电话和传真均为:0451－88888888;纳税人识别号:045177777777。

(二)乐家装饰材料有限公司采用以下会计政策和核算方法

1. 企业记账本位币为人民币;

2. 所有仓库采用实际成本法核算,采用先进先出法计价;

3. 固定资产折旧方法采用平均年限法(二),按月计提折旧;

4. 增值税税率为 17%,城市建设维护税税率为 7%,教育费附加率为 3%,企业所得税税率为 25%(企业所得税税率实行查账计征,按季预缴、年终汇算清缴),所有涉及的采购及销售业务均为无税单价;

5. 月末计算并结转相关税费,损益结转采用账结法。

三、企业静态数据

(一)建立账套信息

账套信息:

账套号:666;账套名称:哈尔滨乐家装饰材料有限公司;启用日期:2012 年 01 月 01 日;

基础信息:存货、客户、供应商不分类,有外币核算;

编码方案:科目编码为 42222;部门为 22;收发类别为 121;其他采用系统默认;

数据精度:采用系统默认。

(二)设置操作员及权限(见表 10－1)

表 10－1 操作员及权限表

操作员编号	操作员姓名	所属部门	系统权限
002	徐军	总经办	账套主管
003	彭媛	财务部	账套主管
004	张爱	财务部	账套主管

（三）系统启用

启用总账、应收、应付、固定资产、薪资、采购、销售、库存、存货，启用日期统一为：2012 年 1 月 1 日。

（四）基础档案

1. 部门档案（见表 10－2）

表 10－2 部门档案表

部门编码	部门名称	部门编码	部门名称
01	总经办	05	生产部
02	财务部	0501	基本生产车间
03	销售部	0502	辅助生产车间
04	采购部	06	库房

2. 人员类别（见表 10－3）

表 10－3 人员类别表

分类编码	分类名称
1001	管理人员
1002	营销人员
1003	采购人员
1004	生产人员

3. 人员档案（见表 10－4）

表 10－4 人员档案表

人员编号	人员姓名	性别	行政部门	人员类别	是否业务员
001	郑国化	男	总经办	管理人员	是
002	徐军	女	总经办	管理人员	是
003	彭缓	女	财务部	管理人员	是
004	张爱	女	财务部	管理人员	是
005	黄秋艳	女	采购部	采购人员	是

表 10－4(续)

人员编号	人员姓名	性别	行政部门	人员类别	是否业务员
006	高正	男	采购部	采购人员	是
007	文静	男	销售部	营销人员	是
008	李德立	男	销售部	营销人员	是
009	王书	女	基本生产车间	管理人员	是
010	赵明山	男	基本生产车间	生产人员	是
011	丁逸飞	女	辅助生产车间	管理人员	是
012	王雷	男	辅助生产车间	生产人员	是
013	王明月	女	库房	管理人员	是

4. 供应商档案(见表 10－5)

表 10－5　供应商档案表

编号	供应商名称	简称	纳税号	开户银行	银行账号
001	马边县林业开发公司	马边林业公司	519781100008075	工行马边支行	3187538971
002	西昌林业开发公司	西昌林业公司	616735580529811	建行西昌支行	6921328644
003	甘孜州林业开发公司	甘孜林业公司	516113598002389	工行通惠支行	10300754826

5. 客户档案(见表 10－6)

表 10－6　客户档案表

编号	供应商名称	简称	纳税号	开户银行	银行账号
001	哈尔滨市西蓉装饰公司	西蓉公司	510182399385513	工行锦城支行	31588612567
002	哈尔滨兴达装饰公司	兴达公司	510228512387020	工行建外支行	52388652103
003	哈尔滨双林装饰公司	双林公司	510258336041552	工行西郊支行	28533205136

6. 结算方式(见表 10－7)

表 10－7　结算方式

编号	结算名称
1	现金支票
2	转账支票
3	商业承兑汇票
4	银行承兑汇票

7. 银行档案

银行编码:05;银行名称:哈尔滨商业银行;账号长度:14 位。

8. 本单位开户银行(见表 10 – 8)

表 10 – 8 本单位开户银行

编号	银行账号	开户银行
001	12345678901234	哈尔滨商业银行通达支行

9. 凭证类别设置(见表 10 – 9)

表 10 – 9 凭证类别设置

类型	限制类型	限制科目
记账凭证	无限制	

10. 计量单位

立方、公斤、张、套、副、个、箱、元。

11. 存货档案(见表 10 – 10)

表 10 – 10 存货档案表

存货编码	存货名称	计量单位	税率	存货属性	库存数量	单位成本	金额
1011	木材	立方	13%	外购、生产耗用	502	297	149 094.00
1012	石蜡	公斤	17%	外购、生产耗用	1450	3.21	4 654.50
1013	地板胶	公斤	17%	外购、生产耗用	210	1.60	336.00
	小计						154 084.50
1021	木纹纸	张	17%	外购、生产耗用	620	12.00	7 440.00
1022	耐磨纸	张	17%	外购、生产耗用	624	15.00	9 360.00
1023	防潮纸	张	17%	外购、生产耗用	615	2.60	1 599.00
	小计						18 399.00
	合计						172 483.50
2011	工作服	套	17%	外购、生产耗用	300	82.00	24 600.00
2012	手套	副	17%	外购、生产耗用	100	3.00	300.00
	小计						24 900.00
2021	机油	公斤	17%	外购、生产耗用	80	7.20	576.00
2022	黄油	公斤	17%	外购、生产耗用	20	5.80	116.00
	小计						692.00
	合计						25 592.00
301	包装箱	个	17%	外购、生产耗用	850	11.80	10 030.00

表 10－10(续)

存货编码	存货名称	计量单位	税率	存货属性	库存数量	单位成本	金额
	合计						10 030.00
401	强化木地板	箱	17%	自制、内销	20	195.00	3 900.00
402	中密度纤维板	张	17%	自制、内销	50	135.00	6 750.00
	合计						10 650.00
	总计						218 755.50
901	运输费	元	7%	应税劳务			

12. 仓库档案(见表 10－11)

表 10－11　仓库档案表

仓库编码	仓库名称	所属部门
1	原材料仓库	库房
2	成品仓库	库房

注:编码为 401、402 的存货存放在成品仓库,其他存货存放在原材料仓库。

13. 收发类别(见表 10－12)

表 10－12　收发类别

收发类别编码	收发类别名称	收发类别编码	收发类别名称
1	入库类别	2	出库类别
101	采购入库	201	销售出库
102	产成品入库	202	领用出库
		203	其他出库

(五)各模块初始设置

1. 采购管理模块设置以下参数

业务范围:无受托代销业务;无期初数。

2. 销售管理模块设置以下参数

无委托代销业务,无销售调拨业务,无零售日报业务,销售报价含税,销售计划金额含税,无期初数。

3. 库存管理模块设置以下参数

无批次管理,无保质期管理,无组装拆卸和形态转换业务,无最高最低库存报警。

4. 存货核算模块设置以下参数

业务范围:默认系统提供参数。

5. 应收系统模块设置以下参数

应收款核销方式:按单据。坏账处理方式:应收余额百分比法;其他参数为系统默认。

科目设置:应收科目为1122,预收科目为2203,应缴增值税科目为22210105,其他可暂时不设。结算方式科目设置:现金对应1001;其他结算方式均对应100201。坏账准备设置:提取比例为0.5%,坏账准备期初余额为520,坏账准备科目为1231,对方科目为6701。

6. 应付系统模块确定以下设置

应付款核销方式:按单据;其他参数为系统默认。科目设置:应付科目为2202,预付科目为1123,采购科目为1403,应缴增值税科目为22210101,其他可暂时不设。结算方式科目设置:现金对应1001;其他结算方式均对应100201。

7. 固定资产

(1)业务控制参数

①启用月份为2012.1;固定资产类别编码方式为2-1-1-2,固定资产编码方式按“类别编码+序号”自动编码;已注销的卡片5年后删除;当(月初已计提月份=可使用月份-1)时,要求将剩余折旧全部提足。

②用平均年限法(二)按月计提折旧;卡片序号长度为3;要求与总账系统进行对账,固定资产对账科目为“1601 固定资产”;累计折旧对账科目为“1602 累计折旧”。

③对账不平衡的情况下允许月末结账。

(2)初始设置

①资产类别(见表10-13)

表10-13 资产类别

编码	类别名称	单位	计提属性	折旧方法	卡片式样
01	生产经营用固定资产		正常计提	平均年限法(二)	通用
02	非生产经营用固定资产		正常计提	平均年限法(二)	通用
03	不需用固定资产		正常计提	平均年限法(二)	通用

②2012年1月初固定资产使用及折旧情况资料(见表10-14)

表10-14 2012年1月初固定资产使用及折旧情况资料表

固定资产编号	固定资产名称	类别编号	使用部门	增加方式	可使用年限	开始使用日期	单位	数量	原值	12月份止累计折旧	使用状况	净残值率
01001	削片机	01	基本生产车间	直接购入	10	2011-11-01	台	1	240 000	63 360	在用	4%
01002	清洗机	01	基本生产车间	直接购入	10	2011-11-01	台	1	150 000	39 600	在用	4%
01003	热磨机	01	基本生产车间	直接购入	10	2011-11-01	台	1	320 000	844 800	在用	4%
01004	干燥铺装机	01	基本生产车间	直接购入	10	2011-11-01	台	1	380 000	100 320	在用	4%
01005	连续压机	01	基本生产车间	直接购入	10	2011-11-01	台	1	792 000	59 088	在用	4%
01006	锯板机	01	基本生产车间	直接购入	10	2011-11-01	台	1	230 000	60 720	在用	4%
01007	砂光机	01	基本生产车间	直接购入	10	2011-11-01	台	1	200 000	52 800	在用	4%
01008	打包机	01	基本生产车间	直接购入	10	2011-11-01	台	1	120 000	31 680	在用	4%

表 10－14(续)

固定资产编号	固定资产名称	类别编号	使用部门	增加方式	可使用年限	开始使用日期	单位	数量	原值	12月份止累计折旧	使用状况	净残值率
01009	车间厂房	01	基本生产车间	直接购入	25	2011－11－01	M2	150	1 400 000	108 400	在用	10%
01010	车间厂房	01	辅助生产车间	直接购入	25	2011－11－01	M2	400	200 000	50 000	在用	10%
01011	东风卡车	01	总经办	直接购入	5	2011－11－01	辆	1	42 000	22 176	在用	10%
01012	东风卡车	01	总经办	直接购入	5	2011－11－01	辆	1	42 000	22 176	在用	10%
01013	小车	01	总经办	直接购入	5	2011－11－01	台	1	150 000	76 200	在用	10%
01014	电脑	01	总经办	直接购入	4	2011－11－01	台	1	10 000	600	在用	4%
01015	电脑	01	总经办	直接购入	4	2011－11－01	台	1	10 000	600	在用	4%
01016	电脑	01	总经办	直接购入	4	2011－11－01	台	1	10 000	600	在用	4%
01017	电脑	01	总经办	直接购入	4	2011－11－01	台	1	10 000	600	在用	4%
01018	电脑	01	总经办	直接购入	4	2011－11－01	台	1	10 000	600	在用	4%
01019	复印机	01	总经办	直接购入	4	2011－11－01	台	1	18 000	8 910	在用	4%
01020	办公楼	01	总经办	直接购入	25	2011－11－01	M2	920	1 200 000	70 800	在用	10%
01021	仓库	01	总经办	直接购入	25	2011－11－01	M2	1800	600 000	59 400	在用	10%
01022	营业用房	01	销售部	直接购入	25	2011－11－01	M2	100	50 000	1 650	在用	10%
02001	职工食堂	02	总经办	直接购入	25	2011－11－01	M2	250	10 000	9 900	在用	10%
03001	锅炉	03	辅助生产车间	直接购入	2.5	2011－11－01	台	1	200 000	198 000	在用	1%
合计									6 484 000	1 122 660	在用	

③部门及对应折旧科目(见表 10－15)

表 10－15　部门及对应折旧科目表

部门	对应折旧科目
总经办	660205“管理费用—折旧费”
财务部	660205“管理费用—折旧费”
销售部	660103“销售费用—折旧费”
采购部	660205“管理费用—折旧费”
基本生产车间	510102“制造费用—折旧费”
辅助生产车间	500102“生产成本—辅助生产成本”
库房	660205“管理费用—折旧费”

④增减方式(见表 10－16)

表 10－16　增减方式

增减方式目录	对应入账科目
增加方式:直接购入	100201“银行存款—通达支行”
减少方式:报废	1606“固定资产清理”

8. 薪资系统(启用时间:2012.1.1)

(1)工资类别:多个工资类别;从工资中代扣个人所得税。注:其他参数采用默认。

(2)工资类别设置为:(类别编码 001)在职人员;(类别编码 002)退休人员。“在职人员”分布在各个部门,而退休人员只属于总经办。

(3)“在职人员”需增加的工资项目(见表 10－17)。

表 10－17　“在职人员”需增加的工资项目表

工资项目名称	类型	长度	小数	增减项
基本工资	数字	8	2	增项
职务补贴	数字	8	2	增项
津贴	数字	8	2	增项
交通补贴	数字	8	2	增项
医疗保险	数字	8	2	减项
养老保险	数字	8	2	减项
失业保险	数字	8	2	减项
住房公积金	数字	8	2	减项
缺勤扣款	数字	8	2	减项
缺勤天数	数字	8	2	其他
计税工资	数字	8	2	其他

(4)银行名称

银行名称为“哈尔滨商业银行通达支行”,账号长度为 14 位,录入时自动带出的账号长度为 8 位。

(5)在职人员档案(见表 10－18)

表 10－18　在职人员档案表

人员编号	人员姓名	性别	行政部门	人员类别	银行账号
001	郑国化	男	总经办	管理人员	10011020088001
002	徐军	女	总经办	管理人员	10011020088002
003	彭媛	女	财务部	管理人员	10011020088003
004	张爱	女	财务部	管理人员	10011020088004
005	黄秋艳	女	采购部	采购人员	10011020088005
006	高正	男	采购部	采购人员	10011020088006

表 10 - 18(续)

人员编号	人员姓名	性别	行政部门	人员类别	银行账号
007	文静	男	销售部	营销人员	10011020088007
008	李德立	男	销售部	营销人员	10011020088008
009	王书	女	基本生产车间	管理人员	10011020088009
010	赵明山	男	基本生产车间	生产人员	10011020088010
011	丁逸飞	女	辅助生产车间	管理人员	10011020088011
012	王雷	男	辅助生产车间	生产人员	10011020088012
013	王明月	女	库房	管理人员	10011020088013

9. 2012 年 1 月初会计科目体系发生额及辅助核算账户期初余额

(1)期初余额表(见表 10 - 19)

表 10 - 19 期初余额表

科目名称	方向	年初余额
库存现金(1001)	借	3 000.00
银行存款(1002)	借	510 261.17
—通达支行(100201)	借	438 261.17
—建行(100202)	借	72 000.00
应收票据(1121)	借	420 000.00
—银行承兑汇票(112101)	借	420 000.00
应收账款(1122)	借	142 000.00
坏账准备(1131)	贷	520.00
预付账款(1123)	借	50 000.00
原材料	借	17 854.83
库存商品(1405)	借	210 650.00
—强化木地板(140501)	借	203 900.00
—中密度纤维板(140502)	借	6 750.00
固定资产(1601)	借	6 484 000.00
累计折旧(1602)	贷	1 122 660.00
无形资产(1701)	借	48 000.00
—专利权(170101)	借	48 000.00
短期借款(2001)	贷	150 000.00
应付账款(2202)	贷	37 600.00
应付职工薪酬(2211)	贷	270 336.00
预收账款(2203)		50 000

表 10－19(续)

科目名称	方向	年初余额
应缴税费(2221)	贷	5 992.00
—应缴增值税(222101)	贷	
—进项税额(22210101)	借	
—销项税额(22210105)	贷	
—转出未缴增值税(22210103)	贷	
—未缴增值税(222102)	贷	5 600.00
—应缴城建税(222108)	贷	392.00
—应缴所得税(222106)	贷	
—应缴个人所得税(22210601)	贷	
—应缴企业所得税(22210602)	贷	
其他应付款(2241)	贷	
—应缴教育费附加(224101)	贷	
长期借款(2501)	贷	1 530 000.00
—通达支行(250101)	贷	1 530 000.00
实收资本(4001)	贷	4 200 000.00
资本公积(4002)	贷	78 168.00
本年利润(4103)	贷	500 490.00
利润分配(4104)	贷	52 000.00
—未分配利润(410415)	贷	52 000.00
生产成本(5001)	贷	112 000.00
—基本生产成本(500101)	贷	112 000.00
—强化木地板(50010101)	借	27 000.00
—中密度纤维板(50010102)	借	85 000.00
制造费用(5101)	借	
—基本生产车间(510101)		
—折旧费(510102)	借	
主营业务收入(6001)	贷	
—强化木地板(600101)	贷	
—中密度纤维板(600102)	贷	
主营业务成本(6401)	借	
—强化木地板(640101)	借	
—中密度纤维板(640102)	借	
营业税金及附加(6403)	借	
销售费用(6601)	借	

表 10－19(续)

科目名称	方向	年初余额
—广告费(660101)	借	
—工资及福利(660102)	借	
—折旧费(660103)	借	
—维修费(660104)	借	
—水电费(660105)	借	
管理费用(6602)	借	
—公司经费		
—办公费(660202)	借	
—工资及福利(660203)	借	
—计提坏账准备(660204)	借	
—折旧费(660205)	借	
—维修费(660206)		
财务费用(6603)	借	
—利息支出(660301)	借	
—手续费(660302)	借	
所得税费用(6801)	借	
合计		

(2)辅助核算

库存现金(1001):日记账;银行存款(1002):日记账、银行账;应收账款(1122)和预收账款(2203):客户往来;应付账款(2202)和预付账款(1123):供应商往来。

(3)辅助核算账户期初余额

表 10－20 为应收账款(1122)期初余额。

表 10－20 应收账款(1122)期初余额

日期	客户名称	摘要	方向	余额
2011－12－05	哈尔滨双林装饰公司	客户欠款	借	60 000.00
2011－11－24	哈尔滨市西蓉装饰公司	客户欠款	借	82 000.00

表 10－21 为预收账款(2203)期初余额(注:结算方式为“转账支票”)。

表 10－21 预收账款(2203)期初余额

日期	客户名称	摘要	方向	余额
2011－11－14	哈尔滨兴达装饰公司	预收贷款	贷	50 000.00

表 10－22 为应付账款(2202)期初余额。

表 10－22　应付账款(2202)期初余额

日期	客户名称	摘要	方向	余额
2011－11－02	西昌林业开发公司	欠供应商款	贷	9 600.00
2011－11－23	甘孜州林业开发公司	欠供应商款	贷	28 000.00

表 10－23 为预付账款(1123)期初余额(注:结算方式为“转账支票”)。

表 10－23　预付账款(1123)期初余额

日期	客户名称	摘要	方向	余额
2011－11－15	马边县林业开发公司	预付马边公司贷款	借	50 000.00

四、业务处理

(一)业务初始处理

1. 在会计科目档案中增加科目“中行(100203)”,科目属性为“外币核算”,外币名称为“美元”,币符为“USD”,月初汇率(固定汇率)为 6.4。

2. 根据企业静态数据“存货档案”信息,录入库存结存数及存货期初数。

3. 根据企业静态数据“薪资系统”信息,设置工资类别;并为“在职人员”增加相应的工资项目及人员档案。

(二)日常业务

1. 1 月 1 日,直接从四川清江市化工厂(供应商编码:004)购入地板胶 4 000 公斤,单价 1.6 元,税金 1 088 元,价税合计 7 488 元,运费 320 元,材料已验收入库,没有支付货款及运费(增值税专用发票号 774521,运费发票号 006188)。根据相关单据在应付系统生成 1 张凭证传递到总账系统。

2. 1 月 1 日,采购部张昕(人员编号:014;性别:男;人员类别:采购人员)因去西安考察,预借差旅费 2 000 元,以现金支付。

3. 1 月 1 日,基本生产车间领用木材 50 立方,石蜡 100 公斤,地板胶 100 公斤,木纹纸、防潮纸和耐磨纸各 300 张,包装箱 240 个,用于强化木地板的生产。

4. 1 月 1 日,从通达支行取得短期借款 200 000 元用于流动资金周转,月利率为4.88‰,借款期为 9 个月。

5. 1 月 3 日,财务部开具通达支行转账支票一张,预付西昌林业开发公司货款 3 500 元。财务人员在应付模块中根据相应单据生成凭证传到总账系统。

6. 1 月 4 日,按规定上缴上月增值税 5 600 元,城市维护建设税 392 元。

7. 1 月 5 日,采购部张昕报销去西安考察的差旅费 2 300 元,补付现金 300 元。

8. 1 月 5 日,本公司与哈尔滨西蓉装饰公司协商,对方同意订购中密度纤维板 20 张,单位售价 245 元,强化木地板 10 箱,单位售价 298 元,订单预发货日期为 2012－1－31。本公司确认后于 1 月 8 日(提前)发货(成品仓)并出库,开出增值税专用发票一张(增值税专用发票,软件自动编号),商品已发出,货款尚未收到。经财务部门确认该笔应收款项,并在应收模块中根据发票生成应收账款传到总账(销售类型编码:01;销售类型:批发)。

9.1 月 9 日,采购部张昕报销业务招待费 570 元,以现金支付。

10.1 月 10 日,银行代发上月工资 270 336 元(支票号 286702)。

11.1 月 11 日,辅助生产车间申请报废锅炉 1 台,原值 200 000 元,已提折旧 198 000 元,收到废旧锅炉出售款 600 元,以现金方式收讫。由固定资产模块生成 1 张凭证(合并)传递到总账系统。其他凭证在总账中填制(注:先提取折旧)。

12.1 月 12 日,从乐山锅炉厂购入 KJM－4 锅炉一台,单位售价 100 000 元,价税合计 117 000 元,预计使用 8 年,以转账支票方式支付,锅炉已交付辅助车间使用(支票号 1412630),由固定资产模块生成 1 张凭证(合并)传递到总账系统(注:固定资产名称为"KJM－4 锅炉")。

13.1 月 24 日,基本生产车间完工入库中密度纤维板 520 张,强化木地板 300 箱,产品已验收入库。

14.1 月 31 日,计提坏账准备金。

15.1 月 31 日,按部门计提本月累计折旧(以软件计提数为准)。

16.1 月 31 日,个人所得税按"计税工资"扣除 3 500 元后计税。个人所得税税率表(工资、薪金所得适用),见表 10－24。

表 10－24　个人所得税税率表

级数	含税级距	税率	速算扣除数
1	不超过 1 500 元的	3%	0
2	超过 1 500 元至 4 500 元的部分	10%	105
3	超过 4 500 元至 9 000 元的部分	20%	555
4	超过 9 000 元至 35 000 元的部分	25%	1 005
5	超过 35 000 元	30%	2 755

(三)月末业务

1.1 月 31 日,月末财务对当月材料出库业务进行材料成本结转,并生成凭证传到总账系统。

2.1 月 31 日,"制造费用"与"辅助生产成本"在产成品"强化木地板""中密度纤维板"中按 1:4 分配。(自定义结转)

3. 假定 1 月 31 日已完工产品占总投入成本的 80%,分配到产成品入库单中,并生成凭证传到总账系统。

4.1 月 31 日,财务根据当月销售业务结转相应销售成本,并生成凭证传到总账系统。

5.1 月 31 日,结转本年利润(期间损益转账,收入类与支出类各生成一张凭证)。

6.1 月 31 日,对所有凭证记账,在 UFO 报表中,利用报表模板编制 1 月份资产负债表和利润表,并录入关键字取数,以"资产负债表. rep、利润表. rep"和"资产负债表. xls、利润表. xls"为文件名,保存在班级姓名学号文件夹下。

附录A　会计信息化理论练习题

一、单项选择题

1. XBRL 中国地区组织成立的日期是(　　)。

A. 2005 年 4 月　　B. 2006 年 3 月

C. 2008 年 11 月　　D. 2009 年 4 月

2. 在会计软件中,(　　)模块与账务处理模块之间不存在凭证传递关系。

A. 应收管理模块　　B. 固定资产管理模块

C. 工资管理模块　　D. 财务分析模块

3. 会计电算化下,许多会计核算基本上实现了自动化,但(　　)工作仍需手工完成。

A. 登记账簿　　B. 会计数据的收集

C. 记账　　D. 审核签字

4. 将会计准则与计算机语言结合的最新公认标准和技术的语言是(　　)。

A. EML　　B. AIS

C. ERP　　D. XBRL

5. 下列配备方式中,成本最高的是(　　)。

A. 购买通用会计软件　　B. 自行开发

C. 委托外部单位开发　　D. 企业与外部单位联合开发

6. 会计电算化简单地说就是(　　)在会计工作中的应用。

A. 会计理论　　B. 会计准则

C. 计算机技术　　D. 会计法规

7. 会计核算软件各功能模块是通过(　　)以记账凭证为接口连接起来的。

A. 报表生成与汇总模块　　B. 工资核算模块

C. 账务处理模块　　D. 成本核算模块

8. 下列不属于会计电算化的特点的是(　　)。

A. 人机结合　　B. 会计核算自动化、集中化

C. 会计核算主动性　　D. 数据处理及时准确

9. 成本管理模块的成本核算完成后,要将结转制造费用、结转辅助生产成本、结转盘点损失和结转共享产品耗用的记账凭证数据传递到(　　)模块。

A. 存货核算模块　　B. 报表管理模块

C. 账务处理模块　　D. 项目管理模块

10. 企业与外部单位联合开发是企业配备会计软件的一种方式,下列说法错误的是(　　)。

A. 此种方式是指企业联合外部单位进行软件开发

B. 在此种方式下,由本单位财务部门的网络信息部门负责系统设计好程序开发工作,由外单位负责进行系统分析

C. 开发完成后,对系统的重大修改由本单位网络信息部门负责

D. 开发完成后,日常维护工作由本单位财务部门负责

11. ERP 的核心思想是(　　)。

A. 物资资源的管理　　B. 人力资源的管理

C. 财务资源的管理　　D. 供应链的管理

12. 购买通用会计软件的缺点主要是(　　)。

A. 成本高　　B. 见效慢

C. 维护没有保障　　D. 软件针对性不强

13. 下列关于自行开发配备会计软件的说法正确的是(　　)。

A. 对企业自身技术力量的要求不高

B. 软件的针对性不强,通常针对一般用户,难以适应企业特殊的业务或流程

C. 实现信息化的过程简单

D. 在充分考虑自身生产经营特点和管理要求的基础上,设计的会计软件最有针对性和适用性

14. 会计核算软件的功能模块是(　　)。

A. 一种文件

B. 一种计算功能

C. 一种打印功能

D. 一种有会计数据输入、处理、输出功能的软件程序

15. 能够生成各种分析和评价企业财务状况、经营成果和现金流量的各种信息,为决策提供正确依据的模块是(　　)。

A. 预算管理模块　　B. 财务分析模块

C. 报表管理模块　　D. 成本管理模块

16. 关于会计软件的配备方式,系统开发的周期较长是(　　)的缺点。

A. 自行开发　　B. 委托外单位开发

C. 购买通用会计软件　　D. 企业与外部单位联合开发

17. 下列不属于账务处理模块功能的是(　　)。

A. 凭证的输入和处理　　B. 结账

C. 账簿查询　　D. 对企业财务活动进行分析

18. 商品化会计软件与定点开发会计软件的最大区别在于(　　)。

A. 是否准确　　B. 是否通用

C. 是否迅速　　D. 是否安全

19. ERP 是指(　　)。

A. 物料需求计划　　B. 制造资源计划

C. 企业资源计划　　D. 电子数据处理

20. 会计信息系统简称(　　)。

A. AIS　　B. BIS

C. ALS　　D. BLS

21. 一般中小企业实施会计电算化做法合理的是(　　)。

A. 购买通用会计核算软件　　B. 自行开发

C. 委托外部单位开发　　D. 企业与外部单位联合开发

22. 会计信息系统根据(　　)划分为会计核算系统、会计管理系统和会计决策支持系统。

A. 信息技术的影响程度　　B. 功能和管理层次的高低

C. 对会计数据进行处理的方式　　D. 复杂的程度

23. 应收、应付管理模块以(　　)为依据,记录销售、采购业务所形成的往来款项,处理应收、应付款项的收回、支付和转账,进行账龄分析和坏账估计及冲销等。

A. 发票　　B. 费用单据

C. 其他应收、应付单据　　D. 以上都是

24. 专用会计核算软件一般是(　　)。

A. 单位购买的商品化软件

B. 单位自行开发或委托其他单位开发的会计核算软件

C. 适用于多数单位使用的会计核算软件

D. 适应多数行业使用的会计核算软件

25. 关于会计信息化的监督管理,下列说法错误的是(　　)。

A. 使用会计软件不符合《企业会计信息化工作规范》要求的,由财政部门责令限期改正

B. 对于使用会计软件不符合要求的,由财政部责令限期改正,限期不改的,财政部门应当予以公示,并处以罚款

C. 财政部采取组织同行评议、向用户企业征求意见等方式对软件供应商提供的会计软件遵循《企业会计信息化工作规范》的情况进行检查

D. 软件供应商提供的会计软件不符合《企业会计信息化工作规范》的,财政部门可以约谈该供应商主要负责人,责令限期改正

26. 如果会计核算软件中,结账日期设定为每月 25 日,则 7 月 26 日的凭证日期在数据库中应是(　　)。

A. 7 月 25 日　　B. 7 月 31 日

C. 8 月 1 日　　D. 7 月 26 日

27. 下列情况中,能自动核销已对账的记录的是(　　)。

A. 对账单文件中一条记录和银行日记账未达账项文件中的一条记录完全相同

B. 对账单文件中一条记录和银行日记账未达账项文件中的多条记录完全相同

C. 对账单文件中多条记录和银行日记账未达账项文件中的一条记录完全相同

D. 对账单文件中多条记录和银行日记账未达账项文件中的多条记录完全相同

28. 如果当前表为第 2 页,则可以表示为(　　)。

A. 2　　B. 1.2

C. 表页_2　　D. @2

29. 会计电算化环境下的财务分工实现的基础是会计软件的用户管理功能与(　　)。

A. 数据备份　　B. 数据还原

C. 操作权限设置　　D. 维护审批手续

30. (　　)是报表数据之间关系的检查公式。

A. 计算公式　　B. 报表舍位平衡公式

C. 报表审核公式　　D. 报表运算公式

31. 月末结账时,账务处理系统应提供(　　)功能。

A. 删除当月所有凭证、账簿　　B. 自动将当月余额转入下月

C. 强制打印当月凭证　　D. 强制打印当月账簿

32. (　　)可以查询统计各级科目的期初余额、本期发生额、累计发生额和期末余额。

A. 总账　　B. 多栏账

C. 明细账　　D. 余额表

33. 在固定资产管理系统的卡片中,能够唯一确定每项资产的数据项是(　　)。

A. 资产名称　　B. 资产编码

C. 类别编号　　D. 规格型号

34. 如果会计核算软件中,结账日期设定为每月 25 日,则 7 月 26 日的凭证日期在数据库中应是(　　)。

A. 7 月 25 日　　B. 7 月 31 日

C. 8 月 1 日　　D. 7 月 26 日

35. 下列各项中,不属于工资分配的是(　　)。

A. 应付工资　　B. 应付福利费

C. 职工教育经费　　D. 扣缴所得税

36. 下列选项中,不属于出纳管理功能的是(　　)。

A. 查询日记账　　B. 银行对账

C. 管理支票登记簿　　D. 凭证录入

37. 下列各项中,不在应收管理模块中完成的业务是(　　)。

A. 销售单据处理　　B. 客户往来处理

C. 供应商往来处理　　D. 票据处理

38. 会计核算软件在某月进行月末结账以后,系统应能自动控制(　　)。

A. 不得再录入当月凭证　　B. 不得录入下月凭证

C. 不得再进行凭证查询　　D. 不得再进行账簿打印

39. 账务处理模块初始设置不包括(　　)内容。

A. 设置凭证编号方式　　B. 设置基础信息

C. 录入初始数据　　D. 设置系统公用基础信息

40. 下列关于往来业务核销的表述中,正确的说法是(　　)。

A. 核销只能手工进行

B. 核销只能一张发票对应一张收款单

C. 对一笔业务可以进行部分核销

D. 核销单据的业务编号必须一致

41. 某企业会计科目使用 3 - 2 - 2 - 2 的全编码方案,则 1010101 科目是(　　)。

A. 二级科目　　B. 三级科目

C. 四级科目　　D. 一级科目

42. 下列工作中,不属于在固定资产类别设置中完成的是(　　)。

A. 确定每一类别的编码规则

B. 指定每一类别的经济用途

C. 确定每一类别的折旧方法

D. 指定每一类别的核算科目

43. 本期结账后，可以进行的操作有（　　）。

A. 录入本期凭证　　B. 录入上期凭证

C. 录入下期凭证　　D. 对下期凭证进行过账操作

44. 用友 T3 中，系统管理员可以（　　）。

A. 启用账套　　B. 管理年度账

C. 设置操作员权限　　D. 修改账套信息

45. 应收管理模块初始化工作中，不属于基础信息的设置的是（　　）。

A. 设置会计科目　　B. 设置对应科目的结算方式

C. 设置账龄区间　　D. 设置基本信息

46. 会计报表最为常见的输出方式是（　　）。

A. 屏幕查询输出　　B. 图形输出

C. 磁盘输出　　D. 打印输出

47. 下列各项中，不在应收管理模块中完成的业务是（　　）。

A. 销售单据处理　　B. 客户往来处理

C. 供应商往来处理　　D. 票据处理

48. 在账务处理系统中，凭证的无痕迹修改只能在（　　）前进行。

A. 记账　　B. 审核

C. 打印　　D. 结账

49. 结转期间损益生成的凭证类型为（　　）。

A. 转账凭证　　B. 银行存款收款凭证

C. 银行存款付款凭证　　D. 原始凭证

50. 在账务处理模块中，若会计科目编码定义为一级 3 位、二级 3 位、三级 2 位、四级 2 位、五级 2 位，则科目编码 5210011009 表示的是（　　）代码。

A. 四级　　B. 三级

C. 五级　　D. 六级

51. （　　）工作不属于账务处理的内容。

A. 设置账户　　B. 填制凭证

C. 录入固定资产卡片　　D. 登记账簿

52. 下列不能进行结账工作的情况是（　　）。

A. 本月记账凭证已经全部过账

B. 总账与明细账、总账与辅助账对账正确

C. 科目余额试算不平衡

D. 其他启用的子系统已结账

53. 银行存款日记账的查询与现金日记账的查询操作基本相同，不同的是为了方便进行银行对账，银行存款日记账中增加了（　　）项目。

A. 对方科目　　B. 结算方式

C. 结算号　　D. 票据日期

54. 下列说法正确的是（　　）。

A. 设置凭证类别是指对记账凭证进行分类编制

B. 凭证类别的限制科目是指该凭证类别中不能出现的科目

C. 凭证类别的限制条件和限制科目不能对录入的记账凭证进行输入校验

D. 录入的记账凭证不符合用户设置的限制条件，系统会自动退出

55. 企业会计软件的账套建立期间为 3 月 1 日，则固定资产模块的启用日期不可以是（　　）。

A. 2 月 15 日　　B. 3 月 1 日

C. 3 月 10 日　　D. 4 月 1 日

56. 在会计核算软件中，以代码形式输入会计科目的，应该提示该编码所对应的（　　）。

A. 经济业务摘要　　B. 凭证编号

C. 凭证日期　　D. 会计科目名称

57. 支票领用时登记的内容不包括（　　）。

A. 领用部门　　B. 领用日期

C. 支票类型　　D. 支票用途

58. 在工资管理模块中，可将工资数据分成两大类，即基本不变数据和变动数据，（　　）属于基本不变数据。

A. 基本工资　　B. 出勤天数

C. 每月扣款　　D. 实发工资

59. （　　）是实现计算机自动处理报表数据的关键步骤。

A. 报表编制　　B. 报表公式设置

C. 报表名称登记　　D. 报表格式设置

60. 在账务处理系统中，关于凭证审核的叙述正确的是（　　）。

A. 常用的审核方法是将凭证打印出来进行检查

B. 凭证审核是指按照会计制度规定，对制单人填制的记账凭证进行检查

C. 审核人发现凭证错误可以直接修改

D. 制单人可以取消审核进行凭证修改

61. 下列各项中，与应收/应付账款核算不直接相关的单据是（　　）。

A. 销售发票　　B. 采购发票

C. 收款单　　D. 产品出库单

62. （　　）主要用于对本月工资发放和统计。

A. 工资表　　B. 工资分析表

C. 工资条件明细表　　D. 工资条件统计表

63. 会计电算化环境下的财务分工实现的基础是会计软件的用户管理功能与（　　）。

A. 数据备份　　B. 数据还原

C. 操作权限设置　　D. 维护审批手续

64. 支票领用时登记的内容不包括（　　）。

A. 领用部门　　B. 领用日期

C. 支票类型　　D. 支票用途

65. 固定资产核算系统中，执行（　　）操作后，才能开始处理下一个月的业务。

A. 生成凭证　　B. 账簿输出

C. 结账　　D. 对账

66. 固定资产核算系统中，不属于资产变动的是(　　)。

A. 原值变动　　B. 部门转移

C. 使用状况变动　　D. 代码变动

67. 在会计核算软件中，以代码形式输入会计科目的，应该提示该编码所对应的(　　)。

A. 经济业务摘要　　B. 凭证编号

C. 凭证日期　　D. 会计科目名称

68. 辅助核算要设置在(　　)会计科目上。

A. 一级　　B. 二级

C. 总账　　D. 末级

69. 指定会计科目是确定出纳的专管科目，其作用并不包括(　　)。

A. 指定现金和银行科目后可以填制包含现金及银行科目的记账凭证及银行日记账

B. 指定现金和银行科目后可以进行银行对账

C. 指定现金和银行科目后可以进行出纳签字

D. 指定现金和银行科目后可以查询现金和银行日记账

70. 工资管理系统的初始化设置不包括(　　)。

A. 设置工资项目　　B. 设置工资类别

C. 设置工资项目计算公式　　D. 工资变动数据的录入

71. 固定资产核算系统中，不属于资产变动的是(　　)。

A. 原值变动　　B. 部门转移

C. 使用状况变动　　D. 代码变动

二、多项选择题

1. 下列表述中，属于会计软件功能的有(　　)。

A. 生成凭证、账簿、报表等会计资料

B. 会计电算化制度建设

C. 为会计核算、财务管理直接提供数据输入

D. 对会计资料进行转换、输出、分析、利用

2. 成本核算模块主要提供(　　)功能。

A. 成本核算　　B. 成本分析

C. 成本预测　　D. 固定资产折旧计提

3. 工资管理模块的主要功能包括(　　)。

A. 工资计算与汇总　　B. 工资分摊

C. 个人所得税计算　　D. 工资发放

4. 下列关于会计信息系统与 ERP 系统关系的表述中，正确的是(　　)。

A. ERP 系统包括会计信息系统

B. ERP 系统和会计信息系统属于相同的管理信息系统

C. 会计信息系统包括 ERP 系统

D. ERP 系统和会计信息系统互不相关

5. 下列关于功能模块说法正确的有(　　)。

A. 存货核算模块可以提供成本核算

B. 应收、应付管理模块可以完成销售(采购)单据的处理,生成相应的记账凭证传递到账务处理模块

C. 固定资产管理模块为成本管理模块提供固定资产折旧数据

D. 各功能模块都可以从账务处理模块获得相关的账簿信息

6. 下列选项中,属于会计核算软件功能模块的有(　　)。

A. 账务处理系统　　B. 财务管理系统

C. 会计报表系统　　D. 会计管理系统

7. 应付管理模块完成(　　)等业务后,生成相应的记账凭证并传递到账务处理模块。

A. 采购单据处理　　B. 供应商往来处理

C. 票据新增　　D. 票据付款、退票

8. 企业定制开发会计软件的方式主要有(　　)。

A. 企业自行开发　　B. 购买通用会计软件

C. 委托外部单位开发　　D. 企业与外部单位联合开发

9. 下列有关会计电算化和会计信息化关系的表述中,正确的有(　　)。

A. 会计电算化是会计信息化的基础工作

B. 会计信息化是会计电算化的基础工作

C. 会计电算化是会计信息化的初级阶段

D. 会计信息化是会计电算化的初级阶段

10. 会计软件和服务规范中,对供应商的要求正确的有(　　)。

A. 以远程访问、云计算等方式提供会计软件的供应商,应当在技术上保证客户会计资料的安全、完整

B. 软件供应商应当努力提高会计软件相关服务质量,任何情况下都要及时解决用户使用中的故障问题

C. 鼓励软件供应商采用呼叫中心、在线客服等方式为用户提供实时技术支持

D. 软件供应商应当就如何通过会计软件开展会计核算工作,提供专门教程和相关资料

11. 企业可以通过(　　)方式配备会计软件。

A. 购买通用会计软件　　B. 委托外部单位开发

C. 自行开发　　D. 购买与开发相结合

12. 下列属于会计核算软件模块的有(　　)。

A. 固定资产核算软件　　B. 工资核算软件

C. 成本核算软件　　D. 存货核算软件

13. 会计信息系统根据信息技术的影响程度可划分为(　　)。

A. 会计核算系统　　B. 手工会计信息系统

C. 传统自动化会计信息系统　　D. 现代会计信息系统

14. ERP 系统中的会计信息系统包括(　　)。

A. 财务会计子系统　　B. 管理会计子系统

C. 应收应付核算子系统　　D. 账务处理子系统

15. 关于会计电算化的特征,说法正确的有(　　)。

A. 计算机将根据程序和指令自动完成会计数据的分类、汇总、计算、传递及报告等工作

B. 计算机网络在会计电算化中的广泛应用，提高了数据汇总的速度，增强了企业集中管控的能力

C. 在会计电算化方式下，会计软件运用适当的处理程序和逻辑控制，能够避免在手工会计处理方式下的某些错误

D. 内部控制由过去的纯粹人工控制变为由计算机控制

16. 下列关于各模块的数据传递正确的有(　　)。

A. 固定资产管理模块为成本管理模块提供固定资产折旧数据

B. 存货核算模块生成的存货入/出库的记账凭证传递到账务处理模块，审核登记到存货账簿

C. 工资管理模块为成本管理模块提供人工费资料

D. 成本管理模块成本核算完成后，需要将结转制造费用等记账凭证数据传递到账务处理模块

17. 关于企业与外部单位联合开发方式说法正确的有(　　)。

A. 软件开发完成后，对系统的重大修改由网络信息部门负责

B. 软件开发完成后，日常维护工作由财务部门负责

C. 有利于企业日后进行系统维护和升级

D. 开发时间会延长，因为开发人员需要花大量的时间了解业务流程和客户需求

18. 下列(　　)模块既接受其他模块提供的数据，又向其他模块提供数据。

A. 账务处理模块　　　　B. 成本模块

C. 固定资产模块　　　　D. 工资模块

19. 企业会计信息化的工作规范中，规定企业配备会计软件，应当根据自身技术力量以及业务需求，考虑软件(　　)要求，合理选择购买、定制开发、购买与开发相结合等会计软件配备方式。

A. 功能　　　　B. 安全性

C. 稳定性　　　　D. 响应速度

20. 企业应用可扩展商业报告语言(XBRL)的优势主要有(　　)。

A. 能够降低数据采集成本

B. 提供更具有可信度和相关性的信息

C. 使财务数据具有更广泛的可比性

D. 适应变化的会计制度和报表要求

21. 对于会计电算化的特征表述正确的有(　　)。

A. 在会计电算化方式下，计算机将根据程序和指令在极短的时间内自动完成会计数据的分类、汇总、计算、传递及报告等工作

B. 会计电算化方式，大大减轻了会计人员的工作负担，提高了工作效率

C. 利用计算机会计数据，可以在较短的时间内完成会计数据的分类、汇总、计算等工作，使会计处理流程更为简便，核算结果更为精确

D. 在会计电算化方式下，内部控制变为计算机控制，内容更加丰富、范围更加广泛，要求更加严格，实施更加有效

22. 下列模块中，与成本管理模块进行数据传递的有(　　)。

A. 存货核算模块　　　　B. 账务处理模块

C. 工资管理模块　　D. 固定资产管理模块

23. 下列说法中，属于购买通用会计软件的优点的有（　　）。

A. 软件的针对性较强

B. 企业投入少，见效快，实现信息化的过程简单

C. 软件性能稳定，质量可靠

D. 当会计软件需要改进时，能够及时纠错和调整

24. 下列关于会计信息化建设的说法中，正确的有（　　）。

A. 企业开展会计信息化工作，应当重视信息系统与经营环境的契合

B. 企业应当促进会计信息系统与业务信息系统的一体化，通过会计记账直接驱动业务的处理

C. 企业应当安排负责会计信息化工作的专门机构或者岗位参与

D. 企业应当遵循企业内部控制规范体系要求

25. 下列功能模块中需要为账务处理系统生成记账凭证的有（　　）。

A. 固定资产核算系统　　B. 工资核算系统

C. 采购管理系统　　D. 财务分析系统

26. 通用会计核算软件一般是（　　）。

A. 软件公司为会计工作而专门设计开发

B. 一种应用软件

C. 为某单位使用而开发

D. 以产品形式投入市场

27. 在财务软件中，建立会计科目时，输入的基本内容包括（　　）。

A. 科目编码　　B. 科目名称

C. 科目类型　　D. 余额方向

28. 应收管理模块基本信息的内容包括（　　）。

A. 企业名称　　B. 银行账号

C. 启用年份　　D. 会计期间设置

29. 在财务软件中，建立会计科目时，输入的基本内容包括（　　）。

A. 科目编码　　B. 科目名称

C. 科目类型　　D. 账页格式

30. 科目账查询包括（　　）的查询。

A. 总账　　B. 余额表

C. 明细账　　D. 客户往来账

31. 下列各项中，属于固定资产核算模块的日常处理的有（　　）。

A. 固定资产增加　　B. 原始卡片录入

C. 价值信息变更　　D. 对账

32. 固定资产的增加方式包括（　　）。

A. 直接购买　　B. 投资者投入

C. 接受捐赠　　D. 盘盈

33. 账务处理模块初始化参数设置包括（　　）。

A. 凭证编号方式

B. 是否允许操作人员修改他人凭证

C. 凭证是否必须输入结算方式和结算号

D. 出纳凭证是否必须经过出纳签字

34. 录入银行对账单的内容包括(　　)。

A. 入账日期　　B. 结算方式

C. 结算单据字号　　D. 借贷方发生额

35. 在固定资产模块化中可以查询和打印与固定资产核算和管理有关的账表,包括(　　)等。

A. 固定资产增减表　　B. 固定资产清单

C. 固定资产变动情况表　　D. 固定资产总账

36. 在固定资产管理系统中,对计提折旧有影响的数据项有(　　)。

A. 资产原值　　B. 折旧方法

C. 使用状态　　D. 增加方式

37. 下列对工资期末结账说法正确的有(　　)。

A. 工资结账可以对多个工资类别进行结账

B. 本月工资数据未汇总,不能进行月末结转工作

C. 进行期末处理后,当月数据将不再允许变动

D. 期末结账是将当月数据经过处理后结转至下月

38. 下列属于期末处理的特点的有(　　)。

A. 有较为固定的处理流程

B. 日常业务频繁发生,需要输入的数据量大

C. 业务可以由计算机自动完成

D. 重复性

39. 应付管理模块中的转账处理包括(　　)。

A. 应付冲应付　　B. 预付冲应付

C. 应付冲应收　　D. 预收冲应付

40. 账套是指存放会计核算对象的所有会计业务数据文件的总称,包括(　　)。

A. 会计科目　　B. 记账凭证

C. 会计账簿　　D. 会计报表

41. 企业可根据固定资产的每一类别分别确定(　　)等,还可以为每一类别指定核算的科目。

A. 使用寿命　　B. 残值率

C. 使用状况　　D. 使用的折旧方法

42. 下列各项中,属于固定资产和管理模块的日常处理的有(　　)。

A. 固定资产增加　　B. 原始卡片录入

C. 计提折旧　　D. 固定资产使用部门变动

43. 下列不属于资产负债表中"一年内到期的非流动资产"数据的来源的是(　　)。

A. 手工录入　　B. 报表管理模块其他报表

C. 固定资产模块　　D. 应收管理模块

44. 在固定资产管理系统中,对计提折旧有影响的数据项有(　　)。

A. 资产原值　　B. 折旧方法
C. 使用状态　　D. 增加方式
45. 科目账查询包括(　　)的查询。
A. 总账　　B. 余额表
C. 明细账　　D. 客户往来账
46. 固定资产的减少方式包括(　　)。
A. 出售　　B. 盘亏
C. 投资转出　　D. 报废
47. 收款凭证借方科目为(　　)。
A. 银行存款　　B. 库存现金
C. 应收账款　　D. 预收账款
48. 自定义转账可以完成(　　)。
A. 费用的分配　　B. 费用的分摊
C. 费用的计提　　D. 税金的计算
49. 在报表管理系统的下列操作中,可打开“定义公式”对话框的有(　　)。
A. 单击“fx”按钮　　B. 插入—函数
C. 按“ = ”键　　D. 按“空格”键
50. 下面关于凭证录入的输入校验说法正确的有(　　)。
A. 会计科目是否是初始化时设置的会计科目
B. 会计科目是否为末级科目
C. 会计科目是否符合凭证的类别限制条件
D. 发生额是否满足“有借必有贷,借贷必相等”的记账凭证要求
51. 凭证类别包括(　　)。
A. 通用凭证　　B. 专用凭证
C. 普通凭证　　D. 特殊凭证
52. 工资核算模块日常账务处理的内容包括(　　)。
A. 录入变动的基础工资数据　　B. 输入变动工资数据
C. 工资计算　　D. 工资汇总
53. 在工资管理模块,数据输入的方式有(　　)。
A. 从外部直接导入数据　　B. 成组数据录入
C. 公式计算　　D. 单个记录录入
54. 为便于会计核算软件自动计算固定资产折旧,需要录入固定资产(　　)等信息。
A. 原值　　B. 残值
C. 使用寿命　　D. 折旧方法
55. 在账务处理系统进行科目设置时,设置的会计科目代码应(　　)。
A. 符合会计制度规定　　B. 代码必须唯一
C. 符合级次级长要求　　D. 代码只有两位
56. 下列操作中,不能由计算机自动进行的有(　　)。
A. 结账过程　　B. 凭证审核
C. 凭证输入　　D. 记账过程

57. 财务报表管理系统的单元类型可以分为(　　)。

A. 数值单元　　B. 字符单元

C. 表样单元　　D. 组合单元

58. 审核公式由(　　)和(　　)组成。

A. 关系公式　　B. 计算公式

C. 提示信息　　D. 舍位平衡公式

59. 在固定资产模块化中可以查询和打印与固定资产核算和管理有关的账表,包括(　　)等。

A. 固定资产使用状况分析表　　B. 固定资产原值一览表

C. 盘盈盘亏报告　　D. 固定资产总账

60. 审核公式由(　　)和(　　)组成。

A. 关系公式　　B. 计算公式

C. 提示信息　　D. 舍位平衡公式

61. 在录入凭证过程中,出现下列哪种情况,系统对当前编制的凭证不予认可(　　)。

A. 某一行记录只有借方金额

B. 某一行记录中既有借方金额也有贷方金额

C. 某一行记录只有贷方金额

D. 借方金额合计和贷方金额合计不相等

62. (　　)属于部门档案设置的内容。

A. 部门编码　　B. 部门名称

C. 部门属性　　D. 部门负责人

63. 下列关于设置基础档案的说法中,正确的有(　　)。

A. 如果企业需要进行往来账管理,必须设置客户档案

B. 如果企业需要进行往来账管理,必须将企业供应商的详细资料录入供应商档案

C. 设置基础档案是后续进行具体核算、数据分类、汇总的基础

D. 设置项目信息属于设置基础档案的内容

64. 凭证一旦保存,下列选项中不能修改的有(　　)。

A. 凭证类别　　B. 凭证编号

C. 摘要　　D. 辅助信息

65. 固定资产卡片包括的内容有(　　)。

A. 固定资产编号　　B. 名称

C. 类别　　D. 使用部门

66. 依据来源不同,可以将计算公式分为(　　)。

A. 表内取数公式　　B. 账务取数公式

C. 本表他页取数公式　　D. 他表取数公式

67. 在固定资产系统的下列操作中,需要进行资产变动处理的有(　　)。

A. 变更资产编号　　B. 净残值(率)调整

C. 折旧方法调整　　D. 累计折旧调整

68. 应收管理模块日常单据处理主要包括(　　)。

A. 销售发票的录入与审核　　B. 应收单的录入与审核

C. 收款单的录入　　　　　　　　　　D. 单据核销

三、判断题

1. 会计信息系统实质是将会计数据转化为会计信息的系统，是企业管理系统的一个重要子系统。　（　）

2. 企业应当建立电子会计资料备份管理制度，确保会计资料的安全、完整和会计信息系统的持续、稳定运行。　（　）

3. 在会计电算化方式下，内部控制由过去的纯粹人工控制发展成为计算机完全控制。　（　）

4. 实施新会计准则的企业，应当按照有关要求向财务部报送 XBRL 财务报告。　（　）

5. 软件供应商必须在会计软件中集成可扩展商业报告（XBRL）语言功能，生成符合国家统一标准的 XBRL 财务报告。　（　）

6. 自行开发的会计软件由于内部员工对系统充分了解，所以企业能够及时高效地纠错和调整出现的问题。　（　）

7. 实施企业会计准则通用分类标准的企业中的 XBRL 财务报告不需要向财政部报送。　（　）

8. 企业进行会计信息系统的建设和改造，应当安排负责会计信息化工作的专门机构或者岗位参与，充分考虑会计信息系统的数据需求。　（　）

9. 我国会计电算化工作起始于 20 世纪 90 年代。　（　）

10. 关系国家经济信息安全的电子会计资料，未经有关部门批准不得携带出境，但是可以寄运至境外。　（　）

11. 会计信息化以构建和实施有效的企业内部控制为指引，集成管理企业的各种资源和信息。　（　）

12. 自行开发的会计核算软件专业性强，一般开发费用也较低。　（　）

13. 会计软件不包括报表管理模块。　（　）

14. 为适应传统会计模式，会计信息化利用现代信息技术对会计理论、方法做出了局部的修改。　（　）

15. 决策支持系统是一种辅导人员进行决策的人机会话系统，代替人类进行决策，降低决策风险的系统。　（　）

16. 会计软件应当具有符合国家统一标准的数据接口，满足内部和外部会计监督的需要。　（　）

17. 存货核算、工资管理、固定资产管理、项目管理等模块均可从成本管理模块获得有关的成本数据。　（　）

18. 1998 年 4 月，会计信息化概念被提出。　（　）

19. 通用会计核算软件，业务流程简单的企业可能感到不易操作。　（　）

20. 客户以远程访问、云计算等方式使用会计软件生成的电子会计资料不能归客户所有。　（　）

21. ERP 系统中的会计信息系统包括财务会计和管理会计两个子系统。　（　）

22. 会计电算化将提高会计核算的水平和质量。　（　）

23. 会计软件应当提供不可逆的记账功能，确保对同类已记账凭证的连续编号，不得提

供对已记账凭证的删除和插入功能。 （ ）

24. 会计软件的界面只能使用中文并且提供对中文处理的支持。 （ ）

25. 如果不使用工资管理、固定资产管理、存货核算模块，则成本管理模块无法取得数据。 （ ）

26. 会计电算化是在会计信息化工作的基础上，以构建和实施有效的企业内部控制为指引，集成管理企业的各种资源和信息。 （ ）

27. 通用会计核算软件开发水平高，购置成本相对较低。 （ ）

28. 会计电算化就是利用计算机指挥会计软件替代手工完成会计工作的过程。（ ）

29. 企业会计资料中对经济业务事项的描述应当使用中文，也可以使用外国或者少数民族文字对照。 （ ）

30. 企业会计资料的归档管理，应遵循会计法的规定。 （ ）

31. 在会计电算化方式下，试算平衡、登记账簿、审核、记账等都由计算机自动完成，大大减轻了会计人员的工作负担，提高了工作效率。 （ ）

32. 降低数据采集成本，提高数据流转及交换效率是 XBRL 的一个优势。 （ ）

33. 由于会计核算自动化、集中化的特点，计算机将根据程序和指令在极短的时间内自动完成会计数据的分类、汇总、计算、传递及报告等工作。 （ ）

34. 在功能层次上，ERP 不仅包括最核心的财务、分销和生产管理，还包括了人力资源、质量管理、决策支持等企业其他管理功能。 （ ）

35. 过账过程中可以随时终止。 （ ）

36. 会计期间设定完成后，可以对会计期间进行修改。 （ ）

37. 应收和应付账款模块是根据往来业务凭证，完成应收账款、应付账款等往来业务的登记与核销工作并生成各种账表。 （ ）

38. 进行出纳签字，需要在账务处理模块中进行相关参数设置。 （ ）

39. 企业可以根据自身的特点和管理方法，确定一个较为合理的固定资产分类方法。 （ ）

40. 应收冲应付是指用某客户的应收款冲抵另一客户的应付款项。 （ ）

41. 已有余额的科目不能删除。 （ ）

42. 系统初始化在系统初次运行时一次性完成，在系统使用后不可以进行修改。 （ ）

43. 在明细账查询窗口下，系统一般允许联查所选明细事项的记账凭证及联查总账。 （ ）

44. 账套参数内容已被使用，进行修改可能会造成数据的紊乱，所以对账套参数的修改应当谨慎。 （ ）

45. 资金日报表以月为单位，列示现金、银行存款科目、当月累计借方发生额和贷方发生额，计算出当月的余额，并累计当月发生的业务笔数，对每月的资金收支业务、金额进行详细汇报。 （ ）

46. 在会计软件中设置外币核算，只能选择固定汇率。 （ ）

47. 用户可以随时删除增加的外币。 （ ）

48. 未被审核的凭证不能过账。 （ ）

49. 会计科目的名称可以是汉字、英文字母、数字等符号，也可以为空。 （ ）

50. 银行对账包括自动对账和手工对账两种。（　）

51. 数据还原是数据备份的一个相反的过程。（　）

52. 融资租出的固定资产,需要计提折旧。（　）

53. 应收账款中单据的查询主要包括销售发票、采购发票和收款单等单据的查询。（　）

54. 已经通过审核的凭证可以由审核人员直接修改或删除。（　）

55. 应收冲应收主要是解决应收款业务在不同客户之间入错户和合并户等问题。（　）

56. 结账前最好将数据进行备份,以便发生错误时进行修改。（　）

57. 在固定资产系统正式启用之后,若发现有错误卡片可以直接使用删除功能删除它。（　）

58. 在报表软件中,编制单位、日期一般不能作为文字内容输入,而是需要设置为关键字。（　）

59. 结转本年利润,是指将本年利润科目余额转入到盈余公积里。（　）

60. 结账前最好将数据进行备份,以便发生错误时进行修改。（　）

61. 企业只能设置一种外币核算。（　）

62. 出纳对现金日记账和银行存款日记账的管理包括查询和输出现金及银行存款日记账。（　）

63. 审核公式只能验证表页中数据的勾稽关系。（　）

64. 总账系统下面的科目账查询中的日记账查询可以查询现金和银行存款科目。（　）

65. 固定资产模块启用日期可以修改。（　）

66. 指定会计科目就是指定出纳专管的科目。指定科目后,才能执行出纳签字,才能查看现金日记账或银行存款日记账。（　）

67. 在月末结账之前必须在固定资产系统与账务系统之间进行对账,若对账平衡,才能开始月末结账。（　）

68. 对工资费用分配定义转账关系后,系统才会自动生成转账凭证。（　）

69. 单元风格的设置会使报表更加符合阅读习惯,更加美丽清晰。（　）

70. 在应付管理模块中,每一年都需要录入尚未处理完的供应商的应付账款、预付账款等数据。（　）

71. 在结账前,最好进行数据备份,一旦结账后发现业务处理有误,可以利用备份数据恢复到结账前的状态。（　）

72. 自定义转账和期间损益结转是常用的自动转账功能。（　）

73. 固定资产系统在一个期间内只能执行一次计提折旧功能。（　）

附录B　会计信息化操作练习题

一、实训须知

1. 实训时间14－16周；
2. 会计科目采用(用友ERP－U8 V10.1版)“2007新会计制度科目”；
3. 记账凭证摘要必须填写；
4. 本实训经济业务中所有涉及的单价均为不含税单价；
5. 实训开始，请把系统时间调到2018－01－31。

二、实训要求

1. 注册企业应用平台，完成各模块期初数据的操作(操作员:1801;操作时间:2018－01－01)。

2. 注册企业应用平台，根据经济业务在相应模块填制相关业务单据，生成会计凭证，(操作员:1801)，并对凭证进行审核、记账(操作员:1802，操作时间:2018－01－31)；所有凭证制单日期为业务发生日期(附单据数不用填写)。

3. 账套备份到学生文件夹(D:/班级姓名学号/181)中，编制指定格式报表保存到学生文件夹中。

三、企业概况

(一)企业基本情况

企业名称:梁山有限公司(简称:梁山公司)(位于山东省济宁市梁山县)；企业类型:工业企业；法定代表人:晁盖；联系电话和传真均为:0537－123456；纳税人识别号:05376666666。

(二)梁山有限公司采用以下的会计政策和核算方法

1. 企业记账本位币为人民币。
2. 所有仓库采用实际成本法核算，采用先进先出法计价。
3. 固定资产折旧方法采用平均年限法(一)，按月计提折旧。
4. 企业所得税税率为25%(企业所得税税率实行查账计征，年终汇算清缴)；所有涉及的采购及销售业务均为无税单价。
5. 损益结转采用账结法。

四、系统初始化

(一)账套信息

账套号:181；账套名称:梁山有限公司；启用日期:2018年01月01日。

基础信息:存货分类、客户不分类、供应商分类，无外币核算。

编码方案:科目编码为4222；部门为22；收发类别为121；其他采用系统默认。

数据精度:采用系统默认。

（二）设置操作员及权限

操作员编号	操作员姓名	工作职责	系统权限
1801	吴用		账套主管
1802	林冲		账套主管
1803	武松		账套主管

（三）系统启用

启用总账、应收、应付、固定资产、薪资、采购、销售、库存、存货；启用日期统一为2018年1月1日。

（四）基础档案

1. 部门档案

部门编码	部门名称
01	总裁办
02	财务部
03	采购部
04	生产部
05	销售部

2. 人员类别

本账套采用系统已有的人员类别，设定所有人员的类别均为“在职人员”。

3. 人员档案

人员编码	人员姓名	行政部门	人员类别	是否业务员
01001	总经理	总裁办	在职人员	是
02001	财务总监	财务部	在职人员	是
02002	会计	财务部	在职人员	是
02003	出纳	财务部	在职人员	是
03001	采购总监	采购部	在职人员	是
03002	采购员	采购部	在职人员	是
04001	生产总监	生产部	在职人员	是
04002	生产工人	生产部	在职人员	是
05001	销售总监	销售部	在职人员	是
05002	销售员	销售部	在职人员	是

4. 供应商分类

分类编码	分类名称
01	原料供应商
02	产品供应商

5. 供应商档案

供应商编码	供应商名称	所属分类码	分管部门名称
0101	A 企业	01	采购部
0102	B 企业	01	采购部
0201	C 企业	02	采购部
0202	D 企业	02	采购部

6. 客户档案

客户编码	客户名称	属性	专营业务员名称	分管部门名称
01	本地客户	国内	销售员	销售部
02	区域客户	国内	销售员	销售部
03	国内客户	国内	销售员	销售部
04	亚洲客户	国外	销售员	销售部
05	国际客户	国外	销售员	销售部

7. 存货分类

分类编码	分类名称
01	原材料
02	产成品

8. 计量单位

计量单位编码	计量单位名称
01	个

9. 存货档案

存货编码	存货名称	存货属性
01001	R1	外购、生产耗用、内销、外销
01002	R2	外购、生产耗用、内销、外销
01003	R3	外购、生产耗用、内销、外销
01004	R4	外购、生产耗用、内销、外销
02001	P1	外购、自制、内销、外销
02002	P2	外购、自制、内销、外销
02003	P3	外购、自制、内销、外销
02004	P4	外购、自制、内销、外销
02005	P5	外购、自制、内销、外销

10. 仓库档案

仓库编码	仓库名称	计价方式
1	原材料仓库	先进先出法
2	产成品仓库	先进先出法

11. 结算方式

编号	结算名称
1	现金

12. 凭证类型设置

类型	限制类型	限制科目
记账凭证	无限制	无

13. 收发类别

收发类别编码	收发类别名称	收发类别编码	收发类别名称
1	入库类别	2	出库类别
101	采购入库	201	销售出库
102	产成品入库	202	领用出库

14. 采购类型

采购类型编码	采购类型名称	入库类别
1	普通采购	采购入库

15. 销售类型

销售类型编码	销售类型名称	出库类别
1	普通销售	销售出库

16. 会计科目表

类型	级次	科目编码	科目名称	辅助账类型
资产	1	1001	库存现金	
资产	1	1122	应收账款	客户往来
成本	1	5001	生产成本	
成本	2	500101	基本生产成本	
成本	3	50010101	材料费	项目核算
成本	3	50010102	人工费	项目核算
损益	1	6001	主营业务收入	项目核算
损益	1	6401	主营业务成本	项目核算
损益	1	6601	销售费用	
损益	2	660101	广告费	项目核算
损益	2	660102	市场开拓费	
损益	3	66010201	本地市场	
损益	3	66010202	区域市场	
损益	3	66010203	国内市场	
损益	3	66010204	亚洲市场	
损益	3	66010205	国际市场	
损益	1	6602	管理费用	
损益	2	660201	行政费	
损益	2	660202	租金	
损益	2	660203	设备维护费	
损益	2	660204	折旧费	
损益	2	660205	产品研发费	项目核算
损益	2	660206	ISO 认证费	

表(续)

类型	级次	科目编码	科目名称	辅助账类型
损益	3	66020601	ISO9000	
损益	3	66020602	ISO14000	
损益	2	660207	生产线转产费	
损益	2	660208	罚款	
损益	2	660209	其他	
损益	1	6603	财务费用	
损益	2	660301	利息支出	
损益	3	66030101	长期贷款利息支出	
损益	3	66030102	短期贷款利息支出	
损益	3	66030103	贴现利息支出	

补充注意:①应收、预收、应付、预付账款均设往来辅助核算,且受控于相应系统。

②库存现金、银行存款应进行指定科目操作。

17. 项目档案

梁山公司要求对所生产的 P 系列产品进行独立的产品盈亏核算,因此建立了“P 系列存货核算”项目大类,并按产品建立项目档案。

(五)各模块初始设置

采购管理、销售管理、库存管理、存货核算模块的各项设置均采用系统默认值。

应收款管理系统模块进行以下设置:

①应收款核销方式:按单据;

②基本科目设置:应收科目为 1122、销售收入科目为 6001;

③结算方式科目设置:现金对应 1001。

固定资产系统的初始设置如下:

1. 初始化账套的要求:

启用月份为 2018.1;主要折旧方法为平均年限法(一);折旧汇总分配周期为 1 个月;当(月初已计提月份 = 可使用月份 -1)时,要求将剩余折旧全部提足;固定资产类别编码方式为“2-1-1-2”;固定资产编码方式为按“类别编码 + 序号”自动编码,其中“序号”长度为 2;与账务系统进行对账,固定资产对账科目为“1601 固定资产”;累计折旧对账科目为“1602 累计折旧”;对账不平衡的情况下允许月末结账。

2. 初始设置

(1)部门及对应折旧科目

部门	对应折旧科目
生产部	(660204) 管理费用—折旧费

(2)资产类别

编码	类别名称	单位	计提属性	折旧方法	卡片式样
01	厂房	幢	总不计提折旧	无	
02	生产线				
021	手工线	条	正常计提	平均年限法(一)	通用
022	自动线	条	正常计提	平均年限法(一)	通用
023	柔性线	条	正常计提	平均年限法(一)	通用

(3)增减方式

增减方式名称		对应入账科目
增加方式	直接购入	1001,库存现金
	在建工程转入	1604,在建工程

五、实训内容

(一)初始设置

1. 题面:

系统启用前,已经发生的应收款如表 B1 所示,要求:在应收款管理系统中录入该系统的初始数据并审核。

表 B1　应收款系统期初余额表

单据类型	单据日期	客户名称	科目	部门	业务员	货物编号	货物名称	数量	单价
销售普通发票	2017-12-21	本地客户	1122	销售部	销售员	02001	P_1	5	53
销售普通发票	2017-12-25	区域客户	1122	销售部	销售员	02001	P_1	4	52
销售普通发票	2017-12-26	本地客户	1122	销售部	销售员	02002	P_2	4	71
销售普通发票	2017-12-28	区域客户	1122	销售部	销售员	02002	P_2	4	78

2. 题面:

科目期初余额如表 B2 所示,要求:在总账系统中录入各科目的期初余额并进行试算平衡和对账。(注意:应收账款 1122 科目的余额应从应收款管理中引入)

表 B2　科目余额表

科目名称	方向	期初余额	科目名称	方向	期初余额
库存现金(1001)	借	680	短期借款(2001)	贷	600
应收账款(1122)	借	1069	应交税费(2221)	贷	6

表 2(续)

科目名称	方向	期初余额	科目名称	方向	期初余额
原材料(1403)	借	60	应交所得税(222101)	贷	6
库存商品(1405)	借	120	长期借款(2501)	贷	1000
固定资产(1601)	借	1050	实收资本(4001)	贷	600
累计折旧(1602)	贷	13	本年利润(4103)	贷	966
生产成本(5001)	借	100	利润分配(4104)	贷	-106
基本生产成本(500101)	借	100	未分配利润(410101)	贷	-106
材料费(50010101)	借	60			
人工费(50010102)	借	40			

(注:科目 50010101 的余额由产品 P_1 的 20 元和产品 P_2 的 40 元组成,科目 50010102 的余额由产品 P_1 的 20 元和产品 P_2 的 20 元组成。)

3. 题面:

系统启用前,该公司已经拥有 1 个大厂房和 4 条生产线,具体信息见表 B3。要求根据表中数据录入固定资产卡片。

表 B3　固定资产期初明细账

类别名称	固定资产编号	固定资产名称	使用部门	增加方式	使用状况	使用年限(月)	开始使用日期	已计提月份	原值	净残值率	累计折旧	对应折旧科目
厂房	0101	大厂房	生产部	直接购入	在用	120	2011.11.01	0	400		0	
自动线	02201	1 号自动线	生产部	直接购入	在用	40	2011.11.01	1	150	20%	3	660204
自动线	02202	2 号自动线	生产部	直接购入	在用	40	2011.11.01	1	150	20%	3	660204
自动线	02203	3 号自动线	生产部	直接购入	在用	40	2011.11.01	1	150	20%	3	660204
柔性线	02301	1 号柔性线	生产部	直接购入	在用	40	2011.11.01	1	200	20%	4	660204

4. 题面:

系统启用前,该公司分别向供应商 A 企业和 B 企业订购了原材料,订货信息如表 B4 所示。要求:(1)在“采购选项”中将“单据默认税率”设置为 0;(2)录入初始采购订单并审核;(3)在采购管理系统中完成“采购期初记账”。

表 B4　期初订单信息

业务类型	订单编号	日期	供应商	部门	存货编号	存货名称	数量	原币单价	计划到货日期
普通采购	0000000001	2011-12-26	A 企业	采购部	01001	R_1	2	10	2012-1-2
					01002	R_2	2	10	2012-1-2
普通采购	0000000002	2011-12-26	B 企业	采购部	01004	R_4	2	10	2012-1-6

5. 题面:

系统启用前,该公司原材料仓库和产成品仓库分别存放了原材料存货和产成品存货,具体信息如表 B5 所示,要求:在库存管理系统录入表中各项期初数据并进行审核。

表 B5　存货系统期初数据

仓库	存货名称	数量	单价	金额	入库类别
原材料仓库	R_1	2	10	20	采购入库
原材料仓库	R_2	2	10	20	采购入库
原材料仓库	R_4	2	10	20	采购入库
产成品仓库	P_1	3	20	60	产成品入库
产成品仓库	P2	2	30	60	产成品入库

6. 题面:

存货核算系统同样具有与库存管理相同的初始数据,要求:(1)利用存货核算系统的“取数”功能从库存管理系统中获取期初数据;(2)与库存管理系统进行对账;(3)进行存货期初记账。

(二)日常业务

根据具体操作内容进行相关的业务处理并编制记账凭证和进行审核、记账。

1. 题面:

1 月 1 日,投放广告支出现金 80 元(其中投放在产品 P_1 上的广告为 33 元,投放在产品 P_2 上的广告为 25 元, 投放在产品 P_3 上的广告为 22 元)。要求编制该笔业务的记账凭证。

2. 题面:

1 月 1 日,偿还长期借款利息 100 元。要求编制该笔业务的记账凭证。

3. 题面:

1 月 1 日,获得销售订单,订单信息如表 B6 所示,订单日期设定为 2018 - 01 - 01,销售类型为普通销售,业务员为销售员。要求在销售管理系统中录入销售订单并进行审核。

表 B6　销售订单

订单编号	客户简称	产品名称	数量	无税单价
73	区域客户	P_1	4	54 元
26	本地客户	P_2	4	73 元

4. 题面:

1 月 2 日,申请短期借款 100 元。要求编制该笔业务的记账凭证。

5. 题面:

1 月 2 日,向 A 企业订购的原材料 R_1、R_2 到货,放入“原材料仓库”,同时支付该笔业务的货款 40 元。要求:(1)在库存管理系统中根据采购订单生成采购入库单并审核;(2)在存货核算系统中对该入库单进行记账;(3)在采购管理系统中根据采购入库单生成采购普通发票(注:该项采购业务的类型为普通采购);(4)在应付款管理系统中对采购发票进行审核并生成支付货款的记账凭证;(5)在采购管理系统中对该笔业务进行采购结算。

6. 题面：

1月3日，从原材料仓库领用$2R_1$用于生产产品$2P_1$，领用$2R_2$和$2R_4$用于生产产品$2P_2$，同时支付生产P_1的人工费20元，生产P_2的人工费20元。要求：(1)在库存管理系统中编制该笔业务的材料出库单；(2)在存货核算系统中对该材料出库单进行单据记账，然后编制该笔业务的记账凭证；(3)在总账系统中编制支付人工费的记账凭证。

7. 题面：

1月8日，支付行政管理费10元。要求：在总账系统中编制该笔业务的记账凭证。

8. 题面：

1月8日，直接购入中厂房1幢，使用部门为单部门——生产部，使用年限120个月，不计提折旧，买厂房花费300元。要求：(1)在固定资产系统中录入该项固定资产的卡片；(2)在固定资产系统中编制该项业务的记账凭证。

9. 题面：

1月12日，于1月3日生产的产品2个P_1和2个P_2完工，转入产成品仓库。要求：(1)在库存管理系统中编制该笔业务的产成品入库单并审核；(2)在存货核算系统中对该产成品入库单进行单据记账，然后编制该笔业务的记账凭证。

10. 题面：

1月13日，分别按73号订单和26号订单交货，即将产品销售给客户，两笔业务的销售类型均为普通销售，所售产品从产成品仓库出库。要求：(1)在销售管理系统中分别编制以上两笔业务的销售普通发票并复核；(2)在存货核算系统中调出系统自动生成的销售出库单，在出库单中填写产品的出库单价；(3)在库存管理系统中对以上两张销售出库单进行审核；(4)在存货核算系统中对上述两张销售出库单进行正常单据记账并编制出库记账凭证；(5)在应收款管理系统中分别对上述两张销售普通发票进行审核并编制销售记账凭证。(假设该两笔销售业务均为赊销)

11. 题面：

1月22日，收到本地客户2011-12-21日所欠应收款265元，结算方式为现金。要求：在应收款管理系统中编制该笔业务的收款单并审核，同时在应收款管理系统中编制该笔业务的记账凭证。

(三)期末业务

1. 题面：

1月31日，计提本月折旧。要求：(1)在固定资产管理系统中生成折旧清单；(2)编制计提折旧的记账凭证。

2. 题面：

1月31日，以1801身份注册，在总账系统中对本月所有凭证进行审核、记账。

3. 题面：

1月31日，在总账系统中进行1月份期间损益的结转。要求：(1)设置期间损益结转的凭证模版；(2)利用模版生成结转凭证。(要求：收入和支出分别结转)

4. 题面：

以1801身份重新注册，对期间损益结转的凭证进行审核、记账。

(四)报表编制

题面：

1月31日，编制本月资产负债表和利润表。

参 考 文 献

[1] 王新玲,汪刚. 会计信息系统实验教程(用友 ERP - U8 V10.1 版)[M]. 北京:清华大学出版社,2013.

[2] 王珠强. 会计电算化——用友 ERP - U8 V10.1 版[M]. 北京:人民邮电出版社,2015.

[3] 牛永芹,刘大斌,杨琴. ERP 财务业务一体化实训教程(用友 U8 V10.1 版)[M]. 北京:高等教育出版社,2016.

[4] 李爱红. ERP 财务供应链一体化实训教程(用友 U8 V10.1)[M]. 北京:高等教育出版社,2016.

[5] 王忠孝,刘鹏. 会计信息化(用友 U8 V10.1 版)[M]. 大连:大连理工大学出版社,2017.